国家社科基金
GUOJIA SHEKE JIJIN HOUQI ZIZHU XIANGMU
后期资助项目

展示新中国：
展览、空间与新生政权的
形象建构（1949-1957）

To Display the New China: Exhibition, Space and the Image Construction of the New People's Republic from 1949 to 1957

夏松涛 著

中华书局
ZHONGHUA BOOK COMPANY

图书在版编目(CIP)数据

展示新中国:展览、空间与新生政权的形象建构:1949—1957/
夏松涛著. —北京:中华书局,2020.6(2024.4重印)
(国家社科基金后期资助项目)
ISBN 978-7-101-14772-8

Ⅰ.展…　Ⅱ.夏…　Ⅲ.展览会–研究–中国–1949~1957
Ⅳ.G245

中国版本图书馆 CIP 数据核字(2020)第 178974 号

书　　　名	展示新中国:展览、空间与新生政权的形象建构(1949—1957)
著　　　者	夏松涛
丛　书　名	国家社科基金后期资助项目
责任编辑	王贵彬
责任印制	陈丽娜
出版发行	中华书局
	(北京市丰台区太平桥西里 38 号　100073)
	http://www.zhbc.com.cn
	E-mail:zhbc@ zhbc.com.cn
印　　　刷	三河市中晟雅豪印务有限公司
版　　　次	2020 年 6 月第 1 版
	2024 年 4 月第 2 次印刷
规　　　格	开本/710×1000 毫米　1/16
	印张 20¾　插页 2　字数 350 千字
国际书号	ISBN 978-7-101-14772-8
定　　　价	78.00 元

国家社科基金后期资助项目
出版说明

后期资助项目是国家社科基金设立的一类重要项目，旨在鼓励广大社科研究者潜心治学，支持基础研究多出优秀成果。它是经过严格评审，从接近完成的科研成果中遴选立项的。为扩大后期资助项目的影响，更好地推动学术发展，促进成果转化，全国哲学社会科学工作办公室按照"统一设计、统一标识、统一版式、形成系列"的总体要求，组织出版国家社科基金后期资助项目成果。

全国哲学社会科学工作办公室

目　录

图表目录

序　言

马敏

夏松涛的专著《展示新中国：展览、空间与新生政权的形象建构(1949—1957)》即将正式出版，可喜可贺！

改革开放以来，博览会史因其横跨经济史、文化史、政治史、外交史、科技史和艺术史等诸多领域，成为史学百花园中的一朵奇葩。在国际学术界，海外和台湾学者对博览会史研究一直相当重视，取得了一系列丰硕的研究成果，如日本东京大学教授吉见俊哉的《博览会的政治学》、美国哈佛大学博士葛凯的《制造中国：消费文化与民族国家的创建》、台湾大学教授吕绍理的《展示台湾：权力、空间与殖民统治的形象表述》、加拿大学者Keith Walden 的《多伦多的现代化：工业博览会和维多利亚后期文化的形塑》等。这些成果，对近代世界博览会与中国博览会进行了深入的研究，均有较为广泛的学术影响。

当松涛确定选题的时候，我就让他阅读吕绍理教授写的《展示台湾：权力、空间与殖民统治的形象表述》这本书。受吕教授启发，松涛选择了新中国初期展览会的历史进行研究。他嵌入权力和空间理论，探讨展览会的权力网络和展览空间，将展览和国家形象建构结合起来，突破了传统的"事件史"模式。阅读松涛的书稿，我有以下几点感受：

一、该书拓宽了博览会史研究领域。以前博览会史研究，主要集中在晚清、民国时期，较少有人研究新中国的博览会。2007 年，上海财经大学编撰多卷本《中国经济发展史(1949—2010)》，其中第四卷是中国会展经济发展史，但对新中国初期展览会的历史着墨较少。松涛这本书绘制了四个大的表格，较为系统地梳理了新中国初期国内展、出国展和来华展的发展线索，清晰地呈现出新中国初期展览活动的历史脉络。

二、该书选择了恰当的研究时段。新中国展览活动规模大、次数多、持续时间长。在研究时段上，我曾建议他研究 1949—1976 年间的展览史，把"大跃进"和"文革"时期的展览会研究一下，因为这两个时期的展览比较有意思,目前研究成果较少。后来,考虑到这一时段还是太长,不如集中精力研究建国初期的展览活动,那既是一个百废待兴的时期,也是一个转型、过渡时期,有太多的新事物需要去尝试,有太多未知的新路径需要去探索。所以我建议他缩短时段,只研究 1949—1957 年间的展览活动。博览会史研究的切入点很多,如全球化进程、民族国家的形塑、大众文化、人类共识等,选择新中国初期的展览活动进行研究,可以集中在民族国家形塑这个主题上,不至于造成研究主题泛化。学术研究切忌大而空,选择具体问题或者小时段的研究似更容易将问题研究透彻。

三、该书深化了博览会与民族国家形塑的研究。博览会是民族国家展示实力和形象的重要场域。进入民国后,中国近代民族国家的地位逐步彰显,将博览会与国家形塑结合起来的意图也更加明显,各种产品、商品被形象化为"洋货"与"国货"两种类型。国货展览会最终成为民族主义的视觉形象,民族商品与民族国家达到高度的结合。1949 年以后,中国所举办的一系列展览会或出国参加各种博览会,其主旨都是为了塑造"新中国"的形象。该书从国内展和出国展两个方面出发,探究了国内展览与中国共产党执政党形象的建构,以及出国展览与新中国国际形象建构的关系,进而分析展览政治和展览综合体。从"展示新中国"的视角出发,为中外关系史和共和国史研究提供新的视角。近代中国呈现给世界的是"农业中国、艺术中国、落后中国"的形象。新中国主要通过展览外交、展览商贸、成就展示、会展较量等方式,强调"中华人民共和国"与"中华民国"的不同,使得中国的形象逐渐向"工业中国""文化中国""红色中国""活力中国"等方面转变。展览活动中展品的遴选、展示的方式和国家形象的转变,可以从全球化、文明交流和传播学、形象学的角度来加深对中外关系和国家形象建构的理解。

四、该书提出了一些博览会史研究的新观点。如该书认为新中国初期的展览,许多具有现代会展业的特征,因此,新中国会展业的起步应是在中华人民共和国成立初期。不少会展学教材认为新中国展览业是从改革开放起步的,这是不妥的。又如该书考证新中国各行业第一次展览会的时间和名称,考证外国第一次来华举办展览会的时间和名称,考证新中国首次参加亚洲、欧洲、非洲举办的展览活动的时间和名称等。再如该书阐释了权力、空间与国家形象建构的内在联系,从仪式、符号、话语、视觉、心理等方面深化了我们对展览会的认知。该书还以展览活动为载体和洞察点,加深了我们对中国共产党发展历程的认知,促进了对中共党史的研究。

当然,该书毕竟是一本历史著作,主要研究了展览活动的发展历程、空间与形象建构,对展览史研究所涉及的更为广泛的会展学、设计学、艺术学、图像学等学科知识还有用力不足之虞。我最后想说的是,松涛对论文写作十分认真,查阅了近 10 个档案馆的原始档案,到近 20 个图书馆抄录过资料,完成本书前后花了 10 余年时间,体现了"十年磨一剑"的严谨治学态度。期待他再接再厉,在当代中国博览会史研究领域取得更多新的成果。

2019 年 11 月 5 日

绪　论

第一节　研究的缘起及意义

早在 20 世纪 70 年代,我国著名科学家钱学森先生就发出呼吁:"展览是人民喜爱的一种教育方式……戏剧和电影的创作都有很深的研究,为什么就没有一门展览学?也没有展览学院?"[①]这是一个很有远见的呼吁。每次看到这句话时,我都感到震撼。目前,我国展览学已初步建立,且有较快的发展,但支撑展览学的展览史研究仍有较大研究空间,这激励着我从事该领域的研究。

一、上海世博会的触动

会展业是新兴的朝阳产业,能够较好促进经济发展、科技创新、文化传播和文明交流。改革开放后,尤其是 1992 年社会主义市场经济体制初步确立后,中国的会展市场逐渐扩大。会展业按市场规律办事,增强自我发展能力,涌现出大量的博览会、展销会、交流会、交易会、展示会、大会展、大联展、大展销……当前,中国会展经济已经成为国民经济的重要产业,以北京、上海、广州、昆明、西安、成都、武汉等城市为中心的全国性会展网络已初步形成,出现了以上海为龙头的长江三角洲、以北京为中心的环渤海区域、以香港特别行政区和广州为首的珠江三角洲三个重要的博览城市群。这三个博览产业带与中西部其他博览中心城市互相协调,各具特色,多层次发展[②]。

2002 年 12 月 3 日,上海获得了 2010 年世博会的举办权,这是中国历史上第一次承办综合类世博会。上海世博会于 2010 年 5 月 1 日至 10 月

---

① 潘杰:《中国展览史·代序》,电子科技出版社,1993 年,第 1 页。
② 余明阳、姜炜:《博览学》,复旦大学出版社,2005 年,第 126 页。

31 日，历时 184 天，在上海市中心黄浦江两岸南浦大桥和卢浦大桥之间滨江地区 5.28 平方千米范围内举办，主题是"城市，让生活更美好"，副主题是"城市多元文化的融合""城市经济的繁荣""城市科技的创新""城市社区的重塑""城市与乡村的互动"。参加的国家和组织共有 246 个，参观人数 7 308 万人，举办活动 22 900 余场，志愿者人数 79 965 人①。在上海世博会的影响下，中国会展业迅猛发展。据统计，2010 年，"全年国内展览会超过 5 400 个，约比 2009 年增加 800 个。其中发生在场馆里的规模展会为 4 480 个，有相关资料可分析的为 3 490 个。"②作为经济、科技与文化界的奥林匹克盛会，世博会受到世人的瞩目。

在上海世博会的触动下，我觉得展览史有研究的必要。由于我硕士阶段研究的是抗日根据地的历史，所以，我自然联想到：抗日根据地有没有举办展览会？中国共产党举办的展览会状况如何？在查阅资料以后，我惊讶地发现中国共产党举办过大量的展览会。据不完全统计，"各个解放区总共举办有 193 个展览会"③。新中国成立后，由于社会的稳定和经济的发展，中国共产党举办展览活动更为频繁。其中，有一些重大的展览会，如土改展览会、物资交流展览会、土产展览会、抗美援朝展览会、解放台湾展览会、英雄人物展览会等，还有一些中国参加的国际展览会，如莱比锡国际博览会、大马士革国际博览会、波兹南国际博览会、印度工业博览会、巴黎国际博览会等，这些展览活动亟须深入研究。而学界对 1949—1957 年举办的展览活动的研究较为薄弱，学术性论著较少，缺乏系统的归纳和完整的整理，这与展览在中国当代史上的重要地位是不相符的。想到了章开沅先生提倡的"上下延伸，横向会通"，我觉得有必要把研究的视角和重点放在新中国初期的展览活动上，这既可以把博览会研究的时段加长，又可以拓展博览会的研究空间。

二、深化博览会史研究

当前，会展史研究方兴未艾，在历史研究领域统称为博览会史研究。所谓博览会，是对近代兴起的各种展览会、展销会、劝业会的统称，英文通

---

①上海世博会官方网站：http://www.expo2010.cn。
②《中国经济发展史》编写组：《中国经济发展史(1949—2010)》(第 4 卷)，上海财经大学出版社，2014 年，第 2211 页。
③中国革命博物馆编：《解放区展览会资料·前言》，文物出版社，1988 年，第 1 页。

常为 exhibition、exposition、fair、show 等①。所以,本书的预期价值如下:

一、拓展博览会史的研究范围

对 1949—1957 年的展览活动史进行整体研究,可以深化中国当代展览会史研究。潘杰的《中国展览史》是迄今为止最完整最系统的一本会展史,但对新中国成立后展览会的历史着墨甚少,只是当作附录简单梳理。他在书中指出:"现在《中国展览史》正好写到中华民国时代,对中华人民共和国时代的展览会由于资料、理论还未充分掌握,不能像前面各代那样详细叙述,因此决定将'简史'中关于新中国的这部分拿来作为本书的《附录》,以弥补全书的不足。"②可见,中国当代展览会史研究是非常薄弱的。诚如水天中先生所说,对于"中国展览会的历史发展,仍有许多值得发掘、研究的问题"③。洪振强在博士论文中写道:"建国之初,追求发展过于强调巩固民族和国家的独立,虽然举办了不少展览会,并参加了以苏联为首的社会主义国家举办的展览会,但赋予了博览会事业太多的政治色彩,很大程度上偏离了博览会追求发展的本义。"④这个论述很有道理,但对于博览会事业怎样被赋予了政治色彩,确实有进一步研究的必要。所以,对中共举办的展览活动发展轨迹作一次系统梳理,进行全方位、多层面的立体观察和思考,剖析影响其进程的历史因素,从而折射出中国共产党发展的进程,引发对中国现代化问题更深入的探讨,无疑будет推动会展史的学术对话与研究创新。

二、探究展览活动与新中国形象建构的关系

2010 年,时任国家主席胡锦涛曾说,上海世博会"展示了中华民族五千年灿烂文明,展示了新中国 60 年特别是改革开放 30 多年的辉煌成就,展示了我国各族人民为实现全面建设小康社会目标而团结奋斗的精神风貌"⑤。从"展示新中国"的视角出发进行研究,能较好地揭示展览活动与国家形象的关系。国家形象的建构是博览会的重要话题,英国创办世博会至今,各主办国均认同可由举办世博会提升国家形象,推动国家的全方位

---

① 马敏:《中国近代博览会史研究的回顾与思考》,《历史研究》2010 年第 2 期。
② 潘杰:《中国展览史》,电子科技出版社,1993 年,第 761 页。
③ 赵力、余丁编:《中国油画文献》,湖南美术出版社,2002 年,第 352 页。
④ 洪振强:《民族主义与中国近代博览会事业》,华中师范大学博士学位论文,2006 年,第 251 页。
⑤ 胡锦涛:《在中国 2010 年上海世界博览会总结表彰大会上的讲话》,《人民日报》2010 年 12 月 28 日,第 2 版。

发展①。洪振强认为："博览会作为展示平台，有如投影场，参展诸国通过展品和展场布置在博览会上投下自己的'影像'。博览会场上国家形象的直观展示，主要通过展品和会场布置来实现。展品是博览会之灵魂，参展国往往社会选送具有代表性的展品参展。"②以前的相关研究，主要研究了清末博览会与国家形塑问题，对于展览活动与新中国形象建构研究较少。如果能够从国内展览和出国展览两个方面入手，对新中国展览活动的展品类型、展览设计、展品宣传等方面进行分析，对新中国形象的研究当大有裨益。

三、总结中国共产党举办展览活动的经验教训

"鉴往世之兴衰，考当今之得失"，以史为鉴是我们从事历史研究的动因。会展业作为朝阳行业，不仅可以培养新兴产业群，而且还可以带动其他行业的发展，推进社会经济快速向前发展。但由于各种因素，目前中国会展业的发展存在各种各样的问题，要想解决这些问题，必须加大研究力度。故笔者对新中国成立初期展览活动的历史考察，不但可以对那个时代的展览活动做出历史认识，而且可以为今天的会展业提供一定的启示。本书将把展览活动放在新中国成立初期复杂的政治生态环境中加以考察，深入分析展览活动兴起的历史因素，梳理新中国成立后展览活动的演进脉络，并在此基础上就展览活动涉及的重要问题，提出个人见解。

博览会史理论博大精深，国外研究起步很早，并取得丰硕的学术成果，受到了社会的认可和学生的欢迎，如 Charles Feinstein 所写的《1851 年的大博览会：19 世纪中期英国经济的量化描述》被列入了剑桥大学 1999－2000 年的研讨课③。相比之下，中国的博览会史研究只是近代史领域的一畦园地，要研究的课题还很多。如果把近代博览会史延伸到当代史，则不仅可以使博览会史较为完整，还能更好地解释中共党史和共和国史，对当代会展业的发展也大有借鉴。

第二节　学术史的回顾

著名学者罗志田曾说："所谓的学术史，最好让读者看到学者怎样治

①吴建中：《世博文化解读》，上海大学出版社，2009 年，第 179 页。
②洪振强：《国际博览会与晚清中国"国家"之形塑》，《历史研究》2011 年第 6 期。
③侯建新主编：《经济—社会史：历史研究的新方向》，商务印书馆，2002 年，第 545 页。

学,并在立说者和接受者的互动之中展现学术思想观念的发展过程。"①笔者非常认同这个观点,综合前人研究成果,本书将对中国近代博览会史研究、中国当代展览史研究以及国家形象与政党形象研究进行学术回顾。

一、中国近代博览会史研究的新进展

近些年来,中国近代博览会史研究有长足进展,成果颇丰,或从宏观上,或从微观上,或从新的视角进行探究②。梳理博览会史研究成果,笔者发现已有多篇翔实而精辟的综述。谢辉认为,就总体而言,中国近代博览会史研究仍处于起步阶段,有许多领域有待进一步开拓和探讨③。马敏教授在 2010 年上海世博会举办之前,撰文对中国近代博览会史研究做了全面的回顾和思考,并对进一步深化中国博览会史研究指出了未来努力的方向④。因此,本书不再赘述,只对 2010 年以来学术界研究状况进行归纳。现有研究所涉及的主要内容和观点,大致包括以下方面:

博览会与近代化研究。博览会是中国迈向近代化的标志,它是推动中国近代化的重要力量。在管理近代化方面,万立明指出,中国共产党和边区政府摸索出一套卓有成效的展览运作模式⑤,这种运作模式蕴含了中国共产党的管理经验。王玉慧研究清政府与博览会管理问题,重点阐述晚清政府对中国参与国际博览会事务,以及国内自办博览会的具体政策和措施⑥,有些政策和措施在当时来讲还是很先进的。在经济近代化方面,丁丽从清末经济新政的角度研究商品赛会,认为清末新政中振兴工商的经济政策与商品赛会的发展有重大关系,两者相互促进,并增加了清政府的财政收入⑦。在观念近代化方面,朱荫贵指出,"《商务官报》刊载的文章是对南洋劝业会进行观察和分析的窗口,可以从一个具体的侧面来观察中国人

①罗志田:《经典淡出之后:20 世纪中国史学的转变与延续·自序》,生活·读书·新知三联书店,2013 年,第 10 页。
②参见马敏主编:《博览会与近代中国》,华中师范大学出版社,2010 年。该书是国内第一部关于博览会研究的论文集。全书 82 万字,共有 34 篇论文,来自 31 位历史学者,其中国大陆 19 位、台湾地区 8 位、香港 1 位、日本 2 位、韩国 1 位。
③谢辉:《中国近代博览会史研究述评》,《中国社会经济史研究》2004 年第 3 期。
④马敏:《中国近代博览会史的研究与思考》,《历史研究》2010 年第 2 期。
⑤万立明:《抗日根据地生产展览会的兴起及其运作模式》,《江苏社会科学》2014 年第 2 期。
⑥王玉慧:《晚清政府博览会管理研究》,南京艺术学院硕士学位论文,2012 年。
⑦丁丽:《清末经济新政与国内商品赛会研究》,河北师范大学硕士学位论文,2010 年。

对世界的认识和感受,同时也能够折射出该时期中国社会的大体面貌,以及中国人对未来社会发展的描绘和追求"①。洪振强研究了民族主义的近代化,他认为,自晚清至民国一直连贯存在着一种追赶型、内向型、开放型的较为理性的民族主义,这种民族主义主要是经济层面的理性民族主义②。这些学者以博览会为切入点,极大推动了近代化研究。

博览会与科技文化。博览会是科技文化集中展示的平台,也是科技文化快速传播的载体。万立明指出,展览会中的实物、口头和印刷三种传播手段,提高了根据地民众的科学文化水平③。沈娟专门研究了抗战时期大后方木刻展览,"对各种木刻展览的规模、形态、性质,出展作品、参展作者及社会影响进行了全面的论述"④。迟娜论述了1929年的西湖博览会是会展与地域文化形象紧密融合的最佳典范⑤,该研究具有极大的社会价值,对今天西湖博览会的举办也有启发意义。肖元媛将西湖博览会展示设计分为三大部分:展示空间设计、展示平面设计、展示多媒体设计⑥,她从多个案例出发,对有关内容提出了富有建设性的建议。还有研究生聚焦民国时期的美术展览,研究《良友》画报(1926—1945)对民国美术展览的传播⑦。

博览会与中外交往。参加国际博览会是中外交往的重要方式,蕴含了官方外交和民间外交。吴伟研究中国参加1915年巴拿马太平洋世界博览会的历史,他不仅研究了中国参展的历史影响,还提出展览中国暴露出的各种问题⑧。张方舟研究劝业博览会与近代日本国民意识,他以明治时期日本政府主办的五次国内劝业博览会为研究对象,探讨其与近代日本国民意识形成的内在联系。通过分析"劝业博览会"向"帝国博览会"转变的过程,透视"明治日本的国民意识由于发育的不成熟,而兼有国民与臣民的

①朱荫贵:《从〈商务官报〉看晚清国人对世博会的认识》,《学术月刊》2010年第6期。

②洪振强:《民族主义与近代中国博览会事业(1851—1937)》,社会科学文献出版社,2017年,第30页。

③万立明:《试论抗日根据地展览会对科技传播的贡献》,《兰州学刊》2014年第6期。

④沈娟:《抗战时期大后方木刻展览的研究》,西南大学硕士学位论文,2014年。

⑤迟娜:《浙江省会展与地域文化形象的融合——以1929年西湖博览会为例》,中国美术学院硕士学位论文,2014年。

⑥肖元媛:《西湖博览会展示设计研究》,中国美术学院硕士学位论文,2013年。

⑦宋畅:《〈良友〉画报(1926—1945)对民国美术展览的传播》,华中师范大学硕士学位论文,2014年;梁宜:《二十世纪三十年代艺风社美术展览研究》,浙江大学硕士学位论文,2011年。

⑧吴伟:《中国参加巴拿马太平洋万国博览会之研究》,华中师范大学硕士学位论文,2012年。

双重性格,为此后日本迅速帝国主义化,民众沦为帝国主义对外扩张的帮凶埋下了伏笔"[①]。张玉莲以日本在台湾台南县与山西忻县两地举办的首届博览会,即当地所谓的"品评会"为例,探析了不同殖民政策下博览会的筹办、展示及其社会影响的差异[②]。郭子杰研究民国时期中国参加国际会展的艺术品外交,他以中国参加的大型博览会为案例,还原出民国政府从初期漠不关心,到后期极为重视的历史过程,并与日本的艺术品外交进行对比[③],颇有新意。

　　博览会与经济社会发展。近代博览会能促进经济社会发展,主要是商业发展和城市化进程。艾险峰等研究了博览会与武汉城市社会之间的互动发展关系,认为晚清武汉城市较为开化的社会风气、完善的市政建设、兴旺的文化教育、发达的经济事业和畅通的区位交通,以及张之洞等人的开明进取和对博览会事业的重视,有力促进了武汉博览会事业的兴起和开办[④]。马敏、付海晏认为,以振兴商务为己任的商会参与博览会,经历了一个从被动到主动,从配角到主角的发展过程。晚清商会对近代博览会的参与,包括出洋参加国际博览会和在国内举办全国性或地方商品博览会两个方面,商会配合官方开展了大量活动,在展品征集、评比的过程中,更是起到了主导性作用,为博览会的成功举办做出了重要贡献[⑤]。左旭初通过早期世博会上中国企业的获奖产品,来介绍和宣传世博会与中国经济、企业发展的渊源[⑥],让读者对中国近代品牌产品有更多的了解。许海娜研究了天津展览会对天津社会经济的影响[⑦],推动了地区博览会史的研究。

　　博览会个案研究。近年来,对南洋劝业会的研究是最大的个案研究热点。研究的视角是多样的,有设计、品牌、人物、休闲、体育、商贸、城市等多

① 张方舟:《劝业博览会与近代日本国民意识》,吉林大学硕士学位论文,2014年。
② 张玉莲:《博览展示与殖民统治——台南、忻县首届"品评会"比较研究》,《井冈山大学学报》2013年第5期。
③ 郭子杰:《浅论民国时期的艺术品外交》,南京大学硕士学位论文,2013年。
④ 艾险峰:《博览会与武汉城市社会互动发展研究(1909—2010)》,华中师范大学博士学位论文,2011年;洪振强、艾险峰:《劝业奖进会与晚清武汉城市社会》,《湖北大学学报》2013年第6期。
⑤ 马敏、付海晏:《晚清商会与近代博览会》,《华中师范大学学报》2015年第3期。
⑥ 左旭初:《憧憬·追求·辉煌:中国老字号与早期世博会·序言》,上海锦绣文章出版社,2010年。
⑦ 许海娜:《1901—1928年间天津展览会研究》,河北师范大学硕士学位论文,2013年。

个方面①。西湖博览会是民国时期最有影响的博览会之一,遗留的资料非常翔实,研究成果也非常多。王佩良从纪念的视角,阐述了1929年首届西湖博览会与辛亥革命的关系,并提出了如何提升西湖博览会品牌价值的建议②。倪侃发表了三篇相关论文,探讨了西湖博览会的宣传形式和宣传技巧,以及对今天的启示③。个案研究非常翔实的是严斌林,他以1935年武汉防空展览会为题撰写了一篇硕士论文。该文以武汉防空展览会为具体考察对象,在充分掌握相关原始资料汇编与报刊杂志评论的基础上,较为全面地论述了防空展览会举办的时代背景,重构了武汉防空展览会办展的整个过程,分析了防空展览会的深刻影响④。作者指出防空展览会具有特殊时代使命和鲜明的时代印记,见解深刻。

博览会人物研究。著名人物对博览会举办起着重要作用。2010年以来,学术界主要研究了吴锦堂、黄开甲、熊希龄、黄炎培、涩泽荣一、张謇与博览会的关系。纪立新研究近代海外宁波帮杰出代表吴锦堂,认为他于1910年回国参加南洋劝业会有四个目的:一是携自己在日本生产的安全火柴参展,二是衔浙江巡抚之命劝说侨商赴浙考察、投资,三是动员侨商赴汉冶萍公司考察、入股,四是为商舰协会募集资金。吴锦堂参加南洋劝业会基本达到了预期目的⑤。有学者研究后认为,留美幼童黄开甲曾经参观过1876年的美国费城百年博览会⑥。杨伟研究熊希龄在苏宁、东北担任晚清政府幕僚期间积极从事博览会事业,是晚清推动博览会事业发展的重要

---

①张莹:《南洋劝业会——近代中国设计转型期的见证者》,《上海工艺美术》2014年第4期;朱泽孝:《双沟大曲与南洋劝业会》,《酿酒科技》2012年第1期;王长喜:《中国第一次举办的大型博览会——南洋劝业会》,《传承》2010年第13期;金建陵、张末梅:《世博会在中国的前奏——百年前的南洋劝业会》,《南京理工大学学报》2010年第2期;于曰良:《南洋劝业会的倡办与选址》,《江苏地方志》2010年第2期;李富慧:《南洋劝业会期间举办的首届全国运动会》,《江苏地方志》2010年第2期;陶世贤:《南洋劝业:南京鼓楼区商贸发展的历史之源》,《江苏地方志》2010年第2期;石子政:《百年前的中国博览会——1910年南洋劝业会》,《档案春秋》2010年第3期。
②王佩良:《论西湖博览会与辛亥革命百年庆典》,《湖南师范大学社会科学学报》2011年第1期。
③倪侃:《天时·地利·人和——1929年西湖博览会成功举办的启示》,《浙江社会科学》2010年第8期;倪侃:《1929年西湖博览会的广告宣传》,《兰台世界》2010年第5期;倪侃:《1929年西湖博览会宣传工作述论》,《历史教学》2010年第5期。
④严斌林:《1935年武汉防空展览会研究》,华中师范大学硕士学位论文,2013年。
⑤纪立新:《吴锦堂与南洋劝业会》,《宁波广播电视大学学报》2011年第2期。
⑥杨伟:《晚清首批留美幼童黄开甲与世博会的情缘》,《兰台世界》2014年第28期。

人物①。黄方毅研究其父亲黄炎培参加 1915 年美国巴拿马太平洋世博会，会见了当时美国的政要和科学家等，并为中国留学生争取到了正当的权益②。值得一提的是，张卉的硕士论文非常有深度。她认为："张謇与涩泽荣一的博览经历和博览活动有所相似，深究又各有差异。从中日博览会发生发展的背景到二人游历的具体活动，以及张謇和涩泽荣一对博览会的认知，包括归国后二人的博览会实践都有所不同。"③同学界以往的博览会人物研究侧重经济和文化不同，该文所关心的是展览对于参与个体产生的客观影响，很有新意。

此外，博览会资料编撰进展很快。陈占彪编撰的《清末民初万国博览会亲历记》④一书由商务印书馆出版，他精选了清末民初万国博览会亲历记 24 篇，图片 200 余幅，具有很高的史料价值。美国学者居蜜编撰的《1904 年美国圣路易斯万国博览会中国参展图录》回顾了中国参加 1904年圣路易斯万国博览会的始末，并论述中美外交关系的发展⑤。南开大学中国社会史研究中心编撰了《民国展览史料汇编》，该书为民国时期展览文献汇编，收录与博览会、展览有关的文献 90 余种，为博览会研究者提供了第一手资料⑥。苏克勤等人编撰了一系列南洋劝业会资料⑦，作者对资料点校注释，编撰大事日志，有较大学术贡献。

2010 年以来，港台及国外学者在博览会研究上成果较少。香港的李培德从港货、国货、香港名牌的角度，研究了 1933—2008 年香港工展会，重点研究了 1938 年的香港厂商借助内地国货运动的声势，借鉴先前在香港和新加坡举行国货展览会的经验，首次成功地举办较大规模的"香港中国货品展览会"的历史⑧。台湾大学颜娟英指导有一篇硕士论文，从博览会

①高翔宇、张梓晗：《熊希龄与清末博览会事业述论》，《佳木斯大学社会科学学报》2012 年第 1 期。

②黄方毅：《黄炎培百年前赴世博》，《读书》2010 年第 7 期；黄方毅：《1915：黄炎培赴美参加世博会》，《党建》2010 年第 7 期。

③张卉：《涩泽荣一和张謇博览活动的比较研究》，华中师范大学硕士学位论文，2012 年。

④陈占彪：《清末民初万国博览会亲历记》，商务印书馆，2010 年。

⑤居蜜：《1904 年美国圣路易斯万国博览会中国参展图录》，上海古籍出版社，2010 年。

⑥南开大学中国社会史研究中心：《民国展览史料汇编》，凤凰出版社，2014 年。

⑦苏克勤：《南洋劝业会文汇》，上海交通大学出版社，2010 年；苏克勤：《南洋劝业会图说》，上海交通大学出版社，2010 年；苏克勤：《南洋劝业会报告》，上海交通大学出版社，2010 年；王灏岩：《南洋劝业会杂咏》，上海交通大学出版社，2010 年。

⑧李培德：《太平洋战争爆发前的香港工业展览会》，《华中师范大学学报》2010 年第 3 期。

的角度,说明台湾展览会的组合性质,以及 20 世纪 20 年代受观光风气影响而产生,以城市为单元的城市展览会,给予台湾文化三百年祭在台湾展览会脉络中确切的定位①。值得一提的是,2015 年国际历史学大会第 15 个特别议题是"世界博览会的历史研究:对比较文化史的贡献"。各国专家提交了相关论文②,选题颇具本国特色,推动着博览会史研究走向历史研究前沿。

总之,近些年来博览会史研究取得了较大的成绩,但也存在一些缺憾:一是研究主题较窄,主要限于南洋劝业会和西湖博览会,其他相关研究比较薄弱;二是综合研究较少,主要集中在个案研究,关于博览会的通史性或专史性的著作较少;三是理论突破较少,除少数研究深入到了国家认同和民族主义研究外,基本都采取"事件史"路径,在背景、过程、影响、局限上做文章。学者潘杰 1991 年出版了《中国展览史》,时间过去了近 30 年,但至今还没有一部中国博览会通史出版,的确是史学界的遗憾。相比较西方学者的研究,中国的博览会史研究任重道远。

二、当代中国展览史研究的现状

改革开放前,学术界对新中国展览史研究极少。改革开放初期,关于展览史的研究性论文开始出现。据笔者所见,最早研究展览的论文是民族文化宫批判组撰写的《把被颠倒了的历史再颠倒过来——批判"四人帮"破坏〈民族工作展览〉的罪行》③。此后,韩绍诗于 1987 年发表论文《六十年来河南省博物馆陈列展览情况》④,对展览的历程进行了梳理与反思,颇有价值。

到了 20 世纪 90 年代,当代中国展览史研究取得了长足进步。1990 年,中国农业展览馆协会组织编写的《展览学概论》,有专章对展览史进行论述,是国内最早的较系统的研究成果。该书对展览的基本问题进行了深入研究和阐述,为以后的展览研究打下了坚实的基础。1993 年,著名会展

---

① 刘宜旻:《史料与历史文化的新展示:1930 年台湾文化三百年祭展览会》,台湾大学硕士学位论文,2014 年。
② 近代中国网站:http://jds.cass.cn/Item/27769.aspx。
③ 民族文化宫批判组:《把被颠倒了的历史再颠倒过来——批判"四人帮"破坏〈民族工作展览〉的罪行》,《中央民族大学学报》1978 年第 2 期。
④ 韩绍诗:《六十年来河南省博物馆陈列展览情况》,《中原文物》1987 年第 2 期。

专家潘杰出版了《中国展览史》①，该书系统论述了抗日根据地举办的各种展览，对新中国举办的展览也作了介绍。这是中国第一部展览通史，具有开创意义。

1999年，昆明举办世界园艺博览会，这是中国第一次举办世界级的博览会，受到各界的重视。在媒体宣传的推动下，博览会史研究高涨，报刊杂志上发表了大量博览会论文，主要是对晚清和民国博览会的研究，对新中国博览会研究较少。随着改革开放的深入，会展研究备受重视，政府和高校的有关研究机构纷纷成立，相关研究成果愈来愈多②。这些研究主要从经济、产业、外贸、管理、人力资源等方面进行，但从历史学视角进行研究的较少。

2002年，中国上海获得了世博会的举办权。2010年，上海世博会的成功举办，吸引了学界对当代中国展览史的关注，将博览会史研究推向高潮，极大促进了当代中国展览史研究。梳理学术史，当代中国展览活动史研究的成果主要表现在展览宏观研究、区域展览研究、典型展览研究、编撰展览志等方面。

展览宏观研究。梳理展览活动的发展历程，这是展览史研究的基础。刘建美的论文《六十多年来中国国家博物馆近现代基本陈列的演变》③，利用国家博物馆一手档案资料，对中共六次重要展览进行了论述，值得学习借鉴。笔者的论文《新中国会展业的发展历程及其经验启示》认为，新中国成立后中国会展业发展经历了三个阶段："1949—1965年是初步发展阶段，新中国会展业在会展规模、办展形式、展览场所和展出范围等方面取得较大进展；1966—1977年是曲折发展阶段，会展业在'左'的思想影响下，发展受到挫折，但中国参加国际博览会取得了较好的反响；1978年至今是迅速发展阶段，中国会展市场逐渐扩大，会展产业化进程加快，会展国际化趋势加强，会展体系进一步完善。"④

区域展览研究。不同地方举办的展览活动，对社会产生的影响也不一

①潘杰：《中国展览史》，电子科技出版社，1993年。
②俞华、朱立文：《会展学原理》，机械工业出版社，2005年；陈志平、刘松萍等：《会展经济学》，经济科学出版社，2005年；余明阳、姜炜编著：《博览学》，复旦大学出版社，2005年；马勇、王春雷：《会展管理的理论、方法与案例》，高等教育出版社，2003年；张敏：《中国会展研究30年文选》，上海交通大学出版社，2009年；等等。
③刘建美：《六十多年来中国国家博物馆近现代基本陈列的演变》，《中共党史研究》2013年第8期。
④夏松涛：《新中国会展业的发展历程及其经验启示》，《当代中国史研究》2009年第5期。

样。一些硕博论文,对地区展览的历史进行了介绍。陈晓宇的硕士论文
《武汉会展业发展历程研究》主要论述:武汉展览业在清末兴起、发展的原
因及其影响;在民国时期的发展特点及其逐渐衰落的原因;新中国成立后
直到改革开放初期比较发达的概况,以及 20 世纪 90 年代后武汉会展面临
的突出问题、衰落的原因①。林翰的硕士论文《广州会展史研究》中,有一
部分对新中国成立后广州会展的发展史进行梳理的内容,分析了广州会展
对中国社会主义建设事业和广州城市建设的促进作用及其对岭南文化的
展示功能②。杨嵋通过查阅 1978—2007 年《解放日报》的有关新闻,总结和
梳理在上海举办的展览项目并获取相关研究数据;在全面分析上海展览会
三十年数据的基础上,力求从中找到上海展览业发展的客观规律③。

典型展览研究。广交会是当代中国第一展,对其历史研究成果斐然,
主要著作有《中国出口商品交易会志(1957—2001)》④、《百届辉煌》⑤、《亲
历广交会》⑥、《会展、经济与城市发展——关于中国"广交会"的综合研
究》⑦和《逐梦世界:广交会启示录》⑧;主要论文有孟红的《"中国第一
展"——广交会的沧桑巨变》⑨,该文对广交会的历史脉络梳理得十分清
楚。尤其是,广州市委党校的欧阳湘撰写了一系列高质量的论文⑩,对广
交会与中日贸易、广交会与中国外经贸战略、广交会的历史渊源和国情依
据等问题进行探讨,极大地推动了对广交会的研究。

编撰展览志。从 20 世纪 90 年代开始,中国贸促会等单位就组织人员
编写《中国展览年鉴》,基本上每年编辑 1 本,为展览研究和展览志的编写

①陈晓宇:《武汉会展业发展历程研究》,华中师范大学硕士学位论文,2008 年。
②林翰:《广州会展史研究》,广州大学硕士学位论文,2007 年。
③杨嵋:《上海展览业研究(1978—2007)》,华东师范大学硕士学位论文,2009 年。
④本书编写组:《中国出口商品交易会志(1957—2001)》,南方日报出版社,2006 年。
⑤中国对外贸易中心:《百届辉煌》,南方日报出版社,2006 年。
⑥中国对外贸易中心:《亲历广交会》,南方日报出版社,2006 年。
⑦刘松萍:《会展、经济与城市发展——关于中国"广交会"的综合研究》,中央编译出版社,2011 年。
⑧喻季欣:《逐梦世界:广交会启示录》,南方日报出版社,2014 年。
⑨孟红:《"中国第一展"——广交会的沧桑巨变》,《文史春秋》2010 年第 2 期。
⑩欧阳湘、李光和:《从广交会看中国一九五八年停止对日贸易事件》,《中共党史研究》2009 年第 5
   期;欧阳湘:《从广交会的创办看二十世纪五十年代中期中国外经贸发展的战略调整》,《中共党
   史研究》2011 年第 9 期;欧阳湘:《广交会的中国特色及体制创新的历史渊源与国情依据》,《中共
   党史研究》2015 年第 10 期;欧阳湘:《从广交会举办单位表述看广交会办展体制的历史变迁——
   兼与〈辞海〉等工具书商榷》,《红广角》2015 年第 6 期。

奠定了坚实的基础。2009年,长春市贸促会(会展办)志编纂委员会编撰了《长春市贸促会(会展办)志(1990—2008)》[①],这是地方展览史研究的重要成果。2012年,《上海世博会中国石油参与志》出版,该书主要收录了上海世博会天然气供应,上海世博会天然气输送、天然气输送建设、天然气使用,上海世博会天然气设备改造、站场防护及改造、信道光缆防护,上海世博会天然气调控管理、编制供气预案、多方联动机制,上海世博会天然气输送安全管理等内容[②]。通过这部展览志,可以详细了解中国石油与世博会的关系,是一本颇具学术价值的展览志。

学术研究需要长期积累与沉淀,离不开观点的碰撞与交锋。梳理学术史后可以发现,尽管当代中国展览史研究方兴未艾,但学界还是取得了可喜的研究成果,提出许多有价值的观点。

1.展览活动与政治教育

"刘介梅忘本回头"展览会是20世纪50年代最有代表性的政治展览会之一,该展览从黄冈到武汉,又到北京,再到全国巡展,影响非常大。吴子勋详尽地叙述了刘介梅忘本回头展览会的来龙去脉,资料丰富,内容充实[③]。洪振强认为,围绕刘介梅这个典型,各地结合具体工作实际,开展了"刘介梅思想之转变"的大讨论,展开批判与自我批判。同时,全社会创作了诸多以"刘介梅"为主题的文艺作品,广为传播,使得"刘介梅"形象更为生动,产生更为广泛的教育效果。展览会被高度政治化,变成宣传和动员工具[④]。

展览活动与意识形态关系密切。洪振强以武汉举办的展览会为中心,深入地探讨了展览会与地区社会变迁的关系,认为展览会强化了人们对共产党新政权和社会主义的认同,使得社会主义意识几乎成为社会大众认同的一种惯性思维和行为标尺[⑤]。这种分析非常深入,给人启发颇多。

"文化大革命"期间的展览会十分复杂,是研究的薄弱环节。卫东风对

①长春市贸促会(会展办)志编纂委员会编:《长春市贸促会(会展办)志(1990—2008)》,吉林文史出版社,2009年。

②《上海世博会中国石油参与志》编纂委员会编:《上海世博会中国石油参与志》,石油工业出版社,2012年。

③吴子勋:《"刘介梅忘本回头"展览会始末》,《纵横》2000年第7期。

④洪振强:《政治与社会:刘介梅今昔生活对比展览会》,《近代史学刊》(第16辑),社会科学文献出版社,2016年,第115页。

⑤洪振强:《社会主义意识的认同塑造:1950年代武汉的展览会》,《二十一世纪》2011年12月号。

"文化大革命"时期展览活动进行案例分析,认为这是另类的展览①。李静萍论述了大寨式农业典型展览、农业副业展览和水利展览是在学大寨运动兴起初期举办的;这三次展览展示了各地在学大寨运动中所采取的具体做法以及所积累的宝贵经验②。

2.展览活动与经济发展

展览活动在经济建设中扮演重要角色。新中国成立初期举办的物资交流展览会,促进了国民经济的恢复。王巧鹏以 20 世纪 50 年代华北城乡物资交流大会为研究个案,探讨新中国成立后,在国民经济恢复发展过程中,中央政府是如何致力于"国计民生"这一攸关国家和民众前途命运的大事的。文章将城乡物资交流大会作为国家与民众、中央与地方、城市与乡村之间相互关系建构的重要场域,进而考察分析国家形象的塑造与民众利益诉求的复杂关联③。杨建慧研究了中南区第一届土特产展览交流大会,对大会的兴起背景、筹备组织、会场概况、历史特点和社会影响等进行了系统的阐述④。

展览活动与城市经济发展有着密切联系。艾险峰考察 1909—2010 年博览会与武汉城市社会变动的关联。她认为,1949—1979 年三十年间展览会与武汉城市的互动发展,很大程度上是指武汉城市社会的变动以自上而下的行政督办力量,通过展览会展示出来。同样,这些展览会通过强化社会主义宣传教育与动员效力,又进一步推动了武汉城市社会的变动⑤。此外,蔡成喜详尽地叙述了第一次日本商品展览会⑥的来龙去脉,资料丰富,内容充实。何立波叙述了 20 世纪 50 年代东北新农具展览会、规模宏大的三届全国农业展览会和向世界展示中国新成就的广交会⑦。文章较短,只是简单介绍史实。

3.展览活动与文化科技交流

展览是一种文化,展览活动也是一种文化活动。学术界在这方面研究

①卫东风:《另类的展示——"文革"时期展览活动案例分析》,《大众文艺》2009 年第 9 期。

②李静萍:《学大寨号召提出后三次全国农业展览述要》,《沧桑》2011 年第 6 期。

③王巧鹏:《国计民生:1950 年代初华北城乡物资交流会研究》,山西大学硕士学位论文,2014 年。

④杨建慧:《中南区第一届土特产展览交流大会之研究》,华中师范大学硕士学位论文,2013 年。

⑤艾险峰:《博览会与武汉城市社会互动发展研究(1909—2010)》,华中师范大学博士学位论文,2011 年。

⑥蔡成喜:《轰动北京的第一次日本商品展览会》,《纵横》2002 年第 12 期。

⑦何立波:《20 世纪 50 年代的中国展览会》,《党史博览》2009 年第 11 期。

较多。陶金研究了全国版画作品展览,他从全国版画展览史料的分析入
手,廓清新中国成立后所举办的制度性展览会的基本面貌,厘清其发展脉
络,阐明新中国的版画展览对中国创作版画发展的影响及相互关系①。赵
建伟研究了首届全国美术工艺品展览会,该会是新中国建立之初举办的第
一次规格最高、规模最大的国家级工艺美术展览,极大地促进了新中国的
文化交流与文化建设②。胡清清研究了新中国对外美术交流展,她认为在
"古为今用、洋为中用""文化先行、外交殿后"等外交政策的影响下,新中国
有选择地与世界上其他国家进行了一系列的美术展览交流,对新中国造型
艺术的变革与发展发挥了至关重要的作用③。武洪滨的研究颇有代表性,
他出版了一本艺术博览会的专著,论述了艺术博览会的历史渊源及当代阐
释,探讨了中国艺术博览会"学术性"建构历程及现象剖析,研究了中国艺
术博览会的价值目标和现实策略等问题④。

　　展览活动是科技成果集中展示的平台,也是科技成果快速传播的载
体。对这方面的研究,目前仍比较薄弱。杨文君对 1951 年华南土特产展
览交流大会的事件及建筑群进行了系统的回顾与分析,结合对大会亲历者
的采访与文献记录,展馆设计蓝图、合约与施工说明等史料原件的研究,阐
明华南土展会建筑群是新中国第一次有现代主义倾向的集群设计,是塑造
新中国岭南现代建筑地域性格的重要开端⑤。

　　4. 展览活动与对外开放

　　边疆博览会是中国与周边国家联系的重要纽带。刘明广将 21 世纪以
来中国与周边国家在中国边疆地区举办的博览会活动作为分析研究对象,
比较系统地回答了中国边疆地区博览会所具有的动力机制和功能维度,全
面而深刻地分析了其对中国周边战略的影响,并根据中国边疆地区博览会
发展过程的趋势和所面临的挑战,提出了有针对性的对策和建议⑥。

　　广交会是中国对外贸易的窗口,也是中国开放的窗口。何慧论述了广

①陶金:《中国"制度性"版画展览研究——以全国版画作品展览(1954—2013)为例》,华中师范大
　学硕士学位论文,2014 年。
②赵建伟:《首届"全国美术工艺品展览会"研究》,山东工艺美术学院硕士学位论文,2013 年。
③胡清清:《新中国的对外美术交流展研究(1949—1966)》,南京艺术学院博士学位论文,2016 年。
④武洪滨:《当代中国艺术博览会研究》,华中师范大学出版社,2011 年,第 8—9 页。
⑤杨文君:《1951 年华南土特产展览交流大会建筑研究》,华南理工大学硕士学位论文,2015 年。
⑥刘明广:《中国边疆地区博览会研究——基于周边战略的视角》封底,经济管理出版社,2015 年。

交会在六个时期的发展历程，指出这一历程折射了中国对自身及外部世界认识的变化，留下了冷战转型过程中中国逐渐融入世界的痕迹①。参加世博会是中国对外开放的重要举措。笔者论述了改革开放后，中国政府基于历史和现实的综合权衡，参加了许多重要的世界博览会。中国参展具有政府高度重视、展品契合博览会主题、富有中国民族特色等显著特点，不仅促进了国内各方面的发展，还塑造了中国良好的国际形象②。

综上所述，当代中国展览活动史研究呈现以下特点：在时段上，对"大跃进"和"文化大革命"期间的展览，较少有人研究；在研究类别上，对国内展览研究较多，但对出国展览与外国的来华展览，较少有人研究；在研究形式上，单篇论文较多，专书较少，还没有一本完整的当代中国展览活动史；在研究内容上，个案叙述、介绍较多，联系新中国发展变迁，从多个视角进行探讨的则较少。故研究仍处于起步阶段，有许多相关领域尚未涉及，特别是对当代中国展览史整体研究更是不足，迄今为止，尚无系统研究当代中国产业博览会史、区域博览会史、中外博览会交流史的专门成果。

三、国家形象与政党形象研究回顾

形象研究从西方传过来，激发了中国学者的研究兴趣。不少学者从政治学、人类学、社会学、管理学、经济学、传播学的视角进行研究，取得了丰硕的成果。近些年，从历史的视角研究形象，成果也比较多。比较有代表性的是厦门大学周宁对中国形象的研究③，论述缜密，影响较大。

2012年12月13日，中国社会科学院历史研究所主办"形象史学学术研讨会"，来自国家文物局、故宫博物院、中华书局、清华大学、中央美术学院、四川大学，以及中国社会科学院历史研究所、考古研究所、文学研究所、宗教研究所等多家文保单位、知名大学与科研机构的50余位学者参加。与会者从文物学、历史学、考古学、文学、美术学、宗教学等学科视野出发，针对形象史学的概念、内涵、学术渊源、理论架构、研究方法等问题进行了

---

① 何慧：《广交会与中国的对外开放》，《二十一世纪》2008年2月号。
② 夏松涛：《改革开放以来中国参加世博会的历程及其启示》，《当代中国史研究》2010年第1期。
③ 周宁：《中国形象：西方的学说与传说》，学苑出版社，2004年；周宁：《天朝遥远：西方的中国形象研究》，北京大学出版社，2006年；周宁：《世界之中国：域外中国形象研究》，南京大学出版社，2007年；周宁：《异想天开：西洋镜里看中国》，南京大学出版社，2007年；周宁：《世界的中国形象》，人民出版社，2010年；等。

较为充分的探讨①。

国家形象和政党形象是中国近现代史研究的重要问题。早在 1998 年,中国学者就翻译了明恩溥的名作《中国人的特性》②。随后,一批关于中国形象的书籍被翻译引进③。2003 年,复旦大学历史学系、复旦大学中外现代化进程研究中心编写的《近代中国的国家形象与国家认同》④,极大地推动了国家形象研究。梳理已有的研究,学界对女性形象研究、名人形象(曾国藩、李鸿章、袁世凯、孙中山、毛泽东等)研究、外国形象研究与中国形象研究非常关注,取得了较多的成就。如台湾学者潘光哲借用 Alfred Schutz"知识仓库"的概念,梳理了华盛顿形象在近代中国的流传情况,同时关照孙中山"国父"形象的制作及打造何种历史记忆的问题⑤。陈建华对拿破仑的研究,审视了晚清的小说革命化及民初的都市文化和民主观念⑥。这些研究观点新颖,视角独特。

在建构国家和政党形象方式上,许多学者从不同的方面进行论述。余居道采纳爱德华·萨义德在《东方学》中进行权力话语分析的后殖民主义理论,对近代美国来华传教士所作有关中国和中国人形象的著作进行分析⑦。曹树基认为,20 世纪 50 年代民众对国家的规划和目标作出积极的反应,这些反应有可能对国家新规划、新目标的定位产生重大的影响。从这个意义上说,20 世纪 50 年代新的国家形象的塑造是国家与农民"同谋"的结果⑧。阳海燕通过对 1951 年《光明日报》国庆征文文本的分析,探讨文艺副刊所建构出来的新中国成立初期国家形象的内涵及其特点,并反思其

---

①刘中玉:《"形象史学学术研讨会"综述》,《中国史研究动态》2013 年第 2 期。

②〔美〕明恩溥著,匡雁鹏译:《中国人的特性》,光明日报出版社,1998 年。

③〔美〕卫三畏著,陈俱译:《中国总论》,上海古籍出版社,2005 年;〔英〕雷蒙·道森著,常绍民、明毅译:《中国变色龙:对于欧洲中国文明观的分析》,中华书局,2006 年;〔美〕何天爵著,鞠方安译:《真正的中国佬》,中华书局,2006 年;等等。

④复旦大学历史学系、复旦大学中外现代化进程研究中心编:《近代中国的国家形象与国家认同》,上海古籍出版社,2003 年。

⑤潘光哲:《华盛顿在中国——制作"国父"》,台北三民书局,2006 年。

⑥陈建华:《拿破仑"三戴绿头巾"——民国初期都市传播文化的女权与民主倾向》,《学术月刊》2013 年第 3 期。

⑦余居道:《近代美国来华传教士与东方主义化的中国形象:世界体系中的意识形态霸权》,华东师范大学硕士学位论文,2011 年。

⑧曹树基:《国家形象的塑造——以 1950 年代的国家话语为中心》,《上海交通大学学报》2008 年第 3 期。

形象建构的不足之处①。陆勇指出，"天朝大国"形象陨落后，清政府在"中国"观念的调适中，一度重塑近代"中国"的国家形象，但是伴随传统大一统外围屏障的丢失和国家主权危机的加深，这种努力收效甚微；随着"民族国家"话语霸权的形成，中国"国家形象"的构想出现了"汉民族"国家和"大民族"国家的分野。基于"大民族"国家观念，清政府在整合东北和藏区疆域过程中，重塑了近代中国整体国家形象②。周勇认为，城市形象是国家形象的组成部分。在抗日战争时期，重庆是中国的战时首都，是世界反法西斯战争东方战场统帅部所在地，在这里发生了许许多多早已载入史册的故事。这些故事就是中国故事，重庆这座城市的形象则是那个时代的中国形象。深入发掘重庆城市的历史资源，讲好重庆的战时故事，对于建构真实的中国国家历史形象意义重大③。此外，一些新闻传播史的专著④，也较好地研究了建构国家形象和政党形象的问题。

外国人眼中的中国形象是域外的视角，也是学界关注的焦点。王鸣彦指出，日本人长期以来一直都醉心沉迷于中国文化，相同的书写文字及文化渊源使中日双方对彼此有着更深层次的了解。事实上，这份亲切感奠定了双方交流的基础，但却让日本人误以为自己能够正确地理解和解读中国。这批日本赴华游者留下了大量的游记，他们从各自不同的角度书写中国，重塑他们眼中的近代中国形象。但他们的作品大多都掺杂着自己的民族意识及预设目的，他们所塑造的近代中国形象都是偏激而片面的，是为日本军国主义服务的⑤。朱琳采用定性研究和定量研究相结合的方法，选取了 1949—1999 年这五十年间美国《时代》周刊的涉华报道进行话语分析，认为中国形象经历了四个阶段：即邪恶中国阶段(1949—1971)、向美好过渡阶段(1972—1978)、美好中国阶段(1979—1988)、"中国威胁"论阶段

① 阳海燕：《新中国初期报纸副刊中的国家形象塑造——以 1951 年〈光明日报〉的国庆征文为例》，《当代传播》2008 年第 6 期。

② 陆勇：《从观念调适到疆域整合：晚清中国整体国家形象的重塑》，《西南科技大学学报》2014 年第 3 期。

③ 周勇：《城市历史资源与国家形象建构——基于重庆抗战文化资源的影像传播》，《新闻研究导刊》2015 年第 19 期。

④ 主要有姚遥：《新中国对外宣传史：建构现代中国的国际话语权》，清华大学出版社，2014 年；习少颖：《1949—1966 中国对外宣传史研究》，华中科技大学出版社，2010 年。

⑤ 王鸣彦：《近代游华日本人眼中的中国形象重塑》，上海师范大学硕士学位论文，2012 年。

(1989—1999)①。刘礼飞围绕额尔金来华这一历史事件展开讨论,通过对日记、游记等文本进行的分析,探讨他眼中的中国形象,并且尝试对同时代中国人眼中的英国形象进行考察,试图揭示出中英互视下异国形象差别的深层文化内涵②。王楼进以比较文学形象学和萨义德的后殖民理论分析清末民初西方人眼中的中国形象,认为清末民初的中国形象呈现出意识形态和乌托邦两种类型,这是启蒙思想"现代性"视野中停滞、专制、保守的帝国形象的继续③。

　　关于展览活动与国家形象以及政党形象关系问题,一直是博览会研究的热点。展览活动的兴起与发展,恰好见证了世界范围内民族国家的兴起与发展过程。近代中国通过博览会塑造出了什么形象?洪振强研究了晚清博览会与国家形象的关系,他指出:"在国际博览会上,近代西方国家对晚清中国'国家'塑造以外力压迫方式产生了影响。晚清时人既在博览会言论中谈及大量'国'之词汇,又与在会场上羞辱中国的诸多行径进行坚决抗争。这些言行中所蕴含的'国家'观念是对近代西方国家的一种条件反射式移植,与中国由清政府主导而展示出来的王朝、文化和农业三位一体的传统国家形象之间有着较大落差,虽缺乏近代国家之真义,但具有建设一个富强的近代国家的价值追求。"④陈蕴茜研究了民国展览与政党形象的关系,她认为:"南京国民政府成立后,各地充分利用纪念馆的常年展与各类临时展来纪念、宣传孙中山和辛亥革命,并通过展览陈列的视觉冲击让人们感知辛亥革命的艰辛与壮烈,形成深刻的革命记忆,以强化国民党统治的合法性。"⑤丁蕾透过分析物品的展示方式及其象征意义,"探讨民国时期的公共展览如何在政府、学者等力量的共同推动下,通过公共展览建构区域形象"⑥。胡斌具有宏观视野,他考察了世博会100多年的历程,阐述中国透过这一窗口向世界呈现自身形象的时代变奏和文化要义⑦。

①朱琳:《1949—1999年美国〈时代〉周刊上的中国形象研究》,华东师范大学硕士学位论文,2007年。
②刘礼飞:《额尔金眼中的中国形象》,南京大学硕士学位论文,2013年。
③王楼进:《清末民初西方的中国形象》,首都师范大学硕士学位论文,2007年。
④洪振强:《国际博览会与晚清中国"国家"之形塑》,《历史研究》2011年第6期。
⑤陈蕴茜:《地方展览与辛亥革命记忆塑造(1927~1949)》,《江海学刊》2011年第4期。
⑥丁蕾:《从私藏到公共展览:民国时期广州的博物馆和展览会》,社会科学文献出版社,2017年。
⑦胡斌:《何以代表中国——中国在世博会上的展示与国家形象的呈现》,岭南美术出版社,2016年。

　　博览会是展示和塑造形象的绝佳场所，台湾学者对这个问题也非常关注。吕绍理的专著《展示台湾：权力、空间与殖民统治的形象表述》较好地论述了博览会与台湾形象建构的关系，是博览会研究的代表性作品①。王正华运用文化人类学的方法，从"中国"整体展示和"民族国家"形塑的角度，细致分析了圣路易斯博览会中中国的参展品及其陈列方式，认为中国展品没有体现出博览会的"现代性的展示秩序"②。吴淑瑛研究了中国参加1935年伦敦国际艺术展览会的情况，她认为，中国参展是为了"宣扬国威"和"发扬中国文化"，但在实际展览过程中，所呈现的并非"中国"艺术或文化，更偏向是英国"想象或构建"出的中国艺术与文化③。这些文章都注重实证，从新的视角来推进博览会的研究，但都集中在晚清和民国研究，对新中国展览活动与形象建构问题涉及较少。

　　总之，学术界对中国近现代形象的历史研究取得了丰硕的成果，但是仍存在一些不足，主要表现在：有些研究在进行低水平重复，观点上的交锋与碰撞较少。因此，在今后的研究中，应注意学术史的积累，加强理论分析与观点创新；同时，要拓宽研究领域，引入"他山之石"，进行交叉学科研究。这样，我们才会有更新的学术成果。

第三节　研究对象与视角

一、相关概念

　　毛泽东曾说："概念这种东西已经不是事物的现象，不是事物的各个片面，不是它们的外部联系，而是抓住了事物的本质，事物的全体，事物的内部联系了。"④历史概念反映了历史现象本质的、内在的联系，是人脑对历史事件、历史现象和历史人物的本质特性的反映。所以，本书要对几个重要概念进行厘定。

---

①吕绍理：《展示台湾：权力、空间与殖民统治的形象表述》，台北麦田出版，2005年。
②王正华：《呈现"中国"：晚清参与1904年美国圣路易万国博览会之研究》，黄克武主编：《书中有话：近代中国的视觉表述与文化构图》，中研院近代史研究所，2003年。
③吴淑瑛：《博物馆展览与国族、文化的想像——以"伦敦中国艺术国际展览会(1935—1936)"为例的观察》，《近代中国》2004年第157期(台北)。
④毛泽东：《毛泽东选集》第1卷，人民出版社，1991年，第285页。

1. 新中国与新生政权

对"中国"这个概念的出现与流变,台湾学者王尔敏曾进行了翔实的考证①。最早提出和使用"新中国"这个词的,是戊戌变法失败后的立宪派。1902 年 6 月,梁启超在《杭州白话报》上首次提出:"千句话并一句话,因为是旧中国不好,要想造成那一种新中国。"②同年 11 月,梁启超发表小说《新中国未来记》,希望中国建立为以立宪民主为基础的现代中国。毛泽东在《新民主主义论》中曾说,新民主主义共和国就是"新三民主义的共和国","就是今天'建国'工作的唯一正确的方向"③。1949 年 9 月 21 日,刘少奇曾说,我们要"把落后的中国建设成为独立、民主、和平、统一和富强的新中国"。随后通过的《共同纲领》又将其正式表述为:中华人民共和国"为中国的独立、民主、和平、统一和富强而奋斗"。本书的"新中国",特指的是中华人民共和国。"新生政权"指的是新成立的政权,即中央人民政府。新中国与新生政权虽有区别,但在本书中两者内涵相似。

2. 展览与展览会

展览的概念,可以分为广义和狭义。广义是指一切供人们参观的陈列展出,包括图书馆和博物馆等的陈列展出;狭义是指特定的和临时性的陈列展出④。从狭义上讲,陈列与展览有不同之处⑤。展览会的概念则有多种界定。根据《辞海》的解释,展览会是指"用固定或巡回的方式,公开展出工农业产品、手工业制品、艺术作品、图书、图片,以及各种重要实物、标本、模型等,供参观、欣赏的一种临时性组织",组织许多国家、地区参加的产品展览会,则常称"博览会"⑥。《文汇报》对展览会则定义为:"陈列物品在预定期间内公开供人参观,通称展览会;规模巨大的,过去曾称博览会。其性

①王尔敏:《"中国"名称溯源及其近代诠释》,《中国近代思想史论》,社会科学文献出版社,2003 年,第 371 页。

②王占阳:《新中国:百年来的理想与实践》,《炎黄春秋》2011 年第 8 期。

③毛泽东:《毛泽东选集》(袖珍合订本),人民出版社,1969 年,第 638 页。

④潘杰:《中国展览史》,电子科技出版社,1993 年,第 3 页。

⑤有人说:"表现学术性的是陈列,表现成就的是展览";"为科学家或专家而组织布置的是陈列,对广大群众进行宣传教育的是展览";"用日光的是陈列,用灯光的是展览";"结合政治任务的是展览,不结合政治任务的是陈列";"几个部门联合举办的是展览,由博物馆单独举办的是陈列";"设计布置得色调气氛热烈、制作粗糙的是展览,设计布置得色调气氛清雅大方、制作精致的是陈列";"有说明员的是展览,没有说明员的是陈列"等等。见王书庄:《在博物馆工作中展开"百家争鸣"——试谈陈列与展览》,《文物参考资料》1957 年第 2 期。

⑥夏征农主编:《辞海》(缩印本),上海辞书出版社,2000 年,第 1299 页。

质有关于文化的(如太平天国史料展览)，政治的(如反特展览及抗美援朝街道展览)，经济的(主要为物产展览)种种，其规模有限于个别单位或一定地区，有扩大为国际性的。"①从回归原生态历史出发，笔者认为后者更符合新中国成立初期展览会的历史。展览的概念，本书所采用的是其广义概念，指新中国成立初期一切供人们参观的陈列展出。在行文过程中，笔者会根据不同语境，把展览活动、展览会、博览会等概念交叉使用。

3.博览会

有学者认为，早在古代，中国就举行过博览会②。这种博览会实际上也是一种展览会，与近代以来的万国博览会很不相同。目前，学界普遍认为"博览会之创设，自 1798 年法国拿破仑始，嗣后各国群起仿行"③。博览会在语义上的纠葛，吴松弟认为，"世界博览会"或"世博会"只是一种笼统的叫法，他依据海关档案资料考证了多个博览会的称呼④，非常有价值。世博会的概念在近代中国也比较复杂，应该重新厘清。王水卿认为，晚清时期的世博会常翻译为"赛会""赛奇会""赛奇公会""炫奇会""聚珍会""万国赛会"或"万国博览会"等名称，直到 1939 年美国举行纽约世博会时，"世界博览会"这一现代名称才开始被广泛采用，并大量载诸于报端⑤。新中国成立初期，《人民日报》对博览会下了定义："博览会按其原文来讲，等于中国的市集或庙会。"⑥这个定义混淆了博览会与传统庙会的区别。所以，

① 《展览会》，《文汇报》1951 年 6 月 12 日，第 8 版。
② 公元 742 年，在唐代首都长安举行了我国历史上有记载以来的第一次物品展示博览会。据《旧唐书》记载，天宝元年陕郡太守兼水陆转运使韦坚为了逢迎唐玄宗并吹嘘大唐开元盛世，召集全国大小船只 300 多艘于广运潭侧，并汇集展出各省的名牌商品如广陵的锦、镜、铜器和海味，丹阳郡的绞纱缎，会稽郡的铜器和绛纱，南海郡的袚帽、珍珠、象牙、沉香，豫章郡的名瓷、笔和药材，始安郡的蛇胆、翡翠等，天下万物精品云集，应有尽有，美不胜收。各船都标有产地，船上人员身着本地服装，载歌载舞，观者万余。这虽是中国历史上第一次有文字记载的博览会，但它实质上是韦坚动用国家运输船队搞的一次讨好皇帝的贡品大展示。由于是贡品，普通商人和老百姓只能开开眼，并不能介入买卖，对促进商品流通和国家经济无实质影响。载中国贸促会宣传出版部编：《中国展览年鉴(1999 年)》，光明日报出版社，1999 年，第 54 页。
③ 全国图书馆文献缩微复制中心编：《中国早期博览会资料汇编》(第 4 编)，中共中央党校出版社，2003 年，第 11 页。
④ 吴松弟：《走向世界：中国参加早期世界博览会的历史研究——以中国旧海关出版物为中心》，《史林》2009 年第 2 期。
⑤ 王水卿：《民国时期中国与世博会关系研究》，湖南师范大学硕士学位论文，2007 年，第 4 页。
⑥ 何疆：《莱比锡博览会介绍——我国以货品、图片首次参加博览》，《人民日报》1951 年 3 月 14 日，第 4 版。

笔者本书所论述的博览会将采取其广义的概念,不仅包括中国1949—1957年参加的国际博览会,还包括中国在国外举办的展览会。

4.形象与国家形象

"形象"在《现代汉语词典》的解释是:"能引起人的思想或感情活动的具体形式或姿态。"①在《朗文当代英文词典》中对"形象"的解释是:"某人或某事在他人脑海里留下的图像;多数人对某人、某组织或某一事物所持有的普遍判断和看法。"②关于国家形象,目前还没有统一的定义,代表性的观点有:李寿源认为,国家形象是"一个主权国家和民族在世界舞台上所展示的形状相貌及国际环境中的舆论反映"③;杨伟芬认为,国家形象是"国际社会公众对一国相对稳定的总体评价"④;张毓强认为,国家形象是"一个主权国家系统运动过程中发出的信息被公众映像后在特定条件下通过特定媒介的输出"⑤。本书比较认同管文虎的观点,他认为:"国家形象是国家力量和民族精神的表现和象征,是主权国家最主要的无形资产,是综合国力的集中体现。"⑥国家形象包括两个方面的内容,一是国内形象,即内部公众的评价与认定;二是国际形象,即外部公众的评价与认定。

二、时段与地域

本书研究时段集中在20世纪50年代,而且这一时期的历史日益受到学界的重视。朱英曾说:"1950年代的中国,正越来越受到研究者的关注和重视,相关的成果也日益增多。这一方面由于该'年代'是中国历史发展的重要转折时期,对此后中国发展的走向产生了深刻的影响,而以往的研究却相当薄弱;另一方面,也缘于相当一部分近代史研究者打破了过去近代史和当代史的所谓学科隔阂,将研究视野下延至1950年代。"⑦2004年8

①《现代汉语词典》,商务印书馆,2002年,第1410页。
②《朗文当代英文词典》,外语教学与研究出版社,1999年,第709页。
③李寿源主编:《国际关系与中国外交——大众传播的独特风景线》,北京广播学院出版社,1999年,第305页。
④杨伟芬:《渗透与互动——广播电视与国际关系》,北京广播学院出版社,2000年,第25页。
⑤张毓强:《国家形象刍议》,《现代传播》2002年第2期。
⑥管文虎:《国家形象论》,成都电子科技大学出版社,2000年,第23页。
⑦朱英:《"年代"史:历史学研究的新视野》,《光明日报》2007年4月20日,第9版。

月，复旦大学历史系与《中国社会科学》编辑部联合举办了主题为"1950年代的中国"的国际学术研讨会。20世纪50年代距今已60多年，大量档案的开放和文献的出版，也吸引着学界把目光投到这个领域，这极大增强了我研究的信心。

由于以往关于中国当代展览活动史的研究尚留有较大的研究空间，笔者曾考虑研究1949—1978年的展览，但感觉过于笼统，容易流于一般，很难写出深度和新意，所以最后将这个设想放弃了。记得著名历史学家章开沅先生曾说："我对博士论文的要求，只有一个'严'字，就是出高水平的论文。不要把做专著来写。论文和专著是有分别的。论文不同于专著，最大的区别是论文比专著更专、更深，因而更新些。"[1]本书是笔者的博士论文，故笔者不想把博士论文写成一般的专著，只想在实证的基础上进行一定的学术创新。

之所以写到1957年，主要因1957年是中国历史的重要分水岭。美国著名历史学家费正清在为其主编的两卷本《剑桥中华人民共和国史》所作的序言中写道：这一卷分为两个部分，是由1958年党的政策发生重要变化并影响社会一切方面这一情况所决定的[2]。1957年后展览发展受"左"的思想影响，出现了畸形发展，尤其是"大跃进"期间举办的展览会，与1949—1957年间的展览会有较大不同。此外，1957年后有大量的展览文献和档案资料，但有些目前处于半开放状态，使用困难，在研究时史料上难免会出现遗漏，故我决定研究1949—1957年的展览活动。

鉴于本书是对展览的宏观研究，所以有必要对研究的地域进行交代。由于有不少资料，尤其是档案资料处于不开放或半开放状态，所以笔者只能注意微观事件与宏观时代背景的结合，在爬梳材料、厘清史实的前提下，选取一些重要的展览，辅以其他各种有代表性的展览进行研究。需要指出的是，新中国成立初期各地博物馆、美术馆、文化馆举办了许多的展览。基于篇幅限制和资料局限，笔者主要论述中国在国内展览馆举办的展览，也会对中国在外国举办的展览和参加的国际博览会进行梳理。在行文过程

---

①华中师范大学中国近代史研究所编：《春风化雨、润物无声——章开沅先生八十华诞纪念集》，2005年，第211页。

②〔美〕R.麦克法夸尔、费正清编：《剑桥中华人民共和国史·序言》（上册），中国社会科学出版社，1998年，第3页。

中,笔者会重点关注有重大影响的展览会和博览会,希冀从不同的研究视角切入,有针对性地展开研究,进行认真的概括、分析和总结,力图有所创新。

三、研究视角

回顾前人的研究视角,主要有两个。一是近代化视角。这一视角极大地推进了博览会的研究,在诸多方面有很强的解释力度,但容易让人陷入"传统—现代"截然对立的认识误区,形成"破坏与建设"的双重注释模式,使人忽视传统在现代面前所呈现出的多层面相。二是中外互动交流的视角。以这个视角研究博览会史,既可反映中国走向世界,又可反映世界了解中国的情况,反映出中国与世界相互呈现的影像、情感、观念相当复杂,很值得研究。除此之外,学者们也采用其他视角对博览会进行研究。如美国学者格林翰从文化社会学的视角,对世博会与大众社会、人种展示、妇女以及美术品等进行了专题讨论。日本学者吉田光邦从技术发展史的角度,对博览会与人类科技发展的关系进行了深入的研究①。日本学者吉见俊哉则从多角度对博览会与帝国主义、消费社会、大众娱乐间的关系进行了阐述②。还有一些学者从文明的视角、区域经济视角、全球化视角等对博览会进行研究③,值得学习借鉴。这些成果大多数是跨学科的,视角独特,方法巧妙,令人耳目一新,大受启发。

值得一提的是,台湾学者吕绍理提出了五类研究取径:"史实重建、行动者观察视角、博览会为丰富的象征文化场域、近代规训权力施展的结果与现代化的庞大表征。"④作者本人在研究台湾博览会时,除了延续前人研究成果所强调的权力秩序取径外,更侧重空间与游戏、娱乐和消费之间的关系,从而深化了对殖民统治的形象表述的研究,获得学界的好评,所以这些方法值得借鉴。

---

① 〔日〕吉田邦光编:《万国博览会之研究》,东京思文阁,1996年。
② 〔日〕吉见俊哉:《博览会的政治学》,台湾群学出版有限公司,2010年。
③ 〔美〕阿尔弗雷德·海勒著,吴惠族等译:《文明的进程——世博会的发展与思考》,上海科学技术文献出版社,2003年;〔美〕阿尔诺·勃兰特著,任树银等译:《汉诺威世博会对区域经济的影响》,上海科学技术文献出版社,2003年;〔美〕克劳德·塞尔旺、〔日〕竹田一平著,魏家雨等译:《国际级博览会影响研究》,上海科学技术文献出版社,2003年。
④ 吕绍理:《展示台湾:权力、空间与殖民统治的形象表述》,台北麦田出版,2005年,第30—36页。

　　以前博览会史研究视角中的"现代化"路径和共和国史研究视角中的"革命史"路径，极大推动了相关研究，但容易陷入"目的论"的窠臼，导致那些不符合其"目的"的历史面相被遮蔽或扭曲。因此，要对展览史研究作新的探索，必须采用新的研究视角。本书主要采用两个研究视角。

　　1. 空间视角

　　公共空间在西方是一个发展着的概念，不同历史时期具有不同的内涵。展览是公众聚集的场所，所以可以作为公共空间。这和西方的空间概念是有一定区别的。自 20 世纪 90 年代始，空间在历史学界就受到重视，目前，王笛、熊月之、许纪霖、连玲玲等学者对成都、上海等地的公共空间等进行研究，取得了非常出色的成果[1]。南京大学陈蕴茜、李恭忠等学者围绕以孙中山为基点打造的那一套象征性符号系统，研究了奉安大典、国父的生成、总理纪念周、总理遗像、植树节、中山路、中山装、中山公园等课题[2]，令人耳目一新。

　　目前，学术界对新中国政治文化的研究，多侧重于探讨其意识形态，但已有研究开始探讨中国共产党如何运用文化符号来建构其政治统治[3]。笔者希望通过展览活动研究揭示出新中国成立后主流意识形态是如何通过各种途径由展览空间向不同层次的时人散布的，时人的感受和反应又是如何，对中国共产党和国家的形象有何影响，展览活动如何构建民众日常生活的空间实践等问题。在研究方法上，笔者试图将"空间"纳入中共党史研究的学术视野之中，以"空间"展开对相关问题的分析，这在一定程度上避免了过去以"传统—近代""国家—社会"等二元对立方法切入历史研究的不足。笔者希望以 1949—1957 年间红色会展的象征符号系统在展览空间中的呈现、转化和流变为对象，作一些讨论，同前人的研究进行一定的对话。

---

① 主要有王笛：《街头文化：成都公共空间、下层民众与地方政治，1870—1930》，中国人民大学出版社，2006 年；熊月之：《晚清上海私园开放与公共空间的拓展》，《学术月刊》1998 年第 8 期；许纪霖：《近代中国城市的公共领域——以上海为例》，高瑞泉等主编：《中国的现代性与城市知识分子》，上海古籍出版社，2004 年；连玲玲：《打造消费天堂：百货公司与近代上海城市文化》，社会科学文献出版社，2018 年。

② 主要有陈蕴茜：《崇拜与记忆——孙中山符号的建构与传播》，南京大学出版社，2009 年；李恭忠：《中山陵：一个现代政治符号的诞生》，社会科学文献出版社，2009 年。

③ Chang-Tai Hung, *Mao's New World: Political Culture in the Early People's Republic*, Ithaca: Cornell University Press, 2011.

2.权力视角

权力理论是福柯提出来的,在西方社会科学产生很大的影响,对中国历史学的研究也有促进作用。所谓权力,并不只存在于战场、刑场、绞刑架、皇冠、权杖、夹板或红头文件中,它也普遍地存在于人们的日常生活、传统习俗、闲谈碎语、道听途说,乃至众目睽睽之中。权力决不是一种简单的存在,它是一种综合性力量,一种无处不在的复杂实体。当一个国王头戴王冠血惶惶不可终日的时候,这本身就证明在他所统治的臣民中也同时存在着威胁该种王权的权力。这同时也说明,权力作为一种势力关系、一种自由意志、一种强制性话语、一种渗透性力量,必将作用于人类活动、人类关系的一切方面①。福柯的权力观在20世纪70年代发生了很大的变化,他继承和改进了尼采的权力观,认为权力不再仅仅是否定和压抑的,而具有了积极主动的生产性,权力在不断地塑造它的对象。监狱、身体、性等成为福柯分析权力运作机制的载体。

笔者在阅读史料的时候,发现大量的展览资料与权力有关。因为1949年后,中国共产党进行的社会改造,完成了从未有过的组织化建构,从而使党和政府的影响渗透到私人生活的各个角落。同时,在党的历史上,"反复出现的群众运动是中共政治自1933年以来的一个特征,也是中华人民共和国自成立以来政府运作的一种主要方式"②。新中国成立后直至改革开放前中国进行了各种各样的运动,包括举办的各种展览活动,权力对展览活动的影响非常大。借用权力理论对历史进行研究,已有相当一些有分量的作品。如郭于华以陕北一个村庄中妇女对农业集体化时期的记忆为考察对象,讨论了女性记忆的内容和特点以及宏大的国家工程对普通民众精神和生存状态的重新建构过程。普通民众在此过程中所体验的苦难与快乐,正是国家"符号权力"治理作用的表现③。从民众日常感受的角度透视国家的政治运作,从民众小历史观察国家大叙事,正是该文的创新之处。又如台湾学者吕绍理利用权力理论对台湾展览会的研究。他借用福柯的观点,形象生动地展示了博览会"全景敞视主义"所建构的空间,为深入研究打下了坚实的理论基础。新中国成立后的展览活动及其话语

①张之沧:《福柯的微观权力分析》,《福建论坛》2005年第5期。

②〔美〕詹姆斯·R.汤森等著,顾速、董方译:《中国政治》,江苏人民出版社,1995年,第153页。

③郭于华:《心灵的集体化:陕北骥村农业合作化的女性记忆》,《中国社会科学》2003年第4期。

建构，可以看作是政治权力和象征资本生产和再生产的重要转换空间，通过权力理论，可以揭示展览活动的运作机制，透视展览活动的公共空间，从而探寻展览活动对国家形象的塑造，因此是本书的重要研究视角。

　　总之，对展览活动史的研究不能囿于传统史学的叙事方式和视野，必须是对多学科研究方法的适当整合与灵活运用。就本书而言，引入空间理论，可能给人以"生搬硬套""食而不化"之感，故笔者会妥善地运用新的研究视角和理论模式，力争发现以往视而不见的材料暗角和"边角料"，推进会展史的研究。

第四节　研究方法、创新与内容

一、研究方法

　　研究方法是衡量研究成果价值的重要标准之一，方法是否科学与严谨，将直接影响研究成果的可信度和含金量。兼容并蓄，使各种研究方法都能发挥其长处，无论是对微观研究，还是宏观研究；无论是对定性分析，还是定量分析，都是值得利用的。以下是本书采取的主要研究方法：

　　1.比较的方法

　　比较的方法是一种重要研究方法，它可以鉴别史学现象，开拓史学视野，揭示史学真谛，提升史学水准。将解放区举办的展览与国统区举办的展览进行比较，将新中国成立前后举办的展览进行比较，将中国与外国举办的展览进行比较，可以加深我们对新中国初期展览历史的认识。通过比较，我们可以避免先入为主，简单地印证某些西方理论，而是坚持以活生生的研究对象和基本的研究材料为本位，得出较为理性的结论。

　　2.口述调查的方法

　　为了尽可能还原历史，笔者较为注意对当时报刊等资料的考证和鉴别，通过查阅多个档案馆的资料，尽可能避免被当年报刊的倾向性所左右。另外，笔者进行了口述访谈。口述史调查包括两个方面：一是过去的"口述"，即参观者观看展览的感受、留言、日记等，由此可以获知当时人对展览的真实感受；二是现在的"口述"，即对经历过展览活动的今人进行调查采访，由他们口述对展览的回忆和感受，从而获知展览视域下的"个人"和"社会"的真实状况。这是研究新中国成立初期展览适宜采用的方法和手段。笔者曾对多位经历过新中国初期展览活动的老人进行口述调查,取得了一些收获。但是,口述资料有一定局限,正如杨奎松教授所说:"每个人的记忆力都是有限的,每个人即使对亲身经历的事件的了解和认识也必定是片面的。"①另外,和记忆力打交道是有风险的事②,所以本书对口述资料的使用较为谨慎。

3. 新社会文化史的方法

新社会文化史学家对研究对象进行多角度和多层面阐释,揭示出蕴含于它们自身之中的深刻意义与内涵,故一些传统命题在新文化视野下被重新检视,以另具新意的名目再现于读者眼前。新文化史对政治史影响较大,近三四十年来政治史研究出现了"文化转向",这种转向促使符号、形象、仪式、纪念物以及公共纪念活动、庆典、游行等成为学者们关注的对象。展览作为一种社会活动,理应采用新社会文化史的理论进行研究。本书将采用新社会文化史的研究方法,对展览活动的仪式与符号、空间与话语、规训权力施展等进行综合研究和个案分析。

4. 宏观与微观相结合的方法

新中国举办了大量的展览,如果面面俱到,全部进行研究,则得不偿失。只有采取宏观与微观相结合的方法,才能透视历史的真谛。展览研究中一定要注意"抓大放小""以小见大""由表及里""以点带面",不仅要深入研究相关展览的组织、宣传、评奖等内部结构与内在因素,而且要跳出展览,分析影响展览的若干外部因素与条件,以及蕴含其间的社会力量、社会潮流及社会思想。一句话,即透过展览看社会,将对展览的单纯研究上升为展览与社会的相关研究,既要走进展览,又要善于走出展览,将展览与冷战、展览与社会转型、展览与中外关系等联系起来思考,从而拓宽展览研究的视野。

此外,本书还会采用心理学、社会学、计量史学等学科的研究方法。会展史的研究不能囿于传统史学的叙事方式和视野,必须对多学科研究方法

---

①杨奎松:《应该相信记忆,还是应该从档案文献出发?》,《毛泽东与莫斯科的恩恩怨怨·序》,《学问有道:中国现代史研究访谈录》,九州出版社,2009年,第218页。

②〔美〕唐纳德·里奇著,王芝芝、姚力译:《大家来做口述历史:实务指南》,当代中国出版社,2006年,第16页。

进行适当整合与灵活运用。

二、力争创新之处

目前,史学界普遍认为,一部有分量、高水平的学术论著大体要做到三点:全面扎实的史料基础,独特清晰的问题意识,以及与相关学术成果的反思性对话。笔者学力有限,只能努力地向这个方向靠拢。本书拟对新中国成立初期的展览活动进行整体研究,通过多层面的观察与思考,推动博览会研究的学术对话,力争达到四个方面的目标:

1.资料上的创新。马敏教授曾说,史学说到底是一门实证科学,必须以坚实的史料为基础。系统地发掘和整理与展览会相关诸方面的历史资料,乃是深化中国近代博览会史研究的前提条件。一旦离开了这个前提条件,难免陷入"巧妇难为无米之炊"的窘境,一切均无从谈起①。本书搜集整理零散分布在档案、报刊、方志、回忆录、网络、外文书刊等中间的展览活动资料,尤其是中国外交部档案馆档案资料,进行系统归类,将其中有代表性、有趣味性的资料呈现在读者面前。

2.方法上的创新。传统的博览会史研究,除少数深入到了国族认同和民族主义研究外,基本都采取"事件史"路径,在背景、过程、影响、局限上做文章。本书将采用比较法、口述调查法、宏观与微观相结合的方法、新社会文化史的方法,将权力、空间、仪式、符号、话语等理论和方法,用于研究展览活动中。譬如研究展览空间,采取了政治学、经济学、文化学和社会学的方法,研究展览的政治空间、消费空间、文化空间和社会空间,将空间纳入中共党史研究的学术视野之中;又如借鉴新社会文化史中感官文化视角,从身处展览会空间中的人的视觉体验出发,将研究推向深入。

3.研究内容创新。由于目前对新中国初期展览活动研究较少,所以研究内容可以创新,主要表现在四个方面。(1)梳理展览活动的演进脉络。新中国展览从革命展到建设成就展,从国内展到国际展,这个过程较为复杂,本书力图将展览活动的来龙去脉阐释清楚。(2)整理国内展览、出国展览和来华展概况。笔者制作了四张表格,作为本书的附录。借助表格,笔者力图梳理新中国各行业第一次展览会的名称与概况,新中国首次参加亚

①马敏:《中国近代博览会史研究的回顾与思考》,《历史研究》2010年第2期。

洲、欧洲、非洲举办的博览会的名称与概况,苏联等国家到中国举办的各类展览会的名称与概况,并对一些学者的观点提出商榷意见。(3)探讨展览活动与国家形象建构的方式问题。本书从国内展览和出国展览两个方面进行研究,而以前相关的研究较少。国内展览方面,研究了土地改革展览、物资交流展览、土特产展览、抗美援朝展览、解放台湾展览、鞍钢工业展览会、全国农业展览会等;出国展览方面,研究了中国参加的德国莱比锡春季国际博览会、印度尼西亚国际博览会、法国里昂国际博览会、奥地利维也纳国际博览会等。通过对展览的展品及其陈列方式进行阐述,可以较好地呈现新中国的国家形象。

4.研究观点创新。(1)基于对历史的解读和归纳,笔者提出新概念"展览政治"和"展览外交"。这个概念并不成熟,只是表达了我的一些思考。(2)和前人观点进行对话。如有学者认为,改革开放前新中国没有会展经济;又如有外国学者认为新中国民众都是"蓝蚁"形象,但从新中国成立初期的展览会看,这些观点值得商榷,等等。(3)勾勒新中国成立初期国内形象与国际形象。和其他形象研究不同,本书通过大量的文献,尤其是外国人的留言,彰显了中国力量和中国文化。

当然,本书还有很多不足之处,主要是因笔者不是会展学、设计学、博物馆学、美术学专业出身,对展览中的相关专业知识阐释较浅;出国展览的外文资料欠缺,尤其是对英文、俄文、德文、日文资料的搜集还需要加强;对图像的解读运用能力有待提高,虽然知道原始图像对于读者了解展览活动大有裨益,但由于本书研究所用图像都是摄于20世纪50年代的,距今60多年,大都非常模糊,故本书没有收录图像。

三、主要章节安排

本书以新中国成立初期的展览活动为研究对象,从"空间"和"权力"的视角,探究国内展览与中国共产党执政党形象的建构,以及出国展览与新中国国际形象的建构问题,进而分析"展览政治"与国家形象建构的关系。

第一章主要论述新中国成立初期展览活动的发展演进。通过回溯新中国成立前中国共产党的展览工作,比较国共展览会的异同,分析新中国成立初期展览活动兴起的历史条件:既有解放区办展经验的传承,又有国家决策者的重视,还得益于国际会展与来华展的影响。通过划分展览活动的类型，纵向地勾勒新中国成立初期展览会的发展历程。通过论述展览活动的主要嬗变，分析其具有起步较早，发展较快，观众较多，收益较大，政治色彩较浓，教育性鲜明等特点。

第二章主要研究展览活动的筹备及其运行空间。新中国成立初期，中国共产党建立了高效的展览筹备组织，办展过程中遇到的展馆、资金、秩序等问题得到较好的解决。展览会场是重要的教育空间，其空间布局既有苏联特色，又有民族特色。展览活动的场景能再现历史的复杂性和多面相。开幕仪式井然有序，气氛庄严活泼，释放出较强的辐射能量。展览活动"有序"的举行，但也存在"无序"的状况，办展者进行了多方面的应对。展览现场空间能衍生出其他空间，主要是政治空间、消费空间、文化空间和社会空间。政治空间呈现了政治符号与政治表达，消费空间呈现了民众生活与大众娱乐，文化空间呈现了革命文化与展览文化，社会空间呈现了群体互动与社会舆论。空间是深化展览历史研究的重要路径，可以多角度阐述展览活动与社会发展的关系。

第三章主要阐释国内展览对中国共产党执政党形象的建构。在组织展览方面，布置展陈体现了中国共产党的敬业与爱民；展览设计体现中国共产党的好学和智慧；通过推出典型，发挥劳模和先进人物的引领示范作用，表明了塑造社会主义新人的意图。在规训展览方面，罪证展览再现了旧社会的苦难和剥削，揭露了国民党统治的黑暗；革命展览叙述和传播了中国革命史，彰显了中国共产党执政的合法性。通过多样对比，新旧对照，增强了民众对中国共产党执政的信任感。在展览陈列方面，中国共产党借助国防展览展示其保卫国家安全的能力，借助公安展览展示其维护国内秩序的能力，借助防灾展览展示其防治灾害的能力，借助行业展览展示其发展经济的能力。在展览宣传方面，展现了工人、农民以及少数民族等的美好生活，呈现了土产、老字号与名优展品，给民众描绘了建设新中国的美好愿景。归纳起来，国内展览主要通过形塑中国共产党的个体形象，彰显中国共产党执政的合法性，增强民众对中国共产党执政的信任感，传递新生政权的优越性，以此来建构中国共产党的执政党形象。

第四章主要阐释出国展览对新中国国际形象的建构。近代中国，在国际会展上呈现的是"农业中国""艺术中国"和"落后中国"的形象。为了较好地建构良好的国际形象，新中国积极参加国际会展。通过"展览外交"，推动中外关系友好发展;通过对外经贸,不断输出中国的产品。在国际会展活动中,中国共产党凸显国家符号,呈现建设成就,传播灿烂文化,展示了新中国的国家风采。在展览过程中,中国与日本、印度乃至台湾当局发生了摩擦,通过会展较量,新中国较好地维护了国家权益。

第五章主要探讨展览活动的"展示"效应。对于观展者来讲,展品具有较强的视觉冲击力,有为美丽景色陶醉的,有为磅礴气势震撼的,有为苦难生活感慨的,有为精美展品吸引的。观看展览,民众的心态复杂,主要有兴奋的心态,愤恨的心态,感激的心态和醒悟的心态。展览的信息传播,加强了民众的国家认同意识。对于社会来讲,展览活动具有政治教育、经济联络、文化交流、科技示范和城市发展的作用。借助于国内展和国际展,新中国向世界呈现出"工业中国""文化中国""活力中国"和"红色中国"等形象。当然,新中国以展览建构国家形象也存在局限性,主要是展出工作欠缺经验,高科技参展品较少,"冷战"环境的制约和革命意识形态的影响。

本书结语主要论述展览与中共革命的关系,展览的知识演绎与橱窗效应,空间、权力与国家形象的建构。在此基础上,对展览历史的经验与教训进行总结。

第一章 传承与嬗变：新中国成立初期 展览活动的发展演进

学者朱鸿召曾说："用武装斗争的手段，推翻一个政权，获得对一切社会资源的占有，这是中国革命的一层含义；当一个新政权建立之后，如何分配、管理、经营社会资源，这应当是中国革命的另一层题中应有的含义。"[①]革命战争年代，中国共产党对展览工作进行了探索。建立新政权后，中国共产党面对新的环境，如何认识展览？国际会展与来华展览对中国有何影响？展览活动有哪几种主要类型？其发展经历着怎样的传承与嬗变？本章将从大量的展览史料入手，围绕这些问题梳理史料，进行思考。

第一节 新中国成立前中国共产党举办的展览活动

展览是博览会史研究的重要内容，也是中共党史上的一个重要课题。关于新中国成立前中国共产党举办的展览研究，学术界取得一些较好的研究成果[②]，但大多数成果的研究主题是关于抗战时期陕甘宁边区的展览，对国共对峙时期和解放战争时期的展览研究较少。迄今为止，学术界还没有一篇较为系统论述新民主主义革命时期中共展览活动的论文，也没有学者对国共办展进行比较研究。为此，笔者拟对新中国成立前中国共产党举办的展览活动进行梳理和阐释。

① 朱鸿召：《延安日常生活的历史（1937—1945）》，广西师范大学出版社，2007 年，第 32 页。
② 已有的研究多从社会动员、抗日宣传和经济发展的角度进行论述，主要成果有严清华、杜长征：《生产展览会与抗日根据地经济》，《中国经济史研究》2006 年第 3 期；徐有礼、朱琳：《论抗日根据地的工农业生产展览会》，《宿州教育学院学报》2006 年第 2 期；孟跃、张军：《从解放区展览会看中共的抗日宣传》，《南方论刊》2008 年第 1 期；黎见春：《抗战时期陕甘宁边区展览会之社会动员探析》，《石河子大学学报》2009 年第 4 期；黎见春：《抗战时期陕甘宁边区展览会与边区社会发展》，《抗日战争研究》2009 年第 3 期；许红霞：《东北解放区战斗业绩展览会述略》，《兰台世界》2009 年第 15 期。既有的相关研究成果为笔者进行研究提供了不少借鉴和思考角度，也给予笔者很大的理论和史料支撑，使笔者觉得对解放区展览会的研究更有深入的必要。

一、国共对峙时期:中共展览活动的滥觞

民主革命时期,中国共产党采取的是"农村包围城市"的路线,主要在农村和中小城市活动,活动区域多是在偏僻的山区。国共对峙时期,中央苏区主要在闽赣边区,地形地貌是四周高山环绕,中部丘陵起伏。

中央苏区展览活动能迅速开展起来,与老一辈革命家的亲切关怀分不开。他们有关展览工作的讲话、指示和文章,对展览会的任务和工作方法都有过重要论述,明确了办好展览会的方向。在中央苏区的时候,毛泽民同志给金银展览会写过贺信,他说:"在党和苏区政府的领导下,在红军和人民的支持下,闽西工农银行越办越好,资金越来越雄厚,完全有能力支持苏区经济的发展。举办展览会的目的,就是让大家知道,银行完全能承担社会的贷款、存款、储蓄和保存现金的能力……祝大会圆满成功!"①这封信极大地推动了金银展览会的举办。1933 年 11 月,毛泽东通过对长岗乡调查后提出,土地委员会"应改为农事试验场管理委员会,场内附设农产品展览所"②。通过设立农产品展览所,促进了中央苏区农产品的交流。

这一时期是中国共产党举办展览会的滥觞阶段,办展主要集中在中央苏区,而中央苏区是当时全国规模最大的一块红色区域③,交通不便,沟壑纵横,山地崎岖,所以中国共产党举办的展览会次数偏少,规模相对较小,只是初具展览会的发展雏形,下面就是当时举办的几次有影响的展览会的简表:

表 1-1 国共对峙时期中国共产党举办的展览会简表

展览会名称	时 间	地 点	概 况
金塔银塔展览会	1931 年 11 月 7 日	福建汀州	展览大厅张灯结彩,十分热闹。金条堆成一座金塔,银圆堆成一座银塔,其余金银首饰玛瑙作为衬托,点缀成各式图案。会场贴出毛泽民写来的贺信④。

---

① 罗雅萍:《毛泽民与金银展览会》,《福建党史月刊》2001 年第 3 期。
② 中共中央文献研究室编:《毛泽东文集》(第 1 卷),人民出版社,2001 年,第 287 页。
③ 舒龙、凌步机主编:《中华苏维埃共和国史》,江苏人民出版社,1999 年,第 133 页。
④ 罗雅萍:《毛泽民与金银展览会》,《福建党史月刊》2001 年第 3 期。

续表

展览会名称	时　间	地　点	概　况
金山银山展览会	1932 年 2 月	福建汀州	中华苏维埃国家银行行长毛泽民在福建汀州主持举行了别具一格的"金山银山展览会"。设计者巧妙设计,将金子银子摆设成连绵起伏的金山银山,琳琅满目,金碧辉煌,一下子轰动全苏区①。
红军学校建立模型室	1933 年 3 月	中央苏区	红军学校模型室丰富的陈列内容,生动的艺术形式,吸引了苏区军民参观,开幕仅两天,参观人数就达 1.3 万多人②。
反帝拥苏流动画报展览会	1933 年 5 月	闽浙赣革命根据地	展出了反对帝国主义和拥护苏联的画报③。
反帝宣传展览会	1933 年 9 月 18 日	江西瑞金	展览内容有图画、墙报、相片等。这次展览不仅对于反帝国主义的宣传有绝大的意义,并且对于苏维埃文化上,对发扬革命艺术的立场上都具有很大的意义④。
工农美术展览会	1933 年 12 月	中央苏区	中央苏区工农美术社第一次举行该展览会,展出工农美术作品,以纪念广州起义六周年⑤。
中央革命博物馆开放展览会	1934 年 1 月	江西瑞金	首先接待"二苏大会"的代表,接着向广大苏区军民开放。博物馆的陈列内容,主要是革命文物史料、革命烈士遗物等⑥。
野菜展览会	1936 年 4 月	甘孜炉霍县境	长征二过草地后,为了筹集粮食,朱德与采集野菜的同志,选出六十几种奇形怪状的野菜,用水滋养起来,在红军大学临时设置的操场上进行展览⑦。

从表 1-1 可以看出,最早的展览会是 1931 年 11 月 7 日在福建汀州举

①罗雅萍:《毛泽民与金银展览会》,《福建党史月刊》2001 年第 3 期。

②汤家庆:《中央苏区的文博事业》,《中国博物馆》1988 年第 4 期。

③江西省博览馆学会编:《博物馆学论文选编:1986—1991》,第 37 页。

④汤家庆:《中央苏区的文博事业》,《中国博物馆》1988 年第 4 期。

⑤《工农美术社筹备会将举行第一次展览会》,《红色中华》1933 年第 128 期。

⑥刘建美:《民主革命时期中国共产党文物保护工作的历史考察》,《党史研究与教学》2009 年第 1 期。

⑦刘学琦:《朱德佳话三百篇》,书目文献出版社,1993 年,第 96 页。

办的金塔银塔展览会①,这次展览会以奇特的形式显示了苏区的坚实财力,引起了很大轰动。展览会贴出了行长阮山撰写的民歌:"银行出世在龙岩,全县工农尽欢迎。现在汀州开纪念,欢迎群众来参观。银行纪念一周年,群众参观几万千。银塔金塔真好看,人人都说是空前。"②由于国共对峙,战争频繁,所以这一时期中央苏区举办的展览会呈现几个明显特征。第一,实物展览较多。1934年1月,中央革命博物馆开放展览,博物馆的陈列内容,主要是革命文物史料、革命烈士遗物等,如赵博生的公文包、金戒指,苏兆征、恽代英、张太雷等人的生平事迹及遗物,以及第一次反"围剿"战争中被击毙的敌师长张辉瓒的血裤等③。这次展览意义重大,标志着中国共产党创建的第一座博物馆的建立,开创了红色博物馆的历史先河。第二,突出政治教育。1933年"九一八"事变两周年纪念日,苏区"反帝拥苏同盟"在瑞金中央工农剧社举行反帝宣传展览会。展览内容有图画、墙报、统计表、纪事、相片等,揭露日本帝国主义侵略中国的罪行,动员广大民众起来抗战。除在瑞金展出外,还在苏区各地巡回展览。第三,较强的象征意义。1933年12月,苏区在"广州暴动"六周年纪念日举行第一次"工农美术展览会",展出苏区画家和白区画家的作品。《红色中华》称这次工农美术展览会的意义在于:"开辟中国无产阶级美术运动的新纪元。"④

　　难能可贵的是,为了普及农业常识,推动苏区经济建设,苏区成立了农产品展览所,展览所联合中央农业学校、中央农业试验场和中央博物馆等单位,定期举行大规模农产品展览会,将苏区各地生产的农产品陈列出来,如宣传介绍"某乡的番薯特别大""某乡的冬瓜特别好",告诉群众要怎样改良农产品,争取获得更好的收成,支援革命战争⑤。1933年,中央革命根据

---

① 这个展览会是笔者见到的时间最早且有较大影响的展览会,不排除今后有新的史料出现,发现更早举办的展览会。

② 罗雅萍:《毛泽民与金银展览会》,《福建党史月刊》2001年第3期。

③ 刘建美:《民主革命时期中国共产党文物保护工作的历史考察》,《党史研究与教学》2009年第1期。

④ 《工农美术社筹备会将举行第一次展览会》,《红色中华》1933年第128期。

⑤ 汤家庆:《中央苏区的文博事业》,中国人民政治协商会议福建省长汀县委员会文史资料编辑室编:《长汀文史资料》(第15辑),1989年,第44页。

地的兴国县设立了农产品陈列所,推广先进技术和改良品种①。总的说来,这一时期处于展览活动早期探索阶段,为抗战时期展览活动的发展奠定了坚实的基础。

二、抗日战争时期:中共展览活动的快速发展

为了促进抗日根据地的发展,中国共产党进行了大量的革新。减租减息运动削弱了长期把持乡村政治的士绅宗族势力的优势,调整了农村社会的阶级关系,为现代政治制度深入乡村铺平了道路;高度的政治动员清除了乡村民众传统的冷漠和保守的政治文化;在以阶级理论为基本框架的基础上进行了社会群体的重新组合,有效地建立了新的社会权威,现代性的社会组织取代了以血缘地缘为纽带的传统社会组织,提高了社会组织化程度②。但是,如何突破教育和地理的限制,改变长期以来民众头脑中的旧观念和旧思想?如何进行这些改革,调动广大人民群众的积极性?这一连串的问题,是涉及边区社会发展的重要问题。为了解决这些问题,解放区想了很多办法。其中,举办展览会成效显著。举办工农业展览会,交流工农业生产的经验和技术;举办战绩展览会,增强民众的民族意识和爱国情感;举办卫生展览会,提升民众的卫生观念和防病能力。在展览会结束后,很多人都希望将来继续举办展览会。于是,中国共产党开始举办大量规格更高的展览,展览会也越来越引起民众的关注和期待,办展逐渐形成了良性循环。

抗战时期是展览会快速发展阶段。"据不完全资料统计,各个解放区总共举办有193个展览会。其中陕甘宁边区74个,晋绥13个,晋察冀17个,晋冀鲁豫31个,山东18个,华中11个,东北29个。"③其中,陕甘宁边区作为中共中央的政治和文化中心,举办了大量的展览会,是举办展览会最为集中的地方。为了更好地了解展览会的发展脉络,笔者绘制了抗战时期陕甘宁边区在延安举办的重要展览会简表,内容如下:

---

① 王宏钧主编:《中国博物馆学基础(修订本)》,上海古籍出版社,2001年,第92—93页。
② 杨丹伟:《抗日战争与乡村社会治理模式的变迁——以华中抗日根据地为中心》,《青岛大学师范学院学报》2005年第3期。
③ 中国革命博物馆编:《解放区展览会资料》,文物出版社,1988年,第1页。

表1-2 抗战时期陕甘宁边区在延安举办的重要展览简表

展览名称	展出时间	筹备展览	展品展出	评奖及善后事务	社会影响
工人制造品竞赛展览会	1938年1月1日至3日	筹备程序是发出缘起书,组织筹委会,征集展品和奖品。繁杂的是让民众了解展览的意义。	展品115种,420件。引人注目的展品有武器、印刷工友的出品、延长油厂的制造品等,瓷器糖果十分吸引小朋友。	团体奖第一名是兵工厂、延长油厂和印刷厂。毛泽东在奖状上题字"国防经济建设的先锋"。	参加团体16个,3 537人参观,不包括没有签名的。
农产竞赛展览会	1939年1月14日至1月31日	筹备工作十分细致,制定了翔实的计划纲要和宣传大纲。	6个展览室,展品有2 000多种。引人注目的展品有三边的滩羊、西盟马、鹿皮、扫雪皮及水獭皮等。	受奖农民2 000余名。特等奖5名,每名发给奖旗、奖状、奖章及各种农具和衣着用品;次等奖励依次减少。	参观者十分拥挤,第一天参观的有8 000人,此后平均每天有5 000人。
首届工业展览会	1939年5月1日至12日	筹备一个月,并进行预展。	展品1 000余种,分原料、成品、机械、模型等四个部分。展品制造精致,荟萃一堂。	团体特等奖5个;甲等奖有37个单位;乙等奖有67个单位;个人劳动英雄得奖者有十余单位,共50名。	观众数万人,对展览会颇有好评。毛泽东等领导亲自参加。
第二届农工业展览会	1940年1月16日至2月2日	成立筹委会,设立总务、征集、陈列、统计、宣传等五股。	展品达6 000余件。农业展品最为丰富,如十几个30余斤重的南瓜,还有很多边区的特产。	展品受奖达千件,劳动英雄受奖者共3 000余名。	展览17天,观众3万人。毛泽东、林伯渠等人出席并作演讲。

续表

展览名称	展出时间	筹备展览	展品展出	评奖及善后事务	社会影响
全国报刊杂志展览会	1941年2月22日至3月5日	两个月的筹备。展览前,中央领导前往参观,并提出意见。	展品达1 000余种,分为5个展览室。对国内各政治派别的发展,特制大幅图表解说。	将展览会资料重新整理成册,以供各方参考,并为下次报展做准备。	展览13天,观众2万人。朱德等人参观。展览缺点较多。
第三届工业展览会	1941年11月7日	成立筹备处,征集物品,布置会场。	展览品10余种,700多件。引人注目的展品有布匹、毛呢、绒毯和毛毡等。	展览品进行了出售,购买的人很多。	琳琅满目,令人有踏进大都市中百货公司的感觉。
边区生产展览会	1943年11月26日至12月16日	修建展览会址,筹备了3个月。各地先期征集展品,就地展览,然后送展品到延安,进行集中展览。	展品共6 596件,1 987张照片及图表,分为总展和分展。引人注目的展品有:一个棵上结桃80余枚的棉花,吴满有一尺半长的谷穗子,等等。	全区劳动英雄共约500人,180人出席展览会,评出特等奖励的劳动英雄25名,还评出了模范村、模范个人,并颁发了奖金。	5万群众参加。毛泽东与17位劳动英雄交谈,并题字赠劳模。国民党邓宝珊、续范亭等人参观。
卫生展览会	1944年7月17日至26日	筹备两个多月。筹备者李志中展览前一周加倍工作,数晚未眠。动员中、西、兽医及制药各业共同参加。	展品有659件实物,260张图画,及许多照片和连环画。中西医共治病1 982人。	把展览会的重要部分印成小册子,分发到各地农村中去,广为宣传。群众要求卫展下乡,卫展将至各地流动展览。	周恩来等人参加,观众达万余人。有的观众连看四五次还不满足。外国记者参观团高度评价。

续表

展览名称	展出时间	筹备展览	展品展出	评奖及善后事务	社会影响
边区建设展览会	1944年12月25日至1945年1月15日	举行预展,边区参议员、政府负责同志亲临参观指导,使展品更趋完善。展览会设有休息室。	展品特别多,分四个部分。其中,煤焦油分馏成功备受关注。	依照各界要求,将重要展品分别予以保藏,置于陈列馆中,并把重要内容刊印出来,让更多的人从中学习经验。	观众逾3万人,观众留下了深刻的印象。留延盟国朋友观看后,极其欣慕。

　　资料来源:根据《解放日报》《新中华报》《抗日战争时期解放区科学技术发展史资料》《解放区展览会资料》等资料整理而成。

　　从表1-2可以看出,抗战期间陕甘宁边区举办了大量的展览会,展品多、规模大,影响深远,主要是经济建设方面的展览会。关于这一时期展览会的发展,严清华、杜长征进行了合理的归纳,把这一时期的展览会归纳为三个时期。他们认为,根据地生产展览会的发展经历了三个阶段。第一阶段,从1937年底到1939年底,生产展览会初步发展。展览数量少,规模比较大,展地集中在延安,展览内容有一定的专业性。第二阶段,从1940年初根据地开始遇到严重经济困难至1942年底,生产展览会在曲折中进一步发展。展览会的举办地扩散到其他抗日根据地,展览内容综合化倾向明显。第三阶段,从1943年初中共西北局"高干"会议结束至1945年抗日战争胜利前。由于受到高度重视,生产展览会的发展达到了新的水平。数量大幅度增加,展览会向社区扩散,展览内容专业化与综合化相辅相成[1]。笔者认为严清华、杜长征的分期尽管是对生产展览会而言的,也同样符合其他展览会的发展过程。因为陕甘宁边区举办了多次生产展览会,它基本上引领着抗日根据地展览会发展的潮流。

　　除了陕甘宁边区外,其他抗日根据地也举办了极富特色的展览会。1941年,晋察冀边区组织美术作品展览,到反扫荡斗争最艰苦的冀中地区

①严清华、杜长征:《生产展览会与抗日根据地经济》,《中国经济史研究》2006年第3期。

巡回展出了三个月,参观者总计不下五万人[1]。1944 年 12 月 7 日,晋绥边区举办的战斗生产展览会,到会参观的有各类英雄 751 位。同盟国空军战友奥斯德尔上尉等 7 人参观了展览会,留下了深刻的印象,并在意见簿上写下了感想:"这个展览会上所显示着的进步和发展,正是勇敢的人民所成就的最完美的例证,这些进步是中国的伟绩。"[2]可以说,陕甘宁边区作为展览会的中心区域,不断地将经验和方法向其他抗日根据地辐射和传递。

总的说,抗战期间中共展览活动具有以下特点:从地区来看,陕甘宁边区举办的大型展览次数最多,时间也较早,但处于敌伪夹击且战斗又十分频繁的华中地区,一般多为中小型展览会。从组织者来看,既有边区建设厅、八路军军医处、工业局,又有一些院校、机构、协会等。从类型上看,生产展览、政治展览、军事展览、卫生展览、文化展览等类型多样,图片展览、美术展览、街头展览数量较多。从内容上看,绝大多数展览会直接以"生产展览会"为名,有些则工、农业展览会分开举办,还有些把战斗展览会和生产展览会融合在一起。另外,许多边区都是第一届、第二届甚至是第三届生产展览会连续举办,明显已经趋于常态化和制度化。

三、解放战争时期:中共展览活动的继续发展

由于内战的影响,解放战争时期展览会发展十分缓慢,举办的大多是一些战绩展览会。1946 年 5 月党中央号召:"各地政府应继续发放大量农贷,认真组织农业试验场和展览会,提倡农业技术的改进。同时要设法减轻人民负担和减少劳力动员,使农民有力量来进行土地上的经营。"[3]1948 年 12 月 5 日,中共中央关于召开全国妇女代表大会准备事项的通知指出:"各地代表来时望将可能带来的各地特产及便于搜集之妇女生产品酌带一些来,以备展览之用。"[4]正是因为中共中央的重视和推动,到了内战后期,展览会得到较快发展,主要集中在解放区城市举行。下面,就是解放战争时期重要的展览活动简表:

①田陵:《边区美协——流动展览在冀中》,《晋察冀日报》1941 年 11 月 18 日,第 3 版。
②《盟邦战友参观展览会盛赞我之进步与成就》,《抗战日报》1945 年 1 月 6 日,第 2 版。
③《解放区经济建设和财政金融贸易的基本方针》,中共中央文献研究室编:《文献和研究》(1984 年汇编本),解放军出版社,1986 年,第 125 页。
④中共中央档案馆编:《中共中央文件选集(1948—1949)》(第 14 册),中共中央党校出版社,1987 年,第 478 页。

表 1-3 解放战争时期中国共产党举办的展览活动简表

名 称	地 点	时 间	办展概况
二野战利品展览	不详	1946 年 11 月 30 日	展览了自陇海战役以来五次战役中，缴获的蒋军各种口径大炮 629 门及 18 辆轻重型坦克车。
爱国自卫战争战绩展览会	哈尔滨	1947 年 5 月 3 日至 5 月 10 日	展览了东北解放区取得的军事成就，观众达 10 万余人。
脱字棉展览	邢台	1947 年 10 月 18 日	参观者总计约 1.5 万人。
成绩展览	台臣中学	1947 年 11 月 30 日	各项产品萃聚一室，群众前往参观者络绎不绝。
农具展览	哈尔滨	1948 年 5 月 19 日	北满各省均派农民代表前往参观，展览品中有东北农林处农具研究室改良与创造的播种机。
工业品大展览	临清	1948 年 9 月 2 日	参加展览业户达 473 家。展览品共 1 989 件。轧车等被评为特等工业产品，得锦标 1 面，奖状 1 具，奖章 6 枚。
农业品展览会	邢台	1948 年 11 月 7 日至 11 月 14 日	参观者有冀南、冀中、太行等 15 县 5 万余人。
慰劳袋展览	石家庄	1949 年 1 月 20 日	石家庄电灯公司全体职工和公司方面，总共做了 1 200 多个慰问袋。
全国妇代大会展览会	北平	1949 年 3 月 26 日至 4 月 9 日	展览会是分两个大展览室布置的，包括中国五大解放区广大妇女群众的收获和成果的展览。展品包括解放区妇女照片 2 000 余幅以及各种生产品数千件。
解放区儿童生活照片展览	北平	1949 年 4 月 4 日	为了庆祝"四四"儿童节，华北军区政治部华北画报社特展览多种解放区的儿童生活照片。
工运青运照片展览	北平中山公园	1949 年 5 月 1 日至 5 月 10 日	凡工厂、学校集体参观，持有证明信件者，一律免票入园。5 月 2 日至 10 日间可享半价优待。
新国画展览	北平	1949 年 5 月 13 日至 5 月 17 日	北平国画界同人，征集作品 200 余幅，多以劳动生产等为题材。
北平工业品展览会	北平	1949 年 6 月 6 日	许多人第一次看到华北农业机械厂全体职工精心制造的产品。

续表

名　称	地　点	时　间	办展概况
路徽式样展览	北平	1949 年 6 月 4 日至 6 月 7 日	应征稿件达 1 750 余件,计路徽式样 3 200 余种。
艺术作品展览会	北平	1949 年 7 月 2 日至 7 月 16 日	展览作品有美术资料,包括窗花等。音乐戏剧资料包括海外的新平剧团体的剧照等。共布置了 18 个教室。
战绩大展览	北平	1949 年 8 月 1 日至 8 月 10 日	第一日,前往参观者达 1.2 万余人。
反特治安展览会	北平	1949 年 8 月 13 日	该展览会分为反特与治安两部分,4 个展览室。展览了国民党特务的阴谋暴动案、帝国主义国际特务案和"七五"血案。
公、私营工业及手工业产品展览会	张家口	1949 年 8 月上旬	18 寸的牛头刨床、4 英尺圆车等机器由张垣机器厂最新出品。该厂前身为国民党的"综合机器厂",拥有机器 300 部。
壁报展览会	太原	1949 年 8 月 10 日	反映了各国营工厂职工在积极恢复生产等各方面的情况,参观人数一周统计即达 5 000 余人,工厂职工轮流列队参观。
华北大学校庆展览	北平	1949 年 9 月 9 日至 9 月 13 日	校友和各界参观者极为踊跃,并提出许多宝贵意见。
文物展览	北平	1949 年 9 月 13 日	"帝后生活史料""满清禁书""抗日史料""人民捐赠文物""新收文物"与"中国古建筑法式图法"等 11 个文物展览会。
大连工业展览会	大连	1949 年 9 月 18 日至 11 月 30 日	共 17 个展馆,历时两个月十二天,参观者达 31 万人次。大连工业被誉为"工业中国的雏型"。

　　资料来源:根据《晋察冀日报》《人民日报》《晋绥日报》《东北日报》《解放区展览会资料》等资料整理而成。

　　从表 1-3 可以看出,这一时期展览会举办地主要集中在华北和东北解放区。其中,战绩展览会和工业展览会非常有影响。战绩展览会比较有影响的是东北解放区爱国自卫战争战绩展览会,这是由民主联军总政治部宣传部在哈尔滨兆麟公园举办的,从 1947 年 5 月 3 日开幕到 10 日,吸引了10 余万观众①。工业展览会中最有影响的是大连工业展览会,它被誉为新

①田野:《爱国自卫战争战绩展览会纪实》,《东北日报》1947 年 5 月 16 日,第 4 版。

中国最早举办的工业展览盛会①。为了进一步激发大连工人阶级以更优异的成绩向即将成立的中华人民共和国献礼,大连工业展览会于1949年9月18日隆重开幕。展会共设17个馆,102个单位以实物、模型、图表等形式展示出新中国成立后大连工业生产恢复和发展的成就,每天观众达万余人②。

　　展览是国共较量的武器。为了扩大共产党在国统区的影响,1946年1月24日,《新华日报》在陪都重庆举办了一次"延安生活艺术展览会",连续展出6天,观众达1万多人次,这在当时的重庆是少有的,轰动一时。这次展出,用图表、照片、实物集中宣传了中国共产党领导人民抗战八年的伟大功绩,影响非常深远③。

　　为了配合中心工作,解放区举行了与军需品供应有关的展览会。如1948年安东市第二届工业生产展览会展示的数字:生产针567.4万支、火柴33万箱、纸烟4697箱、皮革8.4万多张、铧子27.6万个、铁锅44.1万印、肥皂1.4万多箱、绸子4.2万多匹,还有其他许多生产和生活必需品。在展出的54种主要工业产品中,有些军需品,如军服已生产了近百万套,军鞋373万双④。这种经济展览会,有服务军事的目的。

　　此外,中国共产党开始参加国际性的展览会。1947年8月,在世界青年节期间,"中国解放区摄影、美术展览会"在捷克斯洛伐克首都布拉格举行,受到了世界各国青年代表的欢迎⑤。1948年6月中旬,中国参加了在巴黎举办的国际妇联展览会,"中国解放区地图、表格及其说明书、妇女运动的照片、生产品、刺绣品等展览品及捐赠的义卖品,均于会前经解放区妇联驻该会秘书陆璀等精心设计,重加装潢,送陈展览,颇得观众好评"⑥。1949年8月15日,中国参加世界青年与学生联欢大会举办的展览会,观众

①葛玉广:《大连工业展览会——新中国展览会开篇之作》,《中国会展》2009年第23期。
②刘功成:《工运史话》,大连海事大学出版社,2006年,第205页。
③石西民、范剑涯等编:《新华日报的回忆(续集)》,四川人民出版社,1983年,第396页。
④中共辽宁省委党史研究室、中共丹东市委党史研究室编:《解放战争时期的安东根据地》,中共党史出版社,1993年,第21页。
⑤中国革命博物馆编:《解放区展览会资料》,文物出版社,1988年,第2页。
⑥《国际妇联展览会函谢解放区妇联》,《人民日报》1948年8月4日,第2版。

也极口称赞中国青年的合唱队和演剧队①。

民主革命时期，国民党也举办了大量展览活动②。两党展览活动相比，异同点很明显。相同的是，国共两党展览都是在政党主导下举办的，都进行了大量的宣传动员，都举办了大量的展览会，都试图通过展览会发奋图强、发展经济、交流技术与传播文化。

但是，两者不同的地方非常明显，主要有三个方面。第一，办展思想。共产党的展览以马克思主义、列宁主义和毛泽东思想为指导，明确地表现党的政策③。国民党则以三民主义为办展思想，如西博会的会旗、会徽、会歌及各种图章经过挑选，都蕴含了一定寓意，是西博会的"精神寄托"④。第二，办展基础。共产党主要依靠下层群众，广泛发动群众参展和参观，以致有的展览会"有从二百多里路外赶来参观的"⑤。而国民党主要依靠工商业者，如1947年6月，经新生活运动促进总会、中国生产促进总会、中华民国商会联合会、中国全国工业协会达成协议由四单位联袂举办"二战"后首次全国国货展览会⑥。第三，办展效果。共产党办展效果明显，徐特立参观中直军直展览会后说："这些成绩有目共睹，用不着用文字描写。最值得我们庆幸的就是劳心和劳力统一起来，打破了中国历史的纪录。"⑦而国民党虽然举办过一些精彩的展览，但总体办展效果较差："近代中国虽举办了为数众多的国货展览会，但很多国货展览会展期短，展品少，举办规程简单划一，整体上质量不高，产生的实际效用并不大。"⑧

---

① 《世界青年与学生联欢大会展览会与演奏会开幕——苏联、中国节目受到热烈欢呼》，《人民日报》1949年8月19日，第3版。

② 据统计，在政府和民间的共同推动之下，1937年之前，中国共举办了250余次国货展览会。见马敏、洪振强：《民国时期国货展览会研究：1910—1930》，《华中师范大学学报》2009年第4期。一些展览会还很有影响，如1935年西南各省物品展览会、1936年浙赣特产联合展览会。1937年之后，则有1944年工矿业展览会、1947年南京全国国货展览会等。

③ 《绥德分区第一届农工展览会总结》，陕西省档案馆藏，档案号6-1-182。

④ 全国图书馆文献缩微复制中心编：《中国早期博览会资料汇编》(五)，中共中央党校出版社，2003年，第353页。

⑤ 《生产展览会、劳动英雄会与骡马大会同时开幕》，《解放日报》1943年11月9日，第2版。

⑥ 张玉莲：《浅析1947年全国国货展览会》，《当代史学与社会发展——2009年全国博士生学术会议论文集》，北京，2009年10月，第447页。

⑦ 《参观中直军直生产展览会的意见》，《解放日报》1943年6月12日，第4版。

⑧ 马敏、洪振强：《民国时期国货展览会研究：1910—1930》，《华中师范大学学报》2009年第4期。

总之,新中国成立前中国共产党举办的展览活动是共产党人艰苦奋斗的真实写照,反映了军民斗争生活的胜利业绩,对广大民众起到了极好的宣传和教育作用。章开沅先生认为陕甘宁边区"在极端艰难的战争环境下,开展全面建设,彻底改变了边区的面貌,同时也培养了干部,为其后人民民主政权的建立创造了条件,成为新中国的'雏形'和'摇篮'。"[①]陕甘宁边区成为新中国的"雏形"和"摇篮",展览在塑造陕甘宁边区形象上功不可没。中国共产党对展览工作的早期探索,不仅为新中国展览业的发展奠定了坚实的基础,还为新中国形象建构奠定了坚实的基础。

第二节　新中国成立初期展览活动发展的历史条件

唯物史观认为,人们并不是随心所欲地创造历史,也不是在他们所选定的条件下进行创造,"而是在直接碰到的、既定的、从过去承继下来的条件下创造"历史[②]。新中国成立初期展览活动的兴起与发展,与解放区办展经验的传承,国家决策者的重视,以及国际会展和来华展览的影响分不开。

一、解放区办展经验的传承

民主革命时期,中国共产党对展览会进行了有益的探索。抗战初期,中央提出举办展览会的四点意义:"一是为了奖励边区农村生产,改善民生,保证战时的粮食自给,以争取持久战的最后胜利;二是对战时农业生产进行检阅,进一步了解边区各地农产的一般情况;三是教育群众、激励群众,改良产品,提高生产以达到改善民生,发展产业;四是扩大边区对外宣传与影响。"[③]正是因为中共中央的重视,不仅陕甘宁边区举办了大量的展览会,华北、华中、东北等解放区也举办了大量展览会。据统计,"各个解放区总共举办有 193 个展览会"[④]。这些展览会既促进了解放区各行各业的

①李智勇:《陕甘宁边区政权形态与社会发展(1937—1945)·序言》,中国社会科学出版社,2001年,第 2 页。

②马克思、恩格斯:《马克思恩格斯选集》(第 1 卷),人民出版社,1972 年,第 603 页。

③《陕甘宁边区农产竞赛展览会宣传大纲》,《新中华报》1938 年 9 月 15 日,第 4 版。

④中国革命博物馆编:《解放区展览会资料·前言》,文物出版社,1988 年,第 1 页。

发展，又为新中国展览业发展积累了丰富的经验。

学者陈永发认为："毛泽东在中共建国以后，屡次根据革命时期的成功经验，从事社会主义建设的探索。"①正因为展览起到了很大的作用，新中国成立后，中国共产党传承了解放区办展的经验。第一，强调展览是一种工作方法。在解放区办展过程中，革命领导人深刻认识到"展览和奖励是我们党在抗日战争时期，在陕甘宁边区艰苦的条件下，创造出来的一种行之有效的促进经济建设的工作方法"②。新中国成立后，在通讯和交通工具不发达的情况下，新中国要想很有成效地教育民众和改造国家，举办展览无疑是个很好的路径。比如，1951年2月13日发布的《政务院关于一九五一年农林生产的决定》指出："一九五〇年全国耕作水平已有显著提高，各地应在这一基础上，通过选举劳动模范、生产展览会、技术研究会和比庄稼、比收成等有效办法，推动农民深耕细作、多锄、增肥、选种、浸种。"③这个决定说明，生产展览会可以改进和提高农业技术。第二，强调展览是扩大对外宣传的重要方式。解放区通过邀请国民党开明人士和外国友好人士参观展览会，让他们更好地认识到边区的民主与活力，塑造共产党的良好形象。新中国成立后，西方国家对中国采取孤立政策，中央认为"举办出国展览是冲破这种禁运与封锁的有效办法"④，可以扩大中国在世界的影响。第三，强调办展要积极联系群众。解放区刚开始办展，不少人以为是怪物展览会，不知办展的意义。老百姓不习惯把展品送过来，怕遗失或受到损坏⑤。筹委会迅速召开会议，积极动员和依靠群众，展览工作才得以有序开展。通过展览这种形式，共产党与群众的关系更为密切。新中国成立后，党和政府遵循的是群众路线。1951年4月13日，《人民日报》指出"展览会是广泛联系群众的重要形式"，认为"一切展览会，不但应该做到在内容上能够紧紧结合群众的切身利益，配合

---

① 陈永发：《对中国当代史研究的一些想法》，朱佳木主编：《当代中国和它的外部世界——第一届当代中国史国际高级论坛论文集》，当代中国出版社，2006年，第566页。

② 武衡编：《抗日战争时期解放区科学技术发展史资料》（第3辑），中国学术出版社，1984年，第226页。

③ 中国社会科学院、中央档案馆编：《中华人民共和国经济档案资料选编(1949—1952)》（农业卷），社会科学文献出版社，1991年，第41页。

④ 中国贸促会宣传出版部编：《中国展览年鉴(1999年)》，光明日报出版社，1999年，第39页。

⑤ 《绥德分区第一届农工展览会总结》，陕西省档案馆藏，档案号：6-1-182。

当前工作；而且在形式上也必须生动活泼，为群众喜见乐闻"①。可见，展览会是联系群众的重要方式，和党群关系的发展也紧密相关。第四，强调办展要以政府为主导。民主革命时期，解放区经济较弱，办展经费几乎全部来自政府。展览会的会场修整费、陈列室用具及杂棚、会费、招待费、征集展品费用等一切费用都是边区政府预算和支付的②，故办展主要是以政府为主导。新中国成立初期，鉴于经济条件有限，办展尤其是举办大型展览一般以政府为主导，集中有限的物力财力，"由党与政府领导机关召集参与展览或展览有关系的单位，通过决议，组成筹备委员会，推定筹备委员会的领导人，负责总揽筹备与展出工作"③。

李金铮教授指出："中共革命与新中国成立以后的后革命时代尤其是集体化时期具有十分密切的承继关系，中国许多的政治、经济及社会问题均渊源于此。"④中国共产党传承了解放区的办展经验，将展览工作作为一项重要工作，推动了新中国展览事业的发展。

二、国家决策者的重视

新中国成立后，国家领导人对展览非常重视。1951年5月15日，针对全国镇压反革命运动的重要性和复杂程度，毛泽东提出要广泛地进行宣传教育工作。如何进行宣传？毛泽东指出可以举办"各种代表会、干部会、座谈会、群众会，在会上举行苦主控诉，展览罪证，利用电影、幻灯、戏曲、报纸、小册子和传单作宣传"⑤，这其中就包括罪证展览会。1951年6月，薄一波曾指出："引导他们多多参观近代化的大工厂和由领导机关举办的工业生产品展览会，这是教育农民和农民出身的党员和干部了解工人阶级能够充当革命的领导者的最好课堂。现在山西已经用事实证明了这一点。我认为这是值得在全国各地推广的。"⑥1954年12月24日，朱德委员长在

①陆灏：《展览会是广泛联系群众的重要形式》，《人民日报》1951年4月12日，第3版。
②《本厅一九四三年对农展会的意见》（1943年6月），陕西省档案馆藏，档案号：6-230。
③李湘恺编：《怎样办展览会》，湖南人民出版社，1959年，第2页。
④李金铮：《向"新革命史"转型：中共革命史研究方法的反思与突破》，《中共党史研究》2010年第1期。
⑤《建国以来毛泽东文稿》（第2册），中央文献出版社，1988年，第300页。
⑥禹明：《组织农村干部参观工厂和展览会的办法值得推广》，《人民日报》1951年12月3日，第2版。

全国第四次手工业代表会议上指出："前一个月，看了你们的展览会，从展览中，可以看到一年来手工业在切实贯彻执行总路线。在为农业生产服务中，不仅制造了大量的旧式小农具，而且还创造了新式的改良农具。"他号召："这样的展览会办得很好，这是最实际的工作总结。全国各地都应该办这样的展览会。展览，不仅供欣赏，还要出售产品供大家选购。"①1956年5月28日，刘少奇听取广播事业局负责人梅益等人的汇报后指出："广播跟人民思想、人民生活、人民需要要有密切的联系。比如说，时装展览会，人民对它有兴趣，应该广播。"②这些指示和讲话，对展览会的发展有着直接的推动作用。

国家领导人亲自参观展览，体现了其对展览的关注。许多大型展览，毛泽东、刘少奇、周恩来、朱德、邓小平、陈云等党和国家领导人都亲自参加。毛泽东参观了1950年沈阳农具展览会，1954年苏联经济及文化建设成就展览会，1956年日本商品展览会等。1950年，郭沫若参观全国卫生医药展览会，他希望"展览会能普及全国各地，作为人民卫生教育的工具之一"③。1955年8月，教育部、青年团中央、全国总工会、保卫儿童全国委员会、全国科普协会联合举办了全国少年儿童科学技术和工艺作品展览会，展出作品1 009件，展出20天。周恩来总理和邓颖超、郭沫若等领导和许多专家都参观了展览，看后，他们都非常高兴，说这是未来建设社会主义和共产主义的一个保证④。

为展览题词，也说明国家领导人对展览的重视。1951年5月中旬，刘少奇为抗美援朝书画义卖展览会书写对联："唇亡齿寒辅车相依，披发缨冠众志成城。"⑤1951年8月10日，邓小平为西南区工业展览会题词："我们的奋斗目标是把落后的农业国变为先进的工业国。"⑥1955年10月28日，朱德为工程兵积极分子会议及工程兵建设展览会题词："为建设勇敢、勤劳、技术

①中国社会科学院、中央档案馆编：《中华人民共和国经济档案资料选编(1953—1957)》(工业卷)，中国物资出版社，1998年，第908页。
②中央党校《中国党政干部论坛》编辑部编：《50年执政启示录》，黑龙江人民出版社，2000年，第31页。
③刘任涛：《全国卫生医药展览会今开幕》，《人民日报》1950年8月6日，第3版。
④郑恍、吴芸红主编：《中国少年儿童运动史》，天津人民出版社，1992年，第297页。
⑤中共中央文献研究室编：《刘少奇年谱》(下册)，中央文献出版社，1996年，第280页。
⑥中共中央文献研究室、中共重庆市委员会编：《邓小平西南工作文集》，重庆出版社，2006年，第425页。

熟练、忠实于社会主义事业的人民工程兵而奋斗！"①1956 年 11 月，毛泽东为孙中山先生诞辰 90 周年展览会亲笔题写"孙中山先生生平事迹展览会"②。

把展览作为政策推行的重要方法，是中国共产党治理国家的重要手段。1951 年 5 月 5 日，政务院对戏曲改革工作发出指示，指出："中国戏曲种类极为丰富，应普遍地加以采用、改造与发展……在可能条件下，每年应举行全国戏曲竞赛公演一次，展览各剧种改进成绩，奖励其优秀作品与演出，以指导其发展。"③这是通过展览会来推动戏曲改革。1953 年，广西灌阳县举办展览会，"全区乡干部和许多农民参观了展览会后，对国家收购粮食的意义有了进一步的认识，明确了个人利益和国家利益，眼前利益和长远利益的关系。到会的大部分乡干部和七十七名农民，都订出了售粮和增产节约计划"④。这是通过展览会来推动粮食统购统销政策的实施。1955 年 3 月 1 日，中共中央关于宣传唯物主义思想、批判资产阶级唯心主义思想的指示指出："进行这种宣传，应当利用各种文教工具，采取为群众所愿意接受的形式。通俗的报纸、刊物、画册、书籍、广播、电影、幻灯、通俗演讲、展览会等都是可以运用的工具，应当充分利用。"⑤这是通过展览会来进行唯物主义思想的教育和反对资产阶级各种错误思想的教育。1956 年 1 月 27 日，中共中央关于文字改革工作问题的指示指出："文改会在会议期间举行了中国文字改革文献资料的展览，这次展览搜集了有关汉字改革和汉字简化的文献资料 2 000 多件，很受代表欢迎。现在正在充实内容，准备在 1959 年举行大规模的公开展览。"⑥这是通过展览会来推进文字工作的改革。

---

① 中南海画册编辑委员会编：《朱德手迹精选》，西苑出版社，1998 年，第 25 页。

② 斯人主编：《毛主席题词鉴赏》，军事科学出版社，2003 年，第 230 页。

③《政务院关于戏曲改革工作的指示》（1951 年 5 月 5 日），周鸿主编：《中华人民共和国国史通鉴（1949—1956）》（第 1 卷），当代中国出版社，1993 年，第 566 页。

④《广西省中共灌阳县第一区委员会运用展览会向农民进行总路线教育》，《文汇报》1953 年 12 月 5 日，第 2 版。

⑤ 周鸿主编：《中华人民共和国国史通鉴（1949—1956）》（第 1 卷），红旗出版社，1994 年，第 768 页。

⑥ 中共中央文献研究室编：《建国以来重要文献选编》（第 8 册），中央文献出版社，1994 年，第 102 页。

三、国际会展与来华展的影响

国际会展所进行的整体性文明交流，不仅使参会者眼界大开，而且使其观念随之而变，见识因之而长，有着"寓教于观"的教育作用。新中国成立初期，正是因为参与国际会展和自办展览，相当一批中国人的观念开始发生变化，进而萌生学习发达国家的使命意识，这是当代先进中国人世界观念的一大变迁。

每参加一次国际会展结束后，代表团都会撰写工作总结。1955 年 9 月，中华人民共和国代表团赴捷克参观布尔诺机械工业博览会，收获非常大，在工作总结中，代表团写道："在展览会我们仅仅占用两天，只看到一些捷克产品，主要还是在看厂，按照我们提出需要了解的问题(各部长远经济建设计划提出的项目)进行了有计划的参观，捷方同志很热诚坦率地解答了我们提出的问题，所以这次参观基本上是完成了任务，使我们对捷克工业有了进一步的认识，他们在设计、建厂以及改建旧厂上都有较丰富的经验(特别是重型机械工业及钢铁工业)，这是值得我们学习和研究长期协作项目的。"①通过参观，中国获得大量的经验和技术。

1956 年 12 月 1 日，莱比锡春季博览会邀请中国参展，周恩来总理在给民主德国总理格罗提渥的复函中指出："国际性的莱比锡博览会历年都获得了光辉的成就。它对兄弟国家间的经济合作和技术经验的交流有着巨大的作用，对于扩大和巩固东西方国际贸易关系也有着重大的意义。我深信，今年的莱比锡博览会必将获得进一步的成就。"②从复函可以看出，中国政府清醒地认识到国际博览会对经济合作、技术交流以及东西方贸易起着重要作用。除此之外，中国人经济竞争的意识、科技创新的意识和融入世界的观念，在参与其他国际会展和自办展览的过程中也获得相应的发展。

来华展指的是外国到中国举办的展览，它是展览活动的重要方面。新中国成立初期，为了加强中外交流，中国经常邀请外国到中国举办展览会，

---

①《我国政府代表团参观捷克斯洛伐克布尔诺机械工业博览会的有关文件》，中国外交部档案馆藏，档案号：109 - 00682 - 01(1)。

②《周恩来总理就我应邀派团参加莱比锡春季博览会给民主德国总理格罗提渥的复函》(1956 年 12 月 1 日)，中国外交部档案馆藏，档案号：109 - 00758 - 02(1)。

极大地推动了中国展览业的发展。苏联、匈牙利、保加利亚、罗马尼亚、波兰、捷克斯洛伐克、日本等国在中国举办了多次展览会，影响很大，具体情况可见本书附录"外国到中国举办的重要展览会简表"。据不完全统计，1949—1957年，苏联来华展有12次，匈牙利来华展有7次，民主德国来华展有4次，日本来华展有4次，朝鲜来华展有3次，越南来华展有3次，罗马尼亚来华展有4次，捷克斯洛伐克来华展有6次，波兰来华展有5次，蒙古来华展有1次，印度来华展有3次，印度尼西亚来华展有2次，法国来华展有1次，埃及来华展有1次。这些是《人民日报》报道过的重要展览，实际举办过的展览更多。

有学者认为："1953年，中国贸促会受政府委托，负责接待了德意志民主共和国工业展览会，这是新中国成立后接待的第一个来华展览会，从此中国展览业进入了起步期。"[1]这种说法是值得商榷的，因为早在1950年，一些国家就已到中国举办展览会，影响较大的是1950年9月11日的"向社会主义迈进的罗马尼亚人民共和国展览会"。罗马尼亚政府特地从国内运来7个火车皮共300多箱的物品，罗马尼亚在国外举办的展览会中除在苏联外，这是最大的一次[2]。

苏联的来华展最多，规模也最大，影响更深远。早在1949年底至1950年初，东北各地中苏友好协会分支会半年中共组织了报告会、座谈会及展览会5 830次，参加者达241.5万多人[3]。1952年，上海市一些公共汽车外部布置了五彩电灯，车头扎了"中苏友好万岁"的图案，车内每一个窗口有绿色窗帘，并张贴着"中苏友好月"的展览图片，使人坐在车内，无异在展览会内一样[4]。这些活动都扩大了苏联展览会在中国的影响。

其中最有影响的，是苏联经济及文化建设成就展览会。该展览会设有包括重工业、轻工业、高等教育、书籍、油画、造型艺术、家具、乐器、手工艺品、食

①王春雷、张灏：《第四次浪潮——中国会展业的选择与明天》，中国旅游出版社，2008年，第168页。

②《罗马尼亚展览会在京揭幕——朱副主席等二百余人参加揭幕礼》，《人民日报》1950年9月12日，第1版。

③《东北中苏友协会员三个月增加三十多万，半年组织报告会座谈会展览会五千八百多次》，《人民日报》1950年1月21日，第1版。

④依心：《东厢贴图片无异展览会》，《新民晚报》1952年11月14日，第4版。

品等 10 个馆和陈列农业机械、矿业机械、汽车、筑路机械、铁路机车的 5 个广场①。它在中国巡展，不仅是一次成就展览，更是一次政治展览，具体情况见下表：

表 1-4　苏联经济及文化建设成就展览会在中国巡回展出表

地　点	时　间	展品展出	社 会 影 响
北京苏联展览馆	1954 年 10 月 2 日至 12 月 26 日	10 000 多件展品。把展品中的 83 件机器赠送给我国。	参观者达 276 万人。展览期间，售品处接待了 140 多万顾客。顾客购买了 500 多种苏联商品。有 8 万多人在展览馆莫斯科餐厅里尝到了美味的苏联酒菜。
上海中苏友好大厦	1955 年 3 月 15 日至 5 月 15 日	10 000 多件展品。东广场上，增加了两辆新型的汽车和一辆自动装卸车。	这个展览会在展出的整整两个月中，共有 382 万余人前往参观和学习。
广州中苏友好大厦	1955 年 10 月 5 日至 12 月 15 日	展览会的全部展品，共计 11 700 多件。	参加开幕式的来宾共有 9 000 多人。这个展览会在广州展出的两个多月中，共有 135 万余人前来参观。
武汉中苏友好宫	1956 年 5 月 5 日至 7 月 5 日	展出了 12 000 多件展品，有 300 多件是第一次展出。将展览会艺术装饰品等共 700 多件，赠送我国有关部门。	接待了 230 多万人次的观众。引起观众们极大兴趣的是电视机和自动包饺子机等。还举办 30 多个专业学习班，由苏联专家传授先进经验。

　　资料来源：根据《苏联经济及文化建设成就展览会介绍》《人民日报》《文汇报》《长江日报》《新华社新闻稿》等资料综合而成。

　　如表 1-4 所示，苏联经济及文化建设成就展览会对中国影响很大。从展馆来看，中国营建了四大展览馆，以示中苏友好。例如武汉专门修建了 2.3 万平方米的苏联展览馆(又名中苏友好宫)，成立了武汉学习苏联技术及文化工作委员会，下设工业、农业、文教 3 个分会②。从展览时间来看，从

①中共北京市委党史研究室编：《社会主义时期中共北京党史纪事》(第 2 辑)，人民出版社，1995年，第 118 页。

②武汉地方志编纂委员会主编：《武汉市志·外事志》，武汉大学出版社，1991 年，第 219 页。

1954 年 10 月 2 日开幕到 1956 年 7 月 5 日结束，历时差不多 3 年的时间，其中在上海和武汉展出 2 个月，在北京和广州展出 2 个多月。从展品来看，共有一万多件先进展品，比如"为水田作埂用的平地机和掘沟机，为水稻旱直播用的谷物修播机"①。展品还不断地更新，例如在武汉巡展时，新增加的三百多件展品是第一次在我国展出，"其中有适用于不到一公尺薄煤层的'矿工牌'联合采煤机、只吃水二十五公分的浅水汽艇、一次能孵化三万九千只小鸡的电动孵化器和今年三月才出产的德特-14 型柴油园艺拖拉机，还有引起观众们极大兴趣的电视机和自动包饺子机等"②。从社会影响来看，民众踊跃参观，共有 1 125 万人观看展览会③。上海的观众最多，共有 328 万 8 千多人前往参观和学习。不论晴雨，不论早晚，参观的人总是像潮水一样地进进出出④。展览会不仅让中国人学到了先进技术，还让中国人购买到了大量苏联产品。

　　来华展览对新中国的影响是多方面的，最突出的是技术交流。新中国成立初期，百废待兴，亟须先进技术指导，东欧社会主义国家和苏联通过展览会对中国进行了技术指导。1953 年，波兰人民共和国经济展览会在北京举行，技术交流已经成为此次展览会一种有计划的活动，"下厂指导"的效果非常明显。例如，波兰专家到济南铁路局对动轮旋床安装和操作方法作了指导以后，旋一对车轮原来用六小时半，后来只用两小时多，劳动生产率提高了两倍多⑤。

　　1954 年至 1956 年，苏联经济及文化建设成就展览会在中国巡展，"举行技术座谈会、报告会 3 068 次，听讲的有 25 万多人。参加展览工作的中国工程技术人员有 3 816 人，由展览会的苏联专家向他们系统地讲授科学技术理论"⑥。1955 年，捷克斯洛伐克十年社会主义建设成就展览会一开始就成立了"技术交流接待室"，并特别规定了专业参观的时间。飞机表演

①华恕编著：《发展农业与社会主义工业化》，湖北人民出版社，1955 年，第 77 页。
②《苏联经济及文化建设成就展览会在武汉开幕》，《人民日报》1956 年 5 月 6 日，第 1 版。
③《苏联经济及文化建设成就展览会在我国的展览工作结束》，《人民日报》1956 年 7 月 30 日，第 1 版。
④《在上海展出两个月的苏联展览会闭幕》，《人民日报》1955 年 5 月 17 日，第 2 版。
⑤朱及群：《国外来华经济展览会中的技术交流活动》，《人民日报》1955 年 6 月 9 日，第 2 版。
⑥《苏联经济及文化建设成就展览会在我国的展览工作结束》，《人民日报》1956 年 7 月 30 日，第 1 版。

是展览会所特有的,他们这次的教练机与滑翔机的表演以及和有关单位举行的驾驶训练、滑翔技术座谈会,对于我国的国防体育起了很大的启发和鼓舞作用①。捷克斯洛伐克政府派来的各方面的专家通过现场解答、座谈会、报告会、下厂指导等方式,解答了全国各地五百三十个单位提出的关于机床、水油管道闸门、农业机械、乐器、汽车等各方面的问题②。

通过参观来华展览,中国人的观念受到冲击。1953 年 4 月 27 日,德意志民主共和国工业展览会在北京举行。北京印刷一厂的装订女工张振英在留言册上写道:"今天我看到了我幻想了很久的折页机,每小时能折纸二万四千张,这样高的产量真是我所想不到的。"③她表示一定要很好地学习民主德国工人的创造精神,完成 1953 年的生产计划。1954 年10 月,苏联经济及文化建设成就展览会在北京举行。第一机械工业部工程师恽震参观展览会后,和同事们进行了漫谈。他们一致认为:"展览会是我们全面学习苏联先进经验的学校。今后一定要更加认真地把学习苏联先进经验贯彻到具体工作中去。"④对先进技术的认可,向社会主义国家学习,成为民众参加展览活动的共识,也是新中国举办展览的动因之一。

当然,新中国展览活动兴起还有其他原因,如经济发展的需要、文化交流的需要、科技普及的需要等。罗荣渠曾说:"狭义而言,现代化又是一个自然的社会演变过程,它是落后国家采取高效率的途径(其中包括可利用的传统因素),通过有计划的技术改造和学习世界先进,带动广泛的社会改革,以迅速赶上先进国家和适应现代世界环境的发展过程。"⑤中国作为一个落后国家,为了更好地走向现代化,必须有计划地学习先进、改造技术。所以,向苏联等先进国家学习成为一种必然,展览成为中国走向现代国家的重要路径。

---

① 朱及群:《国外来华经济展览会中的技术交流活动》,《人民日报》1955 年 6 月 9 日,第 2 版。
② 《捷克斯洛伐克建设成就展览会在京展出结束》,《人民日报》1955 年 5 月 26 日,第 1 版。
③ 《民主德国工业展览会在京闭幕——一个月期间观众超过七十万三千人》,《人民日报》1953 年 5 月 28 日,第 1 版。
④ 恽震:《最先进的机械制造业——参观苏联经济及文化建设成就展览会以后》,《人民日报》1954 年 11 月 3 日,第 2 版。
⑤ 罗荣渠:《现代化新论——世界与中国的现代化进程》,北京大学出版社,1993 年,第 17 页。

第三节　新中国成立初期展览活动的主要类型

新中国成立初期，展览活动不计其数。大量的公共场所用来举办展览，如博物馆、展览馆、美术馆、文化宫、文化馆、群艺馆、画廊、宣传廊、各种活动中心等。全国性展览会一般由各部委主办，地方性展览会一般由各省、市、县主办，专题性展览会一般由各行业部门主办。

目前，关于新中国成立后展览活动分类的研究较少，比较有影响的是潘耀中的分类，他将展览分为四类：一是紧紧地围绕为医治战争创伤，为恢复和发展生产，组织经济建设这一中心任务而举办展览；二是为保卫和平，促进友好国家交往，反映斗争生活而举办的展览；三是为揭露侵略者罪行而举办的展览；四是为交流艺术创作成就，活跃人民文化生活而举办的展览[①]。这种分类颇有道理，但把中外之间的展览和其他类型的展览放在一起，容易让人产生混淆。著名会展专家潘杰曾说："展览的分类，似乎是一个很简单的问题，但展览是一门综合性艺术，许多类型并不是一句话可以说清的。目前，展览界对分类还不统一。"[②]他介绍了两种分类："第一种，是按照展出等级划分，如国际级展览、国家部委级展览，省市、自治区级展览、地(市)县级展览，甚至还有团体展览、个体展览。第二种，是按展出内容划分，例如经济展览、政治展览、文化展览、科技展览等。这种划分，好处是一目了然，阵容分明。缺点是许多展览很难截然分开，准确分类。"[③]笔者采取第二种分类方法，按照展出内容分类，把展览活动分为以下四类：

一、经济建设型

经济是政治的基础。新中国成立之初，为了恢复和发展经济，各地举办了大量的经济建设型展览会。虽然这一时期政治对经济的影响很大，但经济建设型的展览有自己的独立地位。它不仅是繁荣经济的重要手段，还是促进经济交流的重要途径，可以参考下表：

---

①中国展览馆协会、展览理论研究会编：《展览研究文集》，浙江大学出版社，1989年，第84页。
②潘杰：《展览艺术——展览学导论》，黑龙江美术出版社，1992年，第52页。
③潘杰：《展览艺术——展览学导论》，黑龙江美术出版社，1992年，第53—54页。

表 1-5　1949—1957 年中国举办的重要经济建设型展览会简表

名　称	地　点	举办方	时　间	办展概况
大连工业展览会	大连	大连市政府	1949 年 9 月 18 日至 11 月 30 日	内设铁路交通、机械、造船、纺织、化学、通信器材、农林、中苏友谊等 17 个展馆。参观者达 31 万人次,大连工业被誉为"工业中国的雏形"。
天津工业展览会	天津	天津市政府	1949 年 11 月 4 日	参加展览会的工厂有 1 700 余家,展览品约有 8 000 多种。
西北首次经济建设展览会	西安	中共西北局等单位	1951 年 2 月 15 日至 3 月 15 日	先后前往参观的代表共约 118 万余人。
西南区工业展览会	重庆	中共西南局等单位	1951 年 4 月 20 日至 5 月 7 日	共 70 多万人参加,观众的共同感觉是西南工业正突飞猛进地向前发展着。
中国煤矿展览会	北京	燃料工业部	1951 年 4 月 24 日至 5 月 12 日	展览了 1950 年全国煤炭生产量,比 1947 年增加 21%,煤的市价降低了 76%。
全国铁路展览会	北京	铁道部与铁路工会	1951 年 9 月 15 日至 10 月 5 日	朱德亲临剪彩。在 6 个展览室中一共展览模型实物 600 件,图画、图表 500 件和照片 1 100 多件。
华北区城乡物资交流展览会	天津	中共华北局等单位	1951 年 10 月 5 日至 11 月 20 日	贯彻"会场就是市场"的方针,交易总额超过 1 亿 5 千万元,观众达 100 万人。
全国石油展览会	北京	燃料工业部和中国石油公司	1951 年 11 月 15 日	展览会共分天然石油、人造石油和成品运销等三大部分。展览期限为一个月。朱德总司令参加了展览会的开幕典礼。
鞍钢技术革新展览会	北京	鞍山钢铁公司	1954 年 4 月 15 日至 7 月 15 日	展出王崇伦创造的万能工具胎等。共展出了 3 个月,观众有 36 万 4 千人。

续表

名　称	地　点	举办方	时　间	办展概况
全国手工业生产合作展览会	北京中山公园	全国手工业生产合作社	1954年11月21日	展品有农具、竹藤柳草编织、特种工艺等6大类,共计2 000多种。
西藏第一次国产商品展览会	拉萨	国营西藏贸易总公司	1956年3月1日至3月15日	展出4 000多种国产商品,接待了3万7千名观众。
全国交通先进经验展览会	北京劳动人民文化宫	交通部	1956年5月3日至5月25日	介绍康藏公路、川江夜航、松花江上的冰撬运输、新建的湛江港等的情况。
日用工业品质量展览会	北京	轻工业部	1956年7月7日至7月25日	参观的人数达19万。参观者向展览会提出了5 000多条意见。
第一届中国出口商品展览会	广州中苏友好大厦	外贸部和广东省	1956年11月10日至1957年1月9日	展览面积共1.8万平方米。展览会陈列4万9千多件展品,接待了95万国内观众,同外商达成2千万英镑的交易。
第一届全国农业展览会	北京	农业部	1957年2月20日至7月31日	展出近5 000件实物等。观众达220多万人。接待50多个国家的6 000多名外宾。

资料来源:根据《人民日报》《新华社新闻稿》等资料统计而成。

从表1-5可以看出,经济建设型的展览会数量多,规模大,影响深远,大致包括三大类。第一类是工农业展览会。如大连、天津、西南区工业展览会,日用工业品质量展览会,第一届全国农业展览会等,这一类展览会数量最多。工业展览会主要普及有关科学知识,展示当地工业建设的成就。农业展览会大多由各地政府的农业生产部门举办,内容丰富,并与生产实际结合紧密。第二类是物资交流方面的展览会。如华北区城乡物资交流展览会等,这一类展览会在1951年影响最大。第三类是中央各部委举办的展览会。如中国煤矿展览会、全国铁路展览会、全国石油展览会、全国手工业生产合作展览会、第一届中国出口商品展览会,这一类的展览会影响很大，是展览会的发展主流之一。

表中的展览会具有一定的代表性，许多展览会开创了国家、行业和地区展览的第一。在国家展览史上，新中国举办的第一个大型展览会，是1949年9月18日至11月30日由大连市政府举办的大连工业展览会。新中国第一次大型出口商品展览会，是1956年11月由外贸部和广东省等单位在广州举办的第一届中国出口商品展览会，该展览会直到今天仍然在连续举办，被誉为"新中国第一展"。在行业展览史上，第一个全国性的煤炭展览会是1951年4月由燃料工业部举办的全国煤炭展览会；第一个全国性的铁路展览会是1951年9月由铁道部与铁路工会联合举办的全国铁路展览会；第一个全国性的石油展览会是1951年11月由燃料工业部与中国石油公司联合举办的全国石油展览会；第一个全国性农业展览会是1957年2月由农业部举办的第一届全国农业展览会。在地区展览史上，新中国成立后天津举办的第一个大型展览会是1949年11月的天津工业展览会；新中国成立后西北地区举办的第一个大型展览会是1951年2月由中共西北局等单位在西安举办的西北经济建设展览会；新中国成立后西南地区举办的第一次大型展览会是1951年4月由中共西南局等单位在重庆举办的西南区工业展览。除了列举的展览会外，还有一些比较有影响有特色的展览会，如夜商品展览会、名菜美点展览会、棉布花色品种展览会等，这些展览会是新中国成立初期经济发展水平的重要反映。

二、政治教育型

政治教育型展览主要指围绕宣传党和政府的政治方针、国家的重大政治活动和配合当时的中心工作的展览。为了巩固新生政权，教育和动员民众，新中国举办了大量的政治教育型展览，可见下表：

表1-6　1949—1957年中国举办的重要政治教育型展览会简表

名　称	地　点	举办方	时　间	办展概况
亚洲工人妇女生活与斗争展览会	北京	亚洲妇女代表会议	1949年12月5日至12月25日	九个国家参展，共分四个馆展览。陈列了无数名贵礼品。参观人数10万人。

续表

名　称	地　点	举办方	时　间	办展概况
解放军战绩展览会与全国工农兵劳动模范成绩展览会	前者在北京故宫午门及太和门，后者在三座门大街	中央人民政府革命军事委员会总政治部	1950 年 10 月 2 日至 11 月 1 日	毛泽东特地为展览会题字"人民的胜利"。人民解放军战绩展览会参观者近百万人。全国工农兵劳动模范成绩展览会的参观者,据统计共达26.2 万余人。
全国公安工作展览会	北京故宫	中央人民政府公安部	1950 年 10 月	展示了人民公安破获的重特大案件,有间谍案、匪特案、破坏经济建设案等。
和平宣言签名运动资料图片展览会	北京市劳动人民文化宫	中国保卫世界和平大会委员会	1950 年 10 月 21 日至 10 月 24 日	陈列内容为图片与有关和平签名的实物资料。将近 200 万人在和平宣言上签了名,毛泽东在和平宣言上签字。
"东北和朝鲜"展览会	北京鼓楼	中央人民科学馆等	1950 年 12 月 22 日	主要通过中朝边境的地理形势、资源情况,说明美帝侵略的阴谋和野心。
抗美援朝书画义卖展览会	北京中山公园水榭	全国妇联、文联、美协等	1951 年 5 月 18 日至 5 月 22 日	全部作品共有 1 500 余件,义卖所得全部捐献给中国人民志愿军。
反文牍主义公文展览会	北京	政务院政治法律委员会	1951 年 11 月 22 日	展览会以自我批评和自我教育的精神,陈列了各种类型的属于文牍主义的公文。
反贪污、反浪费、反官僚主义展览会	天津	天津市节约检查委员会	1952 年 2 月 2 日	展览会第一天,参观者就有 6 000 多人。展览会内容分为综合、反对贪污、反对浪费、反对官僚主义等五部分。
美国政府细菌战罪行展览会	北京故宫文华殿	中国人民保卫世界和平委员会	1952 年 9 月 15 日	展览会 5 间陈列室里,陈列着实物标本、图片、文件等达 500 多件。观众共有 28 万余人。

续表

名　称	地　点	举办方	时　间	办展概况
美国空投特务罪证展览会	重庆市	重庆市人民政府	1955年9月25日至10月27日	共有74万多人参观。工厂、机关、学校曾先后举行了1 500多次座谈会。
解放台湾展览	广州	广东省人民政府	1956年8月7日闭幕	展出半月,有广东、香港、澳门同胞和海外归国华侨等共55.4万多人参观。
孙中山先生生平事迹展览会	北京中山公园中山堂	中国人民政治协商会议	1956年11月12日至11月30日	横幅是毛泽东的亲笔题字。陈列300多幅照片和许多文物。共有10万余人前往参观,外宾有200多人。
反革命分子和其他刑事犯罪分子罪证展览	北京劳动人民文化宫	公安部	1957年9月20日至11月27日	展览会有四个部分,前三部分展出罪证和图表,第四部分共展出40多个案件的罪证。共接待110万名观众。
刘介梅今昔生活对比展览会	北京劳动人民文化宫	湖北黄冈县委等	1957年12月6日	展览会分为三部分。刘介梅本人还和部分观众见面,当众做检讨,表示要永远跟着党走。

资料来源:根据《人民日报》《新华社新闻稿》等资料统计而成。

从表1-6可以看出,这一类的展览会规模大,数量多,较为复杂,大致可分为三类。第一类,是国防教育方面的展览会。如中国人民解放军战绩展览会、抗美援朝书画义卖展览会、解放台湾展览、"东北和朝鲜"展览会等。这一类展览会数量多,观众也多。第二类,是罪行展览会。如美国空投特务罪证展览会、美国政府细菌战罪行展览会等。这一类展览会痛斥丑恶罪行,主旨是反对帝国主义。第三类,是阶级教育展览会。如刘介梅今昔生活对比展览会等。这一类展览会相对较少,但影响大,是加强阶级斗争教育的表现。

表 1-6 中的展览会具有一定的代表性，许多展览会创造了新中国第一。第一个全国性的妇女展览会，是 1949 年 12 月 5 日由亚洲妇女代表会议举办的亚洲工人妇女生活与斗争展览会；第一个全国性的军事展览会，是 1950 年 10 月 2 日由中央军委总政治部在北京故宫举办的解放军战绩展览会；第一个全国性的公安展览会，是 1950 年 10 月由中央人民政府公安部在北京故宫举办的全国公安工作展览会。除了以上列举的展览会外，还有一些比较有影响的展览会，如潜在能力展览会[①]、普选与生产展览会[②]、黄继光先进事迹展览会等，这些展览是新中国成立初期政治发展进程在会展上的重要反映。

三、文化科技型

为了发展新民主主义文化，提高科技水平，丰富民众生活，新中国举办了大量的文化科技型展览。这些展览体现了人类精神财富的传承，能够影响人的思想和品德，增加人的知识，提高人的技能。新中国举办的主要展览可以参见下表：

表 1-7　1949—1957 年中国举办的重要文化科技型展览会简表

名　称	地　点	举办方	时　间	办展概况
全国年画展览会	北京中山公园水榭	中华全国美术工作者协会	1950 年 2 月 17 日	展出作品 299 幅，来自 17 个地区。
全国报纸展览会	北京	中央人民政府新闻总署	1950 年 3 月 29 日	展览了从辛亥革命到五四运动的报纸，以及《红色中华》《解放日报》等。

①1951 年，哈尔滨毛织厂与电业局先后举办了潜在能力展览会，深刻地、生动地教育了全体职工从哪些方面去发挥工业中的潜在能力。展览会大体分为五大部分。第一部分主要是说明增产节约的政治经济意义以及增产节约任务和职工个人的关系。展览会里鲜明的图表上，标示着 500 万吨粮食可以买多少架飞机、大炮、坦克，盖多少工厂、学校、托儿所、俱乐部。名厂增产节约的数字也照样计算了出来。见宣传员手册编委会辑：《增产节约宣传经验》，东北人民出版社，1951 年，第 27 页。

②1957 年 7 月，展览会上陈列了许多由工人们自己创作的水彩画，这些图画表明了普选的意义和目的，指出了工人应当以提高生产来迎接伟大的普选运动。见《本市私营天一机织印染厂举行普选、生产展览会》，《文汇报》1957 年 7 月 8 日，第 2 版。

续表

名　称	地　点	举办方	时　间	办展概况
全国卫生医药展览会	北京劳动人民文化宫	中央人民政府卫生部与中央军委卫生部	1950 年 8 月 6 日至 8 月 30 日	参观一律免票,并延长每日开放时间。展览品来自全国各地,超过万件以上。展览期间观众达 34 万。
全国出版事业展览会	北海公园	全国出版会议筹备会	1950 年 9 月 17 日	展览品分放在 4 个馆,体现了中国出版印刷事业的发展。
全国爱国卫生运动展览会	北京	中央人民政府卫生部	1952 年 12 月 28 日	陈列在北京劳动人民文化宫大殿内的 1 000 多件展览品,清楚地绘出了 9 个月来规模空前的爱国卫生运动的面貌。
全国国画展览会	北京北海公园	中华全国美术工作者协会	1953 年 9 月 16 日	新中国成立后第一次全国性的展出,展出全国各地国画家 200 多人的精心作品 245 件。
全国民间美术工艺品展览会	北京劳动人民文化宫	中央人民政府文化部	1953 年 12 月 7 日至 1954 年 1 月 3 日	观众达 18.3 万余人。展览品将近 3 000 件,是从 20 多个省市和许多兄弟民族的 9 000 多件民间美术工艺品中评选出来的。
马克思列宁主义经典著作展览会	北京西单,后到北图	中共中央著作编译局	1954 年 3 月	陈列了 1900 年以来用中文出版的马恩列斯的各种书刊。共有 250 个单位、6 000 余人前往参观。
全国民间剪纸展览	北京故宫承乾宫	中国美术家协会	1954 年 6 月 20 日	共展出山东、山西、广东、福建、湖北、浙江等 16 个省、市的 400 余件作品。
全国版画展览会	北京北海公园	中国美术家协会	1954 年 9 月 5 日	展出作品共 210 件,包括 19 个省市的 86 位作者的铜版画等,其中木刻最多。

续表

名　称	地　点	举办方	时　间	办展概况
第二届全国美术展览会	北京苏联展览馆	文化部、中国美术家协会	1955 年 3 月 27 日至 5 月 15 日	共收到各种美术作品 4 000 多件，展出的有 996 件。前去参观的观众共有 22.9 万多人。
全国少年儿童科技和工艺作品展览会	北京	全国妇联、共青团中央等五个单位	1955 年 8 月 10 日至 8 月 29 日	陈列了孩子们亲手制作的近 1 000 件精致优秀的作品，分四个部分展出。周恩来总理参观展览会。前往参观的观众近 10 万人。
全国陶瓷展览会	北京	地方工业部等	1955 年 10 月 3 日	第一次全国性的陶瓷展览，展品约 2 000 件，从近万件陶瓷新产品中选出。
全国青年美术作品展览会	北京劳动人民文化宫	中国美术家协会	1957 年 3 月 17 日至 4 月 16 日	共展出 845 位青年的 900 多件作品。观众达 5.6 万余人。

资料来源：根据《人民日报》《新华社新闻稿》等资料统计而成。

　　从表 1-7 可以看出，这一类的展览会形式多样，丰富多彩，可以分为三大类。第一类，是美术方面的展览会。如全国年画展览会、全国国画展览会、全国漫画展览会、全国青年美术作品展览会等。这一类展览会数量最多，参与者也非常多，很多展品是由全国遴选出来的。第二类，是科技方面的展览会。如全国职工科学技术普及工作展览会、全国少年儿童科学技术和工艺作品展览会等。这类展览会相对较少，但受到国家领导人的关注。第三类，是新闻出版方面的展览会。如马列主义经典著作展览会、全国出版事业展览会、全国报纸展览会等。这一类展览会传播快，影响大，有深度。

　　表中的展览会具有一定的代表性，许多展览会创造了新中国第一。第一个全国性的年画展览会，是 1950 年 2 月 17 日由中华全国美术工作者协会举办的全国年画展览会；第一个全国性的卫生展览会，是 1950 年 8 月 6 日由中央人民政府卫生部和中央军委卫生部在北京劳动人民文化宫举办的全国卫生医药展览会；第一个全国性的出版展览会，是 1950 年 9 月 17 日由全国出版会议筹备会在北京北海公园举办的全国出版事业展览会；第一个全国性的国画展览会，是 1953 年 9 月 16 日由中华全国美术工作者协会在北京北海公园举办的全国国画展览会；第一个全国性美术工艺展览会，是 1953 年 12 月 7 日由中央人民政府文化部在北京劳动人民文化宫举办的全国民间美术工艺品展览会；第一个全国性陶瓷展览会，是 1955 年 10 月 3 日由地方工业部等部门在北京联合举办的全国陶瓷展览会。必须指出的是，很多文化科技展览会，也是一种政治宣教，同政治教育型展览会重合较多。

四、对外交往型

为了加强中外联系，发展对外关系，增强对外互信，新中国举办了大量的对外交往型展览。这种展览，也称为出国展览，主要包括两种：中国参加的国际博览会和中国到外国举办的展览会。主要展览情况可以参见下表：

表 1-8　1949—1957 年中国参与的对外交往型展览会简表

名　称	地　点	时　间	概　况
莱比锡春季国际博览会	民主德国莱比锡	1951 年 3 月 4 日到 11 日	新中国破天荒第一次参加博览会，展品有货品 3 000 余种与图片数百幅。
第五十二届国际博览会	捷克斯洛伐克布拉格	1951 年 5 月 19 日至 6 月 5 日	我国展览品受到特别的重视与欢迎。
印度孟买国际工业展览会	印度孟买	1952 年 1 月 11 日至 2 月 24 日	中国陈列馆陈列着 5 000 多种展览品，参观中国馆的印度各界人士共达 150 万人。
巴基斯坦国际工业展览会	巴基斯坦卡拉其	1952 年 3 月 9 日至 4 月 14 日	有 14 个国家参加。有从欧洲、美洲、非洲、中亚等地来的观众。中国馆观众达 300 万人。
印尼国际博览会	印尼雅加达	1953 年 8 月 2 日至 10 月 4 日	中国馆面积最大，展品有 2 300 多种。治淮工程和荆江分洪工程模型获得观众的赞美。50 万人参观。
中华人民共和国工农业展览会	丹麦哥本哈根	1953 年 9 月 25 日	展览会占地 2 800 平方米，展览品分为重工业、轻工业、农产品及手工艺品四部分，共计 1 900 余件。

续表

名 称	地 点	时 间	概 况
中国艺术展览会	捷克斯洛伐克布拉格	1954 年 6 月 29 日	展览公元前 1 300 年到当代多种中国艺术品,其中有绘画、雕刻、刺绣、瓷器、陶器、银器、玉器、景泰蓝和照片等。
大马士革国际博览会	叙利亚大马士革	1954 年 9 月 1 日至 10 月 1 日	展品共约 2 000 种,有各种新型的精密的工作母机等,约有 60 万人参观了中国馆。
中国工艺美术展览会	匈牙利布达佩斯	1954 年 10 月 1 日	到会者对展出的各种精美展品称赞不已。
里昂国际博览会	法国里昂	1955 年 4 月 16 日至 4 月 25 日	中国首次参加展览,展品总数有 2 000 多种。观众共达 87 万多人次。
中国商品展览会	日本东京	1955 年 10 月 17 日至 11 月 3 日	在 17 天的展览期里,吸引了 66 万多名观众,其中有 15 万人看了新中国的电影。
印度工业博览会	印度新德里	1955 年 10 月 29 日至 12 月 25 日	中国馆面积达 5 000 多平方米,展览品共有 4 000 多种。尼赫鲁总理参观了中国馆。
1956 年莱比锡博览会	民主德国莱比锡	1956 年 2 月 25 日至 3 月 8 日	博览会的贸易活动证实了东西方贸易的良好前景。
中国商品展览会	埃及开罗	1956 年 4 月 1 日至 4 月 25 日	展出了许多农业机器和机械。展览会电影厅里,放映了中国的影片。在展出的 25 天里,参观的观众达 20 多万人。
巴黎国际博览会	法国巴黎	1956 年 5 月 5 日至 5 月 21 日	新中国第一次参加该博览会。中国馆是按照天安门式样建筑的,面积是 1 080 平方米。展出约 1 400 多种商品。
第 25 届波兹南国际博览会	波兰波兹南	1956 年 6 月 17 日至 7 月 1 日	波兰领导人对中国展品很感兴趣,中波达成大量交易。
中国经济建设成就展览会	越南河内	1956 年 9 月 3 日至 10 月 10 日	越南政府领导人参观中国展览会。92.8 万余人参观了这个展览会,打破了越南历次展览会观众人数的纪录。
萨格勒布国际博览会	南斯拉夫萨格勒布	1956 年 9 月 7 日至 9 月 20 日	中国首次参加该博览会。中国馆的面积约 4 000 平方公米,展品有 2 500 种以上。铁托总统及 62 万人参观中国馆。

续表

名　称	地　点	时　间	概　况
维也纳国际博览会	奥地利维也纳	1956 年 9 月 9 日	中国第一次参会,第一汽车制造厂和鞍钢的图解和模型吸引了许多观众。
中国敦煌艺术展览会	捷克斯洛伐克布拉格	1957 年 3 月 7 日	展出了 70 件敦煌壁画的复制品,其中包括 4 世纪到 14 世纪各个时代的作品。
1957 年莱比锡春季博览会	民主德国莱比锡	1957 年 3 月 2 日至 3 月 14 日	有 40 个国家 10 000 多个单位参加。展出单位参观人数和贸易额突破"二战"后纪录。
卡萨布兰卡国际博览会	摩洛哥卡萨布兰卡	1957 年 5 月 4 日	中国馆分为重工业馆、轻工业馆和农业馆等。摩洛哥苏丹对中国馆很感兴趣。
第 26 届波兹南国际博览会	波兰波兹南	1957 年 6 月 9 日至 6 月 23 日	观众有 90 万人,成交的贸易额达 4 亿 5 千万卢布。

　　资料来源:根据《人民日报》《新华社新闻稿》等资料统计而成。

　　从表 1-8 可以看出,展览具有一定的代表性,许多展览创造了新中国第一。新中国第一次参加的国际博览会,是 1951 年 3 月 4 日民主德国举办的莱比锡春季国际博览会。该博览会是新中国第一次参加的欧洲博览会,也是新中国初期参加次数最多的博览会之一。新中国第一次参加的亚洲国家大型博览会,是 1952 年 1 月 11 日举办的印度孟买国际工业展览会,印度各界人士 150 万人参观了展览。新中国第一次参加的非洲国家大型博览会,是 1957 年 5 月 4 日摩洛哥举办的卡萨布兰卡国际博览会,中国馆受到观众好评。新中国第一次参加法国博览会,是 1955 年 4 月 16 日举办的法国里昂国际博览会,有 87 万观众前往参观。新中国第一次参加的奥地利博览会,是 1956 年 9 月 9 日举办的奥地利维也纳国际博览会,观众对展出的重工业模型非常感兴趣。

　　新中国不仅参加国际博览会,还到外国举办展览会。新中国第一次到丹麦举办的大型展览会,是 1953 年 9 月 25 日举办的中华人民共和国工农业展览会,展品共计 1 900 余件;新中国第一次到日本举办的大型展览会,是 1955 年 10 月 17 日的中国商品展览会,66 万名观众前往参观;新中国第一次到埃及举办的大型展览会，是 1956 年 4 月 1 日的中国商品展览会，观众达 20 多万人；新中国第一次到越南举办的大型展览会，是 1956 年 9 月 3 日的中国经济建设成就展览会，92 万名观众前往参观。

展览一旦出国，就像一部作品，能够显示出超国界的意义。展览不仅可以传播中国文化，还可以推动中外友好交往。1956 年 10 月 10 日，中国艺术和手工艺品展览会在锡兰（斯里兰卡）首都科伦坡举行，这种展览会在锡兰还是第一次举办，它标志着中锡两国人民日益加深了解的开端。作为中国对外交往的媒介，展览日益成为中外友好的纽带。

第四节　展览活动的发展演进及其主要特点

由于 1949—1957 年展览活动比较复杂，笔者将运用宏观梳理和个案分析相结合的方法来解读展览活动的演变，勾勒展览活动发展的历程。通过论述展览活动的传承与嬗变，来总结展览活动的主要特点，以呈现新中国成立初期展览活动复杂的历史图景。

一、展览活动的发展历程

1949—1957 年，新中国举办了大量的展览活动。这个时期尽管时间较短，但展览活动众多，特点也有很明显的不同，不能笼统概括。笔者根据展览活动的发展规律，将展览活动分为三个阶段。

（一）方兴未艾阶段（1949—1950）

新中国成立初期，国民党反动派留下一个乱摊子，各行各业百废待兴，展览业的发展处于方兴未艾阶段。具体表现在三个方面：展览以图片照片居多，较少实物；在苏联帮助下，工业展览开始兴起；配合国家宣传，抗美援朝展览大量出现

1. 图片照片展览较多。新中国成立伊始，全国还没有像样的展览馆，所以展览会规模较小，展品以图片照片居多。如中苏友好协会在全国 25 个省市举办的图片展览，仅据 1949 年 10 月至 1950 年 9 月的数据统计，展览 1029 次，观众达 668 万余人①。又如，北京北海公园举办的展览，很多都

①陆灏：《展览会是广泛联系群众的重要形式》，《人民日报》1951 年 4 月 12 日，第 3 版。

是照片展览,也可以清楚地说明这个问题。

表 1-9　北海公园解放后举办的各种展览会统计表

年　别	名　　称	次　数	天　数	参观人数
1949	解放战争、抗日战争、和平大会照片	1	15	20 023
1949	解放区儿童、青年、妇女、工人生活照片	1	37	10 085
1949	武训学画传	1	17	5 442
1950	解放战争史绩照片	2	27	19 910
1950	“十月革命”三十二周年纪念片	1	22	42 197
1950	人民政治协商会议照片	1	12	80 150
1950	女英雄刘胡兰画传	1	10	7 849
1950	美帝蒋匪重庆大屠杀照片	1	5	10 100
1950	百万雄师下江南照片	1	20	18 390
1950	苏联艺术家的作品照片	1	24	20 917
1950	大西南凯歌电影照片	1	3	4 300
1950	苏联儿童米丘林照片	1	12	4 067
1950	高尔基生活作品	1	12	3 100
1950	苏联学校考试	1	11	4 529
1950	苏联职工会	1	10	4 561
1950	少年儿童及体育大会	1	18	7 321
1950	列宁集体农场少年米丘林照片	1	8	3 100
1950	苏联工业	1	14	6 347
1950	三个共和国	1	10	5 700

资料来源:《北海公园解放后各种展览会统计表》,北京市档案馆藏,缩微档案号:98-1-94。

2.工业展览会开始兴办。1949 年,党的七届二中全会提出我国“由农业国向工业国转变”的方针。在方针的指引和苏联的帮助下,各地纷纷举办工业展览会。其中,大连和天津工业展览会影响较大。大连工业展览会于 1949 年 9 月至 11 月举行,展会共设 17 个馆,102 个单位以实物、模型、图表等形式展示出大连解放后工业生产恢复和发展的成就，每天观众达万余人①。展览会历时两个半月，参观者达 31 万人次，来自北京、天津、上海、南京、郑州、武汉、太原、西安、杭州、开封等城市的外地参观团有 181 个、4 000 多人②。1949 年 11 月 4 日至 12 月 5 日，天津举办了工业展览会，"参加展览会的工厂有一千七百余家，展览品约有八千多种，总计参观人数约在七十余万人左右"③。这些工业展览会的举办，初步展示了中国工业的雏形，是对全国民众的一种正确导向。

3.抗美援朝展览兴起。1950 年 10 月，抗美援朝战争爆发。为了动员民众，反对美帝国主义，支持中国人民志愿军，全国各地举办了大量的抗美援朝展览，如抗美援朝图片漫画小型展览会、抗美援朝街道展览会、抗美援朝书画义卖展览会、抗美援朝保家卫国美术展览会等。影响较大的，是1950 年 12 月 25 日由中国人民保卫世界和平反对美国侵略委员会在故宫太和殿举办的"抗美援朝保家卫国"展览会。这次展览会向各方面征集了许多平常罕见的图片与实物，特别是美帝对我国文化侵略与掠夺，及介绍美国的一些珍贵实物图片。这些图片是从来没发表过的，故对认识美帝是一个很好的帮助④。

（二）快速起步阶段（1951—1953）

1951—1953 年，新中国展览出现了多个骄人的业绩。不管是国内展，还是出国展，都有新的突破。相比之前，展览会有较快的发展，主要体现在两个方面。

1.国内展方面：经济展览会迅猛发展。为了促进经济流通，1951 年初，一些地方就举办了经济建设展览会。1951 年 4 月 10 日，《人民日报》发表社论《大力推销土产》，提出："推销土产，不仅是一个发展经济的重要环节，而且也是有关千百万人民利益的政治问题。各地领导机关必须善于掌握这样一个重要的工作环节。"⑤在中央的号召下，各地加紧举办土产展览

① 刘功成撰：《工运史话》，大连海事大学出版社，2006 年，第 205 页。
② 李文鹏：《新中国首次大型展览盛会——大连工业展览会》，《中国档案报》2010 年 5 月 3 日，第 4 版。
③ 新华时事丛刊社：《解放后的天津工业（天津工业展览会介绍）》，新华书店，1950 年，第 113 页。
④《抗美援朝保家卫国展览会今起在故宫太和殿正式揭幕》，《人民日报》1950 年 12 月 25 日，第 6 版。
⑤《大力推销土产》，《人民日报》1951 年 4 月 10 日，第 1 版。

会和物资展览会。有关展览情况见下表:

表 1-10　1951—1952 年物资交流展览会简表

名　称	时　间	地　点	社　会　影　响
华东区土产展览交流大会	1951 年 6 月 10 日至 8 月 11 日	上海	观众达 305 万人,成交土特产 2 314 笔,总值达 6 604 亿元①。
中南区土特产展览交流大会	1951 年 6 月 28 日至 9 月 10 日	武汉	会场设置零售市场,有 120 间门面,还开辟了交易市场,共成交 8 129 亿元。
东北区物资交流展览大会	1951 年 9 月 15 日至 12 月 15 日	沈阳	开幕一个多月以来,订立了总值达 4 722 亿元的交易合同和协议。
华北区城乡物资交流展览会	1951 年 10 月 5 日至 11 月 20 日	天津	交易总额超过 1.5 万亿元,观众达百万人。
华南土特产展览交流大会	1951 年 10 月 14 日至 1952 年 2 月 14 日	广州	全国 24 个省市 70 个代表团参加,成交额为 11 831 亿元,观众达 215 万人次。

资料来源:根据《华北区城乡物资交流展览会会刊》《人民日报》《新华社新闻稿》《广州文史》等资料综合而成。

　　除了以上几个重要展览会外,据有关部门统计,1952 年 2 月到 11 月,"全国各大行政区和各省、市举行的各种城乡物资交流展览会已有 31 起,其中 21 个展览会的观众达 1 070 万人,23 个展览会中成交的货物价达 5.22 亿元"②。据 1952 年统计,"全国各地举办的各种物资交流会达 7 789 次,成交总额为 339 354 万元"③。可见,城乡物资交流展览会对我国城乡经济的发展,尤其是农村经济的发展,发挥了重要的作用。遗憾的是,1953 年 11 月 23 日,政务院颁布《关于实行粮食的计划收购和计划供应的命

①这里指当时发行的旧人民币。中国人民银行自 1955 年 3 月 1 日起发行新的人民币,代替原来流通的旧人民币,按规定人民币新币一元等于旧币一万元。以下出现类似情况,不再注解。

②《当代中国商业》编辑部编:《中华人民共和国商业大事记(1949—1957)》,中国商业出版社,1989 年,第 102 页。

③翟昌民:《回首建国初——从新民主主义向社会主义过渡的回顾与思考》,中共中央党校出版社,2005 年,第 227 页。

令》,决定"在全国范围内有计划、有步骤地实行粮食的计划收购(简称统购)和计划供应(简称统销)"①。于是,商业活动受到限制,城乡物资交流展览会和土特产展览会逐渐退出了民众的视野。

2.出国展方面:中国开始参加国际博览会。1951 年 3 月,原政务院贸易部组团参加了德国莱比锡春季国际博览会和捷克斯洛伐克布拉格国际博览会,这标志着新中国展览业发展的开端②。为了参展的成功,周恩来总理于 1951 年 1 月 19 日亲自审核展品③。此次展览较为成功,赢得了外界的好评。此后,新中国参加了多次国际博览会,如布拉格第五十二届国际博览会、印度尼西亚雅加达国际博览会、斯德哥尔摩国际博览会等。其中,1952 年 3 月 9 日举行的巴基斯坦国际工业展览会,中国馆观众达到 300 万人④。通过展览活动,新中国逐渐走向世界,加强了同外国的交往与联系。

(三)蓬勃发展阶段(1954—1957)

1954 年苏联经济建设及文化成就展览会在北京举行,《人民日报》发表题为《学习苏联经济和文化建设的经验》的社论,呼吁民众观看展览,学习苏联经验。中国更加认识到展览的重要性,因而推动这一时期展览活动蓬勃发展,主要表现在以下三个方面:

1.出国展成绩辉煌。由于前期做了许多工作,1954—1957 年出国展发展迅速,参展次数越来越多,展品越来越丰富,影响也越来越大。1956 年,周恩来对出国展览再次做出重要指示:"应着重研究各国及博览会中其他国家的经济情况和技术水平。"⑤这个指示促进了出国展览事业的发展,中国不仅多次参加法国举办的国际博览会,还参加了非洲摩洛哥举办的国际博览会。

2.广交会的兴起。广交会的出现有很深的历史渊源。在 1757—1842

---

①中共中央文献研究室编:《建国以来重要文献选编》(第 4 册),中央文献出版社,1993 年,第561 页。

②王春雷、张灏:《第四次浪潮——中国会展业的选择与明天》,中国旅游出版社,2008 年,第168 页。

③《德意志民主共和国邀请我参加一九五一年莱比锡博览会的文电》,中国外交部档案馆藏,档案号:109 - 00093 - 01(1)。

④《巴基斯坦国际工业展览会闭幕》,《人民日报》1952 年 4 月 23 日,第 4 版。

⑤中国贸促会宣传出版部编:《中国展览年鉴(1999 年)》,光明日报出版社,1999 年,第 39 页。

年,粤海关成为全国唯一的通商口岸,广州十三行成为中国唯一的官方特许海外贸易经营机构,外贸垄断长达 85 年。在 1850 年的世界经济十强排名中,广州列第四位;直到 1875 年,尚在世界第七的位置上①。新中国成立后,广东省重视展览工作,不仅举办了影响全国的华南土特产展览交流大会,还举办了三次出口物资交流会,为广交会的诞生奠定了基础。1956 年 11 月 10 日,第一届中国出口商品展览会在广州举行,展览会陈列了近 5 万件展品,接待了 95 万多名观众。由于周恩来总理多次关心出口商品展览,展览会取得了极大成功,到 1957 年 3 月 4 日,国家外贸部下发文件,同意中国出口商品交易会落户广州,于是,广交会正式产生。1957 年的广交会是新中国成立以来规模最大的展览会,展馆面积约 1 万 8 千平方米,陈列商品 1 万 2 千多种。全国各外贸专业公司组成 13 个交易团开展外贸活动,来自 37 个国家和地区的客商共 2 736 人到会洽谈贸易,成交额为 538 万美元②。这次展览是新中国第一次集中性的大型展览外贸活动,推动了中国商品走向世界。

3.大型展览增多。随着中国国力的不断增强,展览馆、博物馆、美术馆、科技馆、青少年宫、群众艺术馆、工人文化宫等不断兴建,中国展览场馆日益增多,为举办大型展览活动提供了物质基础。这一时期,影响较大的展览会是 1957 年 2 月 20 日在北京举办的全国农业展览会。"展览会十一个馆展出二千多种实物和近五千件实物标本、模型、机器、仪器等,观众达二百二十多万人次。接待了全国各省、市、区,将近五万名专业参观团的代表外,还接待了五十多个国家的六千多名外宾。"③这次展览会针对社会上有些人对中国农业发展道路的质疑,"反映建国以来,特别是 1956 年以来农民的生产积极性,向中央汇报生产成果,打破帝国主义对中国缺吃少穿之说"④。此外,为了配合政治形势的发展,还举办了一些影响较大的政治性展览,如 1957 刘介梅今昔生活对比展览会,先在黄冈地区,再到武汉,又到北京,最后还到全国巡展。毛泽东主席等中央领导多次关心此次展览。观展人数很多,仅北京就有 70 万人。

①田磊:《广交会的前世今生》,《南风窗》2006 年第 20 期。
②中国贸促会宣传出版部编:《中国展览年鉴(1999 年)》,光明日报出版社,1999 年,第 58 页。
③胡曙:《全国农业展览会闭幕》,《人民日报》1957 年 8 月 1 日,第 5 版。
④何立波:《20 世纪 50 年代的中国展览会》,《党史博览》2009 年第 11 期

二、展览活动的嬗变

新中国成立初期,展览活动仍然传承解放区的经验,以政府为主导,善于联系群众。但是1949年中国社会发生了历史性巨变,巨变催生了一个全新的中国。新中国在建构政治制度,发展社会经济,整顿社会秩序的同时,也引发了中国外交观念、思想觉悟和生活方式等变革,故展览活动也发生了嬗变。

1.在展出范围上,由国内展向国内展与国际展并重转变。

民主革命时期,中国共产党举办的展览活动展出范围较小,主要是在陕甘宁、晋察冀、华中等各个解放区。新中国成立后,为了扩大对外交往,中央对出国展览工作极为重视。在周恩来总理的推动下,1951年中国参加了民主德国莱比锡国际博览会,开创了参加国际博览会的先河。此后,中国参加了在欧洲、亚洲、非洲等国举办的国际博览会。这一时期,外国到中国举办展览活动逐渐频繁,"有30个国家在中国举办了171个各种形式的文化艺术展和政治性图片展"①。从国内展到国际展,从出国展到来华展,新中国与世界各国的展览联系不断加强,展览的范围不断扩大。

2.在展览设计上,由传统展览方法向苏联东欧展览方法转变。

新中国成立前,解放区展览活动在展出设计上非常传统,主要是简单分类后进行展览陈列。新中国成立后,苏联、民主德国、波兰、捷克斯洛伐克、罗马尼亚、匈牙利等国频繁到中国举办展览活动,对新中国展览活动的展览设计产生较大影响。尤其是1954年10月2日到1956年7月5日,"苏联经济及文化建设成就展览会在北京、上海、广州、武汉巡回展览,共有1125万人观看展览会"②。著名展览专家吴劳回忆说:"苏联展览会的美术设计是杰出的,它把种类繁多、形式不一的各项展品组织得有条不紊,壁面陈列与展览台上实物恰当的配备,图表数字和生动形象的结合,室内装饰和整个展品的一致,局部装饰的着色和整体色彩的调和,各种光线来源的应用,以及和建筑上艺术装饰的协调,所有这些,美术设计者都用最通俗、

---

① 《关于来华展览巡回展出工作的几项规定》,湖北省档案馆藏,档案号:SZ142-4-92。
② 《苏联经济及文化建设成就展览会在我国的展览工作结束》,《人民日报》1956年7月30日,第1版。

最明显的形式,很清楚地表现出陈列的内容。"①所以,吴劳提出要学习苏联展览会的美术设计,在吸收苏联等国展览设计智慧的基础上,创造具有中国自身特色的展览设计。

3. 在展览场所上,由简单的陈列所向大型展览馆的转变。

民主革命时期,中国共产党办展的场所比较简陋。1934 年,中华苏维埃共和国革命博物馆开放,展览场所在瑞金的一个村子里。抗战时期,中国共产党成立了鲁迅艺术文学院陈列馆、成吉思汗纪念堂暨蒙古文化陈列馆、延安地质学会地质陈列馆等机构,许多机构最初为简陋的窑洞,有些机构甚至还搭建过茅棚进行展览。新中国成立初期,国家没有大型的展览馆。直到 1954 年,为迎接苏联社会主义建设成就展览来华展出,先后建造了北京苏联展览馆、上海中苏友好大厦、广州中苏友好大厦、武汉中苏友好宫等四座大型展览馆。四大展览馆的规模都比较大,气势雄伟,是当时重要的城市景观。像广州中苏友好大厦,"总体占地面积 11.4 万多平方米,建筑物面积 1.83 万多平方米,每天可容纳 3 万人次以上的观众。从 1955 年 4 月动工到当年 9 月竣工,仅仅用了不到半年时间。其宏大雄伟,令人瞩目"②。此后,这些极具苏联建筑艺术风格的展览馆,举办了大量的大型展览和来华展览,推动了新中国展览事业迈向新的台阶。相比较旧中国简陋的条件,这是新中国展览业发展的重要嬗变。

4. 在展品选择上,由初级低端展品向中高端展品转变。

民主革命时期,展览会的展品相对低端。国共对峙时期,中央苏区定期举行大规模农产品展览会,宣传介绍"某乡的番薯特别大""某乡的冬瓜特别好",告诉群众要怎样去改良农产品③。抗战时期,虽然延安举办了多次工业展览会,但展品层次不是太高,"主要是手工业性质的产品,如肥皂、牙粉、粉笔、墨水、香糊"④。新中国成立后,展品陈列的标准快速提高。随着国家"一五"计划的实施,中国工业水平有较大提升,展品陈列逐渐向中高端展品转变。1957 年的莱比锡国际博览会,"中国馆以四千二百种展品

①郭秋思编:《吴劳文集》,山东美术出版社,2011 年,第 20 页。

②李巧宁著:《新中国的中苏友好话语构建(1949—1960 年)》,中国社会科学出版社,2007 年,第 56 页。

③汤家庆:《中央苏区的文博事业》,中国人民政治协商会议福建省长汀县委员会文史资料编辑室编:《长汀文史资料》(第 15 辑),1989 年,第 44 页。

④郁文:《边区第二届农工业展览会参观记》,《新中华报》1940 年 3 月 8 日,第 4 版。

同观众见面。展品中很大一部分是最近一年内的新产品。特别引起观众注意的是重工业品，展出面积占全馆面积（五千平方公尺）的45％。这是以往历次展出中所没有过的情形"[1]。各种重工业产品和重大工程的展出，让外国观众对中国的发展刮目相看，说明了新中国展览业在展品陈列方面的巨大进步。

5. 在展品分类上，由简单分类向精细分类转变。

民主革命时期，展品按各项建设事业分部分类陈列，如国民经济部、机关生活部、文化卫生部、军事部以及其他部等，目的是为了使展品易于连贯，避免重复，便利观众[2]。由于条件限制，许多展览会的展品分类较为简单，例如1944年陕甘宁边区建设展览会，展品非常多，主要分为四个部分：军事、经济建设、民政和司法[3]。新中国成立后，由于经济的发展，展品分类由简单分类向精细分类转变。1949年天津工业展览会，分为食品工业馆、冶矿窑业馆、日用品工业馆、电器工业馆、工业改进馆、纺织工业馆、外埠工业馆、钢铁机械馆、出口物资馆、化学工业馆、公用事业馆等十一个展馆。1957年，全国农业展览会共分十一个馆，即综合馆、农作物第一馆、农作物第二馆、增产措施馆、畜牧馆、国营农场馆、热带作物馆、林业馆、水利馆、气象馆和水产馆。对事物的区分和归类往往是科学认知的第一步，展品分类的精细说明了中国展览业的进步。

三、展览活动的主要特点

纵观近代中国展览业，呈现出三个特点，即反应慢、起步晚；投入少、规模小；观众少、收益低[4]。与此相比，新中国初期展览活动则呈现出新的特点。根据前面的论述，现归纳如下：

第一，起步较早，发展较快。新中国成立前，解放区展览活动在中央领导的重视下，办展数量不断增加，办展范围不断扩大，展览效果也十分明显。尤其是解放战争后期，大连等地方举办了工业展览会，展示了新中国

---

[1]《莱比锡博览会中国馆正式开放——四千余种展品引起观众极大注意》,《人民日报》1957年3月6日,第5版。

[2]《边区政府关于今冬展览会筹备办法的决定》,陕西省档案馆藏,档案号：2-1-458。

[3]《边区建设展览明日开幕——边区工作大检阅》,《解放日报》1944年12月24日,第1版。

[4]谢辉:《陈琪与近代中国博览会事业》,浙江大学博士学位论文,2005年,第173页。

工业发展的雏形①,使展览事业达到了新的水平。在此起点上,新中国展览活动发展特别迅速。从中央到基层,各个战线,各个行业,曾举办了数以千计的展览会②。甚至一些县城、集镇和乡村,也举行独具特色的展览活动。有学者说:"1949 年至 1953 年的四年中,仅见端于《人民日报》报道的各种展览活动就有近 200 个。如果要统计各省、各市、各个地方和人民解放军各部队在这一期间的展览活动,数字就更大了。"③可见,展览活动发展起步早,发展快。

第二,观众较多,收益较大。1949—1957 年的国内展中,观众最多的是 1951 年华东区土产展览会,观众有 305 万人;最有影响的是广交会,它已经成为中国会展业的品牌,被国际友人誉为"友谊的纽带"④。出国展中,观众人数最多的是 1952 年 3 月 9 日在巴基斯坦举行的国际工业展览会,中国馆观众达到 300 万人。通过会展,新中国加强了同世界各国的联系。新中国成立到 50 年代中期,先后有 20 多个国家同中国建立了外交关系。中国争取到了国际社会的承认,在国际舞台上站稳了脚跟,通过积极参与国际事务,取得了一些重大的外交成就⑤。

第三,政治色彩较浓。新中国成立后,中国实行高度集中的政治体制。为了宣传政治路线,中国举办了一场又一场展览,如土地改革展览、反革命罪行展览、抗美援朝展览、"反贪污、反浪费、反官僚主义"展览、整风运动展览……这些展览在新中国初期政治发展进程中扮演着宣传鼓动的角色。此外,展览"已经成为教育我国广大人民群众进行政治斗争、生产斗争、思想革命的强有力的工具,已经成为进行无产阶级唯物主义世界观教育的强有力的工具"⑥。展览的计划、展品的征集、解说词的编写、标语口号的张贴等一系列的活动,都要求体现政治性。所以,展览活动有较浓的意识形态色彩。

第四,鲜明的教育性。展览是一个宣传的阵地,也是社会动员的重要手段。新中国展览活动次数多,声势猛,规模大,超过了近代中国任何一个

①新华时事业刊社编:《工业中国的雏形:大连工业展览会介绍》,新华书店,1950 年,第 4 页。
②王青:《怎样做说明员》,河北人民出版社,1960 年,第 1 页。
③中国展览馆协会、展览理论研究会编:《展览研究文集》,浙江大学出版社,1989 年,第 84 页。
④中国对外贸易中心编:《百届辉煌·前言》,南方日报社,2006 年。
⑤李景治、林苏主编:《当代世界经济与政治》,中国人民大学出版社,2003 年,第 243 页。
⑥湖北省十年经济文化建设成就展览会集体创作:《展览艺术初步(初稿)·前言》,1960 年。

时期,具有鲜明的教育性。展览作为教育媒介,简朴形象,对于文化层次较低的民众来说是一个很好的教育平台。在展览活动上,阶级教育和技术教育如同两翼,尤为突出。对于前者,基于新生政权稳定和发展的需要,非常强调阶级斗争和革命文化;对于后者,中国共产党尤其重视,通过展览推广技术,传播经验,以恢复和发展新中国经济。正是由于阶级教育和技术教育①落实得比较好,所以,新中国初期展览活动受到了政府的重视和民众的欢迎。

第五,较大的差异性。中国是个幅员辽阔的国家,地区发展存在较大的不平衡,反映在展览上也存在很大的差异性。其一,城乡差异。参展物品多样呈现,参展主题具有地域取向。城市展览与农村展览有很大不同,城市展览更为先进、规范,而农村展览则相对落后、简陋。其二,部门差异。不同部门之间有不同的展览,展品的侧重点不同,受众者也不同。其三,民族差异。作为一个新统一的多民族的国家,少数民族的展览与众不同,有鲜明的民族色彩。其四,中外差异。新中国展览受苏联影响较大,同发达国家比较起来差距较大。对这些差异,我们要理性地面对。

当然,展览活动还有时代性、知识性、艺术性、系统性、群众性等特点。这些特点折射出新中国社会变迁的复杂面相,也较好地体现了革命与现代化的二重变奏。为了配合经济的发展,展览活动大力推广经验、传播技术、提升科技;为了巩固新生政权,展览活动大力宣传阶级斗争,强调政治学习,进行思想改造。这二者互相联系,相互交织,相得益彰,很难有一个严格的界限。所以,笔者认为,从展览的视角来解读革命与现代化的关系②,二者应该是共存状态,而不是替代或者包纳的关系。

小　结

彭南生教授曾说:“传承与变动,是近代中国历史运行的两种方式。传

---

① 对于技术教育,中国共产党在办展过程中一直比较重视,甚至在“文化大革命”期间,还提出了技术革命的口号,并举办了大量的技术展览会。

② 关于革命与现代化的范式关系,许多学者进行了学术争论。目前主要有三种观点:一是以“现代化范式”取代“革命史范式”;二是用一种范式包纳另一种范式;三是提倡共存,认为不仅这两种范式可以并应当并存,而且应该倡导史学研究范式的多元并存。见徐秀丽《中国近代史研究中的“革命史范式”与“现代化范式”》,《中国社会科学院院报》2006年5月30日,第7版。

承乃传统的延续；变动，一方面是指传统的变化，另一方面则是指外来现代性因素的输入、注入或嵌入。"①新中国展览活动传承了解放区的办展经验，吸收了苏联、东欧社会主义国家的办展经验，在展出范围、展览设计、展品陈列、展览场所、展品分类等五个方面发生了嬗变。新中国举办的第一次大型展览会是大连工业展览会，该展览 1949 年 9 月 18 日开幕，1949 年 11 月 30 日闭幕，历时两个半月，跨越了 1949 年 10 月 1 日这个时间节点。以前，学界对 1949 年前后的历史严格区分，形成两个不同的研究领域。从展览会的演变历程来看，不能因为 1949 年而割裂前后两个时期的历史，1949 年也不能作为一个绝对的分界线，此前此后展览会的连续性或许更值得审视。

值得一提的是，新中国虽然在展览上以苏联作为参照框架，以 1954—1956 年苏联经济及文化建设成就展览会作为范本。但是，中国共产党并没有照搬照抄，在办展问题上也进行了新的尝试，如广交会突破传统的仅与东欧和苏联进行贸易的模式，独立开展与西方的大型外贸活动，这是新中国展览活动的重要突破。

目前，一些学者认为中国展览业是从改革开放后才开始起步的，这种观点值得商榷。新中国初期举办的展览活动，虽然政治性较强，但展览活动有市场、有广告、有消费、有娱乐、有座谈会、有交流会，具有现代会展业的特征，因此，新中国会展业的起步期应是新中国成立初期。另外，有学者指出："在这一阶段，由于我国实行的是计划经济体制，生产性和消费性物资和产品主要依靠计划调拨，因此，为国内生产与消费服务的国内会展业未得到发展。又由于当时处于冷战时期，我国被迫实施闭关锁国政策，因此，来华国际展与海外展也未得到发展。"②这个观点认为这一时期中国国内会展业、来华国际展和海外展未得到发展，笔者觉得此观点不够严谨。从新中国初期展览活动的发展历程来看，国内展、来华展和出国展发展迅速，在展览数量、展品质量、参展国家等方面都有较大突破，有一些展览在国内外产生了重大影响，故展览业并不是"未得到发展"。

---

① 彭南生：《传承与变动：近代转型时期的城乡经济与社会·自序》，湖北人民出版社，2008 年，第 1 页。

② 《中国经济发展史》编写组：《中国经济发展史（1949—2010）》（第 4 卷），上海财经大学出版社，2014 年，第 2206 页。

　　当然，新中国展览活动的发展也留下了历史的遗憾，主要是 1953 年的粮食统购统销制度，限制了商业活动的开展，也限制了经济展览会的快速发展。所以，新中国展览活动经历了方兴未艾、快速起步和蓬勃发展三个阶段，既有进步，又有遗憾，在某些方面折射出中国的国家形态从新民主主义向社会主义转型的历程。

第二章　权力与秩序：展览活动运作中的空间

空间涵盖的范围十分广泛。法国著名思想家列斐伏尔就曾论述过空间的无限性在不断放大，每个专门领域都拥有属于自己的特定空间，如休闲空间、工作空间、交通空间等①。展览场所是人们从事展览陈列的活动空间，由于人的介入，空间就不再是单纯的地理空间或物质空间，而成为一个交织着各种社会关系的空间。空间在不断地发生变化，这是认识一个民族和国家的较好维度。前面笔者梳理了展览活动纵向的发展轨迹，这一章将对展览活动的组织筹备、困难应对和场景秩序进行研究，并对展览活动的空间进行立体透视。

第一节　展览活动的运作程序与筹备工作

展览会是一项集体活动，也是一项群众性的工作。不同时期举办的不同的展览会，有着不同的任务和主题。在总的任务和主题下，各个具体的展览会又有具体的任务和完成这一具体任务的特殊方法。李湘恺编写的《怎样办展览会》一书，是新中国初期办展经验的重要总结。为了梳理展览活动的运作程序，笔者以该书为指导，将该时期举办的有重要影响的展览会作为蓝本进行宏观论述，希望借此对展览活动的运作程序有一个大致的呈现。

一、展览活动的运作程序

1.筹备工作

筹备展览是展览会非常重要的一个环节。在筹备期间，展览会的主要工作是建立组织机构、制订展览计划、征集和整理展品、编撰资料、艺术设计和讲解员培训。

---

① Henri Lefebvre, *The Production of Space*, Oxford: Blackwell Press, 1991, p.8.

(1)建立组织机构

由于举办展览会是一种临时性与突击性的工作,因此,首先必须建立健全的组织领导机构,才能使整体工作有条有理地开展①。设置组织机构分两种情况:一种是举办小型的或内部短时间的展览会,一般只设立展览办公室;另一种是举办大型的综合性的展览会,一般是由党与政府领导机关召集参与展览或与展览有关系的单位,通过决议,组成筹备委员会,推定筹备委员会的领导人,负责总揽筹备与展出工作。参加展出的各个单位,也应推定负责人为筹委会委员,使整个的筹备工作,安排在各个部门分工负责的基础上,紧凑地进行②。由于是由各个单位组织的临时机构,所以特别强调统一领导。至于组织机构的构成、演进和运转,笔者将在第二节单独论述。

(2)制订展览计划

为了更好地办展,展览会的筹委会一般都要事先制订大量的计划。计划的内容,"应该包括展出的整体布局,展品征集的范围和内容、艺术表现形式(即实物、模型、照片、绘画等),展出期限的长短等主要问题"③。如1951年华北区物质交流展览大会就制订了《华北区城乡物质交流展览会工作方案》《办公厅工作方案》《展览品征集布置委员会工作方案》《场地建筑委员会工作方案》《宣传工作委员会方案》《物质交流委员会工作方案》《财务委员会工作方案》《联络招待委员会工作方案》《安全卫生委员会工作方案》等等,这些方案就是很好的计划。当然,计划的制订,必须经过群众讨论,并报党政领导批准,使计划工作建立在领导与群众相结合的基础上。

(3)征集和整理展品

新中国成立后,举办展览会一般要建立展品征集布置委员会或征集科,负责征集展品。征集的方式可以是召集有关单位协作收集和整理展品,也可以是向各所属单位发布征集展品的指示或通知。征集的展览品大致分四种类型:实物、标本、模型和画片。在征集展品时,要注意展品的典型性。1956年湖北省工农业展览会对展览品征集的要求:第一,系统地、

①李湘恺编:《怎样办展览会》,湖南人民出版社,1959年,第3—4页。

②李湘恺编:《怎样办展览会》,湖南人民出版社,1959年,第2页。

③李湘恺编:《怎样办展览会》,湖南人民出版社,1959年,第2页。

全面地反映农业、林业、水利、水产、畜牧等各方面的生产全貌和生产的远景与规划；第二，系统地、全面地反映工农联盟日益巩固的重大意义和工农业生产相适应的发展情况；第三，系统地介绍农业、林业、水利、水产、畜牧生产的经验和先进技术①。这些展品都要求反映新社会的新成就。展品进馆之后，都要经过细致的登记，便于随时检查和分类保管。

（4）编撰资料

资料的编撰整理是筹备工作的重要内容，非常关键。一般说来，展览资料包括五种，分别是艺术制作资料、讲解资料、展览会馆简介资料、主要展品活页宣传资料、展品明细资料。其中，编撰图片、模型、照片等艺术制作资料工序复杂，需要一定数量的美术工作人员，有时还需与美术服务业或模型工场签订制作合同。展品的明细资料要求内容条理化，一般是印制统一的卡片。参展单位详细填制后，可作为永久的文史资料。必须指出："所有一切资料，特别是统计数字的编辑整理，必须经过有关单位审查核对与批准，才能正式着手艺术制作与编辑出版工作。这样可以避免发生谬误，造成不良影响。"②

（5）艺术设计

展览的艺术设计，具有非常重要的意义。对于征集的展品，"都必须进行综合、分析、概况、剪裁、装饰等艺术加工，运用实物、模型、照片、布景箱、统计图、绘画等艺术形象来完成各种展品的表现手段。同时，还要进行展览馆平面图、立体图、参观路线、实物陈列、展品台橱、场外装饰的艺术设计，表现出展览会的目的和主题"③。艺术设计的具体内容和做法是：选择展览场所与测绘展览场地平面图、绘制图片和拍摄照片、设计陈列台橱、实物陈列、艺术装饰、场外装饰等。在设计展品时，一般采用突出主题法、顺序排列法和对比法。布置实物有三种方法：中心布置法、线性单元布置法、实物布景和橱窗布置法④。只有把展览艺术设计工作搞好，展览会才能达到预期效果。

————————

① 《湖北省第一届工农业展览会农业展品暂行征集办法（草案）》，湖北省档案馆藏，档案号：SZ40 - 1 - 3。

② 李湘恺编：《怎样办展览会》，湖南人民出版社，1959年，第10页。

③ 李湘恺编：《怎样办展览会》，湖南人民出版社，1959年，第10—11页。

④ 河北省农林厅农业宣传处编：《农业展览会的美术设计》，河北人民出版社，1960年，第9—10页。

（6）讲解员的培训

新中国成立初期，由于展览事业刚刚起步，职业的讲解员几乎没有，所以筹委会就从各单位抽调或者从社会上招募一些年轻人，从事展览会的讲解工作。为了使讲解员熟练地进行讲解，就必须在筹备期间认真地培训讲解人员。培训讲解人员的步骤是：首先，要安定其情绪，端正其对讲解工作的认识；其次，组织他们进行政治学习和业务学习，政治学习是认识展览会的政治目的和主题思想，业务学习是组织讲解员参与展品的收集、搬运、加工、整理、装饰、陈列等工作；第三，尽量帮助讲解员做好准备工作；第四，要求讲解员做好"四员"工作，即宣传员、接待员、保卫员、清洁卫生员①。由于培训工作较为繁杂，所以很多筹委会都制定了讲解员工作守则。

2.展出工作

筹备工作结束后，一般要进行预展。展览方案经过党委及有关行政领导同志的审查，并根据他们的意见，补充和修改后，才可以正式展出②。预展规模有时很大，如1951年上海市土产展览交流大会举行预展时，各界人士应邀来会参观者达一万余人，中央人民政府宋庆龄副主席等人莅临参观③。预展结束后一般举行开幕式，如1950年华东区第一次农业展览会，"在热烈的鞭炮、军乐与欢呼声中，终于华东农展胜利地揭幕了"④。一些展览会筹备委员会为适应需要，自开幕后即改组为工作委员会⑤。相比繁杂的筹备工作，展出工作相对单纯一些，主要有以下几个方面：

（1）开展宣传

宣传工作是展览会最重要的工作之一，不仅在展出期间很常见，在筹备和结束展览期间也很常见。一般有以下五方面的宣传方式：一是通过举办单位的内部刊物、黑板报、广播站以及向党报、电台发寄新闻通讯稿件；二是印发一些通俗的宣传资料，发往各单位的宣教部门；三是在交通要道、娱乐场所、食堂、生产集中地等地点，张贴海报；四是在有电影院或电影放

---

① 李湘恺编：《怎样办展览会》，湖南人民出版社，1959年，第19—21页。
② 李湘恺编：《怎样办展览会》，湖南人民出版社，1959年，第21页。
③ 华东区土产会议上海市土产展览交流大会编：《华东区土产会议上海市土产展览交流大会纪念特刊》，1951年，第87页。
④ 华东区第一次农业展览会编印：《华东区第一次农业展览会汇刊》，1950年，第131页。
⑤ 新华时事丛刊社：《解放后的天津工业（天津工业展览会介绍）》，新华书店，1950年，第110页。

映队的农村和城市，放映银幕广告；五是由展览会发行内部定期或不定期的刊物[①]。1951 年上海市土产展览交流大会从 4 月 14 日起出版油印的"快报"，从 5 月 21 日起改出铅印的"会讯"，其内容为指导工作，反映情况，交流经验，加强联系；还编印《展览交流手册》《参观指南》及各馆《展品介绍》，供一般和专业参观者参考[②]。

（2）组织观众

在组织观众的工作中，务必掌握主动，并切实依靠领导的支持，严格遵守约定的参观时间，使每天的观众保持均衡而有次序。在组织外地观众时，更要考虑细致，做好一切安排，以免临时发生困难[③]。为了避免拥挤，一些展览会要求集体参观的单位提前联系。1949 年亚洲工人与妇女斗争展览会规定："凡工厂、机关、学校、部队、团体，组织二十人以上集体前来参观者，须先持介绍信每日上午九时至十二时，下午二时至四时，到展览会办事处（在中山公园卫生陈列馆）接洽。"[④]大型展览会则要灵活指挥，善于分流。如 1957 年全国农业展览会开幕后的第一个星期天，共有 4 万 3 千多名观众冒雪前往参观。展览馆门外，从清晨起陆续有六七千人排队等候开门。开馆后观众络绎不绝，办展方先是两排走进，后来改为四排并走，最后又改为六路走[⑤]。

（3）接待观众

展览会的接待工作很重要，每个展览会都很注重接待工作的安排。为了做好接待工作，展览会一般都成立联络招待委员会或接待处，形成组织体系，并制订计划。展览会接待一般有贵宾接待、团体接待、劳模接待。在一般情况下，首先应在展览会的门口设立观众接待室，负责接洽事宜。在较大的展览会中，还必须设立若干观众休息室、小卖部、书摊、邮亭，发售展览会资料。为了解决观展者的饮食问题，办展方应采取一些措施。1951 年上海市土产展览交流大会筹备会联络处与市各中西酒菜馆 336 家洽谈特约供应客饭业务，"按各菜馆之大小拟定每天供应客数，并在门首挂出特

---

①李湘恺编：《怎样办展览会》，湖南人民出版社，1959 年，第 22 页

②华东区土产会议上海市土产展览交流大会编：《华东区土产会议上海市土产展览交流大会纪念特刊》，1951 年，第 84 页。

③李湘恺编：《怎样办展览会》，湖南人民出版社，1959 年，第 23 页。

④《亚洲工人妇女生活与斗争展览会》，《人民日报》1949 年 12 月 6 日，第 1 版。

⑤《四万多人昨天冒雪参观农业展览会》，《人民日报》1957 年 2 月 25 日，第 1 版。

约供应客饭编号之标帜，以便利各地来沪参观之旅客入内进膳"①。另外，私商参观团或其他团体组织来会参观者，一般可视当时情况尽量协助，由招待处代办或介绍，住宿费用自理②。

（4）讲解工作

展览是一种立体传播媒介，讲解工作是其重要组成部分。为了让讲解工作规范化，一些展览会制定讲解员工作守则。如要求讲解员对自己担任讲解的部分，必须学懂学透，融会成为自己的心得，以便有把握地进行讲解；又如要求讲解员积极学习普通话，力争用普通话讲解，使观众能够全部听懂和领会讲解内容③。讲解可以深化主题思想，增强艺术魅力，促进感情交流④。在庞大的宣传群体中，讲解员所起的作用至关重要。作为展览会的参与者和宣讲者，讲解员的工作相对繁忙，对展览品最为了解，与观众交流最为直接。讲解员队伍主要由展出单位抽调业务熟练的人员或临时聘请其他方面的人员组成⑤。在一些地方展览中，常常发动当地农场干部、小学师生和医务人员等帮助讲解⑥。在展出期间，讲解人员活跃在展览会的各个角落。正是由于他们的辛勤工作和生动解说，才使展览会成为教育广大群众的极好场所。作为办展者与观展者的联系中介，展览会讲解员一直是观众关注的焦点之一，既容易受到表扬，同时也容易受到批评，褒贬不一。总的说来，表扬的声音还是占主流。

（5）展品的修改与补充

有些展览会，在领导和观众参观后，会根据他们所提的意见，将内容错误的地方修改过来，将不足的展品加以补充。这样才能更好地体现展览会的主题，使观展者受到更好的教育。1957年，全国农业展览会国营农场馆新增加的展品中，包括两株活甘蔗及一个刚从上海运来的封闭牛奶消毒过

①阿德：《本市土产展览会特约餐馆供应客饭》，《新民晚报》1951年6月5日，第4版。

②中南区土特产展览交流大会宣传部编印：《中南区土特产展览交流大会参观手册》，1951年，第33页。

③李湘恺编：《怎样办展览会》，湖南人民出版社，1959年，第27页。

④潘杰：《展览艺术——展览学导论》，黑龙江美术出版社，1992年，第53—54页。

⑤李湘恺编：《怎样办展览会》，湖南人民出版社，1959年，第19页。

⑥《山西榆次专区各县文化馆开展城乡宣传活动——利用幻灯展览会等宣传生产工作推广科学卫生知识》，《人民日报》1950年6月9日，第3版。

程的电动模型①。牛奶消毒模型展示了从挤奶到净化低温消毒、装瓶以至贮藏的自动化过程，引起了观众的极大兴趣。此外，"图片的绘制、模型和布景箱的制作、实物的装饰、灯光的配备、参观路线等方面，在展出之后，也必然会发生一些新问题"②。所以，办展方要及时进行调整和改进。还有一些展品可能霉烂变质，必须及时洗刷、翻晒、撤除或增补新的展品。一般来讲，展品的修改与补充主要在夜间闭馆时间内进行，这样不至于影响观众看展。

　　3.结束工作

　　展览会的善后事务非常杂，牵涉的人也很多，主要有发布结束公告、清理展品、撤除陈列台橱、鉴定工作人员和全面总结工作。

　　(1)发布结束公告

　　为了使社会各界都知道展览会的结束日期，办展方采取登报、发出通知、在门首张贴大字报等方式发布结束公告。这样，既可以避免过期参观，造成人力、物力的浪费，也可以促使与展览有关的单位，前来办理各项结束手续，以免拖延③。展览结束后，办展方一般要发布结束公告。当然，一些大型展览会，也会通过举办闭幕式结束展览。1950年华东区第一次农业展览会举行闭幕式时，主席团代表李人凤宣读大会总结报告，接着是在军乐声中颁奖。在军乐声中，优胜者与劳动英雄们，一边鞠躬受礼，一边频频向台下答谢。接着，科学工作者代表和劳动英雄代表陆续讲话④。

　　(2)清理展品与撤除台橱

　　在展品安置方面，主要是将展品送还原单位和就地销售两种，少数的展品也会保留起来。如1951年上海土产展览会接受各方群众的要求，认为保留各馆主要展品，组织布置成有系统的土产交流的全面情况，专设一地作长期保存，以满足未及参观展览群众与学术研究的需要很有必要，决定组织专门委员会，以做统一全面计划与布置⑤。因展览品具有较强的教

①《全国农业展览会增加新展品》，《人民日报》1957年4月27日，第4版。
②李湘恺编：《怎样办展览会》，湖南人民出版社，1959年，第29页。
③李湘恺编：《怎样办展览会》，湖南人民出版社，1959年，第30页。
④华东区第一次农业展览会编印：《华东区第一次农业展览会汇刊》，1950年，第136页。
⑤《土产展览会精华展品将重新汇编经常展出》，《文汇报》1951年8月16日，第3版。

育意义,1952年7月30日中央发出通知:"各地所举行之土地改革展览会,其中有价值之展览品甚多,亟须加以集中和整理,以便长期陈列并摄成纪录影片,用以教育人民群众。"[1]另外,展览会上使用的物品随着展览会的闭幕也可进行销毁。如上海市节约木材展览会于1957年9月18日闭幕,展览会图章自即日起削角停止使用,予以销弃[2]。工作人员将展品收检装箱运走后,就开始拆除陈列台架。凡是能够移作其他用途的竹料木材,尽量保持成材,留待以后再用。如果是专门性的展览馆,也应该将每次展出后的那些现成台橱,进行妥善地收集保管[3]。

(3)鉴定工作人员

这主要针对时间较长的展览会,因为展览会动员了不少工作人员,为了考察和提高他们的政治水平与工作能力,所以需要进行鉴定。1951年,上海市土产展览交流大会在结束工作的前夕,展开了全体工作同志的考绩工作。上级指示展会工作人员要以实事求是,以批评与自我批评的精神来总结与填写自己的优缺点;考绩小组提供意见时,应以对工作负责的态度来进行这一工作[4]。设置工作人员鉴定这一环节,可以促进展览会上工作人员的工作积极性。同时,通过鉴定,也可以使原单位更好地了解被调干部的工作情况。在办展人员的安置上,主要是仍回原单位;如果不能回去的,再由组织部门协调解决。如,"1954年为筹备苏联展览馆开幕,经向各单位借调之工作人员,原定于工作结束后仍回原单位,现根据该馆任务的需要,确定从中留一部分干部及工人为该馆的正式工作人员。为此,请将他们的正式行政关系及材料、供给证等转去北京市人事局;如各地因工作需要,调出确有困难者,请经与北京市人事局商洽解决"[5]。这使很多临时抽调来的办展人员,后来成为展览馆的专职人员。

---

① 中央档案馆、中共中央文献研究室编:《中共中央文件选集》(第9册),人民出版社,2013年,第118页。

② 《中国木材公司上海市公司"上海市节约木材展览会"图章即日起停止使用的报告》(1957年12月2日),上海市档案馆藏,档案号:B123-3-872。

③ 李湘恺编:《怎样办展览会》,湖南人民出版社,1959年,第30页。

④ 华东区土产会议上海市土产展览交流大会编:《华东区土产会议上海市土产展览交流大会纪念特刊》,1951年,第91页。

⑤ 《市委组织部、市人民委员会、人事处等有关任免干部问题的命令、通知、报告等文书材料》,上海市档案馆藏,档案号:B1-2-3202。

(4)全面总结工作

每次展览工作,都会有一些经验教训。在展览会结束后,办展方一般都要进行总结。1951年,天津进行抗美援朝漫画图表展览会总结,认为展览会"规模大的宜于市办,小的宜于区办,机关最好是配合市、区进行"①。1956年,湖北省工农业展览会对接待贵宾来参观的工作情况进行总结,指出:"接待贵宾来参观对我们是一项新的工作,缺少知识和经验,因此除不断与国际活动指导委员会、交际处、外事处等有关部门联系并向他们学习外,还应在每次接待工作完毕后进行小结,以便从中吸取经验或教训,使工作不断提高。"②还有的展览会要求将总结写成书面文章或报告,甚至还要召开总结大会。例如,华北区物资交流展览会各个委员会都写了工作总结,并在总结大会上宣读。

值得指出的是,办展的过程是复杂的,每一项展览活动都有不同的运作方式。本书只是从宏观上勾勒办展流程,简单呈现办展环节,以加深对展览活动的整体认识。

二、展览活动筹备的组织网络

新中国成立初期,展览活动的组织体系与解放区展览会的组织体系有较多相似之处。解放区展览会组织结构的筹备比较简明,主要分为总务股、设计布置股和宣传动员股。总务股负责文书组、征集保管组、交际组、会计组和警卫组,设计布置股负责设计组、布置组和宣传组,宣传动员股负责艺术组、编辑出版组和宣传组③。整个组织机构分工明确,责任明晰。新中国展览会继续发扬解放区展览会的优点,在一些组织上进行了改进。如1950年上海市妇幼卫生展览会,除保留解放区传统的三个主体机构(布置科、宣教科和总务科)外,还增设了会场管理科,负责票务、事务、清洁和场务(包括纠察、商场管理、急救)等工作④,不仅使展览会的管理更为规范,而且更为人性化,无疑是新中国展览会在组织结构上的一个重大进步。

---

① 《抗美援朝漫画图表展览会总结报告》(1951年5月31日),天津市档案馆藏,档案号:33-Y-4。
② 《湖北省工农业展览会关于接待贵宾来参观的工作情况和今后意见》,湖北省档案馆藏,档案号:SZ-1-5。
③ 《筹备陕甘宁边区农产竞赛展览会进行计划纲要》,《新中华报》1938年9月15日,第3版。
④ 上海市第一届妇幼卫生展览会编印:《上海市第一届妇幼卫生展览会汇刊》,1950年,第268页。

最能表现新中国展览会组织结构的,是华北区城乡物资交流展览会的组织结构,如下图：

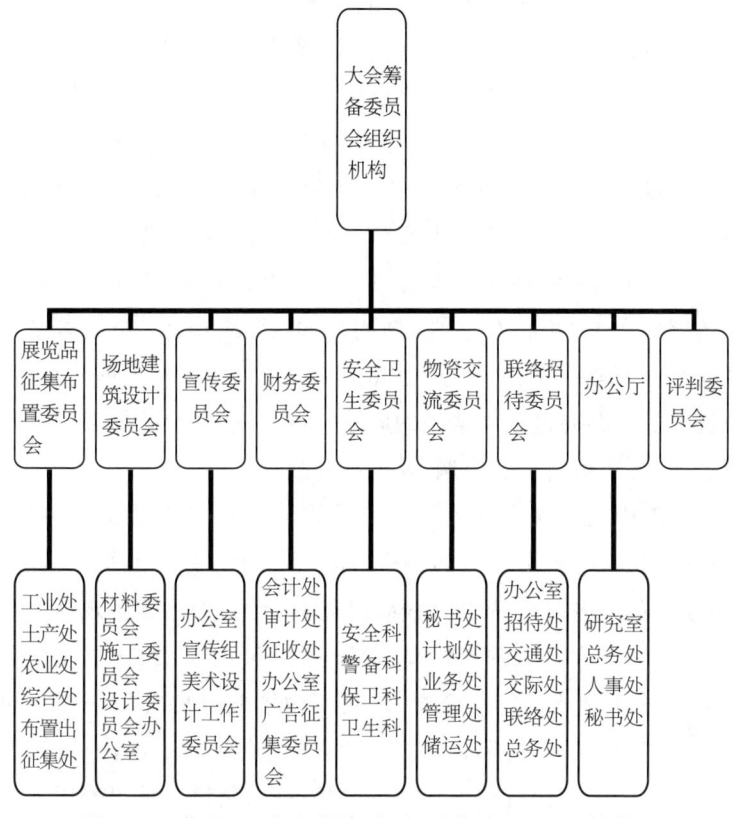

图 2-1　华北区城乡物资交流展览会的组织结构图

资料来源：华北区城乡物资交流展览会 1951 年编《华北区城乡物资交流展览会会刊》,第 14、16、17、23、25、26、30、32 页。此图根据以上几页的图表综合绘制而成。

从图 2-1 可以看出,华北区城乡物资交流展览会的组织结构非常庞大,部门齐全。大会筹备委员会下设九个机构,分别是展览品征集布置委员会、场地建筑设计委员会、宣传委员会、财务委员会、安全卫生委员会、物资交流委员会、联络招待委员会、办公厅、评判委员会。这些委员会又下设很多处室,分别负责不同的事务。由于华北区城乡物资展览会是在中共中央华北局和中央人民政府华北事务部领导下举办的,《人民日报》曾多次对展览进行宣传报道并发表社论,毛泽东等领导人也曾参观和视察,所以这个展览会的组织结构很有代表性,成为后来历次大型展览会学习的模板。

展览的内部结构比较严谨,其外部关联也非常广泛。"由于有很多展览会具有临时性,办完展览会后,组织机构解散"①,所以,这里只对此问题简单介绍一下。据统计,1950年华东区第一次农业展览会参加工作单位有121家,实际上,"参加农展的团体,何止以上一百多个,这不过是指与大会秘书处直接发生了联系而已"②。1951年,江西举办首届物产展览会,参加部门多达738个③。1951年上海市土产展览会,在一般服务上,有银行、保险、邮电、交通、税务各部门来场服务④。1951年,西南区工业展览会以西南区工业部为主,以军队、铁路、新闻、工会、统战、工商、科研等部门人员为辅共同组成了筹备委员会。通过相关部门选派代表参加展览会筹委会,能够协调和解决办展过程中遇到的问题。可见,展览会的外部网络联系非常广泛,只有各个部门相互协调,才能办好展览。

这一时期中国到国外参展,有的由贸促会主办,有的由驻地使馆负责,有的由使团主办,有的由外交部、外贸部共同主办,有的由友好协会主办。其中,主办展览最多的还是中国贸易促进会,且一直延续到现在。1949—1952年,出国展全部由政府部门直接操办。1952年5月,中国国际贸易促进委员会(简称中国贸促会)成立,这是新中国展览史上的一件大事。后来,"国外来华经济委员会"人员并入中国贸促会的来展部,外贸部组织出展的人员并入中国贸促会的出展部。于是,中国贸促会承担着国外到中国办展的接洽任务以及中国出国办展的主要事务。下面有一张1954年赴莱比锡展览工作团组织图⑤,从中可观察到出国展的组织结构。

①《中国木材公司上海市公司"上海市节约木材展览会"图章即日起停止使用的报告》(1957年12月2日),上海市档案馆藏,档案号:B123-3-872。
②华东区第一次农业展览会编印:《华东区第一次农业展览会汇刊》,1950年,第9页。
③江西省首届物产展览会编印:《江西省首届物产展览会汇刊》,1951年,第125页。
④华东区土产会议上海市土产展览交流大会编:《华东区土产会议上海市土产展览交流大会纪念特刊》,1951年,第84页。
⑤《1954年赴莱比锡展览工作团组织表》,中国外交部档案馆藏,档案号:109-00501-01。

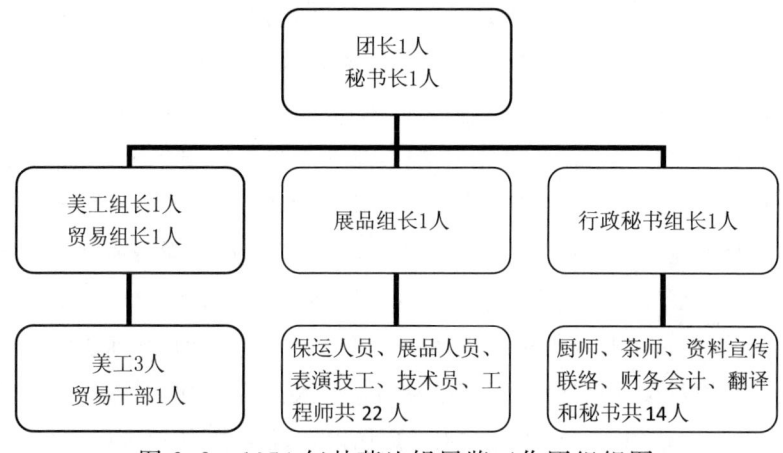

图 2-2　1954 年赴莱比锡展览工作团组织图

资料来源:《1954 年赴莱比锡展览工作团组织表》,中国外交部档案馆藏,档案号:
109 - 00501 - 01(1)。

　　从图 2-2 可见,1954 年赴莱比锡展览工作团组织结构较为简单,主要
包括美工组、贸易组、展品组和行政秘书组。展品组主要负责保安、运输、
施工、表演、讲解等工作,任务繁重,故人数最多,共 22 人。行政秘书组主
要负责生活、宣传、财务、翻译等工作,任务较多,共 14 人。人数最少的是
美工组和贸易组,只有 6 个人。但是,美工组特别关键,它对整个展览的设
计和布置起着重要作用。张仃就是此次展览会美工组成员,他是新中国最
早从事出国展览设计的美术专家之一。他主持设计了多个博览会的中国
馆,赢得了观众的好评。贸易组成员较少,主要是因这一时期中外展览贸
易较少。后来,随着中外贸易交流的增多,贸易组的人数大幅增加。出国
展览代表了国家,所以出国人员政审十分严格。1956 年,盛根福要到国外
去参加展览,中共上海市第一重工业委员会组织部对其进行了审查,结论
是:"盛跟福,曾在历史上拜过先生,是兴中协会会员,护工队,但此许多问
题,在审干中均以标清楚,该同志工作积极负责,同意出国。"[1]

三、筹展中的困难及其应对

　　新中国成立初期,在筹备展览过程中存在很多问题。最棘手的问题是

---

[1]《中共上海市第一重工业委员会组织部来件处理笺》,上海市档案馆藏,档案号:A43 - 1 - 105。

办展经费紧张和展览场所不足。新中国成立初期，国家一穷二白，需要花钱的地方很多，办展经费尤为缺乏，甚至展览会中动物所需的饲料都需办展方供应①。但由于展览活动多为政府主导，办展经费多由政府财政买单，"展览品的征集费用一律凭据支付，受托单位先行垫支者，一律向委托单位报销"②，故此问题还不太突出。相比较而言，展览场所问题则尤为突出。小型展览会可以在公园等地露天展出，大型展览会则需要有一定规模的展馆。在展览场地有限的情况下，办展方采取多种方法应对。

第一，通过行政权力来协调解决。1952 年 11 月 1 日，华东农业生产展览会筹备委员会就场地问题，提出借用上海人民广场，但上海市人民政府办公厅回复，希望展览会不要在人民广场内开，如必须使用人民广场，只能用至次年一月十日前③。筹委会提出，"查展览会的会期是军政委员会决定的，是不可更改的，另谋场址更非容易，特此函告并请考虑为荷"④。接到函告后，上海市人民政府办公厅作出回复："业经人民广场管理委员会研究，决定将水泥大道建造时期改在'五一'节以后，同意借与使用。"⑤1955年，湖北计划举办工农业展览会，但是没有展览场所办展，于是湖北省人民委员会发出通知："修建展览会场的房舍等，请武汉市人民委员会指派建筑工程方面，即勘测地址，组织力量，办理手续，准备设计施工。建筑展览会场，务须于明年一月底建成。应在节约的基础上，贯彻实用、美观的方针，规模宜小不宜大，以后逐渐扩大与充实。"⑥通过行政权力来解决办展场地问题，这是新中国初期办展的一个重要途径。

第二，因地制宜，充分利用场所空间。新中国成立初期，由于大型展览

①1955 年 8 月 5 日国务院全体会议第 17 次会议通过，1955 年 8 月 25 日国务院公布施行的《市镇粮食定量供应暂行办法》中指出："供科学研究试验或供展览、表演、配种用的动物所需饲料，由各饲养户编造计划，送当地人民委员会或其指定机关核发市镇饲料供应证。"见国务院法制局编：《中华人民共和国现行法规汇编(1949—1985)》(财贸卷)，人民出版社，1987 年，第 485 页。

②《湖北省第一届工农业展览会农业展品暂行征集办法(草案)》，湖北省档案馆藏，档案号：SZ40 - 1 - 3。

③《上海市人民政府办公厅关于同意借用人民广场召开农业展览会的函》，上海市档案馆藏，档案号：B1 - 2 - 752 - 102。

④《上海市人民政府办公厅关于同意借用人民广场召开农业展览会的函》，上海市档案馆藏，档案号：B1 - 2 - 752 - 102。

⑤《上海市人民政府办公厅关于同意借用人民广场召开农业展览会的函》，上海市档案馆藏，档案号：B1 - 2 - 752 - 102。

⑥《湖北省人民委员会办公厅通知》(1955 年 9 月 27 日)，湖北省档案馆藏，档案号：SZ40 - 1 - 3。

馆较少，很多展览会不得不选择在场地较大的文化馆、电影院、戏院中举办，甚至是露天举办。1953 年，为了解决展览场所问题，有人提出利用电影院的走廊、空余地方举行小型展览会。电影院作为大众化的娱乐场所，观众的流动性很大，举行展览会可以收到很大的效果①。还有人提出，有条件的戏院可以结合目前中心任务，利用小型展览会进行宣传，对观众也起到一定教育作用②。此外，还有摊展形式。1956 年 6 月中旬，上海市百货公司组成了下乡展览供应组，携带各种陶瓷器到南郊区，搭帐篷摆货摊展，利用农民中午休息时间介绍商品质量、用途，展览试销③。这些方法极大地缓解了展览会场地不足问题。为了节省展览空间，还在办展形式上进行了选择，最常见的便是举办照片（图片）展。《解放日报》《大公报》《新闻日报》《文汇报》等有计划地编集了新闻摄影局供给的时事照片，以及各报自己摄影的照片，举行小型的照片巡回展览④。诸如此类展览灵活多样，非常方便，各种代表会议的会场、走廊、工厂饭厅、学校、公园，乃至里弄等等，都是其适宜场所。

第三，改造、利用博物馆。1950 年至 1952 年国民经济恢复时期，新中国对从旧中国接收的 21 座博物馆进行重组、改造，到 1952 年建成了初具规模的 35 座博物馆。在 1953 年至 1957 年国民经济第一个五年计划期间，由于有了一定的藏品基础，一定的思想、理论与政策的指导，博物馆建设取得较大进展，比较扎实地建立了一批新的博物馆。"一五"计划结束时，全国已经按苏联模式建成了 72 座博物馆，除西藏、青海、新疆外，各省省馆大体搭建起来⑤。这些博物馆成为展览活动正常举行的重要场所。1956 年，天津市社会主义建设成就展览会就是在历史博物馆组织安排下举办的，为后来的展览会积累了经验⑥。

第四，修建展览馆。修建大型展览馆是一项艰巨的任务。1954 年，为

①萧通：《电影院里的展览会》，《新民晚报》1953 年 1 月 13 日，第 6 版。

②王鹤鸣：《戏院可以举办小型展览会》，《新民晚报》1953 年 2 月 23 日，第 2 版。

③《关于携带样品下乡展览试销，加强对郊区供应的报告》（1956 年 8 月 8 日），天津市档案馆藏，档案号：92 - C - 334。

④秋原：《上海进行抗美援朝宣传的几种新方式》，中国人民保卫世界和平反对美国侵略委员会编：《开展抗美援朝运动的方式和方法》，人民出版社，1951 年，第 78 页。

⑤苏东海：《新中国博物馆事业的发展（1949—2005）》，《中国文化遗产》2005 年第 4 期。

⑥《天津市人民委员会关于推迟"天津市社会主义建设成就展览会"展出日期的通知》（1956 年 10 月 23 日），天津市档案馆藏，档案号：95 - C - 446。

举办苏联经济建设及文化成就展览会,北京市第一建筑工程公司充分调动青年突击队的积极性,争分夺秒地进行建设。建设过程中,涌现出胡耀林、张百发等先进人物①。1954 年 9 月,苏联展览馆建成,占地面积约 13.2 万平方米,主要建筑物占地面积 8.85 万平方米,建筑面积 5.04 万平方米。此后,上海中苏友好大厦、广州中苏友好大厦和武汉中苏文化宫相继建成。这些展馆气势雄伟,构造辉煌。如广州中苏友好大厦,从 1955 年 4 月动工到当年 9 月竣工,仅仅用了不到半年时间;总体占地面积 11.4 万多平方米,建筑物面积 1.83 万多平方米,每天可容纳 3 万人次以上的观众,建筑宏大雄伟,令人瞩目②。当然,修建大型展览馆并非一帆风顺,有工人为此付出了生命的代价。在当时特定的政治背景下兴建极具苏联建筑艺术风格的展览馆,不仅是中苏友好时期两国人民友谊的象征,经济、文化与科技交流的见证,还是中国城市建设的一项重大成果。

如何应对举办大型活动时面临的棘手问题,是考验一个政府治国理政水平的重要方面。新中国成立之初,社会及组织机制支离破碎,公共秩序混乱,道德水准衰败,经过战争蹂躏的经济承受着高通货膨胀、高失业率的沉重压力③。在这样恶劣的条件下,中国共产党较好地解决了办展中面临的展馆不足问题,表明了党和政府执政能力和管理水平的提升,同时也从侧面反映出行政力量和群众路线的巨大作用和影响力。

第二节　展览活动的空间布局与仪式秩序

一、展览会场的空间布局

在现代民族国家兴起的过程中,国家权力渗透的方式之一就是时空重组④。1949 年后,中国步入全面建设现代民族国家的阶段,时空重组成为中国共产党进行国家治理的权力技术。新生政权在将意识形态向社会广

①邢军纪著:《邢军纪报告文学自选集》,河南文艺出版社,1999 年,第 265 页。
②李巧宁著:《新中国的中苏友好话语构建(1949—1960 年)》,中国社会科学出版社,2007 年,第 56 页。
③〔美〕费正清等主编:《剑桥中华人民共和国史》,上海人民出版社,1990 年,第 51 页。
④陈蕴茜:《空间重组与孙中山崇拜——以民国时期中山公园为中心的考察》,《史林》2006 年第 1 期。

泛传输时，将触角伸向日常生活等各个向度的空间。展览会场成为重要的政治与社会教育空间，其空间布局显得尤为重要。

新中国成立初期，被誉为"新中国工业的雏形"的"大连工业展览会"会场较为典型。在中山广场的中心，高耸着悬有"大连工业展览会"金字的胜利塔，由此向西南可达工业展览会会址。会场正门"工业门"高16米，两旁两根方柱上"发展生产改善民生，发展文化培养干部""为中国工业化及农业近代化而斗争"的标语端正地排列在斯大林和毛主席金色浮雕像下。浮雕像两旁，各有工人队伍挺胸前进的浮雕。场内右面有36级大台阶及几栋崭新的大厦，从这里起始，直达1 857平方米的长廊，仅造船与公用事业馆之间的独立走廊即达48平方米，在这47 327平方米的地面上新建和修补的17个馆的房屋总面积占了12 300平方米。会场西隅是"儿童世界"，有木马、秋千等玩具，科学电影院可容纳2 000人的大工展戏院也在这里①。这种展馆设计布局合理，陈设齐全，具有苏联特色，强调领袖崇拜，影响了后来展览会场的布局。

1951年，各地土产物资展览会大量举办，兴建了一批展览会场。1951年6月28日开幕的中南区第一届土特产展览交流大会，其空间布局颇为考究。展览筹备委员会成立了独立的建设工程部门，并将房屋建设交由武汉市最大的三家营造厂承包。在23 711平方米的展场上，建造了包括15个展览馆舍、交易市场、办公室和宿舍的建筑。会场还设置了公共食堂、医疗室、问询处等满足观展需求的配套设施②。

1951年10月14日举办的华南土特产展览交流大会，其展馆设计更加完善，展馆布置已经具备了"总馆—分馆"的规划结构，并根据会场平面功能进行了基本分区。然而，该展馆展览建筑平面多是单一的矩形并以简易线性的排列方式为主，建筑之间交通空间的结构与尺度缺乏统一的规划与组织，零售区域采用了较为原始的摊位销售形式并与展览区域完全分开，展销联系不够紧密。这些特点的共同呈现，反映出当时的会场总规划与场

---

① 新华时事业刊社编：《工业中国的雏形：大连工业展览会介绍》，新华书店，1950年，第10页。

② 杨建慧：《中南区第一届土特产展览交流大会之研究》，华中师范大学硕士学位论文，2013年，第23页。

馆建设的临时性①。

1954 年至 1956 年，北京、上海、广州、武汉展览馆相继建成，这是中苏友好时期两国人民友谊的象征，也是中国会展业发展的重要见证。

表 2-1　新中国成立后重要展览馆建筑及其构造一览表

馆　名	地　点	建筑规模	构造或风格
北京苏联展览馆	北京西直门外	展览馆占地面积约 13.2 万平方米，主要建筑物占地面积 8.85 万平方米，建筑面积 5.04 万平方米。	主体建筑以中央大厅为中心，并附设影剧场、莫斯科餐厅、电影馆。
上海中苏友好大厦	上海哈同花园	整个大厦占地面积 2.5 万平方米，建筑面积计 54 108 平方米，展出面积达 2 万平方米以上。	与莫斯科国民经济成果展览馆十分相似，两者同属典型的俄罗斯巴洛克建筑风格。
广州中苏友好大厦	广州流花展览馆内	展览馆总体占地面积 11.4 万多平方米，建筑物面积 1.83 万多平方米，每天可容纳 3 万人次以上的观众参观。	大厦正门是一尊高 7.7 米，坐落在 6.5 米高的底座上的巨大塑像——一个中国工人和一个苏联工人相互紧握右手。
武汉中苏文化宫	汉口解放大道中山公园对面	展览馆占地 11 公顷，总建筑面积 23 085 平方米，由"凸"形主楼和 27 个附属建筑组成。	正中前部为中央大厅，后部为工业馆，两翼为农业馆、文化馆等 21 个展厅。

资料来源：根据《人民日报》《新华社新闻稿》《文汇报》《长江日报》以及相关网络资料整理而成。

其中，苏联展览馆的布局陈设最为经典。苏联建筑科学院通讯院士安德烈耶夫深入研究北京地区的城市规划后，向北京市都市计划委员会提出了一些修正意见，他建议移动规划图中的一两条道路线，使一条比较重要的路正对着展览馆，这样，这条路就成为展览馆前一条大道，展览馆则成为结束这条路的对景。馆前广场与丁字交接路口布置得也很适当，展览馆的左右两翼和弧形的"国徽廊"如同伸出的两臂，亲切地欢迎成千上万参观的中国朋友②。展览馆的设计者为了缓解观众参观时的疲劳，将展览馆各部

①杨文君：《1951 年华南土特产展览交流大会建筑研究》，华南理工大学硕士学位论文，2015 年，第 19 页。
②梁思成：《对于苏联展览馆的建筑艺术的一点体会》，接待苏联来华展览办公室宣传处编：《苏联展览馆》，1954 年，第 9 页。

分的色调搭配得赏心悦目。展馆光线柔和,气窗随时换送着新鲜的空气,还在展览馆中设置了很多布置得很好的休息室和厅堂。这是展览馆的一个特色,它突出地体现了社会主义建筑的一个最主要的原则:对人民的无微不至的关怀[①]。

梁思成曾说:苏联展览馆体现了俄罗斯风格,也有中国的民族特色。例如檐口上圆形的"瓦当"型的装饰和它们下面的一列"椽头";东西两门厅内柱上的"沥粉镏金"的"卷草宝相花"装饰;电影馆里以敦煌壁画的花纹和色调为主要格调的天花之类[②]。正因为展览会场布局陈设较为巧妙,所以吸引了大量的参展者,从而形成了民众记忆的场域。当时的人用快板唱出一个曲子,表达对苏联展览馆布局陈设的喜爱,如下:

> 苏联展览馆好漂亮,一片楼房真新鲜,楼房大都是杏黄色,又朴素来又美观。
> 镏金高塔当中立,五角红星就在那塔尖端。
> 阳光照在塔身上,闪闪金光耀人眼。
> 馆前有个荷花池,无数道喷泉"哗哗哗哗"不住地往上蹿。
> 门前面插着两杆旗,中苏两国的国旗杆上悬;
> 苏联十六个加盟共和国的国旗,也分别插在门两边。
> 进了大门是中央大厅,大厅修得真体面:
> 有八根一搂粗的大石柱,又白又亮不一般。
> 有一盏银白色的吊灯有三千斤重,好像是雪白的绣球空中悬。
> 鲜艳夺目的壁龛内,有四幅彩画真美观。[③]

展览馆外观布局颇为精细,其内部的陈设也较有讲究。北京苏联展览馆内部从北到南分别是中央大厅、工业馆、露天剧场,西翼是农业馆、莫斯科餐厅、影剧院,东翼是文化教育展厅[④]。展品十分丰富,分别存放在不同的展览馆,在不同展馆中又按照一定标准进行分类。一般来说,展馆按照

---

① 《苏联展览馆介绍》,接待苏联来华展览办公室宣传处编:《苏联展览馆》,1954 年,第 7 页。

② 梁思成:《对于苏联展览馆的建筑艺术的一点体会》,接待苏联来华展览办公室宣传处编:《苏联展览馆》,1954 年,第 7 页。

③ 剑林:《说唱苏联展览馆(快板)》,村夫等作:《参观苏联展览馆》,山东人民出版社,1955 年,第 14—15 页。

④ 魏琰、杨豪中:《解读北京展览馆》,《华中建设》2015 年第 4 期。

知识分工或部门管辖来进行布置,展览会的规模越大,设置的展馆越多(广交会除外)。有一些展馆的设立独具一格。如 1949 年天津工业展览会设置外埠工业馆,表明了中国向外国学习先进的工业;又如 1957 年全国农业展览会设置增产措施馆,表明了中国共产党提高农业产量的迫切愿望。用分类和依从分类原则给展品排序,这背后隐含着共产党人的知识观。总之,会场的布置体现出大众化、系统化、主题突出与朴素节约等特点,同时也指出了中国发展的方向。

这一时期,中国出国展览的展馆布局非常精细,富有民族特色。1951 年莱比锡国际博览会的中国馆,是一个单独展馆。"中国展馆设在博览会中特为各人民民主国家辟设的第十展览馆中央,占地一千五百平方公尺,是展览室中最大的一间。展览室内,正中后墙上是一幅高一丈八尺、宽七丈二尺的天安门巨照,充分表现了中华人民共和国的伟大气魄。两旁墙上挂满了介绍新中国一年多以来各方面建设情形的照片。"[1]吴劳参与中国展馆的设计,他的设计思想是:"深思熟虑的展览内容体现丰富的思想内容""突出展览的民族色彩""内容与形式的统一"[2]。所以,中国展馆的设计是比较成功的。有记者参观博览会后写道:"一走进中国馆,每个观众就被巨幅五彩放大的天安门照片所吸引。天安门的右边屹立着一个工业巨人,左边站着一个双手捧着和平鸽的少女,象征着掌握了政权的中国人民正在建设新的生活与保卫和平。在天安门城墙前一排飘扬的五星红旗中,悬挂着被灯光照得通明的毛主席巨像,巨像下旁贴着两列图片,左侧以经济建设为主,右侧以和平运动为主。天安门下设有宽大楼梯,拾级而下便是宽畅的大会场。会场上以玻璃架和橱台,有系统地陈列着我国丰富的农产、土产以及精美的手工业品。"[3]

莱比锡博览会闭幕后,中国代表团进行了总结,认为布置上的民族特色与现代化可以结合起来,但最重要的是:无论大的建筑式样,还是细的陈设装潢,古典图案花纹的采用等等,要选择人民艺术中健康、朴素、壮阔的

---

①《在莱比锡博览会上我国展览品受欢迎——皮克、乌布利希等均亲临参观》,《人民日报》1951 年 3 月 14 日,第 4 版。
②朱亮:《吴劳与新中国的展陈设计》,《装饰》2009 年第 9 期。
③徐大可:《在莱比锡和布拉格国际博览会上》,《人民日报》1951 年 8 月 14 日,第 4 版。

部分，并经加以提炼，使之更加集中，更加完整，更加民族化①。

1953 年，中国又一次参加莱比锡国际博览会。中国馆在设计布置上加强民族形式，馆内外画栋雕梁、宫灯彩画、御栏杆长廊与花园等均博得观众一致好评。有观众在留言簿上这样写道："这是博览会中最美丽的一个馆！""你们的展览馆很巧妙地表现了中国人民几千年来的艺术天才与古老文化和近代化工业的结合。""这个馆是这样的美丽，人们一进中国馆仿佛置身于神话中一样。"②

后来，出国展馆空间布局虽然有所变动，但展馆设计仍然使用民族风格的牌楼，悬挂国徽和馆名。直到 20 世纪八九十年代，参加国际博览会的中国馆的外观设计，基本还在沿用这种方式。值得一提的是，里昂国际工业博览会中国展览馆，在露天广场展出机器展品，广场中设计了池塘、叠石、小桥来美化展出环境③。这样的展览设计富有创意，让观众印象深刻。

建筑是社会思想过程的一种外部投射，故展览场所与新中国社会意识形态之间存在着密切的联系。"意识形态作为一种观念的存在，需要通过具体形象表现出来，特别当意识形态是面向全体国民时，它更需要通过与生活紧密联系的形式展现出来，建筑自然而然成为形象而又灵活呈现意识形态的载体。"④可以说，展览会场的布局陈设，正是中国共产党社会主义意识形态在建筑上的投射。

二、展览活动的仪式与权力象征

所谓仪式，通常被界定为象征性的、表演性的、由文化传统所规定的一整套行为方式。它可以是神圣的，也可以是凡俗的，这类活动经常被功能性地解释为在特定群体或文化中沟通（人与神之间、人与人之间）、过渡（社会类别的、地域的、生命周期的）、强化秩序及整合社会的方式⑤。在本书

①《中华人民共和国参加布拉格国际博览会展出总结报告》，中国外交部档案馆藏，档案号：109 - 00113 - 01(1)。
②《参加一九五三年莱比锡博览会工作团工作总结报告》，中国外交部档案馆藏，档案号：109 - 00275 - 01(1)。
③吴劳：《展览艺术设计》，人民美术出版社，1958 年，第 104 页。
④陈蕴茜：《建筑中的意识形态与民国中山纪念堂建设运动》，《史林》2007 年第 6 期。
⑤郭于华：《仪式——社会生活及其变迁的文化人类学视角》，郭于华主编：《仪式与社会变迁》，社会科学文献出版社，2000 年，第 1 页。

中,仪式运行在一定程度上是革命意识形态对社会秩序的整合与重塑。

开幕式是展览活动的重要内容。不同的展览,开幕式形式大同小异。下面以华北区城乡物资交流展览会为例进行介绍。

1951 年 10 月 5 日,华北区城乡物资交流展览会在天津市第六区跑马场胜利开幕。展览会广场布置得庄严、美丽:用鲜花和锦旗围绕着的主席台上,高悬中国人民伟大领袖毛泽东主席的巨幅画像,画像两旁红旗迎风招展;展览会正门的彩牌楼上,高悬着象征工农联盟的大会会徽①。

参加大会开幕典礼的有中央人民政府华北事务部部长刘澜涛、农业部部长李书城、农业部副部长张林池、贸易部副部长沙千里、交通部副部长季方、新闻总署副署长萨空了及中央各有关部门代表;华北区城乡物资交流展览会工作委员会主任委员黄敬、副主任委员李哲人、李耕涛等;华北各省市政府首长金城、王世英、晁哲甫、孙兰峰、吴晗、许建国、周叔弢等以及各大行政区的代表;还有来自华北各地、内蒙古和华东、东北、西北、西南的贸易代表团和参观团;更有捍卫祖国国土和经济建设的人民解放军驻津部队和天津市的工人、妇女、学生,工商业界及各民主党派的代表,以及各机关团体干部和大会的工作人员。此外,应邀参加典礼的外宾有:苏联驻津总领事马铁夫夫妇,苏联商务代表处天津分处主任浦洛柯菲也夫夫妇,波兰驻津代理领事德烈夫梁卡夫妇、副领事普鲁尼斯基夫妇等。总计出席大会典礼的共达 1 万 3 千多人②。

开幕仪式的大致流程如下:

上午九时,典礼开始。庄严美丽的国旗在国歌声中徐徐升起,人民瞩望着伟大的国旗,都为祖国的日益繁荣与富强而感到兴奋和骄傲。

大会在宣布主席团名单后,即由展览会工作委员会主任委员、天津市市长黄敬致开幕词。中央人民政府华北事务部部长刘澜涛、农业部部长李书城、贸易部副部长沙千里、交通部副部长季方都在会上讲了话。

随后,在军乐和鼓掌声中举行了献花、献旗、献礼仪式;一束束的

①华北区城乡物资交流展览会编:《华北区城乡物资交流展览会汇刊》,1951 年,第 47 页。
②华北区城乡物资交流展览会编:《华北区城乡物资交流展览会汇刊》,1951 年,第 47 页。

献花和数以百计的锦旗表示着华北、内蒙以及各地人民对展览会寄予的热望。接着，各界代表自由讲话。中国人民解放军代表、天津市警备政治部主任何辉在讲话中表示，中国人民解放军要为保卫国家建设和保卫世界和平而奋斗。工农业劳动模范潘长有、李顺达分别代表工人农民讲话。天津市工商业联合会主任委员李烛尘讲话。上海贸易代表团团长、上海市工商联合会副主任委员荣毅仁致辞。

致辞后，大会在热烈的掌声中通过了向主席致敬，向中国人民志愿军致敬和拥护周恩来外交部长九月十八日声明的电文。随即开始隆重的剪彩礼。刘澜涛部长亲自剪彩。剪彩的仪仗队伍，以举着由鲜花组成的"抗美援朝"四字的少年儿童队及红旗队、鼓乐队、献花队为前导，主席团和到会代表相继伴着雄壮的鼓乐声，愉快浩荡地走向各展览馆。

这时满场飞起五彩的纸花、红气球和象征和平的白色鸽子。同时银色飞机盘旋晴空，散放传单。热烈的欣欣向荣的气氛，洋溢在会场上毛主席塑像的周围。[①]

从上可知，开幕仪式井然有序，其流程是：升国旗、唱国歌→宣布主席台人员名单→展览会工作委员会主任委员致辞→中央领导致辞→献花→献旗→献礼→各界代表自由讲话→剪彩→放和平鸽和气球。开幕式的氛围既庄严又活泼，各方面的代表人员很多。

整个展览仪式参与人员的结构有鲜明的等级秩序。主席台、观众席以及展览会场不同区域的参与者构成了一系列的层级秩序。入场时，有来自河北、山西、平原、察哈尔、绥远和北京的农民代表4 500多人，当每一支农民队伍进场时，都博得全场的热烈掌声和欢迎。穿着整齐蓝制服的工人和头上包着白毛巾的农民代表并排地坐在一起，交流着互尊互爱的亲切情感[②]。这表明大家对农民群众的尊敬与热爱，也说明农民阶级和工人阶级的友好感情，象征着工农联盟的巩固，彰显出新生政权的强大力量。

展览开幕仪式上，华北人民政府党政领导与各界代表都作了讲话。此时，党政领导和各界代表已经成为国家的化身，中国共产党的化身，他们与

---

① 华北区城乡物资交流展览会编：《华北区城乡物资交流展览会汇刊》，1951年，第47页。
② 华北区城乡物资交流展览会编：《华北区城乡物资交流展览会汇刊》，1951年，第47页。

国旗、国徽一样都成了代表国家权力的符号。中央人民政府华北事务部部长刘澜涛作为领导致辞。在讲话中，他谈了以下几个方面的内容：先分析华北区举办展览会的原因，强调华北区取得的各项成就；然后指出展览会的主要任务是宣传中央人民政府的各种经济建设的方针政策；最后指出展览会能够胜利开幕的原因，尤其感谢中共天津市委、市政府。

刘澜涛的讲话代表华北局，为整个展览定下了一个基调或是框架，彰显着国家意识形态在统治秩序中的权力与权威，证明权力与服从的合法性存在是政治合法性的首要目的[①]。随着剪彩、献花、放和平鸽等仪式的举行，伴着雄壮的鼓乐声，模型、图表、标语以及实物被放置于展览会仪式这个特定的空间和时间背景下，逐渐演绎成了鲜明的政治象征符号，意指在中国共产党的正确领导下，人民的生活才能发生翻天覆地的变化。除了悬挂领导人图像与宣传标语外，展览会场内还有一座毛泽东主席塑像，体现了新中国的国家意志。

在国家层面，政治仪式就是一种权力的实践，国家透过它可以向社会成员推销官方话语，影响人们的价值观念，这是国家力量向民间社会渗透的重要方式[②]。通过仪式，中国共产党宣扬了新的知识观、异己观和秩序观。展览仪式让在场的民众感受到了仪式操演氛围，也传递了新生政权的政治文化，强化了民众对新生政权的认同感。

三、展览活动的"有序"与"失序"

秩序问题是展览会必须面对的棘手问题。在新中国初期复杂的形势下，维护会场秩序，保障人民安全显得尤为重要。新中国成立前，毛泽东在重庆参观"中苏文化协会"主办的展览会，会场秩序一度非常混乱[③]。新中国成立后，中国共产党非常注意对会场秩序的维护。为了防止出现秩序混

---

①〔法〕让·马克·夸克著，佟心平、王远飞译：《合法性与政治》，中央编译出版社，2008年，第12页。

②陈蕴茜：《时间、仪式维度中的"总理纪念周"》，《开放时代》2005年第4期。

③当时，毛泽东到展览会会场来的消息一传开，人们争相向毛泽东欢呼、致敬，拥挤的人群把展览会的门口围得水泄不通。毛泽东离开时，警卫人员担心人群中混进特务破坏捣乱，危及毛泽东和周恩来的安全，紧张地推开人群，保卫着毛泽东和周恩来出门上车。当时，周恩来对警卫人员说："不要管我，保卫毛主席的安全要紧。"说完之后，他赶到前面，为毛泽东开路，三个警卫人员也按照周恩来的吩咐，紧紧簇拥着毛泽东，保卫毛泽东安全地离开了会场。见河南省民政厅编：《敬爱的周恩来总理永远活在我们心中》，1977年，第22页。

乱问题,办展者进行了多方面的应对。

第一,成立安保组织。1951 年华北区城乡物资交流展览会成立了安全卫生委员会,"下设办公室、安全科、警备科、保卫科、卫生科五个机构。办公室设正副主任各一人,下设秘书、文书、总务、会计五人至七人;安全科设正副科长三人,下设消防、交通、巡警三队;警备科设正副科长二人,下辖武装警卫人员;保卫科设正副科长二人,下附设保卫工作队;卫生科设科长一人,下设医生护士、担架队、救护站"[①]。这个机构设置较为齐全,具有代表性,其主要目的是为了应对突发事故,维护展览会秩序。其他展览会也有类似的组织,较好地维护了展览会的秩序。1949 年天津工业展览会,各陈列馆采取馆长负责制,负责馆内所有事务,包括防雨、防火、防盗窃和干部配备等工作。为了加强安全管理,"每天闭馆前由正副馆长配合纠察队、清洁队、消防队,四方面共同检查垃圾箱、痰桶和陈列架下等处,是否遗有火种、爆炸物品,看完后共同贴上封条,次日开馆时会同启封。夜晚闭馆期内,统由纠察队负责全部保卫责任"[②]。

第二,加大宣传力度。为了规范展览会秩序,1950 年江西省首届物产展览会颁布了"防护须知",专门规定了"三防",即"防火、防空、防盗窃"[③]。1957 年 10 月 22 日,《中华人民共和国治安管理处罚条例》颁布,条例第二条规定,对"扰乱展览会或者其他公共场所的秩序,不听劝阻的"[④],要给予其治安处罚。通过文字提醒可以约束观众,维护展览秩序。一些展览会在门票上印有参展的注意事项,下面是 1956 年湖北工农业展览会的参观须知:

> 1.参观时凭本券入场。
>
> 2.参观时须按指定路线前进,不得争先恐后,高声喊叫。
>
> 3.参观时不得摸弄展品,如有损坏照价赔偿。
>
> 4.参观时静听讲解或自行观看,如有疑问,可随时提出询问。
>
> 5.参观时要提高警惕,随时注意反革命分子的破坏。

---

①华北区城乡物资交流展览会编:《华北区城乡物资交流展览会汇刊》,1951 年,第 34 页。

②新华时事丛刊社:《解放后的天津工业(天津工业展览会介绍)》,新华书店,1950 年,第 111 页。

③江西省首届物产展览会编:《江西省首届物产展览会汇刊》,1951 年,第 156 页。

④全国人民代表大会常务委员会办公厅:《全国人民代表大会常务委员会会议文件汇辑》(1957 年 8 月—1958 年 1 月),1958 年,第 24 页。

6. 参观时如遇意外事件，须保持镇静，听从管理人员的指挥，不得乱动。

7. 不得携带武器或易燃物进馆。

8. 馆内禁止吸烟和抛丢果皮纸屑。

9. 爱护公共财产，不得攀折花木，注意公共卫生，不得随地吐痰。

10. 凡自带交通工具者请停放到指定地点。

11. 集体参观须事先预约，必须按指定时间入场。迟到者须听从管理人员的指挥，变更入场时间。①

第三，做好应急准备。在展览会组织机构的安排下，办展者对展览会有可能出现的秩序问题做好了准备。1956 年湖北省工农业展览会为了及时救治观众在参观时发生的突发疾病，规定："除在大厅内设一医疗处和一副担架以外（配备主治医生、护理各一个），还应组织一个卫生流动服务站，携带一般药品（配备一般卫生人员三人），负责会场内外及饮食区、休息场所的卫生检查和急救工作。观众在参观时发生重大疾病，展览会急救处无法诊治时，则由展览会协助参观团体送医院诊治，其医药费在本展览会区诊断者由本会负责，送医院后则由病者本单位或个人负责。"②有些展览会为了保证首长、外宾的安全，划定位置由各部门包干领票③。为了避免拥挤，一些展览会要求观众以单位的名义集体参加，如亚洲工人妇女生活与斗争展览会就贴出通知："凡工厂、机关、学校、部队、团体，组织二十人以上集体前来参观者，须先持介绍信每日上午九时至十二时，下午二时至四时，到展览会办事处（在中山公园卫生陈列馆）接洽，以便排定参观日程避免拥挤，并予免费入场。"④为了更好地做好准备工作，有些展览会还提前对参观人数做了预计。如"1956 年湖北工农业展览会，组织参观者的比例较大，有的高达 100％，预计组织达 60 万人"⑤。不提前进行计划，展览会活动很难顺利进行。

---

① 《湖北省工农业展览会参观须知》，湖北省档案馆藏，档案号：SZ40 - 1 - 2。

② 《湖北省工农业展览会组织参观工作计划》，湖北省档案馆藏，档案号：SZ40 - 1 - 5。

③ 《苏联经济及文化建设成就展览会武汉展出开幕式计划草案》，湖北省档案馆藏，档案号：SZ34 - 3 - 52。

④ 《亚洲工人妇女生活与斗争展览会》，《人民日报》1949 年 12 月 6 日，第 1 版。

⑤ 《湖北省工农业展览会组织参观工作计划》，湖北省档案馆藏，档案号：SZ40 - 1 - 5。

当然，展览会场也存在"无序"状态。由于展览会人多物杂，丢失走散的事情常有发生。1950年三野战绩展览会结束后，该会服务处作工作总结时指出，"计在三周展出期间，共负责收送场内走失儿童一九五名，广播台为观众服务五八一次，送还观众失物钢笔、手表、毛线衣、人民币等各一批。现服务处尚存有观众失物手表一只，钢笔卅二支，徽章廿七枚，钥匙廿七只，人民币九二三〇〇元，手帕四十八块，已带至海南路十号（武进路口）警备政治部内"①。1951年，天津举办华北区城乡物资交流展览会，大会期间，"第一，各展览馆因电灯装设差，曾引起火险十八次，均以及时检查扑灭，故未成灾。第二，破坏窃盗案四十四起，窃犯五十六人，大部送市公安局处理，一部分童犯饬其家长领回教育。所窃财物多当场发还失主。第三，抓获妨害风化犯二十二名，送公安局处理。第四，给各地代表治病七百二十四人，工作人员三千一百三十五人"②。还有一些不好的现象发生，如摸展品。在1953年2月14日华东农业展览会上，有些孩子时常用小手去抚摸陈列的物品，观众徐轩就看到二十余次③。1956年天津服装鞋帽展览会，"展出前缺乏与当地公安、消防等部门的密切联系，因而使保卫工作和室内路线准备的不好，在展出期间初期较乱"④。

展览场所是个公共空间，"有序"和"无序"是展览活动的空间存在形式。"有序"主要得益于规则的制定、民风的淳朴和组织工作的周全；"无序"则主要由于办展经验欠缺，在应对突发事件过程中显得力不从心。

第三节　展览活动空间的生成

空间不单单指物理上的空间布局，还指在人的活动下形成的复合的、多维的权力系统。人在空间中的行为方式，会对空间的生成与建构产生作用。新中国初期，政府在展览会场传递阶级话语和国家话语，民众在展览会场观展、揣摩、消费、议论与比较等，这些行为方式构成了一个多维的复杂空间。这种空间实践赋予了展览活动丰富和深刻的内涵，下面从四个方

①《战绩展览会结束——观众失物代领》，《文汇报》1950年6月21日，第3版。
②华北区城乡物资交流展览会编：《华北区城乡物资交流展览会汇刊》，1951年，第147页。
③徐轩：《展览会中参观的小孩切勿抚摸陈列物品》，《新民晚报》1953年2月19日，第5版。
④《服装鞋帽展览会工作总结》（1956年5月15日），天津市档案馆藏，档案号：92-C-346。

面进行阐述。

一、政治空间:政治符号与政治表达

关于政治空间的研究,以前主要集中在北京的政治广场、晚清上海报纸的政治空间、东北政务委员会政治空间和重庆城市广场的政治空间①,本书主要从政治符号与政治表达两个方面来探讨展览活动的政治空间。

所谓符号,指的是"常用的一种传达信息的基元,用以表示或象征人、物、集团或概念等复杂事物"②。政治符号指的是"携带政治信息、表达政治意义的符号,因而政治符号既是携带政治信息、具有政治意义的物质载体,又是政治生活中重要的沟通媒介"③。展览活动建构了一个政治传播空间,各种符号在空间里不断呈现。

国家领袖是重要的政治符号,所以在布展过程中,办展者尤为注意突出领袖的形象和党中央的指示,把领袖人物的题词、名言、塑像等放在醒目的地方。1950年,毛泽东的亲笔题字"救死扶伤,实行革命的人道主义",屹立在全国卫生医药展览会军队卫生勤务馆内④。1950年,山西省工农业展览会设有中苏友好馆,馆的中央陈列着一幅毛主席和斯大林元帅握手的大画像,上面镶有"中苏友好万岁"的大金字⑤。1951年华北城乡物资交流展览会,"在物资交流服务馆、农业生产资料馆、工商改进馆和区际馆中间,耸立着高达2.4公尺的毛主席像,显示着华北区和内蒙工农业生产的迅速恢复与发展,是和毛主席和中国共产党的领导分不开的"⑥。1951年,上海

---

①〔美〕洪长泰:《北京的新政治广场》,《"中央研究院"近代史研究所集刊》2006年第54期;王敏:《政府与媒体——晚清上海报纸的政治空间》,《史林》2007年第1期;佟德元:《东北政务委员会政治空间的膨胀》,《史林》2010年第2期;谭刚:《重庆城市广场政治空间的形成与抗战精神动员——以都邮街"精神堡垒"广场为中心(1937—1945)》,《抗日战争研究》2018年第1期。

②中国大百科全书出版社《简明不列颠百科全书》编辑部:《简明不列颠百科全书》(第3卷),中国大百科全书出版社,1985年,第198页。

③胡国胜:《革命与象征——中国共产党政治符号研究(1921—1949)》,中国社会科学出版社,2014年,第7页。

④金凤:《"救死扶伤,实行革命的人道主义"——全国卫生医药展览会介绍之二》,《人民日报》1950年8月20日,第3版。

⑤山西省工农业劳模展览大会编:《山西省工农业劳模展览大会会刊》,1950年,第151页。

⑥《华北城乡物资交流展览会今开幕》,《天津日报》1951年10月5日,第1版。

市土产展览交流大会有十六个展馆，其中第一个展馆是城乡交流馆，观众跨进大门，首先会看到慈祥庄严的毛泽东主席金色巨像，灯光辉煌的祖国锦绣河山的大地图，使观众立刻感觉到人民领袖的可爱和祖国的伟大①。1952年，全国爱国卫生运动展览会会场入口处，有毛泽东主席的亲笔题词："动员起来，讲究卫生，减少疾病，提高健康水平，粉碎敌人的细菌战争。"②1955年，北京举行菊花展览会，人们可以欣赏到由菊花构成的各种美丽的图案和字体，其中有"毛主席万岁"等标语和红星等图案③。

除了突出毛泽东这个政治符号外，新中国也经常凸显马克思主义的理论家。1954年3月，中共中央编译局举办马克思列宁主义经典著作展览会，展览会陈列了许多有意义的统计表。统计表显示，"自1906年到1949年出版的马克思、恩格斯、列宁、斯大林的著作只有532种，自中华人民共和国成立到现在，单是人民出版社出版的马克思列宁主义著作就达1700多万册，其中大多数著作都在10版以上"④。有的著作特别受欢迎，如《列宁斯大林论社会主义经济建设》出版了44版，《共产党宣言》和《联共（布）党史简明教程》都出版了39版⑤。在所有象征符号中，领袖人物最具渗透力和感染力，因为权威领袖往往最能表达社会情感、对未来的信念和价值观，能够让人产生敬畏、认同、服膺与崇拜，人们会心甘情愿地将自己的未来交付于他。因而，政治象征人物具有凝聚、维系群体运作的能量，是社会群体发展不可或缺的重要核心⑥。展览会在布置中对领袖人物的宣传可以更好地获得民意和执政合法性，产生更广泛的影响。

建筑和政治紧密联系的话，也会成为政治符号。1954年建成的苏联展览馆，被赋予了较多的政治内涵。某些对外活动，因为"苏联展览馆"名称的原因，经常受到一些限制。1957年9月27日，苏联展览馆管理处提出

① 华东区土产会议上海市土产展览交流大会编：《华东区土产会议上海市土产展览交流大会纪念特刊》，1951年，第92页。
② 吕新初、张丽君：《鼓舞人心的全国爱国卫生运动展览会》，《人民日报》1952年12月28日，第3版。
③《北京市举办菊花展览会》，《人民日报》1955年11月9日，第3版。
④《中共中央马克思恩格斯列宁斯大林著作编译局举办马克思列宁主义经典著作展览会》，《人民日报》1954年3月19日，第3版。
⑤《中共中央马克思恩格斯列宁斯大林著作编译局举办马克思列宁主义经典著作展览会》，《人民日报》1954年3月19日，第3版。
⑥ 陈蕴茜：《合法性与"孙中山"政治象征符号的建构》，《江海学刊》2006年第2期。

申请："为了今后各种活动更加方便起见，拟将'苏联展览馆'更名为'北京展览馆'。中央大厅上部的苏联国徽改制成我国国徽。电影馆更名为北京展览馆电影馆，剧场更名为北京展览馆剧场。"①

　　政治符号与政治表达虽有区别，很多时候也是一致的。例如报纸社论、标语、口号等，既是政治符号，也是政治表达。《人民日报》是中国共产党的党报，其社论也是重要的政治符号。据笔者初步统计，1949—1957年间《人民日报》推出了 8 篇关于展览的社论：即 1951 年 4 月 10 日发表的《大力推销土产》，1951 年 11 月 28 日发表的《华北区城乡物资交流展览会的成就》，1954 年 4 月 16 日发表的《为了国家工业化，开展技术革新运动——庆祝鞍钢技术革新展览会开幕》，1954 年 10 月 2 日发表的《学习苏联经济和文化建设的经验》，1956 年 11 月 10 日发表的《祝中国出口商品展览会》，1956 年 12 月 27 日发表的《祝日本商品展览会胜利闭幕》，1956 年 12 月 27 日发表的《从一个展览会看农村两条道路的斗争》，1957 年 9 月 19 日发表的《祝印度展览会开幕》。社论是政治风向标，具有极强的导向性。这些社论释放了国家的政治信号，对土产展览、华北区城乡物资交流展览会、鞍钢技术革新展览会、苏联经济和文化建设展览会、中国出口商品展览会、日本商品展览会、刘介梅今昔对比展览会和印度展览会的成功举办起到了推动作用。

　　标语是以简短的文字形成的具有纲领性和宣传鼓动作用的语句，当通过张贴或书写方式出现在公共场合时②，它也成为政治符号。新中国成立初期的展览会上，共产党大量张贴标语。中南区土特产展览交流大会的标语有 21 条，诸如"开展土特产交流""大力推销土特产""中华人民共和国万岁""中国共产党万岁""伟大的人民领袖毛主席万岁"等③。华北区城乡物资交流展览会标语更多，有 35 条，如"扩大物资交流，发展工农业生产""贯彻四面八方政策，为建设新中国而奋斗""交流生产经验，提高产品质量"等④。这些标语宣传了党的政策，指引了经济发展的方向，强调了土产展

---

①《苏联展览馆管理处关于苏联展览馆更名为北京展览馆的请示》，北京市档案馆藏，档案号：2 - 9 - 157。

②侯松涛：《全能政治：抗美援朝运动中的社会动员》，中央文献出版社，2012 年，第 131 页。

③中南区土特产展览交流大会宣传部编印：《中南区土特产展览交流大会参观手册》，1951 年，第 1 页。

④华北区城乡物资交流展览会编：《华北区城乡物资交流展览会汇刊》，1951 年。

览的重要性,给人很强的视觉震撼。

口号是声音政治符号,它以简短的文字形成具有纲领性和宣传鼓动作用的语句。在展览会举办期间,尤其是开幕式的时候,很多人都被要求呼喊口号。华东区土产会议暨上海土产展览会提出12条口号,诸如"贯彻大会决议,打开土产销路""克服一切困难,推销滞销土产""扩大城乡交流,加强工农互助""发展生产,巩固国防""反对封建把持,取消额外剥削"等①。这些口号短小精悍,朗朗上口,把党的政策较好地融入进来,通过展览会展现出来,给人强烈的听觉震撼。

展览会不仅是一次知识普及和经济交流的活动,它也是新中国强化其政治权威,提升民众对其政治认可度的宣讲会。展览会大量采用间接性的语音宣传,主要是通过广播进行政治表达。如1954年,为了配合鞍钢技术革新展览会在上海展出,上海人民广播电台举办了"鞍钢技术革新展览会"特别节目。这个特别节目连续播放9天,在1954年11月7日结束。节目主要日程和内容是:"十一月二日:(一)中共鞍钢机械总厂委员会书记杨庆春讲话录音:《推广王崇伦先进经验,使我们厂发生了重大变化》;(二)著名生产革新者、鞍山市特等劳动模范王崇伦讲话录音:《我的心愿与保证》;(三)说唱:《学习王崇伦》。十一月三日:(一)通讯:《鞍钢技术革新展览会参观记之二》;(二)鞍山市劳动模范刘祖威讲话录音:《依靠党、依靠工人、为国家创造财富》;(三)朗诵:《鞍钢有十二个姑娘》。"②到1952年,全国地方电台已从1949年底的48座增加到70座,全国共建立了23 721个收音站,为全国性广播宣传网的建立打下了初步基础③。通过广播间接性语音传播,展览会的政治表达功能更强。

还有的展览会采用录音的方法,如1956年孙中山生平事迹展览会在北京中山公园中山堂举行,主办方将中山先生讲话录音翻印新片,在展览会上播放④。很多展览会把各种宣传方式集中在一起综合运用。如1951

①华东区土产会议上海市土产展览交流大会编:《华东区土产会议上海市土产展览交流大会纪念特刊》,1951年,第2页。

②《上海人民电台播送"鞍钢技术革新展览会"特别节目全部日程与主要内容已排定》,《新民晚报》1954年10月30日,第3版。

③当代中国丛书编辑部编:《当代中国的广播电视》(上册),中国社会科学出版社,1987年,第35页。

④《纪念孙中山先生规模十分宏大》,《文汇报》1956年10月29日,第1版。

年的中南区土特产展览交流大会,为了开好大会,扩大影响,大会积极进行宣传工作,印制大会广告 6 万份,大会标语 21 种,共 17.17 万份,飞机宣传单共 122 万份[①]。又如 1951 年上海将剧场布置成展览会场,"一百数十余家的戏院、书场、游艺场都以张贴标语、漫画、剪贴、字幕、红布对联、放映幻灯、扩大机报告、放唱片、挂灯结彩、做活动广告模型等多种多样的方式,每天向着有十多万的戏曲观众进行镇压方面的宣传教育"[②]。再如 1953 年中南区少数民族文物图片展览会,中南民族歌舞团在武昌、汉口举办了 24 场演出,各电影院、电教队、文化馆放了 133 场电影,放映了无数的幻灯片。据不完全统计,受众达 77 万多人。此外,全市的街道以及单位的橱窗、广播都宣传民族政策,不少单位还与少数民族举办民族联欢晚会[③]。这些政治宣传动员,极大调动了民众的积极性,扩大了展览会的影响力。

作为重要的公共空间,展览活动中还有很多政治符号,如会徽会旗、革命歌曲、革命舞蹈、服饰、纪念物等,这些符号共同组成了一个庞杂的符号系统,以特定的方式进行政治表达,使展览空间的政治功能在新中国成立后得以强化。

二、消费空间:展览生活与大众娱乐

展览活动不仅是一个展示平台,还是一个消费平台,它可以沟通生产者、商家和消费者,汇聚人气,促进经济发展,形成消费空间。关于消费空间的研究,最有代表性的是连玲玲对上海百货公司的研究[④],本书主要从饮食消费、购物消费、娱乐活动三个方面来研究展览活动的消费空间。

(一)饮食消费

在饮食价格上,展览会一般进行统一规定。1949 年,大连工业展览会规定,外地参观者的食、宿、洗澡、理发可从优招待。食费方面,每人细粮一日三餐,分为关东币 400 元、600 元、900 元三种标准,任旅客自行选择[⑤]。

① 中南区土特产展览交流大会宣传部编印:《中南区土特产展览交流大会参观手册》,1951 年,第 8 页。

② 禾田、林青:《结合戏曲界镇压反革命演唱宣传周,要将剧场布置成展览会场》,《文汇报》1951 年 5 月 29 日,第 4 版。

③《中南区少数民族文物图片展览会胜利闭幕》,《长江日报》1953 年 8 月 5 日,第 1 版。

④ 连玲玲:《打造消费天堂:百货公司与近代上海城市文化》,社会科学文献出版社,2018 年。

⑤《参观大连工业展览会须知》,《人民日报》1949 年 9 月 25 日,第 1 版。

1951 年上海市土产展览交流大会筹备会联络处,与市各中西酒菜馆 336 家洽谈特约供应客饭业务,"客饭价目档次,均有统一规定,计中餐组甲种每客七千元,乙种五千五百元,丙种四千五百元,盖浇饭三千五百元。西餐快餐每客七千元。均包括小账和茶在内"①。相比较而言,这样的消费适合民众的消费水平②。在这次展览会上,食堂的虾仁干菜汤如感不敷,可喊厨工稍添,不取分文③。1956 年湖北工农业展览会,其饮食种类包括有熟食(面、水饺、馄饨及其他)、点心(面包、糖果、水果、香烟等),特别是五六月的展出期间,天气正趋炎热,因此也大量供应冷食(冰棒、汽水等)。并且,在这段时间要求做到:随到随吃,经济便宜,又卫生④。

饮食条件最好的是 1954 年建成的苏联展览馆,馆内莫斯科餐厅有全世界第一流的炊事设备:烘焙、烹饪、洗涤、运输、储藏都是电气化的,烤羊肉、焙点心、做菜,都是用电。餐厅的厨房有大菜间、点心间、冷藏间、洗涤和整理食具的房间,还有运菜的电梯通道到地下室,各种肉类和菜蔬都储藏在这里⑤。这里承担着国际友人的招待任务,消费水平相对较高。1957 年,苏联最高苏维埃主席团弗洛希洛夫和随行人员来华参观农业展览会,他们在莫斯科餐厅共进午餐,标准是每人 4 元,酒水在外⑥。

一些食品展览会给民众留下了深刻印象。1956 年,广州举办第一届名菜美点展览会,展出和介绍的菜品有 5 457 种,点心 825 种,尽显广东饮食文化之精华:广州菜配料多,善于变化,讲究鲜、嫩、爽、滑,一般是夏秋力求清淡、冬春偏重浓醇,尤其擅长小炒,要求掌握火候,油温恰到好处;潮州菜以烹制海鲜见长,更以汤菜最具特色,刀工精巧,口味清纯,注意保持主料原有的鲜味;东江菜主料突出,朴实大方,有独特的乡土风味⑦。以上三种菜互为补充,形成了独具特色的粤菜,深受观众的喜爱。

---

①阿德:《本市土产展览会特约餐馆供应客饭》,《新民晚报》1951 年 6 月 5 日,第 4 版。
②上述客饭价格指的是当时发行的旧人民币。中国人民银行自 1955 年 3 月 1 日起发行新的人民币,代替原来流通的旧人民币,按规定人民币新币一元等于旧币一万元。
③《土产展览会花絮》,《新民晚报》1951 年 7 月 11 日,第 4 版。
④《湖北省工农业展览会组织参观工作计划》,湖北省档案馆藏,档案号:SZ40-1-5。
⑤《苏联展览馆介绍》,接待苏联来华展览办公室宣传处编:《苏联展览馆》,1954 年,第 5 页。
⑥《苏联最高苏维埃主席团弗洛希洛夫和随行人员参观农业展览馆计划》(1957 年 4 月 17 日),中国外交部档案馆藏,档案号:204-00581-01(1)。
⑦广东省经济贸易委员会编委会编:《广东流通业竞争力研究报告》,社会科学文献出版社,2008 年,第 458 页。

当然,也有民众不满意的。河间参观团农民代表参观了1949年保定工农业展览会后说:"保定酱菜从历史上就著名,可是现在做坏了。"①

(二)购物消费

参观展览会,民众不仅可以观看展览,还能购买展品。新中国成立初期,许多物资交流展览会都设有售品部或者零售市场。1951年10月5日,华北区城乡物资展览会开幕,许多土特产引起观众的注意。最后,此次展览会共接待900多个贸易代表团,各地贸易团之间共订立合同、协议3 000余件,成交额达1.5亿余元②。

特别吸引民众的,是和民众生活紧密相关的物资展览会。1951年,上海土产展览会日用品馆制皂机所做的小香皂在业务处有出售,仅5元一块,芳香扑鼻,价廉物美。土产展览会各馆的土产介绍专册,药物馆的销路最好,1万多册早已销售一空,观众们请从速再版发售者甚多③。1955年3月20日,在上海市举办的棉布花色品种展览会,展出各色各样的花纱布达500多种,凡是花型美丽、配色雅致大方,同时又是质量好、经久耐用的花布,深受消费者喜爱和需要④。1955年,全国陶瓷展览会在会场设有售品处,便于观众选购各种陶瓷器⑤。1956年6月,灵安镇供销合作社下乡巡回供应农民日常用品和生产资料。他们装载了当时农民迫切需要的副食品、农具、百货、棉布和喷雾器等400多种商品,利用晚上的时间,在农业社召开夜商品展览会,他们先后巡回展览了8次,受到当地农民欢迎⑥。

除了购买中国本土商品,来华展的外国商品同样吸引了大量的中国观展者。1954年,波兰经济展览会在上海举行。展览会的出卖部里,各种工业品价廉物美,因此购买的人非常多。据一女同志说:"有些观众在出卖部里似乎特别紧张,他们一抓到货品,便马上付钱,深恐被别人抢去似的。"⑦1955年,捷克斯洛伐克建设成就展览会专设的售品处,接待了61万名中

①《保定工农业展览会历时七日胜利闭幕》,《人民日报》1949年11月28日,第2版。
②翟昌民:《回首建国初——从新民主主义向社会主义过渡的回顾与思考》,中共中央党校出版社,2005年,第227页。
③《土产展览会花絮》,《新民晚报》1951年7月11日,第4版。
④杨溥涛:《上海市棉布花色品种展览会》,《新观察》1955年第8期。
⑤《全国陶瓷展览会在北京开幕》,《人民日报》1955年10月13日,第3版。
⑥温端操:《受欢迎的夜商品展览会》,《人民日报》1956年8月5日,第3版。
⑦《展览会里的出卖品》,《新民晚报》1954年1月13日,第6版。

国顾客,他们在这里买到了捷克斯洛伐克出品的各种精致的日用品,其中包括驰名世界的乐器和玻璃器皿①。1956 年,苏联经济及文化建设成就展览会在武汉巡展,出售了苏联商品 14 万件②。

(三)娱乐活动

新中国初期,除了一些政治展览会没有采用过多娱乐手段来吸引参观者外,大型经济展览会大多会安排大量的娱乐节目,寓会于乐,丰富展览期间的民众生活。主要娱乐活动有下列几种:

观看电影。1950 年华东区第一次农业展览会期间,大会科学电影馆每天放映 3 场,因为怕观众过分拥挤,所以酌收门票 2 元,但对有组织的农民,仍然免费优待。放映次数最多的十部电影是:《捕鲸鱼》《养蜜蜂》《捕青鱼》《豌豆的生长》《森林的采伐》《果树的繁殖》《大都市的牛乳业》《麦的生长与收割》《合理的挤牛乳法》《温室里的植物栽培》③。将农业科技通过电影的形式进行宣传,既是娱乐,也是学习。1955 年,苏联经济及文化展览会在广州巡展,先后放映苏联电影 100 多部,招待观众 46 万多人次④。为配合技术交流活动,捷克斯洛伐克建设成就展览会放映了《万能工具磨床》《预制房屋》《大脑手术》《人民画家拉达》等 80 部捷克斯洛伐克科学和文化短片⑤。此外,新中国举办了多次苏联电影展览会,均吸引了大量的观众。

欣赏表演。1951 年《绥远省物资交流大会筹备委员会关于物资交流初步计划纲要》中明确规定了文娱活动的内容:1. 轻乘表演:邀请民族事务委员会及有关机关驻省各部队组织轻乘表演;2. 各种球戏:发动各学校、团体,进行各项球类表演;3. 腰鼓秧歌:发动各学校、团体,精细表演;4. 马戏杂耍:发动社会文艺界团体组织进行表演;5. 新剧:发动我省各文工团结合抗美援朝出演有爱国主义内容的戏剧;6. 旧剧:邀请归绥市各剧院出演京剧晋剧等⑥。1951 年,为了欢迎华北城乡物资展览会的各地代表,京剧大

①《捷克斯洛伐克建设成就展览会在京展出结束》,《人民日报》1955 年 5 月 26 日,第 1 版。
②《苏联展览会在武汉闭幕——两月内接待了二百三十多万人次观众》,《人民日报》1956 年 7 月 7 日,第 4 版。
③华东区第一次农业展览会编:《华东区第一次农业展览会汇刊》,1950 年,第 133 页。
④《苏联经济及文化建设成就展览会在广州闭幕》,《人民日报》1955 年 12 月 16 日,第 1 版。
⑤《捷克斯洛伐克建设成就展览会在京展出结束》,《人民日报》1955 年 5 月 26 日,第 1 版。
⑥《绥远省物资交流大会筹备委员会关于物资交流初步计划纲要》,北京市档案馆藏,缩微档案号:22-12-581

师梅兰芳演出拿手戏《霸王别姬》①。

游乐活动。1949 年的大连展览会，"胜利号"儿童火车与无轨电车围绕着大半个会场急行，会场可容 2 万人②。1951 年的西南工业展览会，大会开幕的第一日，观众达一万余人。会中最引人注目的是绕场开行的小火车，在开幕那天，不少儿童首先乘坐了这个火车。这对很多内地人来说非常新鲜，因此，当火车开行时，乘坐的儿童莫不拍手欢呼，并高唱"我们是新中国的少年……"晨风中洋溢着生气蓬勃的歌声③。1951 年，华南土特产展览交流大会设立了文化娱乐部。该部开设文娱剧场、杂技场、溜冰场，还有"旋转飞机""风车""木马"等游乐项目。特别是由香港引进的"旋转飞机"被视作"新潮"游乐，十架飞机一起在空中"公转"飞旋，又同时能操控"自转"翻滚，令人"离心"吊胆，许多观众追求的就是那种强烈刺激带来的快感④。

观光休闲。1951 年，中南区土特产展览交流大会参观手册介绍武汉风光，如蛇山上的黄鹤楼、巨型建筑江汉关和美丽的东湖，并且指出："初到武汉来的人，无论是工作多么忙，时间怎样匆促，皆以一游黄鹤楼为快。"⑤1951 年苏北物产展览交流大会在扬州举办，因游览瘦西湖的观众人数太多，瘦西湖游船线路从原来的瘦西湖公园南大门延伸至城里小秦淮河公园门前，并在小秦淮河的东岸，利用拆下的城墙旧砖修筑了游船码头⑥。1954 年建成的苏联展览馆，很值得一"玩"。露天剧场的后面，展览馆的最北端，是风景秀丽的人工湖。"当你从中央大厅走遍了工业馆、文化馆和农业馆，在那里参观了丰富的展览品，又在餐厅里吃了苏联大菜和小吃，或者看完电影之后，在露天剧场还没有表演之前，那么，就请到美丽的人工湖去散散步吧。你可以到湖心小岛的亭子下休息，或者在湖面上划船。"⑦

①杨骏昌：《忆解放初华北区城乡物资交流展览会》，政协天津市委员会文史资料研究委员会编：《天津文史资料选辑》(第 45 辑)，天津人民出版社，1988 年，第 139 页。

②新华时事业刊社编：《工业中国的雏形：大连工业展览会介绍》，新华书店，1950 年，第 10 页。

③《西南工业展览会火车绕场歌声漾》，《新民晚报》1951 年 8 月 26 日，第 3 版。

④曾尔：《广州文化公园》，广东人民出版社，2010 年，第 7—8 页。

⑤中南区土特产展览交流大会宣传部编：《中南区土特产展览交流大会参观手册》，1951 年，第 53 页。

⑥魏怡勤：《1951 年苏北物产展览交流大会》，《档案建设》2013 年第 11 期。

⑦接待苏联来华展览办公室宣传处编：《苏联展览馆》，1954 年，第 6 页。

当然，观众的娱乐生活还有很多，各种娱乐方式大都彼此交织。如1951年华北区城乡物质交流展览会上，"大小规模的文娱演出404场，放映电影招待代表16 722人，各招待户主为代表们准备各种书刊1 557册，报纸743份（服务日报未计），举行大规模工农联欢2次，劳模座谈会2次，小规模的欢迎欢送会130余次，联欢会140余次，座谈会710余次，访问及慰问680余次，新式农具表演4次等"①。这些娱乐活动规模大，人数多，时间长，使得展览会从一开始就像一个盛大的节日，尽情展示着新中国创造的最新成果，营造着欢乐和喜庆的气氛，极大地推动了展览会的开展。

展览会给人们提供了一个了解外界和学习知识的窗口，开拓了人们的视野。从大众文化的视角看，民众之所以对展览会感兴趣，可能更多的是出于一种好奇心。在好奇心的驱使下，人们观看展览会是一种休闲方式和学习方式。新中国成立初期，中国人被西方塑造成一群"蓝蚁"的形象——全都穿着肥大的蓝色"毛制服"②。实际上，从新中国成立初期的棉布花色品种展览会和妇女儿童服装展览会来看，1957年以前中国人服饰形象并非全是这个样子。另外，不少人认为新中国成立后中国人业余生活单一枯燥，这种观点也值得商榷。新中国成立初期，展览会上大众消费与娱乐活动不仅丰富了展览会的内涵，还是新中国民众生活的重要展现。

相比较民国时期展览会上的民众生活，新中国民众在消费方面远远高于民国时期。无论是消费资金，还是消费区域，民国时期的展览会都大为逊色，这说明新中国成立后人民生活水平比解放前有较大提高。但是，民国时期的娱乐比新中国更为丰富多彩，如国技、国乐、歌舞、魔术、戏曲、电影、剑术、杂耍、航空特技表演、汽车游行、提灯会、焰火表演等③，有不少娱乐活动是新中国初期展览会上没有的。

三、文化空间：革命文化与展览文化

展览活动具有较强的教育性，充满了文化的气息。以前关于文化空间

---

① 华北区城乡物资交流展览会编：《华北区城乡物资交流展览会汇刊》，1951年，第145页。
② 段连城：《怎样对外介绍中国》，中国对外翻译出版公司，1993年，第29页。
③ 洪振强：《娱乐、消费与政治：1929年西湖博览会》，《近代史学刊》2011年第8辑。

的研究,主要集中在青岛、上海、湖北等地①,本书将从革命文化与展览文化两个方面来探讨展览活动的文化空间。

关于革命文化这个概念,学术界已有许多界定,我比较倾向于杨东平的定义②。1949—1957 年,革命文化是当时社会的主流文化,展览会的宣传动员营造了一个革命化的氛围。当革命文化由农村扩展到城市,与都市文化相遇的时候,二者之间的互动与消长,抗拒与变迁,复杂多态地牵动着展览文化的整体流动。

革命文化的凸显突出表现在展览会上的革命话语。新中国成立初期的展览会,办展者针对参展者的心理,在会场贴满了革命口号和政治标语,并通过广播等方式宣扬革命话语。展览场所作为一个空间展示场域,已经打破原有其物理性空间形态,俨然成为承载意识形态的再生产空间。如1950 年 10 月 2 日,中国人民解放军战绩展览会深受北京各界人民的欢迎,截至 10 月 31 日的统计,参观人数达 99.77 万人。作家老舍在留言簿上写道:"我愿拿笔杆的人也要学习拿枪杆的人的忠勇!"③1951 年湖南零陵县举办公安展览会,一个老太婆观看了缴获反革命分子的钢笔枪、手杖枪后说:"特务们总是千方百计地想杀人,真该死!"一个和尚指着纵火特务张景星等人的尸体骂道:"该杀,连我们出家人都说杀得好。人民政府杀了他,真有功德!"④这些话语具有斗争性,说明革命文化对民众包括老人、出家人产生了较大影响。

为了更好地学习和宣传革命文化,一些展览会还开办了政治学习班。下面是1956 年湖北省工农业展览会听课时间表:

①见马树华:《民国时期青岛的文化空间与日常生活》,《东方论坛》2009 年第 4 期;沈洁:《文化空间的生成——20 世纪二三十年代上海的印刷与消费主义》,《史林》2018 年第 5 期;熊霞:《民国时期湖北的茶馆与市民社会——从公共文化空间的角度看茶馆》,《荆楚学刊》2017 年第 3 期;熊霞:《论公共文化空间视界下民国湖北的城市公园》,《社会科学动态》2018 年第 10 期。

②所谓革命文化,是一种形象化的说法。它是指 1949 年以来,覆盖整个中国大陆的社会主义意识形态、制度文化和生活方式,即新中国的官方文化、主流文化。它借助于中国共产党武装斗争的胜利,以推翻和摧毁旧的社会政治制度为契机,通过军事力量和行政力量急骤推进,在一个较短的时期内,迅速地从一种局部的、边缘的和地域性的文化变成全中国的主流文化。见杨东平:《城市季风——北京和上海的文化精神》,东方出版社,1994 年,第 259 页。

③《人民解放军战绩展览会参观者近百万人——观众们表达了一个信念:中国人民力量是不可被战胜的》,《人民日报》1950 年 11 月 4 日,第 3 版。

④何征清:《零陵县公安展览会激发了人民对特务的仇恨》,《人民日报》1951 年 5 月 8 日,第 2 版。

表 2-2 湖北省工农业展览会听课时间表

日 期	时 间	地 点	听课内容
4月12日(星期四)	下午1时半	武昌彭刘杨路省政府大礼堂	社会资本的再生产
4月17日(星期二)	下午1时半	荆南街10号礼堂	事物的矛盾——矛盾的揭露和解决是发展的内在内容
4月24日(星期二)	下午1时半	荆南街10号礼堂	事物的矛盾——矛盾的揭露和解决是发展的内在内容
4月25日(星期三)	下午1时半	水口湖省委大礼堂	布尔什维克在准备和实现十月社会主义革命的时期
4月26日(星期四)	下午1时半	武昌彭刘杨路省政府大礼堂	经济危机
5月2日(星期三)	下午1时半	荆南街10号礼堂	社会存在和社会意识
5月8日(星期二)	下午1时半	武昌彭刘杨路省政府大礼堂	帝国主义——资本主义的最高阶段垄断资本的基本经济规律
5月9日(星期三)	下午1时半	水口湖省委大礼堂	布尔什维克在准备和实现十月社会主义革命的时期
5月15日(星期二)	下午1时半	荆南街10号礼堂	生产、生产方式和发展规律
5月22日(星期二)	下午1时半	武昌彭刘杨路省政府大礼堂	帝国主义的殖民体系
5月23日(星期三)	晚上6时半	武昌彭刘杨路省政府大礼堂	帝国主义的历史地位
6月5日(星期二)	下午1时半	荆南街10号礼堂	阶级与阶级斗争
6月5日(星期二)	下午1时半	武昌彭刘杨路省政府大礼堂	资本主义总危机——第二次世界大战后资本主义总危机的加深
6月6日(星期三)	下午1时半	水口湖省委大礼堂	布尔什维克党在外国武装干涉和国内战争时期
6月12日(星期二)	下午1时半	荆南街10号礼堂	阶级与阶级斗争
6月26日(星期二)	下午1时半	荆南街10号礼堂	国家与革命
7月2日(星期二)	下午1时半	荆南街10号礼堂	国家与革命

注:此表系笔者根据原始档案中《政治经济学》《联共(布)党史》《哲学常识》等课程的讲课地点、时间表进行整理,但有所调整。资料来源:《湖北省工农业展览会开展各项学习的办法(草案)》,湖北省档案馆藏,档案号:SZ40-1-1。

　　从表2-2可知，当时参展人员学习课程的设置，很多是对马克思主义经典著作理论的学习，如《社会资本的再生产》《事物的矛盾——矛盾的揭露和解决是发展的内在内容》《社会存在和社会意识》《帝国主义的殖民体系》《阶级与阶级斗争》等课程，涉及到马克思主义政治经济学、哲学、科学社会主义等内容，其中关于帝国主义、阶级斗争、国家与革命讲得最多。湖北省工农业展览会只是全国许多展览会中的一个典型代表，其他展览会也举办了很多学习班，甚至修建展览馆期间也进行政治学习，起到很好的教育效果。如1954年苏联展览馆工地"建立了政治学习制度，一般每星期学习一次，从而提高了社会主义觉悟，如有一次青年突击队白天抹完房顶，夜间下起大雨来，很多突击队员从很远的地方跑回工地把屋顶盖起来，以免被雨水冲坏"①。可以说，在展览会期间，会场变成了学校，政治学习是每个人的一门必修课，日常生活的"共同话题"被"学习"所代替。

　　集体的政治学习提供着一个全新的公共空间，超越着原有的个体和同事关系网络，扩展到去认知一个政治空间、一个新的政府权威角色。正如美国学者韩丁所说："在现实生活中，要依靠先进带动中间，再依靠中间带动落后。落后的不久就达到他们老师的水平。于是觉悟程度螺旋式上升，什么是先进、什么是落后的整个概念就有变化。"②此外，革命话语还通过会议、广播、标语等方式频繁地重复，着实构成了展览会的一大景观。办展者对观展者反复述说着来自外部的革命语言，由此形成的意识形态反过来约束着观展者的行为。

　　尽管在展览的文化空间里，革命文化占突出位置，但是在展览举办过程中，各种各样的文化相互碰撞、融合，演绎出多姿多彩的文化交响曲，为新中国文化注入了新鲜的血液。展览因为介于传统与现代、东方与西方、民族与世界、民众与干部、城市与乡村之间，传播着时代的精神和理念，形成了其特有的展览文化，主要有科技文化、外来文化、大众文化和商业文化等。

　　展览作为人类文明见证者，科技是其永久的主题。许多新技术、新经验、新发明、新产品都是在世博会上第一次展出并被人们认识，得到普及推

---

① 《苏联展览馆工区青年突击队的情况和问题》，北京市档案馆藏，缩微档案号：1-9-305。
② 〔美〕韩丁著，韩倞译：《翻身——中国一个村庄的革命纪实》，北京出版社，1980年，第715—716页。

广的。新中国举办了大量的技术交流展览会，还举办了多次科学普及展览会。1955年8月，教育部、青年团中央、总工会、保卫儿童全国委员会、全国科普协会联合举办了全国少年儿童科学技术和工艺作品展览会，展出作品1 009件，其中自然地理99件、物理258件、生物212件、工艺440件。展出20天，群众达10万余人，周恩来总理和邓颖超、郭沫若等领导及许多专家都参观了展览，看后他们都非常高兴，说这是未来建设社会主义和共产主义的一个保证①。此次展览，不仅表现了少年儿童的创造力，还表现了科技文化对少年儿童成长的重要性。

在展览的文化空间里，来华展带来外来文化，使不同文化和价值观念得以整合。1955年，广州举行苏联经济及文化建设成就展览会，展出的两个多月中，共有135万多人前往参观。在展出期间，"展览会的专家们不辞劳苦地把他们丰富的先进经验和理论知识传授给参加专业学习的人员。他们一共进行了800多次的讲课、报告、座谈和现场指导等活动。展览会曾举行了一个'少年儿童参观日'，让广州市5万多名少年先锋队队员和小学生度过了难忘的一天"②。通过参观展览会，民众开阔了视野，逐渐接受了苏联先进文化和现代观念的熏陶和洗礼，一些落后的文化和陈旧的观念逐渐被淘汰。

展览活动是大众参加的活动，大众文化在展览活动中尤为突出。有的展览会还创作了会歌，通过会歌的传唱扩大展览会的影响。例如，文莽彦作词、刘天浪作曲的《江西省物产展览会会歌》中写道："生产战线传捷报，共产党领导建设好，全省英模都来到，物产展览开幕了。工商农业和交通，还有文教卫生和金融，省内省外城市乡村物资流通，科学文化普及提高，优良品种推广介绍，建设繁荣新江西，建设繁荣新江西，生产创造在今朝。"③简短的歌词展现出本次展览会的特色以及对建设新江西的作用。会场上同唱一首歌，还能够增强民众的凝聚力，激发出人们对家乡和祖国的无限热爱。1951年上海土产展览会期间，有人仿沪剧游码头调，创作了《土产展览会颂》，在展览会会场传诵，颂词是："上海土产交流会，六月十日隆重开。自从上海解放后，人民力量壮起来。政府领导重建设，财经好转兴卖

---

① 郑铤、吴芸红主编：《中国少年儿童运动史》，天津人民出版社，1992年，第297页。
② 《苏联经济及文化建设成就展览会在广州闭幕》，《人民日报》1955年12月16日，第1版。
③ 江西省首届物产展览会编印：《江西省首届物产展览会汇刊》，1951年。

买。各地交通都发达，城乡交流好往来。人民政府爱人民，人民解放庆身翻。"①还有电影、服饰、评弹等大众文化方式，具有通俗性、艺术性和娱乐性等特点，特别受到民众的欢迎。

展览尤其是经济展览就像一个巨大的磁场，把来自不同地区最佳、最富特色的产品汇集在一起，供广大生产者和消费者观摩比较，形成了极富特色的商业文化。1951年，在中南区第一届土产展览交流大会上，因河南卷烟香味太重，不适合南方群众的口味，销售数量较少，其负责人说："虽然我们这次经营失败了，却获得了销货的宝贵经验，回去后一定研究改良，制造适于销售的货品。"②北方和南方的文化差异在展品上呈现出来，促进了商品的改进。1952年，中国到民主德国参加莱比锡国际博览会。整个展览期间，"街头巷尾，都传达了中国的丝绸好，香烟妙，很多观众要求我们将展品出售，并要求预先订货以免拥挤，观众一致认为这次出售的中国货数量太少了。中国瓷器在莱比锡城出现，每天要卖400余客户，供不应求"③。通过展览的形式，中国推动了展品的对外销售，促进了两国之间商业文化交流。

展览会场为民众提供欣赏展品和学习知识的机会，是一个国家社会教育的必备的文化机构，也是文明进步和国家实力的象征④。展览文化越发达，展览业发展的速度越快，展览对社会经济发展所起的作用就越大。

四、社会空间：群体互动与社会舆论

展览活动是群众性活动，一个展览就是一个小社会。关于社会空间的研究，以前主要是对上海的城市居委会和社会团体进行的研究⑤。本书将从群体互动与社会舆论两个方面来阐述展览活动的社会空间。

---

① 李智雁编，邵滨孙唱：《土产展览会颂（仿沪剧游码头调）》，《新民晚报》1951年6月17日，第2版。

② 《推销滞销土产，进一步活跃城乡经济》，《长江日报》1951年7月11日，第3版。

③ 《关于我国参加德意志民主共和国一九五二年莱比锡国际博览会的有关文件》，中国外交部档案馆藏，档案号：109-00254-01(1)。

④ 《象征着中苏两国人民深厚的友谊　上海下月开工兴建苏联展览馆》，《文汇报》1954年4月8日，第1版。

⑤ 见张济顺：《国家治理的最初社会空间——二十世纪五十年代前期的上海居民委员会》，《中共党史研究》2015年第10期；郭圣莉：《革命与国家的双重逻辑：城市社会空间的嬗变——解放初期上海社会团体的湮灭考察》，《华东理工大学学报》2010年第1期。

　　办展者是展览的策划者与举办者,主要包括政府官员、技术工人、保安、讲解员等。参展者是为展览提供展品的重要群体,包括各地官员和工商界人士等。参观者是展览的重要对象,一般大型展览会的参观者包括五类人:一是各地农民代表,二是外宾、少数民族、机关首长及干部,三是各地合作社主任,四是各地工商界代表,五是本市荣军、烈军属①。展览活动不仅是国家和地方相互作用的平台,还是国家和个人相互作用的平台。国家是展览活动的策划者与举办者,地方以参与者的身份加入进来,国家与地方在特定的场域中展现出不一样的面貌与姿态。个人在参观过程中,与国家和地方产生了关系。于是,在展览空间中,办展者、参展者和观展者因人际交流和技术传播,形成了互动关系。

　　展览接待是展览活动中的重要环节,也是一种互动。它一般分贵宾接待、团体接待、劳模接待三种。为了做好接待工作,展览会一般都成立联络招待委员会,形成组织体系,并制定计划。贵宾接待非常重要,展览会一般都会重点安排,甚至强调:"要使全体人员重视接待贵宾这项工作,并都能把它当作一项政治任务去完成。使大家明白,接待贵宾们在这里参观的好坏,对我国国际威信有重要意义。"②为了解决观展者的饮食问题,办展方也采取了一些措施。1956年湖北工农业展览会筹委会根据每天一万观众的计划,估计有20%左右的观众要在展览会场解决一餐膳食问题,所以除在会场内设一餐馆外,还联系武汉市饮食公司武昌分公司、食品零售公司、合作社等有关单位组织摊亭、摊贩来满足观众需要。当然,也有招待方面做得不够的地方。1956年,华北区物资交流展览会招待联络处在做工作总结时说:"接送招待不够,招待联络处的负责委员除一二人曾到过分会或车站,一般根本就不来,所以到站接送时临时凑人而形成冷淡。"③

　　展品交易是展览消费,推动了办展者、参展者和观展者之间的互动。新中国成立初期,城乡物资展览会十分重视土特产的交流与产销,把城乡物资贸易摆在了突出位置。产销与展览相结合,成为该会最大的特色。大会在筹备早期就设立了交易处,除负责当场或场外的零售交易外,还"代办

①华北区城乡物资交流展览会编:《华北区城乡物资交流展览会汇刊》,1951年,第31页。
②《湖北省工农业展览会关于接待贵宾来参观的工作情况和今后意见》,湖北省档案馆藏,档案号:SZ-1-5。
③《招待联络处工作总结》,北京市档案馆藏,档案号:22-12-588

纳税、保险、报关、装箱、打捆以及水陆运输等项手续"①。中国参加国际博览会,展品受到外国观众的关注,商品买卖非常多,促进了中外之间的互动。1953年,中国参加莱比锡博览会。为配合展览,价值240万马克的中国货在会场与莱比锡各国营大商店出售,受到民主德国广大人民的欢迎②。通过宣传,展览会上的展品吸引了大量的观众,销售量可观。

召开座谈会是办展者、参展者和观展者互动的又一种形式。一些展览会曾发出通知:"参观后利用组织生活日或一个晚间组织一次座谈。"③看完展览,进行座谈,交流心得,可以较好地提高观展的水平。东北各地中苏友好协会分支会半年中共组织了报告会、座谈会及展览会5 830次,参加人数达241.5万多人④。1953年,在筹备德意志民主共和国工业展览会之初,中德双方都没有谈及技术交流问题。展览期间,有些观众提出了很多观展的困惑,要求请民主德国专家帮助解决。于是,中德之间的交流才频繁起来。"开头是一两位观众经过现场上的译员和一位专家进行交谈,我们后来称这种最简单的技术交流方式为'问题交谈'。以后,人数增多了,问题专深了,就逐步扩大为一种'专题会谈'。没有几天,会谈又很自然地发展成为'座谈会';'座谈会'再扩大,就出现了'报告会'。"⑤在座谈会上,有的观展者会直接发表自己对展览的看法和认识,体现了观展者与办展者之间的互动。

城乡互动是新中国初期展览会上的突出现象。1951年,华北城乡物资交流展览会以实物、图片、图表的形式,使城乡人民,特别是农民,"看到苏联集体农民的生产和生活情况,开始发觉自己的生活不是'好到顶了',而是'差的很多'"⑥。这就打破了农民的保守和自满思想,懂得今天要组织起来,依靠集体的力量发展生产。在展览会期间,通过工农联欢大会、城乡人民座谈会及个别访问、谈心等形式,城乡人民互相了解了对方的

①《中南区土展积极筹备中,定六月十五日揭幕》,《大刚报》1951年5月22日,第2版。
②《参加一九五三年莱比锡博览会工作团工作总结报告》,中国外交部档案馆藏,档案号:109 - 00275 - 01(1)。
③《参观省直先进事迹展览会的通知》,湖北省档案馆藏,档案号:SZ20 - 1 - 103。
④《东北中苏友协会员三个月增加三十多万——半年组织报告会座谈会展览会五千八百多次》,《人民日报》1950年1月21日,第1版。
⑤朱及群:《国外来华经济展览会中的技术交流活动》,《人民日报》1955年6月9日,第2版。
⑥华北区城乡物资交流展览会编:《华北区城乡物资交流展览会汇刊》,1951年,第7—8页。

生产、生活和斗争情况，彼此都改变了片面的观点。城市人民在招待参观农民的过程中，更具体地认识了农民勤劳、勇敢、朴实的优秀品质，因而改变了过去看不起"乡下人"的错误观点，树立了城乡劳动人民互助友爱的思想①。于是，新的城乡关系在民众中渐渐确立起来，进一步贯彻了"城乡互助"的政策。

展览会开幕后，民间总会有各种各样的思想舆论。政府在展览会场设置意见簿，记载了观众的大量留言。这些留言，有表示赞赏感谢的，有提出批评建议的，有表达感悟决心的，有表示疑惑的。如1951年11月8日，越南人民访华代表团孙德胜团长，代表武廷槐参观上海市举办的土地改革展览会，在留言中他写道："今天来参观这里的土地改革展览会，站在封建地主勾结官僚资本和帝国主义的罪证面前，我们感到非常可怕和可疑……这个展览会更增强了我们对越南抗战的光辉前途的信心以及对世界革命的各位领袖的崇敬！毛主席万岁！胡主席万岁！斯大林大元帅万岁！"②又如缅甸驻昆明总领事吴巴茂夫人参观了1956年2月12日云南山茶展览会，她在意见簿上写道："所有的茶花都很美丽，它们不但增添了云南的美，也反映出云南人民生活的繁荣。"③再如1956年，上海镇压反革命展览会的意见簿上，留下了一万多个观众的感想。他们表示"要随时随地保持高度警惕，坚决协助政府彻底肃清一切反革命分子"④。

除了留言簿外，民众也会直接发表自己对展览会的看法和认识。1950年"三八"妇幼卫生展览会结束后，广安门外一位妇女说："怪不得孩子老生病，敢情是不讲卫生，以后可要注意了。"朝阳门外一妇女韩丽英说："新法接生真好，大人孩子都不受罪，我一定回去向我们的街坊宣传宣传。"⑤有一些群众甚至采取特殊的方式来表达自己的认识。1952年，上海市国棉九厂工人们在看了"三反"展览会后，在墙头题诗道："钱眼里长大，开黑店

① 华北区城乡物资交流展览会编：《华北区城乡物资交流展览会汇刊》，1951年，第8页。
② 《各国代表团参观土地改革展览会的人数统计及留言》，上海档案馆藏，档案号：B14-2-3。
③ 《云南的山茶展览会》，《新华社新闻稿》1956年第2079期，第25—26页。
④ 《上海镇压反革命展览会闭幕——参观人数有一百三十多万》，《人民日报》1956年6月12日，第3版。
⑤ 《"三八"妇幼卫生展览会结束，备受城郊人民欢迎》，《人民日报》1950年3月17日，第4版。

起家,嘴里喊'万岁',偷窃有扒拿。剥开皮来看:奸商!"①无论哪种方式,都是当时民众对展览会的真实看法。

当然,对于展览会的看法也存在褒贬不一,深浅不同的情况。1957年,上海市举办出版工作展览会,歌颂了人民出版事业的辉煌成就,但也有人说,出版事业是"今不如昔"②。1955年,上海市举办解放台湾展览会,有的认为展览会是老一套,不高兴去看③。

值得一提的是,针对民众的舆论,政府为了反映民情,还在新闻媒体上广开言路。如《人民日报》专门设有"读者来信"栏目,反馈参观者对展览会的看法。据初步统计,1949—1952年展览会的参观者与《人民日报》进行了24次通信。写信的人有大学生、中学生、军人、公安、农民、工人、行政人员等,来自社会各个阶层,还有以单位名义写信的,主要表达了他们观看展览的感想。如1951年,河北省高中学生王禄培到北京中山公园参观了"一贯道"罪恶展览会。他清楚地认识了一贯道的罪恶,于是写信给《人民日报》,"希望能够把它推广到每一个有一贯道活动的城市和农村中去,使每一个人都认清一贯道是什么东西"④。又如1951年,行政机关人员李中骏参观中央政法部门举办的反文牍主义公文展览会,他写信说:"希望每个机关工作人员都去参观一下,至少日常处理公文的同志要去看一下,以便结合反贪污、反浪费、反官僚主义运动对文牍主义进行一次普遍深入的检查,彻底肃清机关中一切腐朽的工作作风。"⑤再如1952年,河北冀西沙荒造林局采用巡回展览的办法,宣传护林防火、封山育林、沙荒造林的好处,受到群众欢迎。冀西造林实验场以单位的名义给《人民日报》写了一封信,认为"巡回展览会是一个有效的宣传方式,它不仅可用于林业工作,也可用于其他工作,特建议各地试用"⑥。

---

① 陈嘉锜:《贪污不打倒,生产搞不好!——记国棉九厂"三反"运动展览会》,《新民晚报》1952年2月27日,第3版。
② 余仙藻:《书籍·智慧之海——介绍上海出版工作展览会》,《文汇报》1957年11月23日,第2版。
③ 《水上区组织群众参观解放台湾展览会的总结》,上海市档案馆藏,档案号:A80-1-56。
④ 王禄培:《"一贯道"罪恶展览作用大》,《人民日报》1951年2月2日,第2版。
⑤ 李中骏:《反文牍主义展览教育了我们——希望机关工作人员都去参观》,《人民日报》1951年12月22日,第2版。
⑥ 《河北冀西沙荒造林局——举办林业巡回展览会受到群众欢迎》,《人民日报》1952年5月27日,第2版。

除了呼吁举办更多的展览外，也有信件表达了民众对展览的批评。1952 年，安徽省举行反贪污、反盗窃展览会。南星认为该会负责人有官僚主义作风，造成很大浪费，他写信说："该会还没有订出精密的计划以前，就乱拍、乱印和放大照片，许多照片还没有展出，就成了废品。贴照片的硬纸板，有了铜扣子还要配木框。许多展览品的说明卡片，曾更换了三四次之多。"[①]因此，他建议当地领导机关对上述情况进行深刻检查。这些通信表达了读者的感想，提出了良好的建议和意见，借助于在党报上发表，可以较好地传递民意，甚至有的转化为对展览会的政策，极大地推动展览会的发展。遗憾的是，1953—1957 年《人民日报》较少刊登"读者来信"。

总之，展览会不仅是中国共产党向民众宣传政治思想与方针政策，进行政治宣传与动员的重要阵地，还是为民众提供科学文化教育、生产经验交流和休闲娱乐的场地。在展览过程中，人流、商品流、资金流和信息流交织在一起，形成经济文化交流的新空间。办展者、观展者、参展者以各种形式传递和接受信息，不遗余力地传播着属于新中国的各种信息，促进了相互交流，也推动了展览业的发展。

小　结

本章主要论述展览活动的筹备及其运作中的空间问题。新中国成立初期，由于是"政府主导型"展览，所以展览的筹备比较顺利。通过建立高效的筹备组织机构，中国共产党按照展览计划和办展流程，较好地推动了展览活动顺利开展。办展过程中遇到的展馆问题和秩序问题，也得到较好的解决。

再现历史的复杂性和多面相，需要对展览空间进行全景透视，主要是将展览现场及其展览形成的空间进行深描。展览空间的构想、规划、建设以及管理渗透着权力的宰制，能佐证权力在空间生产中的支配性作用。1954—1956 年，北京、上海、广州、武汉四大展览馆的建成，改变了中国展

[①] 南星：《安徽省反贪污反盗窃展览会——盲目追求形式浪费很大》，《人民日报》1952 年 6 月 27 日，第 2 版。

览空间的格局。四大展览馆将一个国家具有代表意义的展品进行展览，因此成为国家权力体制的最佳象征。国家展览馆既是国家权威和合法性的重要象征，又是国家秩序的独特展示场所。

空间布局是权力付诸实践的重要方式，空间怎样定位，展馆怎样设置，展品如何陈列，会催生民众不同的意识。新中国成立初期，展览活动中大量的实物、标本、模型和图片等展品经过布展者的精心设计，被放置在一个个不同的空间内，而且展品在时间的序列中也进行了精心编排。展品的文字说明和解说词将空间中静止的展品和外来的观展者联系在一起。不同的空间布局和展品解说，对观众产生的影响大为不同。展览场所不单单是一个物理场所的空间存在，还是一套符号系统的再现。展览的开幕仪式通过在场民众的感染力与渗透力，释放出较强的辐射能量，促进了民众对于"民族—国家"共同体的认同。展览秩序的"有序"控制也是一种权力的实践，国家透过它可以向社会成员行使国家力量，影响人们的价值观念。

以往学界对空间研究成果颇多，但对展览空间着墨较少。笔者对展览空间的探讨，主要论述展览活动对政治空间、消费空间、文化空间和社会空间的影响，民众对展览空间象征意义的接受与实践以及对展览空间的再建构。在政治空间中，政治符号和政治表达强化了展览的政治性；在消费空间中，饮食消费、购物消费和娱乐活动让民众对展览增添了乐趣；在文化空间中，革命文化与展览文化的发展，营造了展览的文化氛围；在社会空间中，办展者、参展者和观展者因人际交流和技术传播，形成了互动关系。展览活动将国家、社会、地方和个人整合在展览空间里，将新生政权的政治理念深植于民众的内心。

从空间的层面来看，展览会不再是简单的观展之所，而是一个与政治、经济、文化等紧密相连的有机体。新中国初期，展览数量多，分布广，与大众文化联系紧密，展览场所不仅在民众休闲娱乐、文化交流、科技传播，而且在地方商业发展等方面都发挥着重要作用，展览这一公共空间凸显出全方位、多功能的鲜明特征。从这个层面上来讲，展览是彰显地方和时代特色的社会缩影，也是研究新中国的一个重要窗口。而这个窗口，最能塑造中国共产党的形象和新中国的国际形象。

第三章 组织与宣传:国内展览与新中国执政党形象的建构

解放初期,有些人对共产党和新中国存在一定的看法,如浙江海宁是和平解放的,但是,在农民眼里,解放军和南下干部都是"兵"。海宁的农民见过各种"兵",他们对"兵"的印象极坏。农民们起初以怀疑的态度看待新来的解放军[①]。又如抗美援朝前夕,一些人不相信共产党,认为"共产党在军事上能打一百分,政治上能打五十分,经济上只能打零分"[②]。为了建构新中国执政党形象,中国共产党采取了多种举措。以往对于共产党形象的研究颇多[③],但从展览的视角对共产党形象进行解读的较少,故笔者试图通过梳理国内展览活动与共产党形象建构的关系,以此来揭示其深刻的历史内涵。下面从四个方面进行论述。

第一节 组织展览:形塑共产党的个体形象

群体形象由个体形象构成,离不开个体形象的塑造。展览活动是群体性活动,组织起来不容易。组织展览活动,可以直接和间接形塑共产党的形象。直接形塑,主要是通过布置展陈和展览设计;间接形塑,主要通过推出典型,让劳模和先进人物示范引领,展示共产党人的风采。

---

① 张乐天:《告别理想——人民公社制度研究·自序》,上海人民出版社,2005 年,第 2 页。
② 杨玉圣:《中国人的美国观》,复旦大学出版社,1996 年,第 235 页。
③ 已有的研究主要有,熊忠辉:《试论延安时期共产党的形象传播》,《南京政治学院学报》2011 年第 6 期;贺宇、左伯林:《论延安时期中国共产党的形象塑造及当代启示》,《西安政治学院学报》2011 年第 5 期;李嘉树:《西方人眼中的红色中国——访问延安的欧美人士对中共和根据地的报道(1936—1946)》,安徽大学硕士学位论文,2010 年;牛军:《从延安走向世界——中国共产党对外关系的起源》,福建人民出版社,1992 年;朱鸿召:《延安日常生活的历史(1937—1945)》,广西师范大学出版社,2007 年;周良书:《"新中国"观念的生成和国家形象的初步建构》,《北京师范大学学报》2016 年第 4 期。

一、布置展陈：体现共产党的敬业与爱民

新中国成立初期，中国共产党组织了大量的展览活动。每个展览会都凝聚了办展者的辛勤劳动，没有一定的思想觉悟，没有一定的奉献精神，展览会很难顺利开展。展览活动是一块试金石，在布置展陈中能够看出办展者和参展者的职业素质和人格品质。梳理多次展览活动，可以看到共产党员或共产党领导下的干部群众展现了敬业与爱民的良好品质。

在敬业方面，由于新中国初期较少有专业会展人才，所以一些大型展览会往往从其他单位借调人员，有些人还是临时的，但即便是这样，大多数人工作态度特别认真。1950年华东区农业展览会中，办展者"在刺骨的冷风里，热烈地检讨着这一天所经过或所发生的问题，有时一连开到八点九点，才想到散会和吃饭的事。而晚饭之后，部分工作同志，又连夜到会场，根据会报的决议或观众的意见，再去调整和加强"①。1950年，上海市举办第一届妇幼卫生展览会。从筹备到展出，所有参加展览会的工作人员，都以忘我的精神，充分表现了为人民服务的热忱。担任讲解的同学、医务及妇幼福利工作者，无不在汗流浃背的情形下工作；警员为了维持会场秩序，曾动用到60多人，尽了最大的努力；其他会场工作人员，多半从早到晚，工作13小时，甚至有达到17小时的②。1951年，中南区土特产展览交流大会布置展览，"有的还未脱离原来的工作岗位，经过动员后，全体工作同志情绪高涨，响应了早晨不学习，中午不休息，晚上加夜班，星期不放假的号召"③。在这些人中间，有相当一部分人是共产党员，起了较好的示范作用。1951年上海土地改革展览会上，记者见到两位讲解员一有空就在讨论有关土改的问题，这种工作不忘学习的精神，实堪钦佩④。1956年的湖北省工农业展览会上，"部、馆长碰头会每天上午七至八时举行，由部召集，汇报情况，研究解决问题，并安排当日工作"⑤。可见，当时展览会的领导层工作态度是非常认真的。

---

①华东区第一次农业展览会编印：《华东区第一次农业展览会汇刊》，1950年，第133页。
②上海市第一届妇幼卫生展览会编印：《上海市第一届妇幼卫生展览会汇刊》，1950年，第3页。
③中南区土特产展览交流大会宣传部编印：《中南区土特产展览交流大会参观手册》，1951年，第7页。
④《工作时间不忘学习，展览会中讨论土改》，《新民晚报》1951年10月14日，第4版。
⑤《湖北省工农业展览会几项制度的规定》，湖北省档案馆藏，档案号：SZ40-1-2

在爱民方面,相关的例子不胜枚举。为了让民众更好地参观展览,展览会进行了精心的准备。1950年,上海市妇幼卫生展览会除保留解放区办展时传统的三个主体机构,即布置科、宣教科和总务科外,还增设了会场管理科,负责票务、事务、清洁和场务(包括纠察、商场管理、急救)①。这不仅使展览会在管理上更为规范,还使展览会更为人性化。1951年,中南区土特产展览交流大会秘书处为方便观众,"与武汉市公用汽车公司取得协议,增开到中山公园的两条新路线。这两条路线至少有六部车对开,且皆为新车,漂亮、舒适、行驶平稳"②。1951年,华南土特产展览交流大会在广州举行,举办方精心设计了会场,"各个馆之间的空地上,是一片片草坪与广场,场内遍植四季时花,路旁种植风景树,并设休息亭、50把鲜艳夺目的太阳伞和帐幕、竹木桌椅等,供观众休憩。西堤二马路南面,正对正门的地方设了104个零售摊位和一个零售商场"③。1951年上海市土产展览会在一般服务上,有银行、保险、邮电、交通、税务各部门来场服务④。1951年,华北区城乡物资交流展览会在天津举行,服务工作十分周全,"大小规模的文娱演出404场,放映电影招待代表16 722人,各招待户主为代表们准备各种书刊1 557册,报纸743份(服务日报未计)等"⑤。1956年,湖北工农业展览会展出期间,天气炎热,办展方大量供应冰棒、汽水等冷食,给观众解暑降温,并且要求在这段时间内做到:随到随吃,经济便宜,又卫生⑥。展览过程中,观众遇到突发疾病,办展方也考虑到了。"除在大厅内设一医疗处和一副担架以外(配备主治医生、护理各一个),还应组织一个卫生流动服务站,携带一般药品(配备一般卫生人员三人),负责会场内外及饮食区、休息场所的卫生检查和急救工作。观众在参观时发生重大疾病,本会急救处无法诊治时,则由本会协助参观团体送医院诊治,其医药费在本会

①上海市第一届妇幼卫生展览会编印:《上海市第一届妇幼卫生展览会汇刊》,1950年,第268页。
②中南区土特产展览交流大会宣传部编印:《中南区土特产展览交流大会参观手册》,1951年,第44页。
③杨文君:《1951年华南土特产展览交流大会建筑研究》,华南理工大学硕士学位论文,2015年,第13页。
④华东区土产会议上海市土产展览交流大会编:《华东区土产会议上海市土产展览交流大会纪念特刊》,1951年,第84页。
⑤华北区城乡物资交流展览会编:《华北区城乡物资交流展览会汇刊》,1951年,第145页。
⑥《湖北省工农业展览会组织参观工作计划》,湖北省档案馆藏,档案号:SZ40-1-5。

区诊断者由本会负责,送医院后则由病者本单位或个人负责。"①当时的民众,尤其是小孩对这些饮食较为满意②。这些爱民便民的举措,促进了展览会的顺利举办。

在一穷二白的条件下,新中国能够举办大量的展览活动,其原因主要是中共拥有一支有理想、有为民服务意识、有献身精神的干部队伍。这支队伍具有革命激情,有强烈服务于人民的意识,有较强的组织性和纪律性,有强烈的危机意识。正因为有这样一支干部队伍,在政治体制还不完善,在法制还不健全的情况下,具有明显的人治痕迹的中共政权还是获得了大多数中国人的赞许③。

二、展览设计:体现共产党的好学与智慧

展陈设计对于新中国来讲,是一个全新的学科。新中国初期举办展览主要依据解放区办展的一些经验,所以展览陈列比较简单。这一时期,苏联到中国举办大量的展览会,其办展经验随之传到中国,以吴劳、张仃为代表的中国设计家开始了认真的学习和探索。

吴劳,浙江义乌人,1916 年 12 月出生,毕业于苏州美专和杭州艺专。抗战爆发后,他参加抗日救国活动。1938 年 2 月,他来到了延安,进入鲁迅艺术学院学习。1943 年底,吴劳在延安负责陕甘宁边区生产成就展的展览设计工作。新中国成立后,吴劳担任美术供应社负责人。1953 年,苏联著名画家、会展专家维·谢·克里马申来到北京,筹划 1954 年苏联经济及文化建设成就展览会。吴劳同克里马申交流,向他请教了很多展览设计方面的问题,促进了吴劳展陈艺术设计思想的形成。1954 年 10 月,吴劳在《人民日报》上发表《学习苏联展览会的美术设计》一文,提出苏联展览会的美术设计是杰出的,是我们今天展览会工作中的典范④。这是对苏联展览设计工作的高度评价,表现了吴劳的好学品质。

张仃,辽宁黑山人,1917 年出生,毕业于北平美术专科学校国画系。

①《湖北省工农业展览会组织参观工作计划》,湖北省档案馆藏,档案号:SZ40‐1‐5。
②笔者采访过多位参观过展览会的老人,他们表示对当时的饮食比较满意。
③黄利新:《共和国初期北京市城区基层政权建设研究》,首都师范大学博士学位论文,2008 年,第242 页。
④吴劳:《学习苏联展览会的美术设计》,《人民日报》1954 年 10 月 24 日,第 3 版。

1938 年赴延安,任教于鲁迅艺术学院。1949 年,他主持设计全国政协会徽,负责和参与开国大典美术设计工作,设计天安门广场大会会场等。1950 年,他担任中央美术学院实用美术系主任、教授。张仃是新中国最早从事出国展览设计的专家之一,他认真学习了苏联的展览设计,于 1952 年创办了我国第一个室内设计、展览设计专业,为新中国培养出第一批展览设计人才,如寇云灵、李宏纯、钱家醉、廉晓春等。张仃主讲展览设计,他是这个专业的主要教师[①]。

除了吴劳、张仃外,还有很多人为新中国的展览设计艺术作出了重要贡献。梳理这一时期的展览设计,可以清晰地看到展览设计中的智慧。作为代表性的专家,吴劳结合中国的国情,提出了"深思熟虑的展览内容体现丰富的思想内容""突出展览的民族色彩""内容与形式的统一"[②]等展览设计思想。下面以吴劳的专著《展览艺术设计》为例,来谈谈新中国成立初期展览设计中的智慧。

该书虽然是 1958 年由人民美术出版社出版的,但主要内容是对新中国初期展览设计经验的总结。该书有九章,主要内容有:展览设计的准备工作与步骤、展览馆的空间布置与陈列家具、陈列室的各项照明、展览艺术的色彩与装饰、展览馆的建筑艺术、苏联展览馆的建筑艺术创作范例等。这些内容是吴劳展览设计实践工作的总结,体现了吴劳的智慧。

在展览设计思想方面,吴劳指出,同一个主题,在设计中可以用各种不同的方式展示。例如,1954 年鞍钢技术革命展览会中,介绍了王崇伦"万能工具胎"的创造,一年完成四年工作量的劳动方法。吴劳认为,"如果在设计中只展出王崇伦的画像与高度生产指标的数字,而不说明这个创造和劳动方法的本质以及这种运动的群众性,那么就不能达到宣传和推广这种方法的目的。像这种只是'登记'现象,而不说明现象的本质的方法,也就不可能解决群众的思想问题。因此艺术设计对每一个能显示主题思想的形象——照片、图表、绘画等,都要使之符合展出的主题思想,符合当前的政策法令,符合先进的科学的最新的成果"[③]。吴劳对鞍钢技术革命展览会的指导非常深刻,体现了他的展览设计智慧。

---

① 李瀛:《张仃先生与新中国的出国展览设计》,《装饰》2010 年第 8 期。
② 朱亮:《吴劳与新中国的展陈设计》,《装饰》2009 年第 9 期。
③ 吴劳:《展览艺术设计》,人民美术出版社,1958 年,第 5 页。

在展览资料编撰方面,吴劳指出,展览的编辑是和写文章一样的,如果啰啰嗦嗦的一大篇,问题不集中、不明白、不紧凑,就会使观众对展览的中心思想感到模糊和混乱。因而,吴劳再三重复地提出:"任何展览都是群众性的形象教学的课堂,它不是教堂里枯燥的说教,不是静静的资料室,也不是拉杂的百货店,而是用最恰当的具体形象相互有机地集中说明主题思想的。"①

在展览装饰色彩方面,吴劳认为,农业馆整个的色彩,是用嫩绿色和金黄色作为基本的装饰色调,这是符合庄稼和果实的自然色彩的。这种色彩的环境给予观众对展品的感情是亲切的。他提出,"在为了扩大展出面积,利用假墙构成完整的布局上,所有假墙的边沿都装饰着黄铜制作的花带;一种是向日葵和谷穗的图案,另一种是麦穗、桂叶和饰有镰刀铁锤的五角星奖章的图形,这象征着工农联盟的荣誉和劳动的果实"②。这种装饰不仅符合主题的要求,而且提升了展览的层次。

在展览典型的选取方面,吴劳认为,开一个全国或全省的各种性质的展览,征集来的展品资料往往是多样而丰富的;展览设计者要按照展出主题的要求对展品资料加以选择取舍、整理。他以全国农业展览会的"水稻高额丰产和大面积增产经验介绍"为例进行说明。"展览设计者选取不同地区和不同特征的几个水稻典型经验,通过对具体的、个别现象的介绍,以最经济但最有力的方法将有关经验表现出来,就可以概括全国的水稻高额丰产和单面积的增产经验。如华南的双季稻、长江流域的粳稻、华北地区的粳稻或北方的旱稻等等。只有选择对最概括的、典型的、真实的、形象的、增产关键的过程加以展示,才能使观众正确地理解事物,从而达到提高水稻产量的信心的目的。"③这种设计理念,可以避免展览会出现内容重复、冗长拖沓的现象,从而让观众实实在在得到收获。

在实物陈列方面,吴劳主张采取中心分配法,突出重点展品。吴劳举例说:"如我国在孟买、莱比锡、里昂等参加的展览,都是把大型的陈列品(重工业机器)放在醒目的中心。把轻工业产品按照类别放在靠墙四周的玻璃橱中,墙面、柱子上再配合以图表照片。让观众一进馆就看见大片的

①吴劳:《展览艺术设计》,人民美术出版社,1958年,第20页。
②吴劳:《展览艺术设计》,人民美术出版社,1958年,第97页。
③吴劳:《展览艺术设计》,人民美术出版社,1958年,第23—24页。

机器展品,使观众认识到这是中华人民共和国社会主义建设的成就,中国已不是一个落后的农业国家了。"①新中国参加国际性博览会布展的时候,经常用这个方法,取得了较好的效果。

除了以上例子外,吴劳还有很多展览设计智慧。著名展览史专家潘杰曾高度评价吴劳,他说:"像我国的著名展览设计家吴劳教授,1958 年就根据自己丰富的实践经验和广泛的展览阅历,出版了一本《展览艺术设计》专著,颇受欢迎,一版再版。"吴劳的展览设计实践与思想,充分体现了共产党人的好学和智慧。

三、推出典型:劳模与先进人物的引领示范

早在延安时期,展览活动就与典型人物联系紧密。1943 年 12 月 9 日,毛泽东参观生产展览会后,在西北局办公厅,邀请 17 位劳动英雄,座谈生产经验②。新中国成立后,为了政权建设和经济建设的需要,中国共产党举办了劳模展览大会。劳模大会与展览会一起举行,一般是先开劳模表彰大会,再来观看展览会。两者之间有较大区别,但展览会的作用更为持久③。通过展览会推出典型,宣传劳模和先进人物,进而通过劳模和先进人物的集中示范,引领民众对成为社会主义新人的追求。典型人物分为很多类型,主要有劳模和各行各业先进人物两类。

展览会对劳模评选标准有较严格的要求。1950 年,山西举办全省工农业劳模展览大会,颁布了劳模评选方案。评选原则:以符合方向旗帜之劳模事迹为评选之主要依据。在工业方面:1. 劳力与技术相结合,生产有显著成绩者。2. 发明创造改进技术有显著成绩者。在农业方面:1. 老区以组织起来与提高技术相结合,生产有显著成绩者;新区组织起来进行生产有显著成绩者。2. 发明创造改进技术有显著成绩者。符合以上标准者为

①吴劳:《展览艺术设计》,人民美术出版社,1958 年,第 40 页。
②《毛主席参观生产展览会,与劳动英雄亲切交谈》,《解放日报》1943 年 12 月 13 日,第 1 版。
③赖若愚曾对此进行总结:"展览会揭幕以来,一般反映很好,劳模大会结束后仍须继续展览,它与大会是一样重要,与大会的内容也是一致的。劳模大会是用嘴说,而展览是用实物、图表、模型表现出来,对各方面的生产成绩、经验创造,可以反映得更清楚。劳模大会只能容纳五六百人参加,而展览会要有十几万或几十万人参观,所以起的作用很大。展览会的成功是由于各工厂、各部门的工作人员的努力,更重要的还是由于劳模的创造和生产成绩,因为有了大家的成绩,展览才有内容。"见《赖若愚同志总结报告》,《山西省工农业劳模展览大会会刊》,1950 年,第 24 页。

一等劳模,符合上述标准但生产成绩少次者为二等劳模。其余均为三等劳模①。最后,全省劳模的名额确定为 550 名:工业劳模 250 名,农业劳模 300 名②。

不同类型的展览会推出不同类型的劳模,农业展览会推出农业劳模。1950 年,江西省首届物产展览会评出了 261 名农业劳动模范,分为互助组模范、粮食增产模范、水利模范、棉麻模范、灭虫模范、林业模范和兽医模范等③。1957 年,全国农业展览会表彰了 1956 年度农业增产模范,各省的农业劳模脱颖而出,个人模范均被发给爱国丰产奖章一枚。广东省的奖励名单是:红光农业生产合作社社主任黄秋莫、南城坊农业生产合作社社主任吴润良、红十月农业生产合作社社主任李秀英、红旗农业生产合作社社主任杨明溢、大丰农业生产合作社社主任张守材、棠下农业生产合作社社主任钟叙本、幸福之路农业生产合作社社主任陈田、群星农业生产合作社社主任李才、大保农业生产合作社社主任谭昌任④。

最有影响的农业模范是华北区城乡物资交流展览会上的李顺达等人。李顺达,山西平顺县人,多次受到毛泽东的接见。他种的玉米产量很高,一亩玉米收获 980 斤,比普通产量高两三倍,他获得丰产的原因是:"一、种植'金皇后'优良品种;二、秋季收获谷子后,先浅耕灭茬,地冻前深耕翻土,将心土耕起,经冬日曝晒,使心土变成熟土,春季解冻时耙碎土块,立夏前播种,每穴播三、四粒;三、每亩施羊粪一百担做基肥,每穴再浇少许稀薄的人粪尿,盖土踏平;四、苗高四、五寸时间苗除草,株距二尺,行距二尺半,每亩一千一百余棵,苗高二尺半时,每亩施大粪二十担,做追肥;五、头次锄地时细锄,二次深锄,三次松地皮埋土;六、成熟时实行田间选种。"⑤玉米产量这么高,离不开李顺达的勤劳与智慧。

工业展览会推出工业劳模。1954 年 5 月 16 日,上海市总工会举办上海市 1953 年工业生产展览会,展览会期间,表彰了 251 位工业劳动模范和

①山西省工农业劳模展览大会编:《山西省工农业劳模展览大会会刊》,1950 年,第 161 页。
②山西省工农业劳模展览大会编:《山西省工农业劳模展览大会会刊》,1950 年,第 159 页。
③江西省首届物产展览会编印:《江西省首届物产展览会汇刊》,1951 年,第 98—99 页。
④全国农业展览会编:《一九五七年全国农业展览会资料汇编》(下册),农业出版社,1958 年,第 734—735 页。
⑤林韦:《提高单位面积产量,生产更多的粮食——华北区城乡物资交流展览会粮食馆介绍》,《人民日报》1951 年 10 月 16 日,第 2 版。

2万多位先进工作者①。在劳模史上，非常有名的工业典型是1954年鞍钢技术革新展览会推出的张明山和王崇伦等人。张明山深知轧钢工人的痛苦，他曾说过："一到阴天下雨，我看见人们这个腿疼，那个腰疼，这个抽筋，那个叫唤，我的心就软了。我一边给他们伸腿揉筋，一边琢磨着改变生产设备的道路。"②张明山早就考虑制造一个反围盘，来代替夹钳工人的工作，但在旧社会没有可能。新中国成立初期，他开始了反围盘的研究。1952年夏天，厂里号召实行"机械自动化"，给张明山极大鼓励。在工厂领导的支持和苏联专家的帮助下，9月16日，反围盘试验成功。"张明山的反围盘代替了夹钳工人的体力劳动，使人们摆脱了火烤、水冰的工作环境。光轧机的效率提高了百分之二十五，为国家创造了巨额财富。"③

另一个工业劳模是王崇伦。展览会上特别引人注意的，是一张王崇伦的生产图表。"这张图表把他一九五三年头三个月的生产量比做一百。到了四月，一下就猛升到了一百九十的高峰，这是他创造'万能工具胎'成功的结果。但是，王崇伦并没有松劲，他在继续努力。五月份他达到了四百零二，六月份又猛升到六百四十九，七月份升到九百零三，八月，九月，十月，他一直向上，一直向上。到十二月，他已达到一千七百八十一了。这百分之一千七百八十一意味着什么呢？这就是说，他在一九五三年内，完成了四年一月又十七天的工作量了。"④王崇伦创造了生产奇迹，源于他八次改进生产工具以及刻苦钻研的精神。

除了劳模外，先进人物也是展览会经常推出的典型。对先进人物的遴选要求较严格，例如1957年湖北举行先进事迹展览会，要求：1.好的不埋没，一般的不展出；2.全面照顾，实事求是；3.事迹要比较突出，有教育意义（企业技术部门的事迹还要有一定的价值）；4.材料范围既要包括财经企业部门，也要有党群行政部门，在介绍这些事迹内容时，要贯彻前后的对比和刻苦奋斗过程。文字说明要系统、简要、明确⑤。

新中国成立初期，比较典型的先进人物是革命烈士。如黄继光展览从

①《上海市一九五三年工业劳动模范先进工作者代表大会工业生产展览会汇刊·前言》，1954年，第1页。
②工人出版社编：《伟大的革新精神：技术革新通讯报告选集》，工人出版社，1954年，第5页。
③工人出版社编：《伟大的革新精神：技术革新通讯报告选集》，工人出版社，1954年，第6页。
④工人出版社编：《伟大的革新精神：技术革新通讯报告选集》，工人出版社，1954年，第10—11页。
⑤《关于举办先进事迹展览会的意见》，湖北省档案馆藏，档案号：SZ20-1-103。

1953年11月7日开放，到12月27日止，不到两个月的时间内，参观人数已达76 911人，平均每日参观人数1 500多人，超过了解放后四川省博物馆任何一次展览的最高参观人数。青年、学生、战士、妇女、儿童，在看完展览后，纷纷结合他们不同的生活和工作情况，表达自己的决心；许多机关和青年团支部在集体参观后组织讨论，参观人员一致表示要努力工作，学习烈士的崇高精神①。

劳模和先进人物集中参观展览，是展览会一道亮丽的风景。例如，参加鞍钢技术革新展览会的劳模还有"大连中苏造船公司铸钢厂工段长、旅大市劳动模范唐立言，改进炼钢操作方法的唐山钢厂炼钢工人、唐山市劳动模范蔡连城，研究发电厂过负荷自动分离保护装置成功的青年助理工程师、鞍山市特等劳动模范刘祖威，将手工操作的木工房改变成全面机械化生产的重庆一零一钢铁厂木工、厂劳动模范黄荣昌，推行流水作业法有重大成就的武汉市二零一厂生产科副科长、武汉市特等劳动模范傅景文，不断创造和改进工具的上海市通用机器厂汽轮试造车间副工段长、厂劳动模范朱顺馀等"②。这些劳模都是在技术革新运动中有重大创造的先进人物。他们在展览会上的出现，既起到了示范作用，也起到了引领作用。

典型的集中展示，对观众的影响很大。观众舒朝瀚观看了湖北省省直先进事迹展览会后，写了顺口溜《粮食室的新气象》，如下：

> 一张红纸贴上墙，这是展会光荣榜。功臣名字全记上，一字一字放着光。
> 人人看了心喜欢，个个伸指都称赞。不懂心中在羡慕，还是功臣事迹谈。
> 四一开馆到现在，他们都是努力干。不但讲解工作好，爱护展品也一样。
> 团结互助各方面，都是大家的榜样。我室同志看过了，出现一片新气象。
> 大家一致都表示，争取也上光荣榜。本室两位功臣说：光荣全是党的功。
> 我们一定积极干，不骄不傲保光荣。其他同志同声说：要向功臣来学习。
> 帮助专县的观众，学得更多的东西。近来工作大提高，各项学习都积极。
> 清洁卫生争先做，讲解耐心又仔细。专县参观同志们，进到本室不想出。
> 听的听来记的记，一字一句全记起。最后观众离开室，意见簿上留一笔：

---

① 刘志远：《向广大群众介绍马特洛索夫式的英雄——四川省博物馆举办黄继光展览》，《文物参考资料》1954年第12期。

② 《前来参加"鞍钢技术革新展览会"开幕典礼——各地劳动模范和华北地区参观代表团到京》，《人民日报》1954年4月15日，第1版。

这是上了一大课，向讲解员表谢意。①

这表明，观众对功臣是称赞和羡慕的，对展览会的举办是赞赏的。展览会展示各行各业的成就，但它更重要的任务，是要推出一些典型人物，让民众学习他们的技术和精神。民众有了榜样的引领，才会更加努力为新中国去奋斗。这是新中国整合社会的重要方式，即借助展览建构一个典型群体，通过大力宣传和民众参观等形式，对民众思想进行引导和整合，让民众看到共产党涌现出了那么多的典型和先进分子，这自然而然地提升了共产党在民众心目中的形象。

第二节 规训展览：彰显共产党执政的合法性

"规训"一词，被福柯赋予新的含义，用以指"近代产生的一种特殊的权力技术，既是权力干预、训练和监视肉体的技术，又是制造知识的手段"②。共产党对展览活动进行了规训，即筛选各种展品，进行"选择性"展示，通过罪证展览、革命展览以及新旧对比，以彰显政党领导的合法性建构。

一、罪证展览：揭露国民党统治的黑暗

"没有共产党，就没有新中国。"如何让人们认识到新生的共和国取代"旧中国"是一种历史必然？如何让普通民众认识中国革命的对象？新中国从阶级斗争理论出发，针对阶级敌人和斗争对象，举办了大量的罪证展览，主要包括以下五种：

1. 揭露国民党反动派的罪行。1950年，在全国卫生医药展览会上，人们可以看到：在国民党统治时期，各种势力"对于中国人民惨酷的剥削，使得绝大多数中国人民只能长期过着贫困的、半饥饿的、不能讲求任何卫生和营养的生活，这就是造成这样巨大的疾病率和死亡率的根本原因，而反动统治者在医药治疗、药材制造方面的'德政'，不但没有减轻、反而增加了

①舒朝瀚：《粮食室的新气象（顺口溜）》，湖北省档案馆藏，档案号：SZ40-1-7。
②郑世明：《权力的影像：权力视野中的中国电视媒介研究》，中国传媒大学出版社，2005年，第71页。

人民的疾病和死亡"①。1951 年,全国煤炭生产展览会开幕。展览会显示,"在旧中国,瓦斯爆炸的事故几乎成为家常便饭。抚顺煤矿有一次就炸死一千二百多工人"②。1955 年,广东省卫生厅、广州市卫生局、广州市文化局等单位在广州岭南文物宫卫生馆,举办了广东省中医药展览会。展览共有展品 2 000 多种,控诉和揭发了国民党反动派统治时期对中医中药的歧视与摧残,如伪卫生署通过"废止中医案"等反动措施。展览吸引了 21 万民众参观③。

2. 揭露帝国主义的罪行。1950 年,全国公安展览室入口处的走廊上,挂着几幅阴森森的带有血腥气味的照片:无数革命青年和爱国志士在中美特种技术合作所被戕害,先烈的尸体杂乱地暴露着,施展淫威的各种手铐脚镣、电刑器材上赫然印着"美国制"的字样。观众们看见这种惨状,都情不自禁地发出无限愤怒的叱责声④。1951 年,湖北省武汉市举办帝国主义利用天主教进行阴谋破坏活动罪证展览会,通过具体的罪证材料,展览帮助民众特别是天主教徒,来认识帝国主义利用天主教进行破坏活动的狰狞面目⑤。1951 年,抗美援朝图片展览会上展出了美国掠夺中国文物的照片。照片显示,美国各地的博物院,很多都设立了中国古物陈列室,如纽约市博物院的中国雕塑陈列室,甘泽滋城博物院中国古物陈列室,裴勒台尔非亚博物院的中国古物陈列室等。每个陈列室,都有数十至数百件我国具有历史价值的文物⑥。美帝国主义大肆劫掠中国文物的罪行,让人触目惊心。

3. 揭露地主阶级的罪行。对于翻身做主人的农民而言,地主是其遭受

①金凤:《新中国怎样和疾病作斗争——全国卫生医药展览会介绍之一》,《人民日报》1950 年 8 月
　18 日,第 3 版。
②超祺:《前进中的新中国煤矿工业——记中国煤矿生产展览会》,《人民日报》1951 年 5 月 12 日,
　第 2 版。
③广东省中医药展览会画刊编辑委员会编:《广东省中医药展览会画刊·前言》,1957 年。
④张世楷:《警惕美蒋特务阴谋活动!——记全国公安工作展览会的一角》,《人民日报》1950 年 10
　月 12 日,第 1 版。
⑤《湖北省武汉市关于筹备"帝国主义利用天主教进行阴谋破坏活动罪证展览会"的初步计划》,武
　汉档案馆藏,档案号:98－1－577。
⑥朱波:《从抗美援朝图片展览会上看美帝掠夺我国的"国宝"》,《人民日报》1951 年 1 月 11 日,第
　3 版。

苦难的主要根源。1951年上海土改展览会，有葛秀琴用了52年的帐子[1]，反映出她受地主瞿庆唐剥削之重——买不起东西，因此一顶帐子竟用了52年。展览会上日常生活里的点点滴滴，无不透露出地主的贪婪与劳动人民的心酸。1953年12月，四川省昭化县举办实物图片展览会，共分三个展览室。第一个展览室里面共有三套图片：第一套图片是"一年到头"，说明新中国成立前一年十二个月中地主怎样剥削和压迫农民；第二套图片，说明新中国成立前地主和奸商在新粮上市时怎样压低粮价，囤积粮食，而在缺粮时，他们又怎样用高利贷贷给或用高价卖给农民；第三套图片，说明新中国成立前地主和奸商怎样使用高利贷来剥削农民[2]。这三套图片，形象生动地展现了地主对农民的剥削和欺诈。

4. 揭露反革命分子的罪行。1950年，全国公安展览会展出了公安机关针对反革命匪特的破坏活动，千方百计进行侦破所取得的骄人战绩。"自去年十月至今年九月近一年的时间内，就先后捕获了特务破坏分子一万三千余人，搜出潜伏电台一百七十五部，他如电讯材器、密码本、长短枪、弹药、文件、密令及伪关防印章等也收缴了很多。"[3]1951年，中南公安部和武汉公安总局联合举办反革命罪行展览会，揭露反革命分子残害革命人士、破坏新政权的暴行，激起了人们对反革命的仇恨，对社会主义的同情，从而使人们更加与新政府团结一心[4]。

5. 揭露不法资本家的罪行。一名中学生曾回忆1951年他所在学校举行的反贪污、反浪费、反官僚主义展览会：走进展览会会场，迎面就看见一块木牌，上面写着"我们创造着，我们前进着，但是资产阶级腐朽的思想却向我们发起了猖狂进攻。它们使我们少数意志不坚定的干部背叛了革命，使我们一部分青年学生滋长起卑劣的个人主义根苗"[5]。1952年，天津举行反贪污、反浪费、反官僚主义展览会，重点反对不法资本家的非法行为，着重揭发他们的行贿、偷税、偷工减料、盗窃国家资财、倒卖金银、扰乱金融、隐匿敌产、盗窃国家经济情报等罪行。展览会还搜集了他们腐蚀国家

---

① 《土改展览品登记表》，上海市档案馆藏，档案号：B14-2-9。
② 《昭化通过实物图片展览会向农民宣传总路线》，《人民日报》1954年2月27日，第3版。
③ 张世楷：《罪恶的纪录——再记全国公安展览会》，《人民日报》1950年10月21日，第3版。
④ 《反革命罪行展览会延期》，《长江日报》1951年5月31日，第3版。
⑤ 赵九伶选编：《中学生笔下的共和国50年（1949—1999）》，四川少年儿童出版社，1999年，第34页。

工作人员所用的十九种方法①。对资产阶级罪恶和危害进行揭露、批判和打击，有利于人们认清资产阶级的腐朽本质和丑陋面目。

　　以上罪证展览主要展现了国民党反动派、帝国主义、地主阶级、反革命分子、不法资本家等的罪行，揭示出这些敌对势力并非完全独立存在，他们之间也是相互联系的。展览会通过数字、图片、表格、实物等形式，把他们的罪行直接展现给广大人民群众，让民众直接感受到革命、"解放"和"新生"具有必然性和迫切性。对旧社会的痛恨，就会使人们对新社会更加向往，从而使共产党领导的新政权更加得到人们的拥护。

二、革命展览：中国革命史的叙述与传播

　　新中国成立之初，国力羸弱，一穷二白。如何增强民众的革命信心？如果激发民众的革命积极性？共产党在举办罪证展览的同时，也举办了大量的革命展览，如解放军战绩展览会、民族地区文物展览、土地改革展览、太平天国历史文物展览等，这些革命展览梳理了中国革命的历程，展示了革命成就，振奋了人心。

　　1950年解放军战绩展览会叙述了中国革命的主要历程，该展览会分为土地革命战争、抗日战争、四年解放战争、海军、空军、铁道兵团、公安部队、部队建设和兵器等九部分。展览图片表明，"人民解放军如何在解放战争中成长为钢铁的队伍，成为有了现代化装备和技术的劲旅。四平攻坚战、辽沈战役、淮海战役、平津张战役、渡江战役……的记录照片上尽是一排一排的巨炮，一队一队的坦克，歼灭敌人也是数以万计了"②。战绩展览会还对土地革命战争、抗日战争进行了全面展示，展出了南昌起义用过的枪，展出了几面历经战火而破烂的红军军旗，突出了二万五千里长征，内容翔实，重点突出，给观众以革命的洗礼。

　　农民革命是中共革命史的重要内容，展览对其进行了重点呈现。1951年5月，长沙举行湖南省兄弟民族生活、文物展览会。展览展现了民族地区农民反抗反动统治者的压迫，进行英勇不屈斗争的历史。如1935—1939年，湘西苗胞为反抗国民党的"屯租"，举行了"革屯运动"。又如1942

①《进一步动员人民围剿奸商和大贪污犯——天津举行反贪污反浪费反官僚主义展览会，用真凭实证揭发了资产阶级猖狂进攻的罪行》，《人民日报》1952年2月4日，第2版。
②《首都军民踊跃参观解放军战绩展览会》，《人民日报》1950年10月12日，第3版。

年,因反抗国民党征兵征粮,出现了"麻王事件"①。这些英勇的斗争虽然失败了,但在中国民族的革命斗争史上,留下了光辉的一页。展览还通过大量的展品,有力地揭露了历代反动统治者对少数民族的污蔑宣传,纠正了许多人对兄弟民族某些不正确的看法,如"野蛮""愚昧""落后"等②。针对新中国成立初期江南地区流行的"江南无封建""江南地主剥削轻""江南地主文明""上海郊区无封建"等谬论③,1951 年,上海市举办土改展览会,揭露了地主"勤俭"的真相:地主收租用大斗大秤,放债用小斗小秤,还有活底斗、夹底斗、摇底斗等种种花样④。通过展览会,完全拆穿了地主"勤俭起家"的鬼话,充分说明中国革命的必要性。1953 年,南京市文物管理委员会、南京博物院共同举办了太平天国历史文物展览会,展览了太平天国壁画、门牌、革命军使用的武器、《天条书》手写本,还有数十幅太平天国遗迹的照片,外国侵略者的武器等⑤。展览呈现了太平天国的重要文物,讴歌了农民起义军的革命精神。

此外,新中国初期还举办了党史资料图片展览、鸦片战争以来史料展览、美帝国主义侵华展览、镇压反革命展览、解放台湾展览、抗美援朝展览等活动,将中国革命史的史料更多地呈现出来,使得新生的人民政权与过去的革命历程联结起来,由此证明了新中国建立的合法性。举行领袖展览是纪念革命领袖和宣传革命思想的重要形式。新中国举办了马克思列宁主义经典著作展览会、列宁逝世三十周年展览会、斯大林逝世一周年纪念展览会等展览,彰显了革命领袖的思想与贡献,让民众在缅怀革命领袖的同时,也接受革命理论的洗礼。1950 年,出版事业展览会陈列了近百年来中国人民在反帝、反封建斗争,"在各个革命时期中具有代表性的出版物,其中有些已成为不可多得的史料。这些出版物,反映了出版事业和中国人民

①刘城淮、孙上元:《勤劳、勇敢的湘西各兄弟民族——记湖南省兄弟民族生活、文物展览会》,《人民日报》1951 年 6 月 18 日,第 3 版。

②刘城淮、孙上元:《勤劳、勇敢的湘西各兄弟民族——记湖南省兄弟民族生活、文物展览会》,《人民日报》1951 年 6 月 18 日,第 3 版。

③张忱:《谁说"江南无封建"? ——参观上海市郊区苏南区土改展览会后记之一》,《文汇报》1951 年 10 月 6 日,第 5 版。

④成章:《在土地改革展览会看到的与想到的》,《新民晚报》1951 年 10 月 17 日,第 3 版。

⑤《纪念太平天国解放南京百周年——南京举办太平天国文物展览》,《文物参考资料》1953 年第 3 期。

革命的密切联系，以及新民主主义文化的发展过程和趋向"①。通过出版物，把中国革命史的历程再现出来，加深了观众对革命的理解与记忆。在历史的氛围中，展览具有的"凝聚"与"释放"功能一次次得到展示，展馆不再是娱乐的场所，而是斗争的阵地；观众也不再是看客，而是新中国事业的支持者和参与者。

革命史的叙述与传播和其他展览的传播形式一样，有解说、广播、座谈会、社论、留言、歌谣、弹词、对联、资料编撰等方式。下面以弹词为例进行说明，其他传播形式在其他章节进行说明。1951 年上海举办土地改革展览会，以弹词开篇对展览品进行了描述，内容如下：

> 土改展览会，详细说分明，有图有字有物品；详详细细排端正，（管教你）看了触目又惊心。地主高楼并大屋，农民草棚风雨淋。（地主是）画栋雕梁仓满谷，（农民是）衣衫褴褛不蔽身。（地主是）终日逍遥无所事，（农民是）常年饥困过光阴。（地主是）良田房、数千亩，（农民是）缴租缴粮世世贫。最可恶是小称出，大称进，大斛小斛昧良心，层层剥削苦穷人。那顾年荒与岁旱，不管老少死与生；逼租催粮要付清。黑牢狱，用私刑，强抢妇女害男人；没收耕田还要赶出门，地主总是黑良心。

> 幸亏那救苦救难（的）共产党，排山倒海的解放军。彻底肃清封建毒，农民从此大翻身。分田分物分家具，自有良田自耕耘。提高新思想，增产工作勤，集体送军粮，支援解放军。都道是感谢毛主席，救了苦农民，从今建设年年兴，都是新中国当家的新主人。②

这个弹词采用了对比的手法，揭露了地主剥削的黑暗，再现了农民的贫苦。其中，对农民翻身，对成为新中国的主人充满了希望，给人很深的印象。这其实就是一部中国革命史的叙述，阐明了土地革命的必要性。

共产党在展览中有关中国革命历史的论述与传播，是在一个新的政治世界观层面上的理论观察。它的新意蕴在于，中共的政党政治和政治革命的历史合理性，在中国社会与历史的整体框架中被论证，也在世界范围的社会主义潮流中被论证，它代表着中国现代社会的发展方向，承载着中国

---

① 《出版事业展览会定今日在京揭幕》，《人民日报》1950 年 9 月 17 日，第 3 版。
② 范戈：《弹词开篇：土地改革展览会》，《新民晚报》1951 年 10 月 20 日，第 2 版。

现代民族国家建构的期待①。

三、多样对照:新中国与旧中国的多种比较

有学者认为:"比较是博览会成功的关键。通过比较,不仅可明了一国物产、艺术、工业,甚至人种的发展程度,还可知道社会与政治的发展水平,从而采取相应策略,以获得更大的进步。"②新中国成立初期,中国共产党为了彰显新政权的合法性,采取了多种对照方式,凸显新社会的好,揭露旧社会的恶,以塑造共产党的光辉形象。

第一,实物对比。实物是最容易表现主题内容的"活展品"。它不仅是各项典型事迹的见证物,是说服、教育群众的活教材,而且还非常具有吸引力③。例如,1957年,东海渔场墩头渔业社举行展览会,展出了新中国成立前渔民破烂不堪的家居用品。渔工周阿会,一件破棉袄几代穿了90年,一条破棉裤穿了70年。渔工张岳定,一家六口合盖一条破棉被40年。渔工郭阿配两兄弟,结婚的时候轮着穿一件破棉袄。办社以后,全社社员总共买了85条呢裤子、10件呢上衣、3 000磅毛线、100只手表、42双皮鞋④。展览会上呈现了新旧中国渔民的基本生活,展出的实物形成鲜明的对比,使参观者感到震撼,深受教育。

第二,图片对比。这种比较在整个展览会中的比重很大。1950年,湖南省举办首届农业展览会。展览室中央陈列着巨大的湖南地形的立体模型,上面用实物标示出主要作物分布情况,室内四周悬挂着新中国成立前后农民生活的对比图、土改运动的连环图、劳模英雄介绍等,来说明发展农业生产的途径⑤。1957年,刘介梅今昔生活对比展览会在北京举办。展览馆的第一部分是两幅巨大的相片:"一个人穿着整齐的制服,挂着钢笔,戴着手表,穿着球鞋;一个人衣衫褴褛,挽着讨饭篮子,挂着赶狗棍。"⑥这就是湖北

---

①郭若平、凌承纬:《"新"的塑造:现代新思潮与中国革命思想》,《中共党史研究》2015年第12期。

②Robert W. Rydell, *All the World's a Fair:Visions of Empire at American International Expositions, 1876－1916*, The University of Chicago Press, 1984, p. 32.

③河北省农林厅农业宣传处编:《农业展览会的美术设计》,河北人民出版社,1960年,第8页。

④海星:《一场大辩论,一个展览会:渔业合作化优越性深入人心——东海渔场墩头渔业社的社员坚决走社会主义道路》,《人民日报》1957年9月26日,第2版。

⑤湖南省人民政府农林厅编印:《湖南省首届农业展览会特刊》,1950年,第62页。

⑥刘介梅今昔生活对比展览会印:《刘介梅今昔生活对比展览会内容介绍》,1957年,第3页。

省黄冈县马曹庙农业技术指导站站长刘介梅在新旧两个社会里的两种形象。

第三,数字对比。展览会常用数字来比较新旧中国的建设成就。1951年,北京举办了全国石油展览会。展览会上的数字告诉我们:"中国石油公司的油池容量比解放前增加了一倍半,仓库增加了百分之九十,职工人数增加了百分之二十九点三八。我国现有的天然石油的炼油设备,百分之九十是解放以后完成的。"①我国石油工业的巨大成就,完全推翻了帝国主义"学者"捏造的"中国是石油'贫血'国家"的论断②。1957年11月,全国水电建设展览会展出了我国水电建设成就,"至1957年底,全国水电装机容量达到101.9万千瓦,为1949年的2.8倍。1957年的水电发电量为48.2亿度,为1949年的4倍,发展相当快。水电装机占电力总装机的比例,由1949年的17.6%增至1957年的22%"③。通过数字对比的方法,让观众以直观形象的方式加深对新旧中国的理解。

第四,解说词对比。解说词是对展品的介绍,也是对国家政策的宣讲。展览会常常通过解说词对比,让观展者产生共鸣。下面是1957年刘介梅今昔生活对比展览会上的解说词:

> 你们看,这就是刘介梅。披着支离破碎的布片,扶着长长的打狗棒,胳膊上吊着破篮子,头上顶着破草帽,一身褴褛,两脚光光。在他背后,是斑斑驳驳歪歪斜斜的一堵烂墙。八九年前的刘介梅,就是这样一副形象。你们看看他的脸,他为什么那么懊丧?
>
> 你们看,这也是刘介梅。金笔插在口袋,手表戴在手腕,脚上蹬着皮鞋,衣服一尘不染。背后是瓦屋,窗子上挂着花窗帘。刘介梅的生活已经大改变,他却还是哭丧着脸;他究竟有些什么心事,还是那么不满?④

---

① 乔雨舟:《新中国石油工业建设的成就——记全国石油展览会》,《人民日报》1951年12月12日,第2版。

② 在不少人的印象中,似乎只有当中国发现大庆油田后,人们才开始知道有"中国贫油论"。事实上,早在1951年全国石油展览会上,有人就提出了中国不是贫油国家的论断。见乔雨舟:《新中国石油工业建设的成就——记全国石油展览会》,《人民日报》1951年12月12日,第2版。

③ 中国水力发电年鉴编辑委员会编辑:《中国水力发电年鉴(1949—1983)》,水力发电杂志社,1985年,第297页。

④ 燕凌:《你们看……——试为刘介梅今昔生活对比展览会拟几段解说词》,《人民日报》1957年12月12日,第8版。

上述的解说词运用对比的修辞手法,把刘介梅在旧中国和新中国的形象进行对照,又用反问的修辞手法,与观展者产生互动,引导着观众去思考,去体会新生政权的优越性。

第五,场景对比。设置一些场景,进行新旧对比,突出展览的主题思想。1951 年,天津北洋纱厂工会为使工人回忆新中国成立前的惨痛生活,举办了食品展览会。展览会设在工人的福利食堂里,里面陈列了新中国成立前工人们吃的八种主要食品:麸皮、豆皮、豆饼、豆腐渣、玉米皮、山芋干等。"食品的旁边写着醒目的大字:'同志们,这是人吃的吗?'当工人们踏进食堂看到这些食品时,立刻会回想起解放前的悲惨生活:带毛的杂合面,有怪味的山芋干,吃了吐酸水、肿脸等情景。再看看食堂桌子上放的热腾腾的馒头、肉菜等,对比之下,很自然地控诉起日寇的暴行来。"①这种现场的展览,对人的视觉冲击很大,因此给参观者留下了难以磨灭的印象②。

通过对比,尤其是通过实物、图片、数字、解说词等通俗易懂的方式,让人真切地感到新中国的发展和旧中国的落后。对文化知识程度较低的观众来讲,新旧对比具有强烈的冲击力和极大的感召力,从而可以达到动员教育民众的目的。由于"社会的正常运作依赖于一套权威性的制度、机构和组织以及人们对权威及政治秩序合法性的认同。权威一方面来源于权力,另一方面来源于合法性,合法性是政治运作的基础"③,因此,中国共产党通过罪证展览、革命展览和展览对比,充分说明新生政权的合法性,这就能更好地进行政治运作,实现对国家的整合,从而塑造共产党良好的形象。

第三节　展示成就:突出共产党治国理政的能力

国家治理水平,是衡量一个政党能力的重要指标。展示成就是展览吸引观展者的重要方法,也是展示共产党形象的重要途径。新中国成立初期,共产党主要通过国防展览、公安展览、抗灾展览和行业展览,凸显共产

---

① 《同志们,这是人吃的吗?——记天津北洋纱厂工会为使工人回忆日寇统治时的惨痛生活举办的食品展览会》,《人民日报》1951 年 5 月 14 日,第 3 版。
② 笔者采访过多位老人,他们对此种类型展览会的记忆非常深刻。
③ 陈蕴茜:《合法性与"孙中山"政治象征符号的建构》,《江海学刊》2006 年第 2 期。

党治国理政的能力,增强民众对共产党执政的信任感。

一、国防展览:展示共产党保卫国家安全的能力

近代外国列强多次侵略中国,给中国人民带来了极大的苦难。新中国成立,结束了长时间的分裂内乱局面,但局部战争的威胁仍然存在。为了鼓舞民众士气,增强民众对和平的信心,新中国举办了大量的军事展览。主要展览如下:

1. 解放军战绩展览会。1950 年 10 月 2 日,中国人民解放军战绩展览会在北京故宫举行。故宫的午门、太和殿与景山大高殿陈列着成万件人民革命战争的史迹图片、文物和民主革命时期红军、八路军、解放军所使用的各种武器。毛泽东特地为展览会题了五个大字:"人民的胜利"。展览分为土地革命战争、抗日战争、四年解放战争、海军、空军、铁道兵团、公安部队、部队建设和兵器等九部分,展示了中国人民解放军从南昌建军之后在各阶段的战绩、文物和兵器。展览深受北京各界人民的欢迎,截至 1950 年 10 月 31 日的统计,参观人数达 99.77 万人[1]。展览期间,全国战斗英雄代表会议正在北京举行,许多战斗英雄观看了展览,激发了他们保卫祖国的决心和意志。

2. 抗美援朝展览会。抗美援朝展览类型较多,主要有抗美援朝街道展览会、抗美援朝书画义卖展览会、抗美援朝保家卫国展览会、抗美援朝美术展览会等。其中,最有影响的是抗美援朝前线实物及图片展览会。1952 年 1 月 21 日,该展览会在北京市劳动人民文化宫揭幕。在展览的实物和图片中,有朝鲜人民军和朝鲜人民献给志愿军的各色锦旗 28 面,反映志愿军战斗、生活和中朝人民战斗友谊的照片 68 幅;有著名的战斗英雄崔建国缴获的美军的刺刀,崔建国曾用这把刺刀在加里山战斗中刺死 6 个美国鬼子;还有一把大铁锹,志愿军某部战士魏明曾用它砍死了 2 个美国兵。展览品中还有前线战士们在战地的作战工具、被服、食物和利用敌人的弹片、钢铁和其他废物所制造的各种生活用具和文化娱乐器具等[2]。展览表现

---

[1]《人民解放军战绩展览会参观者近百万人——观众们表达了一个信念:中国人民力量是不可被战胜的》,《人民日报》1950 年 11 月 4 日,第 3 版。

[2]《充分表现志愿军无比的英雄气概和创造力——抗美援朝前线实物图片展览揭幕,观众一致赞扬志愿军热爱祖国的业绩》,《人民日报》1952 年 1 月 22 日,第 4 版。

了志愿军勇于战斗的英雄气概和乐观主义精神。展览中的许多展品是志愿军归国代表团从朝鲜前线带回来的，弥足珍贵，观众深受感动和教育。

3.解放台湾展览会。台湾是祖国的宝岛，是中华人民共和国神圣不可分割的领土。国民党败走大陆后，在美国的帮助下控制台湾，使中国处于不统一的状态。为了维护祖国统一，保卫祖国大陆的安全，新中国在上海、广州、舟山、厦门、北京等地举办解放台湾展览会。1955 年 5 月 2 日，在北京劳动人民文化宫举办了大型的解放台湾展览会。展览会上陈列的一张图表显示："从 1949 年 10 月 1 日到 1955 年 2 月 28 日，人民解放军在东南沿海的战斗中，毙伤敌人有五万多名，俘敌二十二万多名，敌人向我投诚的有七万多名，缴获各种炮二千九百八十四门，缴获各种枪二十万六千多支，击沉、击毁、击伤敌舰、艇、船只五十六艘，俘敌舰、艇、船只三百零七艘，击落击伤敌飞机一百九十八架，敌机投诚起义的有七架。"[①]在展览室内外，观众可以看到被击毁的敌机残骸，以及在解放一江山岛战斗中缴获的美制武器。展览会揭露了侵略者的阴谋，鼓舞了民众的士气，表现了中国政府和人民坚决解放台湾的决心和力量，也预示着分裂中国的行为必将付出代价。

此外，新中国还举办了美国空投特务罪证展览会、防空军展览会等，这些展览在警醒教育民众的同时，也展示了共产党保卫国家安全的能力，增强了民众抵御外敌侵略的信心。

二、公安展览：展示共产党维护国内秩序的能力

新中国成立后，台湾国民党政权派遣大批特务潜入大陆，扰乱大陆社会治安，破坏大陆社会秩序。为此，新中国公安部门进行了英勇机智的斗争，破获了大量的重案要案，较好地维护了国内社会秩序。新中国成立初期，全国举办了治安工作展览会、巡回公安展览会、镇压反革命展览会、反特务展览会等大量的展览会，对维护社会治安和秩序起到了重要作用。最有影响力的是 1950 年全国公安展览会，以及 1957 年反革命分子和其他刑事犯罪分子罪证展览会。

1950 年 10 月初，中央人民政府公安部在故宫博物院里举办了全国公安工作展览会，展示了人民公安破获的几起重特大案件。案件一：计兆祥

[①]《"解放台湾展览会"在北京开幕》，《人民日报》1955 年 5 月 3 日，第 1 版。

巨大间谍案。国民党特务计兆祥在北京解放前潜伏北京，担任北平分台潜伏台长，从事情报破坏活动。北京市公安局破获该案，逮捕计匪等人，在内六区磁器库南岔七号暗室内搜出了美式直流交流十五瓦电台一部，密码四本，以及收发报底稿，美式左轮手枪等物件[①]。案件二："山东人民反共救国军第一、二纵队"匪特案。潜伏的匪特在山东网罗了散匪江振钰等，出没于崂山、胶县、莱阳、即墨等县的边境，进行所谓游击活动，到处抢掠人民。1950年5月，中国人民公安部队将其一举剿灭，活捉了匪副纵队长以下全部人员[②]。案件三：匪特破坏经济建设案。这类案件较多，有匪特冯聚祥等阴谋爆炸黄河铁桥，有冯匪企图毁坏京汉路机车和焦作水电公司的发电机，还有特务田丰破坏机车案的各种说明图片与模型，展览展示了搜出的黄色炸药63斤，各种埋藏爆炸材器多种[③]。这些反革命破坏活动，在公安机关与公安部队严厉打击下，得到了应有的惩处。据统计，自1949年10月至1950年9月，"先后捕获了特务破坏分子一万三千余人，搜出潜伏电台一百七十五部，他如电讯材器、密码本、长短枪、弹药、文件、密令及伪关防印章等也收缴了很多。"[④]

1957年9月20日，公安部举办的反革命分子和其他刑事犯罪分子罪证展览会在北京劳动人民文化宫揭幕。展览会有四个部分：第一部分共展出历史反革命、反动会道门、资本家进行反革命宣传，以及隐藏在天主教中的反革命分子等方面的34个案件的罪证。这一部分的一个电动图表上，标明1955年6月到1956年12月，"共缴获反革命罪证七十一万六千五百零三件，其中有反动证件一十七万二千七百九十六件，长短枪一万零八百三十七支，子弹五十二万五千四百零二枚，电台五十七部"[⑤]。第二部分的展览品告诉人们，在1955年7月展开的内部肃反运动中，"已经查出了反革命分子和其他坏分子八万一千多名，弄清了一百三十多万人的政治问题。这部分共展出派遣特务、潜伏特务、现行破坏、政治骗子等方面的四十

①张世楷：《罪恶的纪录——再记全国公安展览会》，《新华社新闻稿》1957年5月10日，第40页。
②张世楷：《罪恶的纪录——再记全国公安展览会》，《新华社新闻稿》1957年5月10日，第40页。
③张世楷：《罪恶的纪录——再记全国公安展览会》，《新华社新闻稿》1957年5月10日，第40页。
④张世楷：《罪恶的纪录——再记全国公安展览会》，《新华社新闻稿》1957年5月10日，第40页。
⑤《说明肃反巨大成绩，揭穿右派翻案阴谋——反革命罪证展览会开幕》，《人民日报》1957年9月21日，第4版。

个案件的罪证。"①第三部分展出了破获的 37 个美蒋派遣特务案件的罪证。第四部分共展出 40 多个案件的罪证,"这部分展览室里陈列着被刑事犯罪分子偷窃的大批布匹、皮货、胶鞋、手表、人民币和工业用品等财物,这说明刑事犯罪分子的破坏情况还相当严重。"②从展览会上众多的被查处的案件中,可以看到中国共产党依靠广大人民群众,严厉打击犯罪分子的破坏活动,巩固社会秩序的决心和能力。从意见簿上留下的许多感言中,也可以看到人民群众对公安机关的感谢和信任。

三、抗灾展览:展示共产党防治灾害的能力

近代中国,由于旧政权的腐朽无能,中国人民经历了太多的苦难。新中国成立后,中国共产党重视防治灾害,取得了许多成绩。1951 年 10 月,华北区城乡物资展览交流会专门设立了战胜灾害馆,展馆分为战胜水灾室、战胜旱灾室、造林防灾室等,全面展示了共产党防治灾害的能力。

战胜水灾室。该室主要展出了桑乾河淤灌工程、永定河官厅水库工程、海河放淤工程、独流入海工程等模型和图表。"六年来,平原省人民治黄、修堤,共用土四千七百九十一万公方。东阿一带大堤,比国民党反动统治时增大了三点八倍;长垣一带增大了七点三倍。国民党反动政府'治黄'投资最高的一年(一九四三年),也只折合小米五千二百五十万斤,而人民政府今年治黄投资为五亿斤小米,仅平原一省,就有三亿二千万斤小米。在和水灾作斗争中,华北其他地区也有很大成绩。河北省一九四九年水灾面积占全面积百分之十八,一九五零年减少到百分之八,一九五一年更减少到百分之二。"③这些可喜的成绩从何而来?展览会的图表显示:"为了治河,一九四九年用人工二百四十五万个,一九五零年用人工一千一百二十五万个,一九五一年用人工一千四百万个"④。正是在中国共产党的带

---

① 《说明肃反巨大成绩,揭穿右派翻案阴谋——反革命罪证展览会开幕》,《人民日报》1957 年 9 月 21 日,第 4 版。

② 《说明肃反巨大成绩,揭穿右派翻案阴谋——反革命罪证展览会开幕》,《人民日报》1957 年 9 月 21 日,第 4 版。

③ 黄陈明:《依靠群众,战胜灾害——华北区城乡物资交流展览会战胜灾害馆介绍》,《人民日报》1951 年 10 月 13 日,第 2 版。

④ 黄陈明:《依靠群众,战胜灾害——华北区城乡物资交流展览会战胜灾害馆介绍》,《人民日报》1951 年 10 月 13 日,第 2 版。

领下，积极调动人民群众的力量，华北地区最后战胜了水灾。

战胜旱灾室。据统计，1951年"华北打新井三万八千九百五十五眼，新添水车(截到八月止)六万六千六百零三辆，开大渠道三十余处，中小渠道四千余条。上述兴修水利的综合成果，扩大灌溉面积二，八七一，一四五亩，增产值一亿五千八百五十五万斤小米。此外，该馆还展出了山西滹沱河灌溉区工程，山西介休自流井工程，平原广利灌溉区工程、绥远黄杨闸工程、渤海区电力扬水灌溉工程等模型"①。劳模杨宏栋参观后说："我们后套(指黄河后套)特别怕水。水大了不敢放，水小了又浇不上。过去在反动统治下，人民为修黄杨闸花钱不少，可是哪一年也修不好。有了毛主席的领导，今年三个月的功夫就修好了。"②

造林防灾室。森林不仅可以大量吸收降雨，降低雨水流速，还可以预防洪水，调节气候，防止沙荒。和顺山在山西，是清漳河的发源地。战前林木满山，水流成川，两岸河田利用河水灌溉，年年丰收。人们称它作"米粮川"。但是经过日寇破坏，加以群众盲目开荒，和顺山变成秃山。每逢大雨，山洪暴发，河水泛滥。后来农田全被淹没，房屋大部被冲毁，河身比以前宽了十倍。米粮川变成一片荒凉的沙滩③。展览会展出了"开了和顺山，漂了米粮川"模型，从反面说明了封山育林是发展山区生产的好政策。此外，该室里还展出了内蒙古原始大森林的图片，"并介绍了内蒙发动群众，设立防火组织，加强防火设备，因而获得了一九五一年森林火灾比一九五零年减少了百分之八十的成绩"④。

值得一提的是，1955年治理黄河展览会在河南展览后，又来到北京进行展览。其中，有个展品特别能表现新中国治理黄河的能力。展览会展出了两幅油画，鲜明地对比了黄河的过去和现在。一幅是新中国成立前的黄河河堤，"破破烂烂，又低又薄，堤身里獾洞狐穴、战壕碉堡到处皆是，野兽

---

① 黄陈明：《依靠群众，战胜灾害——华北区城乡物资交流展览会战胜灾害馆介绍》，《人民日报》1951年10月13日，第2版。

② 黄陈明：《依靠群众，战胜灾害——华北区城乡物资交流展览会战胜灾害馆介绍》，《人民日报》1951年10月13日，第2版。

③ 黄陈明：《依靠群众，战胜灾害——华北区城乡物资交流展览会战胜灾害馆介绍》，《人民日报》1951年10月13日，第2版。

④ 黄陈明：《依靠群众，战胜灾害——华北区城乡物资交流展览会战胜灾害馆介绍》，《人民日报》1951年10月13日，第2版。

进进出出，草树砍伐殆尽"①。这说明黄河的灾害与国民党疏于治理有关，尤其是 1938 年花园口决堤，使沿岸民众遭受灾难。另一幅是新中国成立后经过整修的黄河河堤，"堤上树木成行，野草遍地，堤身整整齐齐，又高又厚，防御着汹涌的洪水。现在黄河下游长达一千八百多公里的大堤，都已修成这样，堤顶普遍比百年一遇的洪水位高出一公尺半到三公尺。"②为了保护堤身，当地政府兴修了很多大坝，将过去的秸埽几乎全部改为石坝。据统计，"人民政府对于治理黄河的总投资，相当于反动统治时期一九一四年到一九三二年十八年中治黄经费的三十三倍"③。通过对比，可以清晰地看到，为了治理黄河水患，人民政府修建防护工程，进行水文测量，推广水土保持工作，做了大量工作，增强了人民战胜灾害的信心。

四、行业展览：展示共产党发展经济的能力

新中国成立初期，国家经济困难，一穷二白，中国共产党励精图治，大力恢复和发展经济，促进了各行各业的发展。下面笔者将通过有代表性的展览会，来阐述新中国重点行业的快速发展。

农业。1957 年全国农业展览会是新中国第一次全国性展览会，"副业的总产值，以 1949 年为 100，1952 年即增长为 148.5，1956 年更增长为 180。粮食产量，1956 年比 1949 年增加了 1524 亿斤，超过了第一个五年计划 1957 年的指标。棉花产量也一年比一年增长，1956 年比 1949 年增加 2161 万担，比解放前的最高年产量的 1936 年增加 1352 担。大豆、花生、油菜籽等主要油料作物，1956 年总产量比 1949 年增加了一倍多。"④这些指标，让民众对农业生产充满了信心，也对改善生活充满了期待。

林业。全国农业展览会专门设立了林业馆，展现了新中国林业建设的飞跃发展。"从 1949 年到 1956 年上半年，全国共造林一千零三十四万公

---

① 萧赫：《人民有力量征服黄河——"治理黄河展览会"参观记》，《人民日报》1955 年 10 月 9 日，第 2 版。

② 萧赫：《人民有力量征服黄河——"治理黄河展览会"参观记》，《人民日报》1955 年 10 月 9 日，第 2 版。

③ 萧赫：《人民有力量征服黄河——"治理黄河展览会"参观记》，《人民日报》1955 年 10 月 9 日，第 2 版。

④ 柳溪：《为了向前看，为了向前走！——参观全国农业展览会》，《文汇报》1957 年 3 月 4 日，第 2 版。

顷,等于国民党统治时代二十二年造林总面积的十八点六倍。其中包括利用国营造林的方式,在东北西部、河北西部、河南东部等地营造的大规模的防护林带;这些林带的树木许多都已成林,正在起着防御风沙的作用。"①除此以外,展览会展示了绿化乡土的优秀榜样,"有实行在全面规划的基础上实行农林牧多种经营的、发展生产的羊井底乡(山西省平顺县)和简朴乡(广东省潮阳县),有以林业模范张枫林、高进才为首改造大泉山的西岭乡农业社(山西省阳高县),有把'沙土国'(清朝黄河决口后形成的沙荒地区)改造成为农产丰富的新村的仪封村(河南省兰考县),以及另外一些地区。"②这些成就,不仅改变了乡村的自然面貌,而且极大推动了全国绿化工作的开展。

畜牧业。中国是农业大国,畜产品较为丰富。新中国成立前,畜牧业走了很多弯路。新中国成立后,在人民政府的积极扶持下,畜牧业发展迅速。1951年,华北区城乡物资交流展览会畜产馆进行了展示:"在日伪及国民党反动统治时期积压的绒毛,也得到顺利销售的机会。人民政府实行了扶植生产的政策及减少中间剥削的价格政策,大大提高了出口价格。如紫绒出口价格,已超过解放前百分之一百九十三,驼毛价格已超过解放前百分之八十七,山羊板皮价格已超过解放前百分之五十八,猪鬃价格超过解放前百分之六百。这样,就使得农牧民的收入大大增加了。如榆次绒毛解放前每斤换米三、四斤,现在可换米十五斤,较前增加三倍以上;包头绒毛解放前每百斤换大布一点八匹,现在可换大布六匹多,较解放前增加三倍半。"③发展畜牧业,不仅可以改善民众生活,还可以组织出口,换取外汇,推动国家建设。

渔业。全国农业展览会水产馆展示了水产事业概况:"几年来,我国水产事业有很大发展,1956年水产生产已经相当战前最高水平的174.22%。1956年,渔轮制造业的生产能力比1954年增长了474%。在这里,特别吸引人注意的是'鱼群测探器',讲解员把电钮一按,测探器就能探到一闪一

①陈泊微:《唤起了人们对于树木的热爱——记全国农业展览会林业馆》,《陕西林讯》1957年第4期。
②陈泊微:《唤起了人们对于树木的热爱——记全国农业展览会林业馆》,《陕西林讯》1957年第4期。
③《我国畜牧业前途无量——华北区城乡物资交流展览会畜产馆介绍》,《人民日报》1951年10月10日,第2版。

闪的鱼群。"①水产品利用体现了渔业的快速发展，展览会上可以看到："鱼鳞、鱼肠、鱼骨、鱼头……废弃物都可以供给农业、工业、医药上的需要。电影胶片、制药丸、精美的钢笔杆、硬领子……都是鱼鳞胶制成的。我国还有了新型的鱼粉厂，利用鱼肠、鱼头、鱼骨制成的鱼粉，是一种很好的牲畜饲料和果树的肥料。"②

商业。1956 年 11 月 10 日，中国出口商品展览会在广州开幕。展览会分为工业品、纺织品、食品、工艺品、土特产品等五个馆，全部面积共 1.8 万平方米③。中国国际贸易促进委员会邀请了亚洲、非洲、欧洲、美洲等国的外商和华侨商人前来参观和交易。该展览为期两个月，收到了预期效果，到会客商来自 37 个国家和地区，共 2 736 人，出口成交 5 380 万美元。中国出口商品展览会的成功举办证明，展示与交易相结合，邀请客商当面洽谈，看样成交，是促进我国与世界各国人民友好往来和对外贸易的良好形式④。

钢铁业。鞍山钢铁公司在日伪统治时期，鞍钢的职工说："炼钢厂是阎王殿，小型厂是鬼门关，选矿厂是大猪圈。"⑤新中国成立后，在中国共产党的领导下，公司进行了民主化改革，到 1952 年鞍钢基本完成恢复工作，公司面貌焕然一新。在苏联专家的帮助下，鞍钢掀起了劳动竞赛运动，取得了较大成绩。1954 年，鞍钢技术革新展览会进行了充分展示。"一年多以来，鞍山钢铁公司职工有一万七千多人提出合理化建议三万八千六百多件，已被采纳的有二万二千零四十七件，其中已经运用到生产中去的有一万三千一百零五件。这些技术上的革新，提高了劳动生产率（一九五三年鞍山钢铁公司的劳动生产率比一九五二年提高了百分之二十四），提高了

①艾玲：《多么富饶的水产资源——记全国农业展览会水产馆》，《人民日报》1957 年 3 月 4 日，第 3 版。

②艾玲：《多么富饶的水产资源——记全国农业展览会水产馆》，《人民日报》1957 年 3 月 4 日，第 3 版。

③《我国出口商品展览会闭幕——同外商达成二千万英镑的交易》，《人民日报》1957 年 1 月 13 日，第 1 版。

④中国对外贸易中心编：《百届辉煌》，南方日报出版社，2006 年，第 9 页。

⑤四川省工会联合会、四川人民出版社编：《为了国家工业化开展技术革新运动》，四川人民出版社，1954 年，第 2 页。

产品质量,降低了产品成本。"①劳动竞赛运动使鞍钢超额完成了国家计划任务,改善了工人工作条件,推动了中国钢铁业的发展。

矿业。1951 年 5 月,中国煤矿生产展览会在北京举行。展览会展示了新中国煤矿生产的辉煌成就:"一九五〇年全国煤矿生产量超过一九四七年的百分之二十一,劳动生产率超过百分之五十六,煤的市价减低了百分之七十六。"②为什么取得这样的成就? 主要是推行了苏联先进的新式采煤法,展览会通过采煤方法模型和运搬模型进行了很好的说明。"若干四十米到百来米长的掌子里面,已经全部利用机械采煤。如果煤质比较坚硬,矿工们便用风钻或电钻打眼放炮;如果煤质比较软,风镐手便以风镐按煤纹斜着向下采,煤块便纷纷地掉下来。一个风镐手在八小时内,便可以采出二百五十多吨煤。撩煤工把一大铲一大铲的煤扔到电溜子里,煤就顺着不断回转着的电溜子滑进大坑的运煤车里。实行了新的采煤法,资源的消耗已大大的减少,一般的回采率已提高到百分之八十五,有的已达到百分之百。"③新式采煤方法减轻了工人的体力,保护了矿工的健康,提高了采矿的工作效率。

陶瓷业。1955 年 10 月 3 日,全国陶瓷展览会在北京故宫博物院保和殿开始展出,这是新中国成立后第一次全国性的陶瓷展览。展品约 2 000件,有日用陶瓷、美术瓷和各种陶瓷雕塑品,是从全国 40 多个产区送来的近万件陶瓷新产品中精选出来的。主要产品有:"广东的枫溪、高陂、饶平和湖南的醴陵等地出产的日用瓷器如餐具、茶具等,造型和色釉,都有改进,成本也较低,受到人们的欢迎。著名的产陶地区江苏宜兴和广东石湾的生产,也都由新中国成立前的衰落转入了繁荣,宜兴的陶器土质优良,细致美观;广州市美术工作者和石湾陶器艺人合作的人物、鸟兽等雕塑品,都真实动人。"④最引人注意的是江西景德镇的产品,展出最多,质量最高,"失传很久的'钧红'、'乌金'、'鳝鱼黄'、'茶叶末'等名贵色釉获得了恢复和发展。"⑤展品凝聚了老艺人、美术设计工作者和科学研究工作者的心血,正

①四川省工会联合会、四川人民出版社编:《为了国家工业化开展技术革新运动》,四川人民出版社,1954 年,第 4 页。
②超祺:《前进中的新中国煤矿工业——记中国煤矿生产展览会》,《人民周报》1951 年第 20 期。
③超祺:《前进中的新中国煤矿工业——记中国煤矿生产展览会》,《人民周报》1951 年第 20 期。
④《全国陶瓷展览会在北京开幕》,《人民日报》1955 年 10 月 13 日,第 3 版。
⑤《全国陶瓷展览会在北京开幕》,《人民日报》1955 年 10 月 13 日,第 3 版。

是因为有这些人的努力，中国陶瓷业才能快速发展。

交通运输业。1955年5月4日，全国公路展览会在北京天坛开幕。展览会展出展品1 000多件，生动说明了我国交通运输业的巨大成就。"在基本建设展品中的一幅大地图，即表明解放前我国的公路线很稀，特别是西部边远地区几乎还没有公路，而一九五四年公路通车里程已较解放初期增加了将近一倍，西部的边远地区也出现了新的公路。"①为什么能取得这些成就？展览会通过照片和模型，展示了公路建设者的风采。"怒江的模型上，用一盏盏小电灯表明探险英雄崔锡明在西岸壁陡的石崖上，冒着生命危险探寻进入工地的道路。另有许多照片说明筑路英雄在和风雪、风沙、流沙、酷热搏斗，开山劈岭，修成公路。"②1956年，全国交通先进经验展览会开幕，进行了喷水式浅水拖轮实物表演，介绍了修筑在世界屋脊上的康藏公路，川江夜航，海上拖运10 000立方米的雪茄形木排，松花江上的冰撬运输，新建的华南第一大港——湛江港等的情况③。建设者不畏艰苦、英勇奋战、建设祖国的英雄气概，推动了中国交通运输业的发展。

石油业。1951年，全国石油展览会在北京举行。展览会展示了新中国石油勘探和石油炼制等方面的成就。在探勘方面，"探勘队一九五一年比一九四九年扩大了两倍。解放前，反动政府是没有投资于石油探井工程的；解放后，人民政府在探井工程上的投资，就占了石油工业总投资的百分之七十六。我国石油工业的钻井能力已经飞速提高，假如一九四九年所钻的井的深度加起来是四点八，一九五一年一月到九月就已达到十二点二，预计到今年年底将会达到十七。"④在石油产量和原油炼制方面，从图表上可以看出："原油，一九五一年生产计划是前年的百分之一百七十；煤油，今年产量约比前年增加了百分之四十；汽油，今年产量比前年要增加约百分之五十五以上。各种主要产品，现在都已超过历年的最高纪录了。今年一月至八月的原油产量超过了去年同期百分之四十三点三，汽油产量超过去

①《全国公路展览会在北京举行》，《人民日报》1955年5月10日，第2版。
②《全国公路展览会在北京举行》，《人民日报》1955年5月10日，第2版。
③《全国交通先进经验展览会开幕》，《人民日报》1956年5月6日，第2版。
④乔雨舟：《新中国石油工业建设的成就——记全国石油展览会》，《人民日报》1951年12月12日，第2版。

年同期百分之三十三点七。"[①]这些成就，为新中国石油工业的发展奠定了坚实的基础。

当然，展览会上还有很多行业进行了展示，如化工业、机械业、纺织业、轮船业、造纸业、建材业、手工业、日用品业等，这些行业和旧中国相比，都取得了突飞猛进的发展。中国共产党作为执政党，新中国建设成就的好坏直接反映了中国共产党执政能力的高低以及公众形象的好坏。通过直观形象的方式对新中国的建设成就进行展览，使民众深刻地感受到新中国在共产党领导下取得的巨大进步。

第四节　展览宣传：展现新生政权的美好现实和未来

"宣传鼓动工作和组织工作是我党工作中两个有机的部门，也是其他一切部门工作中两个有机的部分。宣传鼓动工作和组织工作对于我们整个党的工作正如鸟之两翼，车之两轮，不可缺一。宣传鼓动工作与组织工作对于我们党都是同样重要的。"[②]新中国办展正常运转得益于两点：宣传和组织。宣传工作贯穿于展览活动的始终，对展览活动的效果起着关键作用。中国共产党借助展览这个重要的宣传媒介，展现新社会的美好现实和未来，较好地传递了新中国社会制度的优越性。

一、改善民生：展现新生政权的美好生活

新中国成立后，社会经济逐渐恢复和发展，人民生活逐渐改善。展览会是展示美好生活的绝佳平台，中国共产党通过各种形式的展览来展现社会各阶层的美好生活。

1.展现工人的美好生活。1951年4月24日，北京举办煤炭展览会，展示了矿工的新生活。"解放以前，工人常常用这样的话来形容自己的生活：'四块石头夹一块肉''吃的人间饭，干的阴间活！'工人被迫在没有安全设备的井下工作，生活在死亡和饥饿的边缘上。解放后，人民政府不但不

---

①乔雨舟：《新中国石油工业建设的成就——记全国石油展览会》，《人民日报》1951年12月12日，第2版。

②中国社会科学院新闻研究所编：《中国共产党新闻工作文件汇编》(上)，新华出版社，1980年，第111页。

断地改善职工们的生活,并且领导矿工们与责任事故做斗争。在'安全生产'的原则下,去年全国煤矿的伤亡人数比前年减少一半;比一九四七年以前的责任事故减少了百分之八十九。"[1]矿工生命安全得到基本保障,幸福生活才会开始。"拿东北来说吧,在最近两年内,新建单身工人宿舍占地二十一万六千多平方米,家属宿舍一百八十八万四千多平方米,还有设备完整的医院、疗养院、养老院、小学校、托儿所、技术学校、图书馆、电影院和舞厅。"[2]随着铁路事业的发展,铁路职工的生活福利得到很大改善。1951年全国铁路展览会统计图表说明:"在全国范围内,铁路部门已建立了一千零十三处职工文化宫或俱乐部,八百十三处图书馆。今年夏季三个月全国铁路部门共放映了将近两千次电影和演出了三千三百五十次戏剧。从去年八月到今年四月,关内六局十一厂,有三万一千多人享受了生育补助金的待遇,三千多老年工人享受着养老补助金的待遇。在全国铁路部门已经设立了三十七处疗养所和休养所,仅仅兴城疗养所一处已经治疗了一千多患者,全路医疗人员则增加了百分之五十四。"[3]新中国对工人生活处处关心,这是在旧中国很难想象的。

2.展现农民的美好生活。1957年全国农业展览会综合馆,用数字展现了农民的新生活:购买生活资料的数量大大增加,农村布匹消费量1949年为4 526万匹,1956年预计为11 378万匹;胶鞋1949年为790万双,1956年预计为3 639万双;食盐1949年为190万吨,1956年预计为303万吨;糖1949年为7.53万吨,1956年预计为46.5万吨。随着生活的改善,人民的文化生活水平有所提高,1956年农村有文化站2 558个,参加业余文化学习的人达7 500万人以上,农村俱乐部360 385个,农村图书室有20万处,并有4 709个电影放映队到农村里放映。此外,各地还举办了不少幼儿园或托儿所等来培养儿童,解决妇女参加生产上的困难[4]。

3.展现少数民族的美好生活。1951年9月10日,少数民族文物、图片展览会在故宫举行,多个模型展示了6个少数民族的美好生活。蒙古族的

---

[1]超祺:《前进中的新中国煤矿工业——记中国煤矿生产展览会》,《人民周报》1951年第20期。
[2]超祺:《前进中的新中国煤矿工业——记中国煤矿生产展览会》,《人民周报》1951年第20期。
[3]《依靠工人阶级,办好人民铁路——全国铁路展览会介绍》,《人民日报》1951年9月29日,第2版。
[4]全国农业展览编:《一九五七年全国农业展览会资料汇编》(上册),农业出版社,1958年,第11页。

生活是:"蒙古人民经济生活显著地提高了,卫生环境也改变了。草原上有了清洁的蒙古包,活泼的婴儿在母亲的怀里哺乳。愉快的蒙古人民正在努力建设着这一片美好的土地。"①藏族的生活是:"一座屋顶上,藏民们正在忙着打青稞,门前有妇女挤牛奶、打酥油,大路上过着支援前线的运输队,山坡下有牧民的帐房和羊群……"②新疆维吾尔族的生活是:"农民们正在忙着耕田,肥大的哈密瓜结满在瓜地上;老年人在葡萄架底下给孩子们讲述人民解放军的战斗故事;一个妇女在织地毡,主妇正在他们特有的馕炕上烤馕;菜园内妇女们正忙着摘苹果;年老的阿訇愉快地骑着马去参加各界人民代表会议。这种自由幸福的生活是他们从来所没有的。"③西康大凉山上的彝族的生活是:"人民政府帮助他们创造了新彝文。年青的男女正在田里工作,休息时大家围拢在一起热烈地学习着新文字。同时因为人民政府实行了正确的贸易政策,使他们的羊毛等生产品也得到了畅销,因而彝民们的生活也改善了。"④最后一幅模型描述了苗民幸福生活的情景:"为了欢庆自己的翻身和丰收,苗族青年们在寨前欢乐地敲铜鼓、吹芦笙。"⑤虽然展览的是模型和照片,但生动反映了少数民族在新中国成立后的幸福生活。

通过艺术展览来表现新中国的美好生活,是新中国成立初期常见的一种形式。1954 年 8 月 6 日,全国水彩、速写展览会在北京故宫博物院承乾宫展出,该展览由中国美术家协会主办,展出 240 余件遴选出的作品。这些作品题材广泛,形式多样,"在风景画中,更几乎包括了全国各地的名胜,除了首都的颐和园、北海公园等和近郊的山林景色外,更有西湖、洞庭湖、太湖、嘉陵江,和上海的苏州河、人民广场、工人新村,青岛的海水浴场,康定的喇嘛寺以及东北的森林,烟台海滨的渔家等等,这些美丽可爱的风景,都是画家描

①柏生:《各民族友爱合作的大家庭——记少数民族文物、图片展览会》,《人民日报》1951 年 9 月 16 日,第 3 版。

②柏生:《各民族友爱合作的大家庭——记少数民族文物、图片展览会》,《人民日报》1951 年 9 月 16 日,第 3 版。

③柏生:《各民族友爱合作的大家庭——记少数民族文物、图片展览会》,《人民日报》1951 年 9 月 16 日,第 3 版。

④柏生:《各民族友爱合作的大家庭——记少数民族文物、图片展览会》,《人民日报》1951 年 9 月 16 日,第 3 版。

⑤柏生:《各民族友爱合作的大家庭——记少数民族文物、图片展览会》,《人民日报》1951 年 9 月 16 日,第 3 版。

绘的对象。"①。这些作品,描绘了新中国的美丽河山,既表现了新中国风景画取得的成就,又展现了新中国美好的生态环境,从一个侧面表现了新中国民众的美好生活。

二、呈现新品:展现新生政权的名优产品

新中国成立前,中国共产党就对展品评比制定了严格的奖励标准。1939 年 5 月,陕甘宁边区首届工业展览会评委会制定奖励条例标准:"一、制造精巧合于当前实用者;二、对国防工业有特殊贡献者;三、对边区工业有特殊贡献者;四、对改善人民生活有特殊贡献者。"②新中国成立初期,中国共产党沿用解放区展览会注重展品奖励的经验方法,对展品进行了严格评奖。通过评奖,许多土特产、老字号与名优展品得到推销。

土特产主要是农产品和手工艺品,属于地方产品,具有地方特色。新中国成立初期,各地举办了大量的土产和物资交流展览。通过评奖的方式,推出了一批优秀土特产。1951 年,江西省物产展览会成立了评判委员会,拟定了评判原则:"1. 解放后发明或创造者,或改良有显著成绩者,列为超等;2. 确有代表性与比较性者,列为特等;3. 富有教育意义者,列为优等;4. 其他精品,列为甲等。"③最后,展览会一共评出获奖展品 700 件,其中超等 35 个,特等 186 个,优等 339 个,甲等 140 个④。这些名优参展品在展览会上得到宣传,获得了良好的声誉。1951 年,全国各地通过展览评比,把优秀土产品送到华北区城乡物资交流展览会上进行展览。许多土特产引起观众的注意,如"东北生产的玉米、高粱、大豆;苏州、杭州的丝织品,各种色布、花布、绸缎、呢绒以及上海的丰富的轻工业产品;华东区的祁门红茶、屯溪绿茶、乌龙茶、苏州花茶等;中南区的苎麻、桐油、浏阳夏布、广东的香云纱、河南的二六绸、景德镇的瓷器和雕瓷、湖南的湘绣和抽纱等"⑤。凡此一切,都有力地告诉观众,中国的发展前途无量。

"老字号"是长时间商业和手工业竞争中留下的精品。新中国成立初

---

①《全国水彩、速写展览会明天在北京开幕》,《人民日报》1954 年 8 月 5 日,第 3 版。

②武衡编:《抗日战争时期解放区科学技术发展史资料》(第 2 辑),中国学术出版社,1984 年,第 142 页。

③江西省首届物产展览会编印:《江西省首届物产展览会会刊》,1951 年,第 155 页。

④江西省首届物产展览会编印:《江西省首届物产展览会会刊》,1951 年,第 125 页。

⑤贾火:《华北区城乡物资交流展览会区际馆介绍》,《人民日报》1951 年 10 月 12 日,第 2 版。

期，一批"老字号"借助展览会被人们所熟知。1956 年 2 月，北京著名商品展览会举办，陈列的 750 多种商品，大都在全市或全国有较高声誉。例如，全市最古老的烤鸭店便意坊，用吊炉、果木烤的填鸭，焦肥味美，皮脆肉嫩，受到中外人士欢迎；还有月盛斋的酱牛肉、酱羊肉，通三益食品店的特产秋梨膏、松仁蜜枣，天盛的清酱肉，豆汁张(名远店)的豆汁，六必居酱园的八宝瓜、酱黑菜等各种酱菜，王致和的五香臭豆腐，金糕张(泰兴店)的桂花金糕，马聚源帽店的少数民族帽子，内联升鞋店的千层软底布鞋，戴月轩的毛笔，同仁堂的虎骨药酒等品种[①]。1956 年 6 月，中国食品公司举办第一次全国食品展览会，共展出 28 个省市食品公司自制的产品和各地部分社会名产 1 595 种。其中，有驰名中外、油多色红的福建"鼎日有"肉松，皮薄、肉嫩、膘肥的云南省榕峰火腿，香酥可口的德州五香脱骨扒鸡，还有河南省道口烧鸡和无锡的酱排骨等[②]。1956 年，天津市饮食服务文化用品商业名品特产展览会上，很多展品都是"老字号"，可以参考下表：

表 3-1　天津市饮食服务文化用品商业名品特产展览会展品目录

品　名	特　点	历　史	商　号	技术人	地　址
糕点	不噎嗓子、不掉渣、不受坏，馅能放 10 天，光面能放一月，当饭吃。	已有 28 年的历史。	芝兰斋		河东沈庄子牌坊
果子	个头起的一边大，放三五天不软，中间空，赤红色。	已有 20 多年的历史。	义丛成		谦德庄保安街
炸糕	馅好，又细又甜，炸出来外焦里嫩。	已有 60 多年的历史，不但在天津有名，在外地也有名。	增盛成	刘玉山	北大关耳朵眼胡同旁
烫面炸糕	烫面馅甜炸的，火口好，外焦里嫩。	已有 30 多年的历史，很受群众欢迎。	陆记	陆小波	鸟市
北京炸年糕	好吃，与众不同，炸出来外焦里嫩。	已有 20 多年的历史，很受群众欢迎。	吴桂明		群众市场

---

①《北京著名商品展览会开幕》，《人民日报》1956 年 2 月 20 日，第 1 版。
②《食品展览会今天在京开幕》，《人民日报》1956 年 6 月 8 日，第 2 版。

续表

品 名	特 点	历 史	商 号	技术人	地 址
麻花	炸得色好,脆甜好吃,放10天不绵。	已有27年的历史,在外地很有名。	玉记	王云清	河东小树林
素席素货	过去的素席很有名,鸭子、鱼翅、鱼酱、肉素货等。	已有160年的历史。	德素园	王朋令	东门外石头门坎
炸货	炸货酥脆,久藏不疲,味好,外号果仁张。	38年历史,各种食品都能炸。	真素斋	张惠山	山西路黄家花园
包子	骨头汤和馅,用嫩肥肉、富强粉,味好。	67年的历史,创办人乳名叫狗子,所以叫狗不理包子铺,在津很有名。	德聚号	高焕章	辽宁路
蒸食火烧	蒸食火烧用上等原料,越放越酥。	30多年的历史,很受群众欢迎。	杜称奇	杜茂	南门外鱼市大街
烧饼	外焦里嫩。	27年的历史,大饭庄提起来都知道好。	福林春	徐德顺	南市大兴街
煎饼果子	吉豆、葱花、小虾米,用果篦鲜萎油去味。	70多年的历史,外号小子煎饼,系绸子一样。	刘金声		红桥区西沽
面茶	自己炒芝麻,味好,不粘碗,质量好。	三辈150年历史,外号叫子面茶,与众不同。	兴成	王常荣	河东上岗子
焖子	用净粉操作,好粉,质软而韧,玻璃一样透明。	三代60余年历史,夏季半个月,秋季三月不变质。	陈洪宾		群众市场
八宝粥米饭	质量好,配料好,味美。	40多年的历史,很受群众欢迎。	万怀成		辽宁路
羊肉粥	不拢面,完全是火烤,与别人不一样。	有三辈100多年的历史。	张氏		红桥区
锅巴菜	锅巴有劲,隔两三天不变味、不变质。	四辈100多年历史,全市驰名,外销北京、唐山。	大福来		梁家咀大街

资料来源:《天津市饮食服务文化用品商业名品特产展览会展品目录》,天津档案馆藏,档号:283—C—220。

从表 3-1 可知，这些老字号的参展品，历史悠久，富有特色，注重技术，销路很广，深受民众的欢迎和喜爱。

此外，展览活动大量推出有代表性的名优展品。1953 年，第一届全国国画展览会展出了全国各地国画家 200 多人的精心作品 245 件。其中，有著名国画家齐白石、陈半丁、于非闇、徐悲鸿、贺天健、吴湖帆、叶浅予、关山月、黎雄才、黄宾虹、蒋兆和等人的作品[①]。1955 年，中国科学院举办西藏科学考察工作展览会，展出了西藏出产的生药标本，其中有名贵的鹿茸、麝香、雪蛤蟆等，还有麻黄、贝母、冬虫夏草等多种植物和动物以及矿物性药材[②]。1956 年，浙江杭州举办名品展览会，展出了 222 种毛笔和 246 种墨。其中，有一支被装置在锦匣中的杭产羊毫笔，已经使用了 92 年。这支笔不蛀不烂，写起字来仍很流利。雕刻精细的礼品墨，是历代文人互相馈赠的高雅礼物。好的礼品墨用上等的国产本烟制成，里面放有麝香、艾片，磨在砚上，清香四溢，写在纸上，可以保留几千年而墨色不变[③]。1957 年，全国农业展览会开幕，水稻品种展览台展出了籼稻、粳稻、糯稻、陆稻、深水稻的植株和种子，其中有"南特号""胜利籼"等良种 60 多种，还有颜色奇特的"紫米"、一粒谷三粒米的"多胚稻"和一丈二尺多高的深水稻植株[④]。

名优展品呈现的新风貌与评比奖励相互促进，一方面展现了新生政权恢复国家经济的能力，另一方面可以使民众热爱祖国并支持中共发展经济的政策。两者看似关联不大，其实有着密切的联系，它们相互配合，为新生政权树立新的执政形象起到积极的作用。

三、学习苏联："苏联的今天，就是中国的明天"

新中国成立之初，满目疮痍，一穷二白。在这样的情况下，中国努力向"老大哥"苏联学习，以苏联为榜样，把苏联社会主义描绘为"新中国的远景"，来增强人们对新生政权的信心。

新中国成立前夕，毛泽东就号召向苏联学习，"苏联已经建设起来了一

①《全国国画展览会开幕》，《人民日报》1953 年 9 月 17 日，第 1 版。

②《科学院举办西藏科学考察工作的展览会》，《人民日报》1955 年 6 月 9 日，第 2 版。

③《杭州名产展览会——三百多种剪刀各有巧妙，几百种笔墨不同一般》，《人民日报》1956 年 7 月 18 日，第 2 版。

④全国农业展览会编：《中华人民共和国全国农业展览会内容简介》，1957 年，第 3 页。

个伟大的光辉灿烂的社会主义国家，苏联共产党就是我们最好的先生，我们必须向他们学习。"①于是，全国掀起了学习苏联的热潮。如何学习苏联？举办有关苏联的展览，成为学习苏联的重要途径。各级政府视这些展览会为对中国人民"进行国际主义教育和推动我国社会主义建设的重要活动"，都"以高度的国际主义精神和高度的政治责任感来办理"②。1949年12月，武汉举办了苏联建设图片展览会，通过展现苏联建设幸福生活的美好图景，让人们看到"苏联——人类的希望，指路的明灯，引导着勤劳而勇敢的中国人民，昂首迈进！"③1950年6月，北京举办庆祝"六一"图片展览会，一个署名"新生少年儿童队员"的观众在批评簿中写道："在这里我们看到苏联儿童的生活是那样的美好，所以我们应当努力学习，使我们新中国也和苏联一样的富强康乐。"有位母亲看过展览后写道："他们（指苏联儿童）的今天就是我们的明天。"④

　　1951年，华北区城乡物资交流展览会展示了苏联集体农庄的优美生活，许多民众从图片上看到苏联城市人民的生活是"楼上楼下，电灯电话，地板比自己的炕还干净"，因而，他们感到自己"分了地，住瓦房，有了老婆、孩子、牲口、新式农具和余粮"并不是"好到顶"了，而是还"差得远"⑤。这有力地批评了一些民众自满保守的观点，大大激发了他们大力发展生产的奋斗意识。

　　1952年，中共中央发出指示：全国一切宣传工作机构（通讯社、报纸、杂志、广播电台、电影院、出版社、文艺工作团体）均须积极参加"中苏友好月"的宣传工作。工会、青年团、妇联及文化科学教育等团体均应就各自系统发出通知，号召全体会员积极参加这一工作⑥。学习苏联正式上升为国家政策，推动了各地展览活动的开展。1953年2月7日，毛泽东再次提出，

①毛泽东：《毛泽东选集》（第4卷），人民出版社，1991年，第1481页。

②《关于来华展览巡回展出工作的几项规定》，湖北省档案馆藏，档案号：SZ142-4-92。

③通讯员：《他山之镜——苏联建设图片展览会杂记》，《长江日报》1949年12月27日，第8版。

④陈仲篪：《庆祝"六一"图片展览会——万余儿童前往参观》，《人民日报》1950年6月11日，第3版。

⑤华北区城乡物资交流展览会编：《华北区城乡物资交流展览会汇刊》，1951年，第2页。

⑥中央档案馆、中共中央文献研究室编：《中共中央文件选集》（第10册），人民出版社，2013年，第37页。

我们要在全国范围内掀起学习苏联的高潮,来建设我们的国家①。

　　1954—1956 年苏联经济及文化建设成就展览会在中国巡展,对中国影响很大。展览会充分展示了苏联社会主义建设成就,主要表现在经济上的机械化、工业化和电气化方面。对于经济文化较为落后的中国,当国民看到这么多先进的展品,自然将苏联视为光辉的榜样:"伟大的苏联,这个光辉的榜样在照耀着我们。我们必须更加有效地向它学习,必须更加努力巩固和发展中苏友谊。"②有些人曾怀疑苏联是否真正先进,参观后消除了质疑。北京市建国印刷厂工人贾祥林说:"我过去常听别人说电影里的事不完全是真的,今天是真教育了我。"店员组组织委员朱登云说:"以前报纸上登苏联如何好,我心里总有些怀疑是不是这样棒?现在我的确相信了。"③还有些群众对苏联的生活充满向往:"知道苏联是先进的、人民生活最幸福的国家,为了把自己的生活搞好,建设新中国一定要学习苏联。"④通诚麦粉公司工人李明山说:"苏联今天的成就是苏联工人和农民艰苦奋斗得来的,苏联的今天就是我们的明天,我们要好好向苏联学习。"北京市崇文区区政府干部李振英说:"现在苏联人民已经过着社会主义生活,我们正在向社会主义过渡,参观苏联展览馆,也就是看到了我们的明天。"⑤在苏联展览会期间,广州专门成立"各人民团体接待港澳同胞回穗参观委员会"。在两个月的时间里,香港、澳门两地有 8.7 万人赶来参观。参观后回去的港澳同胞,兴奋地在同事、同学、亲友和街坊中叙述在广州见闻的新事物和感想。有人还在香港《大公报》《文汇报》发表谈话、游记和专文,赞扬苏联建设成就和祖国建设的美好前途⑥。

　　在这样的民意下,中国社会的发展自然以苏联的发展模式为主要蓝

①毛泽东:《在全国政协一届四次会议闭幕会上的讲话》,《毛泽东文集》(第 6 卷),人民出版社,
　　1999 年,第 264 页。
②接待苏联来华展览办公室宣传处编:《苏联经济及文化建设成就展览会介绍》(1954 年 11 月),第
　　13 页。
③《崇文区组织各阶层人民参观苏联展览馆工作情况》(1954 年 11 月 5 日),北京市档案馆藏,缩微
　　档案号:38-2-147。
④《前门区中苏友好协会月工作总结》(1952 年 11 月 21 日),北京市档案馆藏,档案号:38-2-51。
⑤《崇文区组织各阶层人民参观苏联展览馆工作情况》(1954 年 11 月 5 日),北京市档案馆藏,缩微
　　档案号:38-2-147。
⑥广东省工商联综合出版组:《广东省工商界参观"苏联经济及文化建设成就展览会"后的反映》
　　(1955 年 12 月 1 日),广东省档案馆藏,档案号:248-1-9。

本,并根据苏联的发展来调整和修正自己的方案。可见,展览会在其中扮演着重要的角色,对中苏关系的发展和中国展览业的演进起着重要的作用。当然,也有对苏联经济及文化建设成就展览会不满的声音[①],但这种声音比较微弱。苏联的榜样作用,对中国产生了极大的激励。各行各业群众观看苏联展览后,纷纷表示"一定要学习苏联人民艰苦奋斗的精神,加速祖国的社会主义建设","为祖国的明天而奋斗"[②]。

四、美好愿景:展示建设新中国的发展蓝图

早在中共二大时,中国共产党就确立了党的最高理想是实现共产主义。新中国成立后,人民对新生活愈来愈期盼。采取激励方式,描绘新中国的美好远景,展现新中国的发展蓝图,是凝聚人民对国家的认同的有效方式。结合中国的国情,中国共产党通过展览对未来发展进行了规划与展望。

1951年,全国铁路展览会专门设置一个展览室,通过几个大模型向观众展示新中国铁路建设的美丽远景。"在这里,霓虹灯从一张大地图上现出两条黄色的长线,这两条黄线,像两条巨长的爬虫,一条从东北四洮线上的白城子经过内蒙延伸到西北的兰州,另一条从西北的玉门经兰州向南经贵州而转至湖南和湘黔路衔接。这两条大爬虫就是已经勘测和正在勘测的共长五千一百七十三公里的七条新线。这些新线将带着人民的希望,在不久的未来,开拓富饶的大西北和大西南,并把祖国的铁路线联结成为一个沟通东西南北的大动脉网。"[③]这个展览让观众感到十分兴奋,也使他们对中国铁路发展充满了期盼。

1956年,全国职工科学技术普及工作展览会在北京举行。展览会对中国钢铁企业进行了展望:"我们国家正在兴建的'钢铁联合企业'是什么样的? 从展览会工业技术馆的一幅立体图表上可以看到,它将密布着铁路、混合煤气、高炉煤气以及焦炉煤气设备的管道,由三十多座厂房组成。

---

① 如署名刘静亭的一封来信,说她已经两次参观了苏联展览馆,都是"高兴而去,败兴而归",并没有能够详详细细地了解一个机器,原因是参观的人数太多,没法细心学习。参见《署名刘静亭的一封来信》(1954年11月4日),北京市档案馆藏,缩微档案号:38-2-147。

②《学习苏联,建设我们的祖国》,《长江日报》1956年5月25日,第2版。

③《依靠工人阶级,办好人民铁路——全国铁路展览会介绍》,《人民日报》1951年9月29日,第2版。

工厂的全部自动化不是幻想，而是即将实现的事实，一幅清晰的图表告诉观众，一个工厂从机床的运转到成品的包装，当中经过近二十道工序，都可以完全自动化。"①展览会对中国井下采煤进行了展望："不到地下去而可以把煤采掘出来，可能吗？俄国伟大科学家在十九世纪就提出了煤的地下气化的理想。现在苏联已经建立了几个实验性的煤的地下气化站。一个图表告诉观众，煤的气化站实际是一个工厂，它设有通往地下的巷道，在地面建有一排排的高大厂房，厂房里又有几排管子通到煤区。从厂房向地下输送压缩空气，空气穿透煤层引起煤的不完全燃烧，因而把煤变成可燃性瓦斯从钻孔排出到气化站，经过冷却、脱硫、干燥以后，就可以直接送到用户。"②这些展望寄托了人民的美好期望，也是人民工作的奋斗目标。

1956 年 1 月 25 日，毛泽东在最高国务会议上指出："1956 年到 1967 年全国农业发展纲要的任务，就是在这个社会主义改造和社会主义建设的高潮的基础上，给农业生产和农村工作的发展指出一个远景，作为全国农民和农业工作者的奋斗目标。"③所以，1957 年 2 月全国农业展览会对未来的规划最集中。我国发展远景将是什么样子？这是每个参观展览会的人都十分关心的问题。其具体规划如下：

宏观愿景。在全国农业展览会上，展品展示了中国农村的宏观愿景。如安徽霍山县佛子岭农业社 1967 年将会变成的样子："土地将会使用得更加合理，许多秃山顶将要长满葱绿的树林，小河里的水将要给人们带来更多的粮食和电力；更多的光明，将要顺着电线流向每一个温暖的农家。"④又如湖北浠水望城乡农业社："1956 年，这个社的总收入是三十六万元；1967 年，这个社的总收入将会达到二百五十七万元。"⑤讲解员搬动着电钮，生动形象地讲解示意图和模型："这是过去的样子……这是现在的样子……这是 1957 年要变成的样子……这是 1962 年要变成的样子！""这是淮北的桃山集，有大片的洼地，下一点雨就涝，人们过去把它叫作'老鳖

---

① 蔡鉴远：《面对着知识之宫——记全国职工科学技术普及工作展览会》，《人民日报》1956 年 10 月 28 日，第 7 版。

② 蔡鉴远：《面对着知识之宫——记全国职工科学技术普及工作展览会》，《人民日报》1956 年 10 月 28 日，第 7 版。

③ 燕凌：《一年和万年——全国农业展览会参观记》，《人民日报》1957 年 2 月 22 日，第 3 版。

④ 燕凌：《一年和万年——全国农业展览会参观记》，《人民日报》1957 年 2 月 22 日，第 3 版。

⑤ 燕凌：《一年和万年——全国农业展览会参观记》，《人民日报》1957 年 2 月 22 日，第 3 版。

窝'。经过洼地改造,丰收了。""几千年人们梦想的,就要在我们这一代实现。""到那时,城市和农村遍地像葱绿的花园,公路和村庄都披上了绿色的新装……"①这些展品,使民众对于未来农业的发展更加充满了信心。

　　农场发展愿景。展览主要用地图和图表介绍新疆军垦农场群的成长过程和远景规划。"现在新疆已有三十一个国营农场,二十八个国营牧场,开垦荒地三百零八万亩。在玛纳斯河西岸的草原上,一个完全为农场服务的新型城市——石河子,正在迅速地成长着。一九五〇年这里只有一间地窝子,现在它已拥有两万多人口。这个城市里有加工厂,有学校、医院和公园。"②这是对石河子发展历程的呈现。另一个巨大的沙盘电动模型,介绍了铁道兵农垦局开发荒地的规划。"这个地区已经建立了五个总场、十四个分场,开垦了三百七十万亩土地。计划到一九六〇年把一千万亩的荒地全部变为良田。光是这个地区的农场群,到那时就可以每年给国家生产粮食二十亿到四十亿斤、猪肉五万吨。祖国的广阔的荒地的面貌,正在随着一批批国营农场的诞生和成长,而变成富饶可爱的谷仓。"③一个参观者在参观以后兴奋地写下了这样一句话:"祖国的每一寸土地都是可爱的。"④

　　水利治理愿景。展览会上的治淮远景规划示意图,是一张令人振奋的图画。从示意图可以看到,1967年淮河流域将"建立起二十七座水库、数百座水闸和二十五个水电站",这些水利工程不但可以让"淮河流域八百万亩农田免除洪水的灾害,而且可以扩大灌溉面积一亿多亩"⑤。黄河的治理愿景让人兴奋,从展览会上根治黄河的发光模型上可以看到,中国要兴建"蓄水六百四十七亿公方、发电六十亿度、灌溉千万亩农田的三门峡水库",当开发黄河的宏伟计划实现以后,"四千八百多公里的黄河干流就会变成一连串的湖泊,蓄水量就能把我国著名的西北干旱地区变成像江南一

---

①燕凌:《一年和万年——全国农业展览会参观记》,《人民日报》1957年2月22日,第3版。

②小余:《荒地上的社会主义之光——记全国农业展览会国营农场馆》,《人民日报》1957年3月3日,第3版。

③小余:《荒地上的社会主义之光——记全国农业展览会国营农场馆》,《人民日报》1957年3月3日,第3版。

④小余:《荒地上的社会主义之光——记全国农业展览会国营农场馆》,《人民日报》1957年3月3日,第3版。

⑤洪崖:《"水利是农业的命脉"——记全国农业展览会水利馆》,《人民日报》1957年3月1日,第3版。

样的水稻产区"①。水利机械化是无数人的梦想，从展览会的一个活动模型可以看到"东北地区的大伙房水库正在怎样建设着。取沙船从河底取沙，小火车起运，漏斗转卸，皮带输送机把土运到大坝，压石机开始压实……一整套机械化联合作业"②。这些机械化作业，指引了中国水利事业的奋斗方向。

全国农业展览会办得非常成功，吸引了许多中外观众。1957 年 10 月 25 日，国务院通过的《一九五六年到一九六七年全国农业发展纲要（修正草案）》中指出：推广先进经验的方法，主要是举办农业展览会③。观众在展览会中看到新中国的美好前景，潜移默化地增强了对国家未来发展的信心。

小　结

本章主要探讨国内展览与中国共产党执政党形象的建构问题。展览是建构形象的绝佳方式，也是展现共产党风采的绝佳平台。新中国成立初期，党和政府通过组织展览，形塑共产党的个体形象；通过规训展览，彰显共产党执政的合法性；通过成就展览，突出共产党治国理政的能力；通过展览宣传，展现新生政权的美好现实与未来。当然，这四个方面并不是截然分开的，彼此之间也有重合。

展览活动的筹备、展陈与设计，体现了共产党的敬业、爱民、好学与智慧。劳模和先进人物参加展览会，成为展览会上特殊的"展品"，也是塑造共产党形象的代表。作为高生产量的榜样、地方的典型，地方响应国家号召的标杆，各行各业的劳模不仅介绍技术和经验，还传递国家的方针和政策，成为国家宣传生产技术与爱国主义思想的载体，对共产党形象的建构起到了积极作用。

新中国成立初期，政权合法性是共产党面临的重要问题。只有叙述和

①洪崖：《"水利是农业的命脉"——记全国农业展览会水利馆》，《人民日报》1957 年 3 月 1 日，第 3 版。

②洪崖：《"水利是农业的命脉"——记全国农业展览会水利馆》，《人民日报》1957 年 3 月 1 日，第 3 版。

③国务院法制办公室编：《中华人民共和国法规汇编(1956—1957)》（第 3 卷），中国法制出版社，2005 年，第 563 页。

传播好中国革命史，才能诠释好新中国的合法性。在民众文化水平较低的情况下，中国共产党举办了大量的罪证展览和革命展览。罪证展览让民众深刻认识了革命对象，阐释了革命的必然性和合法性。革命展览展现了革命历程，阐释了革命的进步性，增强了民众的革命信心。展览采取通俗易懂的方式，通过新旧中国的强烈对比，让观众真切地感受到新中国的发展和旧中国的落后。在建构执政党形象过程中，"给群体提供的无论是什么观念，只有当它们具有绝对的、毫不妥协的和简单明了的形式时，才能产生有效的影响"①。中国共产党通过展览的直观方式，充分说明新生政权的合法性，体现了其善于利用历史资源进行政治合法性塑造的能力。

治国理政的能力是民众评价一个政党的重要标准。借助于国防、公安、抗灾和行业展览会，中国共产党治国理政的能力得到充分展现：对外能抵抗侵略，对内能镇压反动势力，给民众提供安定和平的环境；对待灾害能积极防治，增强民众抵御风险的能力；对待经济能积极决策，让各行各业快速发展。相比较旧中国，新中国的治理措施得当，治理成效明显。可以说，新中国在国家治理体系和治理能力现代化方面迈出了新步伐。在辉煌的成绩面前，民众增强了对中共政权的认同感——共产党已经领导我们创造了辉煌的过去，必将领导我们创造美好的未来。

值得一提的是，中国共产党从民众关心的粮食、物资、饮食、衣服等生活用品入手，通过展览评奖和展览，许多土特产、老字号与名优产品得到推销，涌现出许多品牌产品，赢得了民众的欢迎。展览图片上的生活与观看展览的生活结合起来，让民众对新中国美好生活体会得更加深刻。由于生活的改善，民众容易接受这样一个逻辑——没有共产党就没有新中国，这在一定程度上强化了中共政权的合法性。作为执政党，共产党通过展览将新中国民众生活的提高构筑成民众的历史记忆，从而增强了共产党的向心力和凝聚力。

对未来中国进行规划和展望是展览活动中颇为重要的现象，它寄托了中国人民的美好愿望。1954 年苏联展览会展示先进的技术和巨大的成就，让中国人普遍希望"苏联的今天，就是中国的明天"。1957 年，全国农

---

① 〔法〕古斯塔夫·勒庞著，冯克利译：《乌合之众——大众心理研究》，中央编译出版社，2004 年，第 44 页。

业展览会对未来中国乡村、农场、水利、电力等发展进行了愿景规划,民众深切感受到自己与国家命运紧密相连,也对国家未来发展充满想象。想象的力量是巨大的,极大增强了民众对未来发展的信心。

　　空间,实质上是一种政治及其政治的生产①。展览活动表面上以教育空间的形式出现,实际上却是共产党实施国家治理,让民众接受国家意识形态教化最隐秘的空间,是国家权力空间化的载体。在展览空间中,共产党借助已经取得的成就,积极塑造一个现代政党形象。通过展览活动,共产党给民众留下了敬业、亲民、爱民、节俭、务实、廉洁、高效、好学、有智慧、有办法、有远见的形象。展示与图像联系紧密,图像具有文化记忆的功能,展览活动中大量图像(图片、照片、宣传画、绘画等)的出现,尤其是新中国各行各业欣欣向荣的发展图景,呈现出"展览的美学",加深了人们对新旧中国历史与社会的认知。

---

① Stuart Elden, *Understanding Henri Lefebrve*, London and New York: Continuum, 2004, p. 181.

第四章　展示与较量:出国展览与新中国国际形象的建构

出国展览与国家形象的关系,是个值得研究的重要课题。以往的研究主要论述晚清民国参加国际博览会与国家形象的关系,对于新中国展览活动与国际形象,则较少有学者进行研究。那么,晚清民国时期中国在国际会展上的形象如何? 1949—1957 年中国参加过哪些国际博览会? 新中国到外国举办过哪些展览会? 中国的会展外交如何开展? 展览又是如何建构中国的国际形象的? 新中国进行了哪些会展较量? 这些是本章需要解决的问题。

第一节　揽镜自照:近代国际会展上的中国形象

1866 年,清政府受法国邀请,晓谕商民参加巴黎万国博览会,从此中国与博览会结下了不解之缘。据赵佑志统计,"1866 至 1911 年间,中国受邀或参加的博览会达 80 次之多,其中参加了 55 次,平均每年达 1.22 次强"①。民国时期,中国参加了 8 次世界博览会,即 1915 年巴拿马太平洋世博会、1926 年费城世博会、1930 年比利时列日产业科学世博会、1933—1934 年芝加哥世博会、1935 年布鲁塞尔世博会、1937 年巴黎世博会、1939—1940 年纽约世博会和 1939 年金门世博会。其中,以政府名义组织参加的仅两次,即 1915 年巴拿马太平洋世博会和 1926 年费城世博会。通过梳理参展的展品、展馆的设计以及外交遭遇,笔者认为近代中国在国际会展上主要呈现以下形象:

一、农业中国

晚清中国国力羸弱,工业化进程缓慢,在国际博览会上的展品主要是

---

① 赵佑志:《跃上国际舞台:清季中国参加万国博览会之研究(1866—1911)》,《"国立"台湾师范大学历史学报》1997 年第 25 期。

农业品。1851 年,中国参加英国伦敦世界博览会,展品主要是丝绸、丝织品、茶、蜡、棉花、扇子、雨伞、木材、漆器、拐杖、烟斗、鼻烟壶等[1]。1873 年,中国参加奥地利维也纳世界博览会,展品主要是煤、生铜、锡、桐油、烟叶、柿饼、棉花、小麦、米、花生、茶、胡椒、糖、药材、烧酒、土布、茶、动物皮等[2]。1876 年,中国参加美国费城世界博览会,展品中丝、茶、六谷、药材等占有很大比重[3]。1883 年,中国参加英国伦敦渔业博览会,展品主要是从汕头、宜昌、宁波等口岸征集的水产品、中式渔具[4]。1903 年,中国参加日本大阪博览会,展品除了漆器、瓷器、木器、绸缎绫罗、景泰蓝、冶铸模型外,还有大量的农产品,如楚鄂苏诸省五谷物产,鄂陕川的各种麻[5]。

晚清中国在博览会上的展品就品种而言,大致分为五类:一是农渔牧及其副产品,如棉麻、五谷杂粮、糖酒、花生、丝茶、烟草、渔品、狩猎品、皮革、药材等;二是矿产品及其初级制品,如铜、铁、金、锡、玉、银等;三是手工制品,如绸缎、绣货、漆器、瓷器、雕器、木竹制品、布匹、蜡、肥皂、草帽等;四是体现中国文化的物品,如古玩、字画、文房四宝、印刷品;五是体现中国人情风俗的物品,如鸦片烟具、拐杖、祭器、灵牌、茅舍、刑具、官服、衙门模型、婚嫁及丧葬物品、小脚女人泥塑等[6]。这五类展品中,农渔牧及其副产品非常多。尤其是,各省土特产在博览会中占有很大的比例[7]。中国是个传统的农业国家,农业文明长达几千年的历史,展出农产品是中国的特色。

到了民国,中国参加世博会的展品仍然是以农产品为主。如 1915 年巴拿马世博会,江苏共选出赴美赛品 16 510 件,其中官厅出品 421 件;赛品共装 345 箱,共分十类,其中农业 6 309 件,机械和交通出品仅 10 件,不到所有展出品的一千六百分之一[8]。可见,当时中国工业的落后程度。和

①上海图书馆编:《中国与世博:历史记录(1851—1940)》,上海科学技术文献出版社,2002 年,第110—116 页。
②洪振强:《民族主义与近代中国博览会事业(1851—1937)》,社会科学文献出版社,2017 年,第78 页。
③李圭:《环游地球新录》,钟叔河主编:《走向世界丛书》,岳麓书社,1985 年,第 206—207 页。
④赵佑志:《跃上国际舞台:清季中国参加万国博览会之研究(1866—1911)》,《"国立"台湾师范大学历史学报》1997 年第 25 期。
⑤洪振强:《民族主义与近代中国博览会事业(1851—1937)》,社会科学文献出版社,2017 年,第79 页。
⑥洪振强:《国际博览会与晚清中国"国家"之形塑》,《历史研究》2011 年第 6 期。
⑦《华商赴比赛会纪事》,《东方杂志》1910 年第 7 期。
⑧洪振强:《民族主义与近代中国博览会事业(1851—1937)》,社会科学文献出版社,2017 年,第220 页。

欧美、日本等发达国家展现最新机器工业品不同，中国在博览会上展出的主要是农产品和手工艺品，基本上是一个的农业国的形象。

二、艺术中国

中国制造工艺品有悠久的历史，技术精湛，工艺品一参加世博会就赢得好评。1851 年，伦敦首届世博会评委会对中国的扇子给予高度评价："在扇子的制作方面，中国和法国是最大的竞争对手，几乎垄断了全世界的扇子生产业。在漆面扇领域，中国无可争议地被认为是最好的产地，在木制、骨制扇子以及象牙、珍珠的雕刻和钻孔技术上中国没有任何竞争对手（尤其考虑到价格因素的话更是如此）。即使在普通扇子的制作上，中国扇设计最富有新意，色彩鲜艳，绘图工丽，工艺考究。"[①]在 1926 年费城世博会上，中国有多种传统手工艺品、书画作品获奖，如常州梳篦获金奖，都锦生的仿唐寅古画织锦《宫妃夜游图》获金奖[②]。1933 年，在芝加哥世博会中国馆陈列室，有一座价值连城的翡翠宝塔。这座翡翠宝塔由苏州翡翠商人张文棣出品，高约 5 尺，计 7 层，宫殿室透明发光，满布绿色，毫无瑕疵，雕镂精绝，叹为鬼斧神工[③]。除了有一般漆商所能制作的观音、寿仙、弥勒、铁拐李等外，还有脱胎、模特儿、青色屏风、博古图屏、雕漆挂联等共计百余件。日常应用品中，有碗、箸、杯、碟、盘、盏、椅、桌、箱、盒、瓶、盆、文具等，共计千余件，此外尚有新创制的西式椅、桌、茶具，更有仿照西洋写生的中山先生办公漆画图，用漆水写生，较西洋油画之颜料，经久不退，也是漆业中一种新创作[④]。

除了展品外，中国馆的设计和造型也体现了中国的艺术特色。1883 年英国伦敦渔业博览会上，中国馆是中国式牌楼，上书"大清国"，两边各有一副向着红色的火珠飞去的木雕龙。在展馆外修建有中式庭院、凉亭、小桥、茶馆、餐馆、中国剧院。装饰物多为旗子、灯笼、字画、对联、花盆等，墙壁和器具上还雕有鱼、莲花、八卦等图案[⑤]。1904 年美国圣路易斯博览会

①〔日〕幸田露伴著，余炳跃译：《涩泽荣一传》，学林出版社，1992 年，第 77 页。
②曹必宏：《民国时期中国参加世界博览会纪略》，《中国档案》2010 年第 5 期。
③《稀世奇珍，翡翠三宝运美展览》，《申报》1933 年 4 月 3 日。
④《福建惠儿院，出品芝博经过》，《申报》1933 年 4 月 6 日。
⑤沈惠芬：《晚清海关与国际博览会》，福建师范大学硕士学位论文，2002 年，第 46、51 页。

上,中国馆是中式上等极大房屋一所,有园林亭榭,陈设悉用中式器具。建有"中国村",仿故宫房屋,陈列有溥伦的皇家居室;建有仿华人会馆一厅两厢,大门挂一红匾,曰"大清国会场公所";建有一牌楼,涂以红漆①。1915年巴拿马太平洋万国博览会上,中国馆仿北京太和殿而规模稍微缩小,正中为大殿,左右为两偏殿,铺设有北京地毯,陈设有桌椅绣屏、雕玩字画等中国传统精致家具和珍异优美物品②。

艺术建立在文化的基础之上,艺术也源于生活。中国历史悠久,地大物博,孕育了独具特色的中华艺术。对于其他国家的观众来讲,能看到以前没有见过的艺术品,自然印象深刻。

三、落后中国

近代,由于政局的动荡和外国的欺凌,中国成为一个积弱积贫的国家,在博览会上是被排入落后的殖民化国家序列,所以在国际博览会上经常受到其他国家的蔑视、挑衅和侮辱。

1904年,在美国圣路易斯世界博览会上,清王朝的展品十分落伍和丑陋,其最可丑者,择录如下:"上海装小脚妇人一、宁波装小脚病妇人一、广东装小脚妇人一、和尚一、老爷一(面墨黄,有问者,巴士伯辄以吸鸦片烟答之,并云,中国官大半吸鸦片烟)、兵丁一(绿营式)、苗蛮七、小城陲庙一座(内贮城隍十殿鬼判)、小县衙门一座(内具各种酷刑为文明国人所未见者)、小木人数百个(皆泥工、苦作、肩挑、贸易、娼妓、囚犯、乞丐、洋烟鬼等类)、小草舍十余间(皆民间旱涝疫病困苦颠连之现象)、枷号一方(会场初开置于中国地段门外,伦贝子言于巴士伯,始收检)、杀人刀数柄、洋烟枪十余支、洋烟灯数具、杀人小照数方,以上列中国段内(泥人皆过四尺高)。""翰林一、进士一、举人一、秀才一(皆过四尺高,弯腰弓背,极形文弱腐败之态)。"看到这些展品,"外人过者无不嗤之以鼻。是则此次出品名曰陈赛,实无异于献丑也"③。

1915年巴拿马世博会期间,由华人开办、西人出资的振黄公司在展馆

---

① 《赛会汇纪》,《外交报》第38期。
② 洪振强:《民族主义与近代中国博览会事业(1851—1937)》,社会科学文献出版社,2017年,第223页。
③ 《圣路易场会之国耻》,《东方杂志》1904年第1卷第7期。

里设有捏造事实的"华埠地狱"，把中国人丑化到不堪入目的程度，展出的不外乎是华人吸鸦片，嗜赌博，役女奴等丑态①。在美国的中国领事、中华会馆和商会等致函振黄公司经理表示抗议。经过交涉，世博会将"华埠地狱"实行封禁，不准游客入观②。但在世博会的分会场也有"华埠地狱"，虽几经交涉，却一直未被禁闭。这种有辱中华民族的行为，"不仅反映了一些好利之徒为谋私利，不惜以华人众丑态吸引游人入观；同时，也反映了美国的种族歧视政策"③。

在世博会的外交博弈中，日本借助世博会，片面宣传中国，甚至侮辱中国，足以证明中国落后被动的国际地位。1903 年，日本大阪举行博览会，其意图和目的是想实现日本"收经济万国博览会之效果"④；为了鼓舞对外殖民，实现殖民意图，日本设立人类馆，展示来自"落后民族"的北海道爱奴人、台湾生番、印度人、朝鲜人、琉球人、非洲人等共 32 人。同时专门设置台湾馆，展示日本在台湾实行殖民统治的合理性和进步性，及其殖民化统治的"辉煌成就"，既促使台湾按照"日本图景"实现"文明开化"，又可使台湾人更加归顺日本殖民统治⑤。1930 年秋，日本在比利时举办殖民地展览，在展览会悬挂的地图上，蓄意将东北三省绘成与高丽同色，视其为高丽第二⑥。1933 年，在芝加哥世博会上，日本对其所强占的中国东北领土伪"满洲国"进行大力宣传，"如举行演讲会，分发印刷品，我国参加芝博会代表向该会主持人提出交涉，结果演讲虽然停止，但印刷品仍然继续散发"⑦。

相比较发达国家，中国的展品主要是农产品和艺术品，高科技展品极少。时人曾说："我们的出品既多是这些老花样的丝、茶、瓷器、刺绣等等，而没有像他们那些现代文明的产物。"⑧博览会是国力展示的重要平台，"现在国家强弱之差，文野之别，余视其国民能制造机器与能运用机器与

---

①《华地狱已禁复开说》，《申报》1915 年 4 月 29 日，第 6 版。

②《华地狱已禁复开说》，《申报》1915 年 4 月 29 日，第 6 版。

③ 王水卿：《民国时期中国与世博会关系研究》，湖南师范大学硕士学位论文，2007 年，第 63 页。

④〔日〕吉田光邦编：《万国博览会研究》，日本株式会社思文阁，1986 年，第 304 页。

⑤〔日〕吉见俊哉：《博览会政治学》，中央公论社，1992 年，第 213—214 页。

⑥ 郑立宏主编：《蔡甸史话》，武汉出版社，2004 年，第 402 页。

⑦《国际问题研究会请张祥麟周贯虹演讲》，《申报》1933 年 2 月 8 日。

⑧ 陈令仪：《观芝博征品展》，《新中华》1933 年第 1 卷第 7 期。

否,故观博览会出品即可知其国家盛衰状况"①。近代世博会史上,展出的重要发明创造,如蒸汽机、留声机、电话、电视、电影、汽车、飞机、发电机、缝纫机、电梯等,都与中国无关。

综上所述,中国在近代国际会展上的形象是农业中国、艺术中国和落后中国。虽然中国悠久的传统文化得到呈现,但是中国在近代化进程中的落后显得尤为突出。当然,中国在世博会上也有精彩的表现,如中华民国成立初期,政府组团参加巴拿马太平洋万国博览会,共获大奖章 56 个,名誉优奖章 67 个,金牌奖 196 个,银牌奖 239 个,铜牌奖 147 个②,为中国赢得了荣誉。后来由于战乱连年,博览会发展比较迟缓,中国人在世人心目中的旧形象没有大的改变。

第二节　走向世界：新中国积极参与国际会展

西方人建构中国形象时,存在不少想象与误导的成分③。面对这些想象和误导,简单的否定将会使我们滑入以单线思维进行思考的历史困境中。新中国成立后,由于冷战环境的影响,很多国家对中国不太了解甚至产生误解。面对这种状况,为了打破"冷战"环境下的外交封锁,展示新中国的发展成就,从而改变中国的国家形象,让更多的国家和地区了解中国,中国积极参与国际会展。

一、新中国参加国际博览会

1951 年 3 月 4 日,中国第一次参加了德国莱比锡春季国际博览会,这标志着新中国展览业发展的开端④。这次参展博览会较为成功,它集中体现了新中国文明所达到的水准,促进了对外贸易的发展,对新中国对外关

---

①《比国两大博览会略纪》(上),《申报》1930 年 8 月 22 日。

②马敏:《拓宽历史的视野:诠释与思考》,华中师范大学出版社,2006 年,第 64 页。

③关于西方人对中国的印象,可以参看〔英〕约·罗伯茨编著,蒋重跃、刘林海译:《19 世纪西方人眼中的中国》,时事出版社,1999 年;〔美〕史景迁著,廖世奇等译:《文化类同与文化利用——世界文化总体对话中的中国形象》,北京大学出版社,1990 年;周宁:《永远的乌托邦:西方的中国形象》,湖北教育出版社,2000 年。

④王春雷、张灏:《第四次浪潮——中国会展业的选择与明天》,中国旅游出版社,2008 年,第168 页。

系的发展产生了重要影响。此后，中国积极参加国际博览会。到 1957 年，中国至少参加了 26 次国际博览会，受到世界其他国家的热烈欢迎。下面仅以大型博览会为例，叙述中国参加国际博览会的概况。

1951 年布拉格国际博览会。1951 年莱比锡春季国际博览会闭幕后，新中国参加了第 52 届布拉格国际博览会。该会 1951 年 5 月 19 日开幕，参加博览会的有 20 个国家，既有以苏联为首的社会主义国家，还有英、法等资本主义国家。博览会开幕后，捷克斯洛伐克共和国总理萨波托斯基、政府高级官员、各国外交代表等前往中国展览室参观，中国驻捷大使谭希林和中国参加博览会代表团团长贾石陪同参观。中国的展品种类大致和参加莱比锡博览会的相同，主要是：农产品部分中有茶叶、大豆、花生、药材、油脂、蛋品、肠衣以及皮毛和猪鬃等物产；矿产部分中有锑、锡及云母、石棉，更有稀贵的铀；工业产品部分中有轻工业品（造纸、制革、橡胶产品、日用百货等），各种纺织品（丝、丝绸、织锦、地毯及其他各种棉、毛织品），以及精密的仪器、冶钢工业等产品；手工业及特种手工艺部分中有牙刻、珐琅、刺绣、烧瓷、银蓝、景泰蓝等产品①。博览会于 6 月 5 日闭幕，吸引了将近 150 万的参观者。

1953 年印尼国际博览会。1953 年 8 月 29 日，印度尼西亚国际博览会中国馆正式开幕。中国馆面积最大，"共占地一千五百平方公尺，分为重工业馆、轻工业和纺织工业馆、农业馆三座，展出了我国一部分工农业产品的样品，计二千三百多种。治淮工程和荆江分洪工程两个水利建设模型、特种工艺品以及展览馆的中国民族建筑艺术都获得了来宾们的欣赏和赞美"②。印尼总统苏加诺、政府高级官员、各界代表人士都参观了中国馆。经过 37 天的展览，博览会于 10 月 4 日闭幕。据统计，参观中国馆的人数达 50 万以上，是博览会举办过程中观众参观最多的展馆。

1955 年叙利亚大马士革国际博览会。该博览会上，中国馆于 1955 年 9 月 1 日开幕，出席开幕仪式的有叙利亚总统阿塔西、总理阿萨利、政府高级官员，以及各界代表人士。中国展览团团长江明参加了开幕典礼。参加博览会的共有 21 个国家，包括中国、埃及、日本等。各国外交使节和商务

①《中国参加德、捷国际博览会筹备工作总结》，中国外交部档案馆藏，档案号：109－00154－01(1)。
②《印尼国际博览会中华人民共和国馆开幕》，《人民日报》1953 年 9 月 7 日，第 4 版。

参赞参加了开幕典礼。苏联、英国、法国、美国等国没有参加博览会。中国馆比去年大,受到叙利亚人民和来自其他阿拉伯国家的参观者的广泛欢迎。

1956 年维也纳国际博览会。中国当时虽然没有和奥地利建交,但也参加了此次博览会。博览会于 9 月 9 日开幕,共有 34 个国家参加,其中有 16 个国家在博览会中设有展览馆。中国是第一次参加维也纳博览会。中国馆占地 1 400 平方米,展品 2 200 余种,自 9 月 9 日至 16 日的 8 天中,接待观众 56 万人[①]。奥地利内政部长赫尔麦等参观了中国馆。在博览会上,新中国制造的机器、水利建设工程、"一汽"和鞍钢的图解、模型受到观众欢迎。中国在开幕前两天举行记者招待会,到会的有奥国及外国驻奥记者及部分工商界人士 160 人(记者约 120 人)。会上,冀朝铸团长介绍了我国建设成就及对外政策,受到新闻界的重视。前后共有 26 家报纸发表了 95 件有关中国馆的消息及图片,大部分报刊采取"客观"态度报道[②]。

1956 年巴黎国际博览会。1956 年 5 月 5 日,巴黎国际博览会开幕。有 27 个国家的 13 000 个展出单位参加,这是 50 年来的最高纪录。中国馆面积是 1 080 平方米,展出 1 400 多种商品。"在博览会举行期间,有八十万观众参观了中国馆。在最后两天,平均每分钟有一百八十人拥入中国馆。馆内馆外挤满了成千上万的人,他们都不愿错过参观中国馆的机会。法国报纸和观众都认为,中国馆是博览会中内容最丰富、最美观和观众最多的展览馆。"[③]法国总统戈蒂曾到中国馆参观。博览会于 5 月 21 日闭幕。巴黎各种各样的报纸,如《世界报》《费加罗报》《战斗报》《新闻报》《法兰西晚报》和《解放报》都对中国展览馆给予好评[④]。

1957 年卡萨布兰卡国际博览会。1957 年 5 月 4 日上午,卡萨布兰卡国际博览会开幕,共有 25 个国家参加。摩洛哥苏丹优素福为博览会剪彩。

---

①《参加维也纳秋季博览会的请示和参展工作总结》,中国外交部档案馆藏,档案号:110 - 00624 - 06(1)。

②《参加维也纳秋季博览会的请示和参展工作总结》,中国外交部档案馆藏,档案号:110 - 00624 - 06(1)。

③《巴黎博览会闭幕,中国馆备受赞扬——最后两天平均每分钟有一百八十个观众拥入参观》,《人民日报》1956 年 5 月 23 日,第 4 版。

④《巴黎博览会闭幕,中国馆备受赞扬——最后两天平均每分钟有一百八十个观众拥入参观》,《人民日报》1956 年 5 月 23 日,第 4 版。

这次博览会,举办方特别重视中国。举行开幕仪式以后,摩洛哥苏丹、首相、政府官员等在博览会主席陪同下,首先参观中国馆,受到中国展览团团长文士桢的热烈欢迎。"苏丹等在中国馆首先参观了重工业馆,在那里注意地观看了机器操纵表演。苏丹对中国精印的可兰经、茶叶、丝绸和手工艺品表现了很大的兴趣,并且在观看关于水利、交通工程和鞍钢的高炉模型时,提出一些问题。"①博览会举办了 16 天,观众达 120 万人②。

当然,还有很多博览会非常有影响。如波兹南国际博览会、普罗夫迪夫国际博览会、萨格勒布国际博览会、里昂国际博览会、巴基斯坦国际工业博览会等,这些博览会见证了中国走向世界的历程。

二、新中国到国外举办展览会

与国际博览会有很多国家参展不同的是,新中国到国外举办展览会,只有中国一个国家举办展览。到国外举办展览的原因,有外国邀请,有根据两国达成的贸易协议举办,有中国主动办展等多种原因。据不完全统计,新中国到国外举办的展览会至少有 78 次。尽管次数很多,但主要是以下四种展览会,这四种展览会到许多国家巡展,影响很大。

1. 新中国展览会

这个展览会最早在捷克斯洛伐克举行,由捷克斯洛伐克政府和捷中友好协会共同主办。1950 年 9 月 22 日,"新中国展览会"在布拉格揭幕。"展品包括中国的各种图片、木刻、年画、古物、手工艺品及各种书籍出版物。"③捷克总理萨波托斯基、捷共总书记斯兰斯基也亲往参观④。展览持续了一个月,于 10 月 22 日闭幕。在展览期内,"举行了中国节目的晚会 12次,其中有演讲会 6 次,音乐会 4 次,诗朗诵会 2 次。布拉格各电影院均放映了中国影片和新闻片,观众达 4 万人。10 月 20 日曾特别为布拉格各工

---

①《卡萨布兰卡国际博览会开幕——摩洛哥苏丹对中国馆很感兴趣》,《人民日报》1957 年 5 月 7日,第 5 版。

②《参加摩洛哥卡萨布兰卡国际博览会总结及媒体反应》(1957 年 8 月 9 日),中国外交部档案馆藏,档案号:107 - 00272 - 03(1)。

③《"新中国展览会"明天在捷京开幕》,《人民日报》1950 年 9 月 21 日,第 4 版。

④《"新中国展览会"明天在捷京开幕》,《人民日报》1950 年 9 月 21 日,第 4 版。

厂的突击工人放映了名片《中华女儿》"①。1950 年 12 月 23 日,"新中国展览会"来到罗马尼亚首都布加勒斯特展览。参加开幕典礼的有罗马尼亚国民议会副主席康斯坦丁尼斯库等人,中国驻罗大使王幼平致辞。

此后,"新中国展览会"到波兰、芬兰和法国等国进行展览。1951 年 5 月 7 日,"新中国展览会"在波兰首都华沙的国立博物馆举行。参加开幕仪式的有波兰总理西伦凯维兹等 200 余人。中国驻波大使彭明治和各国驻波外交使团人员参加了开幕仪式。9 月 29 日,"新中国展览会"在芬兰首都赫尔辛基举行。展览会主要展示中国的建设成就、悠久历史文化等。芬兰总理吉科宁及社会各界代表前往参观,观众达数千人。1953 年 3 月,"新中国展览会"在巴黎文艺复兴图书馆开幕。展览品包括:"珍贵文献、艺术品、儿童图画、书籍、标语画、邮票、工艺品、照片以及在过去两年中访问过人民中国的法国进步记者和作家的著作。"②

2.中国艺术展览会

该展览会最早在苏联举行,主要由苏联部长会议艺术委员会主办。1950 年 10 月 1 日,中国艺术展览会在莫斯科开幕,参加开幕典礼的来宾约 4 000 人。展览会设在辉煌的特列嘉科夫艺术馆,共有 17 个展览室,展览品共有 1 000 多件,包括从仰韶文化的彩陶到清末的艺术品和近代的中国画、艺术摄影、年画、木刻等。中国驻苏联大使王稼祥致辞。展览持续了一个半月,于 11 月 15 闭幕,参观者达 20 万人③。

此后,中国艺术展览会在民主德国、保加利亚和波兰等国进行展览。1951 年 5 月 15 日,中国艺术展览会在柏林德国国立博物院开幕,举办该展览会是定于 6 月 6 日开始的中德友好月的前奏。参加展览的有将近 1 000 件新中国的艺术品和珍贵的中国古代艺术品,它们分别陈列在 15 个大厅里。1951 年 9 月 8 日,中国艺术展览会于保加利亚首都索非亚开幕。索非亚艺术文化界的代表,中国驻保加利亚大使馆参赞李慕禺参加了开幕式。1951 年 10 月 1 日,中国艺术展览会在波兰首都华沙举行。出席开幕典礼

---

①《捷京新中国展览会闭幕——参观者对表现中国人民英勇斗争的艺术作品极为赞赏》,《人民日报》1950 年 10 月 25 日,第 4 版。

②《巴黎举行"新中国展览会"》,《人民日报》1953 年 3 月 2 日,第 4 版。

③《莫斯科中国艺术展览会闭幕——展览一个半月参观者达二十万人,苏艺术界一致赞誉中国艺术成就》,《人民日报》1950 年 11 月 27 日,第 4 版。

的有波兰议会副主席巴尔西科夫斯基以及苏联和人民民主国家驻波外交使节等 300 多人。我国驻波兰大使彭明治参加了揭幕典礼。

3. 中国工艺美术展览会

这个展览会主要由中国人民对外文化协会主办，最早在匈牙利举行。1954 年 10 月 1 日，中国工艺美术展览会在匈牙利首都布达佩斯开幕。出席开幕式的有匈牙利人民共和国主席团副主席但·纳吉以及各界代表和美术工作者等 200 多人。中国驻匈牙利大使馆临时代办张世杰和各国外交使节也出席了开幕式。展览会展出的工艺美术品有：景德镇的瓷器，各种刺绣，丝、棉、毛等纺织品，各种编织品和雕刻，泥塑和金属器皿等。到会者对展出的各种精美展品评价很高①。

此后，中国工艺美术展览会到波兰、缅甸、苏联、印度尼西亚、印度、蒙古、巴基斯坦等国进行展览。1954 年 10 月 4 日，中国工艺美术展览会在波兰首都华沙开幕。出席开幕式的有波兰文化艺术部副部长维尔契克和华沙文化艺术界的代表共 200 多人。11 月 19 日，中国工艺美术展览会在缅甸首都仰光开幕，缅甸联邦文化部长兼宗教事务部长吴温出席开幕式并剪彩。缅甸总理吴努在 25 日下午参观展览，对中国的展品给予了高度的评价。11 月 30 日，中国工艺美术展览会在苏联莫斯科开幕，展览持续了两个多月，于 1955 年 1 月 31 日闭幕。展览期间，有数以万计的观众参观了展览会。1955 年 1 月 17 日，中国工艺美术展览会在印度尼西亚首都雅加达举行，300 多位来宾参加了开幕式，其中有印度尼西亚政府文教部长穆罕默德·雅明、外交部长苏纳约等。中国驻印度尼西亚大使黄镇出席开幕式。1 月 18 日，苏加诺总统在黄镇大使陪同下参观了展览会。1955 年 2 月 5 日，中国工艺美术展览会在印度德里开幕。参加开幕典礼的有印度共和国副总统拉德哈克里希南以及社会各界代表。中国驻印度大使袁仲贤出席了开幕典礼。"展览会共分四个室。展出的物品有一千四百多件，其中包括江西省景德镇的瓷器、广东省石湾的陶器、金属器、雕刻、漆器以及各种编织品、染织品和刺绣等。"②1955 年 3 月 6 日，中国工艺美术展览会在印度加尔各答开幕，展览持续了 10 天，于 3 月 16 日闭幕。加尔各答各

①《我国工艺美术展览会分别在波匈两国开幕》，《人民日报》1954 年 10 月 7 日，第 4 版。
②《我国工艺美术展览会在印度德里开幕》，《人民日报》1955 年 2 月 9 日，第 4 版。

界市民4万多人参加了展览会,值得一提的是,加尔各答的大部分华侨也参观了展览会。1955年8月4日,中国工艺美术品展览会在蒙古人民共和国首都乌兰巴托开幕。参加开幕式的有蒙古人民革命党中央委员会书记处第一书记达姆巴,大人民呼拉尔主席团主席桑布等人。1955年8月17日,中国工艺美术展览会在巴基斯坦国家博物馆开幕。巴基斯坦伊斯兰教联盟主席、前总理穆罕默德·阿里出席展览会,并为开幕式剪彩。参加开幕仪式的还有政府高级官员、各界代表和华侨等共约300人。中国驻巴基斯坦大使韩念龙也参加了开幕仪式。

4.中国商品展览会

这个展览会主要在日本和埃及举行。1955年10月17日,中国商品展览会在日本东京开幕。参加开幕式主要有:国务大臣高碕达之助等日本政要,苏联驻东京代表团团长多穆尼茨基,中国全国人大代表康鸣球和东京华侨总会理事会主席张加爵等。10月18日,展览会正式对民众开放。日本民众对中国第一个五年经济建设计划、治淮工程,以及各种农产品、工业品、艺术品比较感兴趣。展览会原定在10月31日闭幕,但由于日本各界人士的要求而延期3天,在11月3日闭幕。这次展览会在17天的展览期中,吸引了66万多名观众,其中有15万人看了新中国的电影①。12月1日,中国商品展览会在大阪正式开放。12月15日,展览会闭幕。在15天的展期中,观众达到123万多人。

1956年4月1日,中国商品展览会在埃及开罗开幕。展览会展出面积5 000平方米,展品3 000多种。在展览的同时,还放映中国电影和出售中国物品。4月25日,展览会闭幕。在展出的25天当中,前来参观的观众共达20多万人。观众在留言簿上写下的赞语和感想共7 000多条,他们对展览会给予很高的评价。在展览会上放映的中国影片也受到当地群众的热烈欢迎,电影共放映23天,观众达15万人②。

除此之外,新中国在国外还举办了中国文化艺术展览会、中国年画展览会、中国照片展览会、中国工农业展览会、中国现代绘画展览会和中国敦煌艺术展览会等展览,这些展览有的由中国人民对外文化协会举办,有的

---

① 《中国商品展览会吸引了东京六十多万观众——中国商品展览团在展览会闭幕后举行酒会》,《人民日报》1955年11月5日,第1版。
② 《埃及二十多万人参观我国商品展览会》,《人民日报》1956年4月29日,第4版。

由外国政府相关部门举办，有的由中外之间联合举办。展览举办地主要集中在亚洲和欧洲，最远到非洲埃及，这对中外之间交流无疑具有极大的促进作用。

三、展览外交：展览、政治与对外商贸

新中国成立后，参加国际博览会不是一个单纯的商贸活动，更主要的是外交问题。"德、波、捷兄弟国家早在一九五〇年春季即已分别邀我参加，当时因我中央人民政府成立伊始准备不及，未能参加。到五〇年秋，德、捷又先后函中央贸易部恳切邀请我国参加五一年春季莱比锡及布拉格之国际博览会，除要求展览我国特产品外，并陈列有关解放后的军事、政治、文化及生产建设等之发展情况。"①对外贸易部随即报请中财委转于周恩来总理请示是否参加，周总理于 1950 年 10 月 27 日批示同意参加。中财委于 11 月 16 日指定由贸易部沙千里副部长负责召集有关部门组织筹备委员会，进行一切筹备事宜。

基于外交的考虑，中国政府对展品进行了严格要求。1951 年中国首次参加莱比锡国际博览会，周恩来总理于 1951 年 1 月 19 日亲自审核展品，他指出了展品的主要内容：

（一）中华人民共和国的全貌，包括解放战争后我国之军事、政治、文化等建设情况。

（二）新中国的经济建设，包括轻、重及纺织工业、交通运输、农林、水利等发展情况。

（三）我国的出口特产品，包括粮食、大豆、油脂、皮毛、茶叶、矿砂、丝绸等，上述展览品将于二月一日起运，二月十五日至二十日左右抵达莱比锡。②

可见，出国展展品极其重要。由于展览具有较强的政治性，展品遴选非常严格。1953 年，《征集赴苏联中国国民经济展览会轻工业展品注意事项》指出，展品上一律不得有外文标志，如商标、住址及说明等；展品不得用

①《中国参加德、捷国际博览会筹备工作总结》，中国外交部档案馆藏，档案号：109－00154－01(1)
②《德意志民主共和国邀请我参加一九五一年莱比锡博览会的文电》，中国外交部档案馆藏，档案号：109－00093－01(1)。

英美等资本主义国家零件，如确无国货，可尽量用苏联及新民主主义国家产品代替；展品的图案及色调应保持民族优美风格，不得带有法西斯（如"卍"字）或封建落后意识的花纹及字迹（如小脚、辫子、一品当朝及马上封侯等）①。此次对展品总的要求是"质精""面广"，其具体标准为：1.具有代表性者：制作精细，能达到该类产品的最高技术水平；2.具有民族艺术价值者；3.有外销历史，或可能争取外销者；4.解放后的新创造新产品而其规格能符合或接近国际标准者②。通过展品的遴选，中国共产党把不合格的展品淘汰掉，从而更好地展示新中国。

为了出国展览效果更好，新中国还在国内进行充分的预展。由于精心筹备，中国在出国展上取得了很大成绩。在展品上，中国展品十分丰富，如1953年中国参加印度尼西亚国际博览会，展品有2 300多种，其中的水利建设模型获得赞美；1955年中国参加大马士革国际博览会，新式的精密机器以及重工业产品引起观众巨大兴趣。这些展品是中国现代化发展的主要成果，也可以说是中国的国家品牌③。如刺绣展品种类很多，湘绣"群鸽戏牡丹"和"竹林孔雀"屏风，绣工都非常精致，其他还有苏绣挂屏、床毯、被面、台毯、靠垫、枕套等刺绣品将近100种，充分地发扬了中国民族艺术的特长④。通过这些品牌的展示，较好地展示了中国的风采。在参展地上，中国参展地不断扩大，有亚洲、非洲和欧洲地区，其中欧洲是最多的，主要是因欧洲的展览业比较发达，办展次数很多，而且中国与苏联及东欧国家的关系较为密切。在参展效果上，中国博览会影响很大。1957年的第26届波兹南国际博览会观众很多，达到近百万人。博览会是整体性的人类文明交流，其规模性与直观性都是前所未有的。有些世博会的参观者动辄几十万、几百万或上千万，其间的大规模人际交流达到惊人的程度，其产生的文化传播效应也是无法估量的⑤。

---

①《征集赴苏联中国国民经济展览会轻工业展品注意事项》，北京市档案馆藏，档案号：22－12－897。

②《征集赴苏联中国国民经济展览会轻工业展品注意事项》，北京市档案馆藏，档案号：22－12－897。

③所谓国家品牌，从宏观上说，指把国家作为一个品牌来进行塑造和传播；从微观上说，主要指的是国家产品和服务在国际上的地位和声誉以及由此得到的国际公众的广泛认同。见吴友富：《中国国家形象的塑造和传播》，复旦大学出版社，2009年，第181页。

④《我参加四个国际博览会的纺织展览品启运》，《人民日报》1955年7月15日，第1版。

⑤马敏：《中国近代博览会史研究的回顾与思考》，《历史研究》2010年第2期。

除了参加国际博览会外，中国还参加了很多大型的国际展览会，如1955 年布拉格的国际邮票展览会，有 30 多个国家参加，展出面积共有 900平方米。中国在那里展出了新中国成立以来发行的纪念邮票 32 种，特种邮票 13 种，普通邮票、航空、欠资邮票 10 种，邮票放大画 9 幅①。这些邮票鲜明地显示了新中国在各条战线上所取得的巨大成就，表达了中国人民保卫世界和平的愿望和决心。新中国的邮票，在展览会上受到了集邮者广泛的欢迎。以前，捷克斯洛伐克的集邮者很少有人会愿意收集国民党统治时期的中国邮票，而在新中国成立后，收集中华人民共和国邮票的集邮家则比较普遍。他们赞美我国邮票的图案和色彩，尤其喜爱反映我国经济建设成就的各种邮票②。1956 年，中国赴英国参加第四届手工业展览会，展览的 13 天内接待了 24 万观众。虽然参观前英国人大多不知道新中国在成立后几年中突飞猛进的变化和在各方面所取得的建设成就，对新中国仍旧是老的看法，但通过这次展览，扭转了英国人的看法，使他们对新中国由过去的不甚了解到有了进一步了解，不愿了解的亦愿了解了③。

出国展览过程中，华侨纷纷观看中国的展览。1953 年印度尼西亚博览会上，中国馆所表现出来的新中国建设的伟大成就鼓舞了广大侨胞。很多住在远地的侨胞特地到雅加达来参观祖国的展览。一些侨胞参观了三四次，有一位六十多岁的老人先后参观了九次④。1955 年，中国商品展览会在日本东京举行。有些华侨参观后说："现在我们看到祖国的机器，感动得流泪。祖国的迅速发展，已经使我们华侨挺起胸膛来了。"⑤华侨的支持和认同，促进中国出国展览的快速发展。

在出国展中，参会人员还被要求与外界广泛接触，与外方人员建立更广泛的联系。1955 年，中国派展团赴叙利亚大马士革博览会参展，外贸部提出："在展览期间的对外活动，应利用展览工作中各种条件和机会，与叙利亚等阿拉伯国家官方、半官方及工商界人士进行广泛接触；如有重要人

①林衡夫：《精彩纷呈的邮票世界——青少年集邮知识 600 题》，人民邮电出版社，2002 年，第194—195 页。

②人民邮电出版社编：《1955 年布拉格国际邮票展览会》，人民邮电出版社，1956 年，第 9 页。

③《特光联社关于赴英参加第四届手工业展览会工作团工作报告》，北京市档案馆藏，档案号：112 -2 - 376。

④《印尼国际博览会中国馆闭幕》，《人民日报》1953 年 10 月 18 日，第 4 版。

⑤曹中枢：《中国商品展览会在日本》，《人民日报》1956 年 2 月 3 日，第 4 版。

物或社会名流来馆参观,应酌情由团长或副团长出面接待并陪同参观。对于叙利亚政府重要负责人如总统、总理、经济部长等,应主动前往拜会。在我展览馆闭幕及我国庆节,应举行各界人士招待会。"①1957 年,针对摩洛哥卡萨布兰卡国际博览会的问题,中国代表团负责人"会见了大会主席,主要熟悉大会对我馆画册印有'中华人民共和国'馆内介绍字样的态度,大会主席表示同意,并问了我们画册的内容。"②这样,就加深了两国之间的了解与互信。

通过各种办展活动,中国与西方等国家的关系逐渐改善,表现为在接到未建交的国家向我国发出关于博览会的邀请函时,中国的态度由拒绝到逐渐接受。

1952 年 1 月 19 日,意大利社会党国际联络部筹备全国性的艺术与文化活动展览会,希望中国参加此次展览,并要求中国尽力予以帮助。但是有关部门有疑虑,所以,1952 年 3 月 19 日外交部进行回复:关于意社会党举办之"文艺展览会"邀我送作品参加展览事,经与有关部门联系后,认为我目前缺乏适当作品,故不能参加③。1952 年,日本大阪市亚细亚展览会筹委会邀请天津市参加展览,天津市财政经济委员会经由中国国际贸易促进委员会处理此事,对日回复称:"因时间仓促,展品征集不及,致不能展出,但为表示赞助,除已于七月十八日发一贺电外,并于十九日覆一短信予以鼓励过。"④1954 年,意大利米兰国际博览会邀请中国参加,政务院财政经济委员会国际经济事务局认为:"大会既不能正式邀请我们直接参加,如果再像一九五三年一样仍委托该公司(即意大利罗马可默特公司)代为展出,意义不大;并且该公司要求我们寄去一些特种手工艺品为专业性的展出,在效果上更无意义。因此,决定不拟参加。"⑤

但是,后来随着中国外交政策的逐渐成熟,中国开始积极参与西方国家主办的博览会。1956 年 5 月 5 日,巴黎国际博览会举办。由于中法没有建交,所以中国贸促会以民间团体的名义代表中国首次参加了博览会,还

①《关于我国派展团赴叙利亚大马士革博览会参展并拟以贸易代表团名义访问埃及、黎巴嫩、沙特阿拉伯等国事》,中国外交部档案馆藏,档案号:107 - 00038 - 01(1)。

②《参加摩洛哥卡萨布兰卡国际博览会情况》,中国外交部档案馆藏,档案号:107 - 00272 - 02。

③《关于送作品参加意大利文艺展览会事》,中国外交部档案馆藏,档案号:110 - 00187 - 03(1)。

④《关于参加日本大阪市亚细展览会》,天津市档案馆藏,档案号:77 - C - 1471。

⑤《1954 年意大利米兰国际博览会不拟参加事》,中国外交部档案馆藏,档案号:110 - 00260 - 08(1)。

请到法国总统戈蒂来中国馆参观。中国馆陈列的各种机器、模型，墙上挂着的图片和数字，使许多游客得到启示：在六年半短短的岁月里，中国在各方面的进步，胜过许多资本主义国家几十年的成绩①。1956 年 9 月，维也纳秋季国际博览会举办。虽然我国与奥地利没有建交，但是中国参加了博览会，并做单独展出，占地 1 400 平方米，展品 2 200 余种。"和中国距离遥远的奥国人民在帝国主义及本国反动派蒙蔽之下对新中国是不了解的，过去虽有少数人来过中国，但他们带给群众的多为旧中国的贫穷落后印象，今年第一次将我国社会主义工业化四年来所取得的巨大成就，通过展览在奥国人民面前做了形象的介绍，五十六万人的参观，以及通过他们及舆论界向群众所传播的印象，使奥国广大人民对新中国的真实面貌有所了解。"有人表示："这个展览会清除了我过去对中国的想法，中国正走在正确的道路上。"②通过博览会，奥地利民众对中国的态度，由过去的不了解或误解，逐渐变为理解和信任。

即便一些国家的博览会不能参加，中国也要委托其他国家代为参加。如 1955 年 4 月 9 日，中国国际贸易促进委员会指出："我国参加 1955 年 7 月在冰岛雷克雅维克国际博览会，展出面积 150 平方公尺的规模，征集了轻纺织品等计 301 种，并配以各种有关图片。此次展览，我们不派人前往，而委托该博览会代办。"③遗憾的是，由于冷战环境，这一时期中国没有参加过西方国家举办的世界博览会。尽管如此，中国展览向国际舞台迈出了坚定的步伐。

在参加国际博览会时，中国与外国进行了相当多的商贸往来。1953年，中国参加莱比锡国际博览会，在贸易方面取得佳绩，"进出口公司柏林代表处在大会期中与西方商人广泛接触，并与西德、英、法、奥、荷、瑞士、比利时、丹麦、瑞典九国先后签订价值二百三十万英镑的贸易合同。中国这种扩大东西贸易，加强国际经济合作的真诚愿望与真正努力，使西方商人颇为感动。许多英、法、意商人以能参加我国各界人士招待会为荣，并深表

①柳门：《记 1956 年的巴黎博览会》，《世界知识》1956 年第 11 期。
②《参加维也纳秋季博览会的请示和参展工作总结》，中国外交部档案馆藏，档案号：110－00624－06(1)。
③《参加冰岛 1955 年夏季贸易展览事》，中国外交部档案馆藏，档案号：110－00290－04(1)。

感谢。德国官方对我们在这方面的努力,谈话中也表示谢意。"①1955年,中国商品展览会在日本东京举行,观众很高兴能够在纪念品小卖部买到中国的各种名茶、果品和手工艺品②。1956年,中国商品展览会在埃及举行。"中国各公司的代表同埃及工商界人士建立了广泛的接触,并且进行了正式的贸易商谈。有一百三十多家埃及公司同中国公司达成了近百万英镑的交易,确定了中国茶叶、缝纫机、纸张、自行车等二十多种商品的代理商。"③1957年莱比锡展览会上,"在所展出的四千件中国展品中有:精巧雕刻出来的象牙和玉石、瓷器、漆器、丰富多样的织锦缎和绸缎等这类传统的手工艺品。这些物品大都是供出口市场的。西方数百名商界人士(主要是西德和其他西欧国家的人士)将于星期一同共产党工作人员们聚首开始举行贸易谈判"④。其中,荣宝斋出版的国画复制品如徐悲鸿画的马,齐白石画的虾被订购的数量以千计⑤。在博览会上,一位汉堡港口的权威人士说:"预计在今年内就会有许多从汉堡开出去的货船,到人民中国的港口去停泊和卸货。"⑥通过展览商贸这个平台,推出了中国的名优品牌,直接或间接推动了新中国展览外交的较快发展。以上这些事例,说明了在办展观念上,新中国对参加与己没有建交国家举办的博览会问题上经历了由疑虑到接受、由政治到外交、由邦谊到商贸的变化。

通过展览,新中国和许多国家建立了很好的外交关系。著名学者李景治认为,新中国成立初期,中国对外关系发展很快,主要表现在积极争取得到国际社会的承认。首先是争取得到社会主义国家的承认。1949年10月以后,苏联、保加利亚、罗马尼亚、匈牙利、捷克斯洛伐克、朝鲜、波兰、蒙古、民主德国、阿尔巴尼亚、南斯拉夫先后同新中国建立了正式的外交关系。其次是中国同一些民族主义国家建立了正式的外交关系。印度、缅甸、印度尼西亚、巴基斯坦、阿富汗、尼泊尔在这个时期同中国建立了正式

①《参加一九五三年莱比锡博览会工作团工作总结报告》,中国外交部档案馆藏,档案号:109 - 00275 - 01(1)。

②《中国商品展览会在东京正式开放——中国商品展览团在东京举行宴会》,《人民日报》1955年 10月20日,第1版。

③《埃及二十多万人参观我国商品展览会》,《人民日报》1956年4月29日,第4版。

④《我展出的重型机器给人们以深刻印象》,《参考消息》1957年3月6日,第4版。

⑤《莱比锡春季国际博览会闭幕》,《人民日报》1957年3月16日,第7版。

⑥《一九五七年的莱比锡春季博览会》(中文版特刊),第13页。

的外交关系。最后是瑞典、丹麦、瑞士、芬兰、挪威、列支敦士登、英、荷等八个国家同中国建立了外交关系，其中英、荷为代办级外交关系①。从这些外交关系的演变和中国参加博览会的历程对比中，可以看出展览会或博览会在中国外交发展中扮演着重要角色。

有学者回忆说："出国展览被赋予了新的使命，宣传我国锦绣河山，人民生活改善，社会主义建设成就等内容成为展览的主要任务。"②可以说，展览已成为新中国外交发展的一个重要媒介或方式，故笔者提出"展览外交"的概念。所谓展览外交，指的是以展览展出与交流为内容的外交，是主权国家利用展览方式达到特定目的或对外战略意图的一种外交活动③。中国出国展览是为了"展示中国主权"和"发扬中国文化"，其意义不仅限于经济发展与文化交流，更在于展览背后所宣扬的形象和理念，这使得中国展览被赋予了强烈的文化意涵与国族认同，推动中国向现代民族国家迈出了关键步伐。

第三节　呈现中国：展示新中国的国家风采

如何向世界介绍中国？这是新中国面临的重要问题。由于新中国是刚成立的新政权，再加上意识形态的因素，一些国家对中国不太了解，甚至产生误解。如英国宣传机构把中国歪曲宣传为"竹幕"，这隔绝了英国人民和我国人民之间的往来；英国人民则认为中国只发展重工业，而不重视发扬和保存旧有的传统艺术④。又如阿尔巴尼亚对中国了解很少，甚至有些错误。阿对外文联会副书记将孙中山误认为中国共产党的创始人，该委员会另一工作人员将孙中山又误认为中国共产党第一任总书记；他们拿来布置展览会场大门用的中国国旗五颗星的位置完全不合规定，还有些人不知

①李景治、林苏主编：《当代世界经济与政治》，中国人民大学出版社，2003年，第241页。
②中国贸促会宣传出版部编：《中国展览年鉴（1999年）》，光明日报出版社，1999年，第40页。
③这个概念主要受李智"文化外交"的启发而提出。所谓文化外交（Culture diplomacy），即是以文化传播、交流与沟通为内容展开的外交，是主权国家利用文化手段达到特定目的或对外战略意图的一种外交活动。见李智：《试论文化外交》，《外交学院学报》2003年第1期。
④《特光联社关于赴英参加第四届手工业展览会工作团工作报告》，北京市档案馆藏，档案号：112-2-376。

道我国国徽是个什么样子①。面对这种现状，中国共产党采取展示新中国的国家符号、建设成就和灿烂文化的方式，积极建构国家形象。

一、展示新中国的国家符号

展馆富有民族特色和国家特色，才能凸显国家符号。中国自 1951 年开始参加国际博览会就非常注重展馆的布置，如在参加 1951 年布拉格国际博览会时，"中国馆会场的布置，无论在内容上或形式上，都具有着我们中国的民族特色"②。中国馆占地 1400 平方米，"馆内正面大照壁，就原有建筑形式，以天安门为背景，并加高弧形的穹窿，高翔着白色的和平鸽群。右面与象征和平力量的擎鸽少女及示威群众相衔接，左面用象征经济建设矗立的工厂烟筒为对照，天安门前摆满鲜花，毛主席油画像位于鲜花丛中。两侧分竖国旗共廿面，构成火焰一般的红色屏帐。入口处：左为马克思、恩格斯、列宁丝织像，右为斯大林、毛泽东、哥德瓦尔德的绣像，当中为陈列工艺品的曲形花台，与经济建设的图片甬路，直通天安门前的阶梯下"③。此外，关于抗美援朝、土地改革、文化教育、民族团结、国际友谊等图片悬挂于四壁，与实物相照应。中国馆还制作了四条标语：一是"只要我们坚持人民民主专政和团结国际友人，我们就会是永远胜利的"；二是"人民民主专政和国际友人的帮助将使我们的经济建设工作获得迅速成功"；三是"反对侵略战争，保卫世界持久和平"；四是"人民是创造世界的源动力"④。整个陈设布置烘托了中国的政治氛围，体现了浓厚的民族特色和高度的文化艺术，给观众以富丽堂皇庄严雄伟的感觉，在展馆布置方面则凸显了天安门、毛泽东画像和国旗，向世人展示出新中国的国家符号。

国旗是国家的象征，也是国家的符号。1951 年 5 月 15 日，中国艺术展览会在民主德国开幕，开幕典礼极其隆重，"从博物院通到市中心的大道上，沿路都挂起了无数幅中华人民共和国的五星国旗，展览会的大门口，悬

---

① 《"新中国展览会"在阿尔巴尼亚地拉那展出》(1952 年 1 月 23 日)，中国外交部档案馆藏，档案号：109 - 00227 - 01(1)。

② 徐大可：《在莱比锡和布拉格国际博览会上》，《人民日报》1951 年 8 月 14 日。

③ 《中华人民共和国参加布拉格国际博览会展出总结报告》(1951 年 7 月 13 日)，中国外交部档案馆藏，档案号：109 - 00113 - 01(1)。

④ 《中华人民共和国参加布拉格国际博览会展出总结报告》(1951 年 7 月 13 日)，中国外交部档案馆藏，档案号：109 - 00113 - 01(1)。

挂着毛泽东主席的巨幅画像"①。1954 年 11 月 4 日，中央发布了《关于我主办各建交国电影、文工团演出招待会、展览会等场合时悬挂国旗、领袖像的规定》，规定指出："为求对外统一起见，特规定今后在上述各种场合，凡我方主办需要悬挂旗像时，对兄弟国家一律悬三国旗、三国领袖像。即我方居中，对方居左（指旗像本身言），苏联居右。……对资本主义国家，如有必要则一律仅悬两国国旗，不挂像，我国旗居左（指旗本身言），对方国旗居右。"②1955 年 7 月，邮电部参加南斯拉夫第三届邮票展览会。代表团团长冯树章发现，"一个中国清朝发行的明信片，上面贴了一枚清朝邮票；按规定，展出的历史性邮票都用现在的国家的国旗表示，但这里却用了国民党政府的国旗"③。他立即向克罗地亚邮电管理局局长提出意见，展览会立即取消了这面小旗，并向中国代表团表示歉意。1956 年的维也纳国际博览会，"大会及会场，中国国旗与苏、美、英、法等参加国国旗并列，中国国旗还排为第一个（这是我国旗在奥第一次受这样的待遇）"④。

　　毛泽东主席是新中国的缔造者，也是新中国的国家符号。在历次出国展中，毛泽东主席的相片都放在显要的位置。1950 年 5 月，捷克"中国月"展览会的中国展览品最后一次预展，播放的唱片中含有毛主席、朱总司令等的演讲录音，可以让国际友人听到我们人民领袖的声音⑤。1950 年 8 月，中国艺术品展览会在基辅开幕，有当代艺术家石鲁的套色木刻《毛主席和劳动英雄的会见》⑥。1951 年 6 月 8 日，中国文学艺术展览会在苏联列宁格勒科学工作者之家开幕，"展览会特辟一室陈列关于中华人民共和国成立的文件和宣传画，有关中国革命的著作，毛泽东的著作和画像。"⑦

　　此外，还有国徽、国歌、人民币等国家符号。国家符号具有鲜明的国家

---

①《民主德国教育部主办中国艺术展览会揭幕——乌布利希赞扬新中国文化的成就》，《人民日报》1951 年 5 月 17 日，第 4 版。

②《关于我主办各建交国电影、文工团演出招待会、展览会等场合时悬挂国旗、领袖像的规定》（1954 年 11 月 4 日），中国外交部档案馆藏，档案号：117－00228－02(1)

③《关于我国参加南斯拉夫邮票展览会的文件》，中国外交部档案馆藏，档案号：109－01687－01(1)

④《参加维也纳秋季博览会的请示和参展工作总结》，中国外交部档案馆藏，档案号：110－00624－06(1)。

⑤谭文瑞：《促进中捷文化交流的展览品——记捷克"中国月"展览会的中国展览品末次预展》，《人民日报》1950 年 5 月 17 日，第 3 版。

⑥《基辅中国艺术品展览会开幕》，《人民日报》1950 年 8 月 4 日，第 3 版。

⑦《中国文学艺术展览会在列宁格勒开幕》，《人民日报》1951 年 6 月 11 日，第 4 版。

印记,带有强烈的政治色彩。如果生硬地呈现,很难让人认同。展览运用多种展示方式与宣传方式,使国家符号具有较强的视觉冲击力,给外国观众留下了深刻印象。

二、展示新中国的建设成就

展品是博览会的核心,最能展示一个国家的成就。"展品除了通常意义上的商品、物产以外,还包括能体现人情风俗、文化教育等方面的物品、模型和图表,甚至人种,因此,展品能从文化、经济、政治、民族等诸多方面综合反映一国之总体形象。"[1]新中国初期,博览会上的中国展品全面展示了新中国的建设成就。

1953年,中国工农业展览会在莫斯科举行。展览会主要展示了中国丰富的农产品,正面墙上挂着中国物产立体图。楼下两边陈列着六种主要粮食——大米、小麦、玉米、高粱、小米、大豆,以及各种杂粮和豆类、棉花、苎麻、蚕茧、毛羽、猪鬃、蛋品、肠衣、漆、竹、木和药材等。当中摆着各地名产:祁红等九种红茶、龙井等15种绿茶、茉莉等5种花茶、普洱等砖茶和黑茶,以及桐油、花生油等22种油类。展览还摆放了由苏联专家帮助设计的东北一个松香工厂的模型。楼下还陈列着各种水果和蔬菜、糖和罐头、烟和酒[2]。

随着国力的增强,中国全方位地展示中国在各领域取得的成就。1955年中国参加大马士革国际博览会,中国馆展品的内容及比重:1.序幕——占全部面积的8%,以毛主席石膏像为主,障以屏风;2.重工业产品——占全部面积的46%,包括黑色金属、有色金属、各种机器、电机、工具仪表等,其中以机床为主,表现我国机器制造工业的成就,显示我国国家工业化的物质基础;3.轻工业品——占全部面积的37%,包括橡胶、医药、纺织制品、刺绣、地毯、日用品、手工艺品及书籍等,并配以我国少数民族用品(主要为伊斯兰教徒用品);4.农业水利——占全部面积的9%,包括水利模型、粮食、油脂、食品罐头、工业原料及各种农副土特产出口物资[3]。结合展品,办展方在展览中配有图片、图表及说明文字,还散发了宣传画刊,展

---

① 洪振强:《国际博览会与晚清中国"国家"之形塑》,《历史研究》2011年第6期。
② 李何:《莫斯科"中华人民共和国工农业展览会"巡礼》,《人民日报》1953年7月14日,第4版。
③《关于我参加叙利亚第二届大马士革国际博览会事的来往电报》,中国外交部档案馆藏,档案号:107-00046-02(1)。

示了中国在重工业、轻工业和农业水利方面的成就。

当时，最能代表一个国家建设成就的展品，是重工业展品，中国在展览设计上将重工业展品放在显眼的地方。1956年，中国参加保加利亚普罗夫迪夫国际博览会，展品比重是重工业品为40％，轻工纺织、手工艺品为35％，农产品为15％，其他为10％。机器放在馆中央，非常明显，钢铁切片、钢管、量具、刀具、风动工具等均在显著位置，全部重工业品较集中，给人留下深刻印象①。1956年，中国参加南斯拉夫萨格勒布国际博览会，展品中较为突出的有六千瓦的汽轮发电机、长江大桥模型，以及1956年新产的几部机床。整体说来，展览在观众中反映极为良好。观众意见簿上留言有5 000条，均充满赞美与友好的感情，有的说展览改变了自己过去对中国的看法；有的说除非自己亲眼见到，否则别人介绍自己也不会相信。更有人埋怨他们报纸过去对中国的介绍太少且不真实。在60万观众中尚未发现任何坏的反映②。

城市建设是衡量一个国家建设水平的重要指标。为了更好地展示新中国的建设成就，中国代表团采用前后对比的方法进行说明。1956年3月20至5月20日，在日本别府市举办的国际温泉、风景和工业展览会上，上海市赴会的展品把新中国成立前后的苏州河进行了对比："苏州河解放前，在外国人的记忆中，是一个非常混乱、贫穷的处所，解放后，苏州河的两岸，建起了为劳动者休息的花园，常年居住在破旧不堪破船的劳动人民，生活有了很大的改善和提高。现在的苏州河河面笼罩着城乡物质交流的活跃现象。"③城市是文明的象征，也是国家建设的重要表现。通过对比，从城市建设的角度反映了新中国的建设成就。

三、展示新中国的灿烂文化

文化可以超脱政治意识形态，在展览活动中扮演重要角色。新中国成立后，中央人民政府重视文化展览。1950年7月29日，中国美术及工艺品展览会在苏联乌克兰共和国的首都基辅开幕。"展览会上陈列有中国古代名家绘

①《保展团关于参加1956年普罗夫迪夫国际博览会工作总结报告》(1956年9月28日)，中国外交部档案馆藏，档案号：109 - 01058 - 02。
②《参加南斯拉夫萨格勒布国际博览会总结》(1956年10月20日)，中国外交部档案馆藏，档案号：109 - 01672 - 02(1)。
③《去日本别府市展览图片编选目录的初稿》，上海市档案馆藏，档案号：C37 - 2 - 1333。

画,有李龙眠画的马与黄筌画的人物;还有魏晋六朝的陶器,五代的雕刻和多种瓷器等。"①此后,以文化为主题的展览举行了多次。比较有影响的出国展览有:中国艺术展览会、中国文化艺术展览会、中国年画展览会、中国工艺美术展览会、中国敦煌艺术展览会等。其中,最有影响的是中国工艺美术展览会。

中国工艺美术展览会的前身是全国民间美术工艺品展览会,它是1953年由文化部主办的综合性的全国工艺美术作品展,也是新中国成立初期举办的第一次规格最高、规模最大的国家级工艺美术作品大展。这个展览在国内的展出非常成功,于是新中国又将许多展品运到外国进行展览,集中展示了中国的灿烂文化。由于笔者所见出国展览的展品清单不够翔实,不能彰显中国文化的魅力,下面以全国民间美术工艺品展览会的主要展品表来说明,见表4-1:

表 4-1　全国民间美术工艺品展览会主要展品表

品　类	类　别	区域代表
陶瓷	瓷器	江西景德镇、广东潮州枫溪的瓷器,福建德化的白瓷以及山东博山和河北磁县的陶瓷器。
	陶器	江苏宜兴、广东石湾、安徽和云南建水的陶器。
编织		四川的竹编、草编,浙江和山东的草编以及广东、福建、湖南、云南、广西、陕西、辽西等地的编织物。
金属工艺		北京景泰蓝、北京和四川的花丝、海南岛的椰壳器。
年画剪纸等	年画、木刻彩印	北京荣宝斋的木版印刷。
	剪纸	
	皮影	青海皮影、唐山皮影、成都灯影、湖北皮影、湖南纸影。
	木偶	福建泉州、漳州、福州,四川成都,陕西西安,广东潮州,江西南昌等地的作品。
少数民族工艺	纺织与刺绣	包括蒙、朝鲜、藏、回、维吾尔、哈萨克、塔塔尔、苗、彝、布依、傣、么些、保颇、傈傈、卡瓦、拉祜、佧人、怒人、壮、瑶、侗、仡佬、黎、高山族等24个民族的美术工艺品。
	编织物	
	饰品	
	乐器	
	木竹角器	
	金属品	
	陶器	

①《基辅中国艺术品展览会开幕》,《人民日报》1950年8月4日,第3版。

续表

品　类	类　别	区域代表
漆器		福建脱胎漆器、山西平遥推光漆器、西南美术专科学校的漆工艺、浙江朱漆木桶、山东潍县嵌银丝漆器。
染织	蓝花布	浙江萧山，江苏苏州，上海，湖南长沙、湘潭，湖北汉口，陕西西安，安徽宿县、合肥，江西南昌，河北唐山，山西平遥及广东，广西，辽西等地的产品。
	手工彩印花布	河北高阳、唐山，河南安阳，湖北天门、应城等地的产品。
	棉织品	手工品有河北、河南及安徽等地产品，机织品有上海及河北石家庄等地的产品。
	丝织品	南京云锦等。
	毛织品	归绥的车毯，西安的椅垫、毛毯，北京、天津的地毯及石家庄的毛织品等。
	刺绣工艺	苏绣、湘绣。
	挑花、抽纱	
雕塑工艺	木雕	浙江东阳木雕、浙江温州黄杨木雕、广东潮汕、福建福州木雕、江西南昌的樟木雕刻，及北京、上海、江苏苏州、安徽歙县及河南等地的产品。
	石雕	浙江青田、温州的青田石刻，湖南桃源石刻，湖南浏阳菊花石、湖南洞口的墨石、四川灌县的玉石及河北曲阳、四川中江、福建福州、广东、北京、山东掖县、宁夏、甘肃等地的石雕作品。
	玉雕	北京、新疆和田、苏州、河南等地产品。
	煤精、琥珀雕刻	辽东抚顺的煤精、琥珀雕刻。
	砖瓦雕刻	安徽歙县、江苏扬州及山西介休、北京等地产品。
	竹雕	浙江翻簧竹器、四川江安竹器，此外还有四川成都、浙江浦江及湖南邵阳等地的竹雕产品。
	牙骨雕刻	北京刻驼骨、广州刻牛骨，江苏江阴、泰州上海，山东潍县等地骨刻产品；上海、广州、北京等地象牙产品。
	泥塑	天津泥人张，天津、无锡和福建等地作品。
	面塑	北京汤子博、山东菏泽、上海等地产品。
	墨	安徽歙县的产品。
	皮革	归绥的皮靴、马鞍。

资料来源：赵建伟：《首届"全国民间美术工艺品展览会"研究》，山东工艺美术学院硕士学位论文，2013年，第38—40页。

以上展品,包括了陶瓷、编织、金属工艺、年画剪纸、少数民族工艺、漆器、染织和雕塑工艺等八个方面。它们是中国文化集大成的体现,既具有中国地方的民间特色,又具有中华民族的民族特色。有些中国工艺,外国人是第一次看到。

除了专题展览外,新中国还通过博览会展示灿烂的文化。1955年波兹南国际博览会上,"中国的丝绸和纺织品是观众视线的焦点。色彩缤纷的各式绸缎,让妇女观众们目不暇接和恋恋不舍。她们说,中国的丝绸不是工业品而是艺术品"①。据统计,那时我国纺织品已先后在14个国家里举行了19次展览。我国纺织品在国外展出时有巨大的吸引力,参观者称誉中国的丝绸"像梦一般的神秘",他们对金光灿烂的洒银、钻石乔其绒和织锦缎等,更是爱不释手。有些展览会售品处的窗口前,经常有成群的人排队争购中国的纺织品②。丝绸不仅是商品,也是文化,它向世界传播了中国悠久的丝绸文化。

新中国出国展览不仅展示中国传统文化,还展示新文化。电影是新兴艺术,能较快地传播文化。1950年,新中国在出国展上放映了多部电影,如《白毛女》《光芒万丈》《中华儿女》《新中国的诞生》《东北三年解放战争》《百万雄师下江南》《回到自己的队伍里来》等,受到观众喜爱。1955年,中国商品展览会在日本举行,日本观众对中国的电影十分感兴趣。"在十七天中,有十五万人看了中国电影。电影院只有五百个座位,但每一场观众常有一千三百多人。下雨的时候,也有许多人撑着伞排队等候。"③1956年,中国参加南斯拉夫萨格勒布国际博览会。电影厅放映中国电影,观众累计有2万余人,对电影《光辉的五周年》和《平原游击队》十分感兴趣。虽然语言文字不通,但观众情绪同样随着剧情的变化,时而欢呼,时而流泪;电影厅时常拥挤着站立的观众④。

值得一提的是,中国的电影在国际博览会上获得过大奖。1956年8月25日,第八届国际儿童电影展览在意大利的威尼斯闭幕。参加电影展

①李何:《波兹南国际博览会上的中国展览馆》,《人民日报》1955年7月16日,第4版。
②《我国参加里昂国际博览会的纺织品将启运》,《人民日报》1955年1月23日,第1版。
③黄龙:《中国商品展览会在日本》,《人民日报》1955年12月3日,第4版。
④《参加南斯拉夫萨格勒布国际博览会总结》(1956年10月20日),中国外交部档案馆藏,档案号:109-01672-02(1)。

览的中国木偶片《神笔》和苏联儿童片《亚浪珈之火》获得了八岁到十二岁儿童文艺影片的一等奖。同时，威尼斯举行盛大晚会，放映各国精彩纪录片，我国纪录片《欢乐歌舞》受到热烈的欢迎①。

在出国展览中，中国饮食和音乐受到国外朋友的关注。1953 年，中国工农业展览会在莫斯科举行，许多观众走进展览会附设的中国餐馆，品尝由中国名厨师烹调的中国菜，如烤鸭之类②。1955 年，中国商品展览会在日本举行，观众很喜欢到展览会附设的中国饭馆去尝尝中国饭菜③。外国观众对中国的音乐非常感兴趣。《白毛女选曲》《东方红》《咱们工人有力量》《绥远组曲》《淮海战役组曲》以及其他秧歌、旧剧、解放歌曲等 30 多张唱片，都是当时的音乐代表作④。这些音乐不仅在国内广为流传，通过展览也传播到世界各地。

总之，新中国以展览活动为载体，展示了新中国的国家符号、建设成就和灿烂文化，让外国对中国有了更多的了解。报纸、杂志、新闻、广播等传统媒体的整合传播构建多种传播渠道，为形塑新中国国际形象奠定了坚实基础。

第四节　展览较量：维护新中国的国家形象

自 1851 年英国伦敦第一届世博会后，在一百余年中世博会"不仅成为各国商品、技术、资金、知识的汇集地，更是列强夸耀富强的竞技场"⑤。各国在举办展览会或参加国际博览会时，经常会出现国家利益之间的纠纷，而国家利益是"国家间互动最重要的驱动因素"⑥。于是，为了维护国家形象，新中国与日本、印度以及台湾当局等在国内外进行了一系列的展览

①《威尼斯国际儿童电影展览结束——我国木偶片〈神笔〉得一等奖》，《人民日报》1956 年 8 月 29 日，第 5 版。

②李何：《莫斯科"中华人民共和国工农业展览会"巡礼》，《人民日报》1953 年 7 月 14 日，第 4 版。

③《中国商品展览会在东京正式开放——中国商品展览团在东京举行宴会》，《人民日报》1955 年 10 月 20 日，第 1 版。

④谭文瑞：《促进中捷文化交流的展览品——记捷克"中国月"展览会的中国展览品末次预展》，《人民日报》1950 年 5 月 17 日，第 3 版。

⑤赵佑志：《跃上国际舞台：清季中国参加万国博览会之研究（1866—1911）》，《台湾师范大学历史学报》1997 年第 25 期。

⑥李少军：《论国家利益》，《世界经济与政治》2003 年第 1 期。

较量①。

一、中国与日本的展览较量

新中国成立初期,中国对参加日本主办的展览会很谨慎,尽量采取回避的策略。如1951年关于日本来函邀请《文汇报》参加亚洲文化展览会事,中国人民对外协会指示各地报社,均不与来信单位直接来往,以收件单位名义婉言回复:"我馆无力筹备,已将来函转送中国人民对外协会。"②后来,随着双方往来的增多,到了20世纪50年代中期,根据协定,中日双方互办商品展览会,取得很大成功。日本190万人参观了在东京、大阪举办的中国展览会,中国有290万人参观了在北京、上海举办的日本展览会。毛泽东主席参观日本展览会后题词:"看了日本展览会,觉得很好,祝贺日本人民的新成就。"周恩来总理向村田会长表示,欢迎鸠山首相访华,北京机场随时为他开放着③。

中日双方经济文化交流频繁,关系也日渐融洽。但是,由于多种因素,中日之间因展览发生了几件不愉快的事情,两国之间产生了摩擦与较量。

一是指纹事件。1957年6月,中国依据中日民间贸易协定的规定,准备在日本的名古屋和福冈举办中国商品展览会。为了筹备展览会,中国方面提出派调查团去日本,日本政府却提出中方团员进入日本时,需提取手指指纹。这无疑是对中方人员人身的侮辱和刁难,当然遭到中方的拒绝。调查团不能前往日本,展览会也因此被无限期地延期举行。他们还极尽阻挠和破坏之能事,对签订第四次中日民间贸易协定进行破坏④。后来,经过中国政府的严正交涉,日本政府没能提取指纹,此次事件最终以中国展览团的胜利而结束⑤。

二是日本商品展览会哄抢事件。1956年10月9日下午5时左右,日本六大城市访华团团员石田在参观日本商品展览会的工业大厅时,发现自

①由于展览较量的资料较少,为了集中展览较量的主题,下面的例子不仅有中国在出国展览过程中产生的展览较量,还包括日本、印度在出国展览过程中同中国进行的展览较量。
②《中国人民对外协会上海分会关于参加展览要求各收件单位以直接名义婉言谢绝的函》,上海市档案馆藏,档案号:A73-1-288-11。
③中国国际贸易学会编辑出版委员会:《中日经济贸易现状与前景》,1988年,第203页。
④冯瑞云、高秀清、王升著:《中日关系史》(第3卷),社会科学文献出版社,2006年,第149页。
⑤《中国赴日本商品展览团几个专题报告(初稿)》,中国外交部档案馆藏,档案号:105-00301-04。

己公司的展品无人问津，深感不满。于是，他当即从公司展品中取了一些刀片和笔尖，在会场散发。由于取要的人多，石田便将笔尖和刀片撒在地上，并在一些观众俯地争拾时拍了照片。石田的举动立即引起了周围群众的极大不满，我方立刻向日本方面通报情况，表示愤慨，强烈要求处理石田。由于石田当时是日中友好协会东京联合会理事，事后他本人认识到做得不对，诚恳请求原谅，第二天下午他又亲自到展览会向我方道歉，此事才算了结①。

三是劣质商品事件。1956 年，日本在中国举行商品展览会。展览会上出售的商品里，有极小一部分商品品质欠佳，引起了一些不满②。当购买者提出要求后，我方工作人员立刻向日本方面反映情况，要求日方解决问题。后来，日方给予退换，并加以解释。1956 年 11 月 27 日，日中贸易促进议员联盟常任理事代表池田正之辅等致信中国对外贸易部叶季壮，对该事件发生深感悲痛和遗憾。信中说："这件事，对于一贯为促进中日贸易而不断努力到今天的两国有关方面和从心底里盼望着两国国交正常化的两国人民，给予了重大的打击。我们在这里，谨代表敝国中日贸易有关的三个团体，向先生及贵国人民各位衷心表示遗憾及道歉。"③日方诚恳道歉，中方表示谅解，事情得到妥善的处理，这增加了中日之间的互信。不过，后来还是出现一些突发事件④，影响了中日关系的发展。

二、中国与印度的展览较量

中印两国是邻邦，同属第三世界。新中国成立初期，两国之间交往较多。但由于意识形态不同，在展览会上存在一定的较量。1950 年 11 月 7 日，中华全国民主妇女联合会接受印度的邀请，派专人携带展览品参加印度妇女会议主持的孟买儿童展览会，专门开办了一个中国儿童展览室。展

---

① 蔡成喜：《轰动北京的第一次日本商品展览会》，《纵横》2002 年第 12 期。

② 《关于日本商品展览会在北京出售劣货事的来往电报》，中国外交部档案馆藏，档案号：105 - 00794 - 09(1)。

③ 《关于日本商品展览会在北京出售劣货事的来往电报》，中国外交部档案馆藏，档案号：105 - 00794 - 09(1)。

④ 日本首相岸信介本人到台湾、美国等地活动，多次公开攻击新中国，甚至扬言支持蒋介石"反攻大陆"。1958 年 5 月，终因在长崎举办的中国邮票剪纸展览会上，发生日本暴徒撕毁中国国旗，侮辱中国的严重政治事件，使中日贸易一度陷于中断。见江明武主编：《周恩来生平全记录》，中央文献出版社，2004 年，第 454 页。

览会开幕当天，印度总理尼赫鲁到现场参观，但没有进入中国展览室。第二天，展览室突遭印度方面无理封闭。"封闭的唯一理由就是因展览品中包括过去日寇侵华飞机及最近美国侵朝飞机屠杀中国无辜儿童的照片。印度妇女会议负责人员对待中国展览室的极端无礼的行动，引起当地进步妇女界的愤慨。"①中国参展团也对印度的无理行径提出强烈抗议。

1953 年，在北京王府井大街印商力古洋行门前举行印度图片展览。展览的印度图片中，有一张名为《天星和他的家庭》的照片，还有一张天星穿着探险衣服爬上珠穆朗玛峰的照片，表示天星是珠穆朗玛峰的"征服者"。不少观众认为"这是对我们中国人民的一种辱弄行为"②，希望照片展出者更正，并公开向观者道歉。珠穆朗玛峰在该图片展览中被称为"额菲尔士峰"，并用不少篇幅说明该峰是印度当局首先发现的。事实上，早在清康熙五十六年(1717)，该峰已被我国测量员发现，并取名"珠穆朗玛"，意为"圣母之水"。直到 1852 年，原任印度测量局局长的英国人额菲尔士偷入我国"发现"这座高峰，并卑鄙地用自己的名字命名它③。所以，对印度图片展览中这种对新中国人民不够尊重的现象，中国人是不能容忍的，受到当时很多民众的抗议。

1957 年，印度展览会在北京举行。中国对该展览非常重视，毛泽东亲自前往观看，《人民日报》也为此发表社论，但是在展出过程中，印方人员在思想上对中国有戒备，在经济上有怀疑。从部分印方人员的谈话中，反映出他们对中国的红星很反感，对中国的开会活动很敏感，更有人流露出一些反动的思想④。此外，印方内部也有不统一的混乱现象。有些已经中印双方领导洽定的问题，印方往往贯彻不力，执行不通，继而发生了一些小纠纷。印方曾向我方人员提出有人在馆内丢失一瓶香水精，后经查明是另一印度外宾将其携带到办公室作样品，用后未送归原处，才导致了此误会⑤。面对这些情况，中国都能坚持原则，同印方人员进行交涉，所以，印度展览

---

① 《我儿童展览室竟遭封闭，全国妇联提出严重抗议》，《文汇报》1950 年 11 月 17 日，第 2 版。
② 《关于印商力古洋行门前的"印度图片展览"事》，中国外交部档案馆藏，档案号：105－00122－02(1)。
③ 《关于印商力古洋行门前的"印度图片展览"事》，中国外交部档案馆藏，档案号：105－00122－02(1)。
④ 《关于印度展览团在工作中的几点情况及我方在配合工作中之问题的检查》，中国外交部档案馆藏，档案号：105－00533－02(1)。
⑤ 《关于印度展览团在工作中的几点情况及我方在配合工作中之问题的检查》，中国外交部档案馆藏，档案号：105－00533－02(1)。

会在中国取得了成功，并没有给中国带来多少负面影响。

三、中国大陆与台湾的展览较量

新中国成立初期，大陆与台湾处于激烈对峙的局面。为了赢得其他国家对新中国政权的认可，中国大陆与台湾进行了展览较量。1954 年举行的印度尼西亚图片展览会，台湾派人参加展览。中国政府代表团梁专员向印尼提出："国民党党支部听从台湾命令，此批照片又从台湾来，印尼政府允许他们这样活动，是否意味着印尼和台湾有关系？"①印度尼西亚否认这个观点，屡次强调"印尼政府对此事不能加以干涉"，但经过代表团的多次据理力争，印度尼西亚妥协。1957 年，在马来亚独立贸易博览会上的地位竞争中，国民党输给了中国共产党。据报道，"共产党中国参加博览会的事宜是由马来亚的进口商协会安排的，这个协会主要是由同赤色中国做生意的华侨商人组成的。赤色中国的展览场所是一座叫作中国厅的巨大的方形建筑，在独立贸易博览会的展览馆中占据了一个注目的角落"。派去采访独立典礼新闻的英文"中国新闻"记者说，"马来亚当局拒绝了国民党的申请"②。

1955 年，中国商品展览会在日本大阪举行。看到展览会获得巨大成功，在日本的蒋介石集团分子使用各种办法破坏它。12 月 1 日，他们用飞机在展览馆所在地上空散发传单，煽动大阪人民反对中华人民共和国，广大群众对这些传单一笑置之。发现散发诽谤性的传单没能欺骗公众以后，蒋介石集团分子采取了另一种卑鄙手段。12 月 3 日，他们冒用日本国际贸易促进协会、日本国会议员促进日中贸易联盟和中国国际贸易促进委员会的名义，在大阪上空散发传单，传单上附有"优待券"，宣称持有优待券者可以免费在展览馆大厅里用餐，企图用这种无耻的手段来制造混乱，破坏展览会的继续展出。但是，人们没有上当，展览会照常顺利进行。12 月 4 日，仍有 21 万多人去展览会参观。这个伎俩引起了广大日本民众的愤慨。大阪中国商品展览会实施委员会正式要求大阪府当局就这件事采取行动。

---

① 《蒋帮在雅加达举行图片展览及我方斗争》（1954 年 4 月 3 日—4 月 16 日），中国外交部档案馆藏，档案号：118 - 00125 - 04(1)。
② 《马来亚拒绝蒋帮参加贸易博览会》，《参考消息》1957 年 9 月 10 日，第 3 版。

大阪府警察本部的外事科长说："这是犯罪行为，警察本部正在追缉罪犯。"①最后，中国商品展览会顺利闭幕。

　　1957 年，为了与摩洛哥发展外交关系，台湾当局与新中国进行了较量。由于当时我国同摩洛哥尚无正式外交关系，台湾当局依靠美国帮助，企图和摩洛哥建立外交关系②。在这种情况下，防止"两个中国"的出现是摩洛哥卡萨布兰卡国际博览会的一个重要的政治斗争。根据国内指示精神，展览团采取了三项措施：利用摩议会访华代表团途经伯尔尼的机会，由使馆对其进行工作，通过他们影响摩洛哥政府拒绝台湾参加博览会；通过朋友和捷克商代处帮助我们了解消息；展览团正面向大会澄清这一问题③。4 月 23 日，大会主席给予我们最后的答复，证实今年没有台湾参加博览会，这样就肯定了在博览会上不会出现两个中国。最后，中国在摩洛哥独立办展，引起很大轰动。摩洛哥国民协商议会会长巴尔卡说："我们永远不能与台湾有关系，前几天国民党的一个代表团想见苏丹，但苏丹不见他们。这个代表团(指国民党)来要与我们进行贸易，但我们不感兴趣。我们永远不能与台湾有关系。我们不能再走蒋介石的制度。"④巴尔卡对中国馆给予很高的评价，他说："中国馆所陈列的手工业品本身就体现了你们有着古老的文化，但展出的机器重工业产品则显示着太阳从东方升起来……这些礼物体现了我们之间的友谊，请你们转达我对毛泽东主席和周恩来总理的敬意。"⑤通过展览较量，新中国加强了同摩洛哥与非洲国家的友好关系。

　　在意识形态严重对抗的情况下，中国恪守外交原则，如果哪个国家不承认中华人民共和国，新中国政府就不会参加或者避免参加这个国家的博览会。如希腊邀请我国参加博览会，外交部和外贸部就委婉拒绝："我们鉴

①《大阪中国商品展览会获得巨大成功——蒋贼分子采取卑鄙手段妄图进行破坏》，《人民日报》1955 年 12 月 13 日，第 4 版。
②《参加摩洛哥卡萨布兰卡国际博览会总结及媒体反应》(1957 年 8 月 9 日)，中国外交部档案馆藏，档案号：107 - 00272 - 03(1)。
③《参加摩洛哥卡萨布兰卡国际博览会总结及媒体反应》(1957 年 8 月 9 日)，中国外交部档案馆藏，档案号：107 - 00272 - 03(1)。
④《参加摩洛哥卡萨布兰卡国际博览会情况》，中国外交部档案馆藏，档案号：107 - 00272 - 02(1)。
⑤《参加摩洛哥卡萨布兰卡国际博览会总结及媒体反应》(1957 年 8 月 9 日)，中国外交部档案馆藏，档案号：107 - 00272 - 03(1)。

于希政府对我态度不友好，与台湾关系很密切，且经济上目前中希贸易可能性不大，故促进会均以我本年度博览会早已制定，对展出工作也作了安排而婉拒参加。现经再一次研究，仍认为今年不必参加。"[①]

在展览较量过程中，新中国表现得有勇有谋、不卑不亢，既有原则性，又有灵活性，体现了新兴民族国家的大国风范。新中国展览外交是"和平共处五项基本原则"和"求同存异"的和平外交政策在展览会上的反映，较好地维护了新中国的国家形象。

小　结

本章主要探讨出国展览与新中国国际形象的建构问题。近代中国在国际会展上呈现出的是"农业中国""艺术中国"和"落后中国"的形象。中国在博览会上被排入落后的殖民化国家序列，多次受到其他国家的嘲弄与侮辱。为了建构良好的国际形象，新中国组织了大量的出国展览，参加国际博览会或者到国外举办展览会，加快了中国走向世界的步伐。在对外交往过程中，中国较好地开展了"展览外交"。"展览外交"围绕出国展览展开，涉及政府外交、经济与科技外交、公共外交和文化外交等多种外交形式，是新中国外交的重要形式。它深化了中国与世界的互动，发展了中国与参展国的友谊，推动了中外关系友好发展，提升了中国在大型国际活动中的外交能力。

以前的研究，较少从符号学的视角认识新中国成立初期国家形象的建构。为了让世界更好地认识中国，新中国在出国展览上采取多维方式：通过富有民族特色的展馆，凸显五星红旗、天安门、毛泽东画像等国家符号；通过展出重工业品、轻工业品和城市建设，彰显了新中国的建设成就；通过展出工艺品、电影和音乐等文化产品，展现了璀璨的中华传统文化和新的文化理念。这些富有特色的展示方式，巧妙融入了符号元素，引起了国际社会对新中国极大的关注，扩大了新中国在国际舞台上的影响。除了国家符号外，货币符号、商业符号、文化符号等也逐渐进入国际社会的视野。

学者王正华运用文化人类学，从"中国"整体展示和"民族国家"形塑的

---

①《希腊议员邀请我参加希腊萨罗尼加博览会事》，中国外交部档案馆藏，档案号：110-00768-03(1)。

角度,细致分析了 1904 年圣路易斯博览会上中国的参展品及其陈列方式,并与日本、德国、法国进行了比较,认为中国展品没有体现出博览会的"现代性的展示秩序"[①]。从出国展览的展品及其陈列来看,新中国不仅体现了现代性的展示秩序,而且采用了形式多样的展览方式,表明了新中国展览事业的发展与进步。

博览会是西方政治、经济和文化霸权的表征,许多国家曾将博览会会场视作战场,在博览会上进行竞争与较量。在展览过程中,新中国同日本、印度以及台湾当局进行了展览较量,维护了中国的国家权益,提振了中国人的士气。同近代中国受到蔑视和屈辱相比,新中国灵活的展览外交和务实的办展态度,让新中国赢得了胜利,极大改变了"落后中国"的国家形象。出国展览是国家外交宣传的重要管道,新中国在展览较量中的优异表现,充分说明新中国展览业在国际舞台迈出了崭新的步伐。

[①] 王正华:《呈现"中国":晚清参与 1904 年美国圣路易万国博览会之研究》,黄克武主编:《书中有话:近代中国的视觉表述与文化构图》,中研院近代史研究所,2003 年。

第五章　观摩与反思：展览活动的"展示"效应

历史研究需要研究者尽量减少个人的偏见，以求得到一种对历史的准确重构。前面叙述了国内展览和出国展览建构国家形象的方式，本章力图探讨以下问题：观展者对展览活动的视觉感知如何？观展者心态变化及其国家认同怎样？展览活动的社会效应如何？展览活动建构了什么样的新中国形象？展览活动存在哪些历史局限？

第一节　观展者对展览活动的反应

一、观展者的视觉感知

马敏教授曾说："如果能从城市文化史的角度对这些展览和人们的参与、感受进行研究，细剖其中的文化意蕴，想必将大大有助于更直观、深入地了解近代城市文化的变迁及其展现形式。"[1]展览会上，观展者的视觉感受如何？有哪些新的体会？这些很值得探讨。

新中国成立初期，办展者为了更好地吸引观众，在展览设计和展品陈列等方面，采取了很多措施。民众在观展过程中，产生了很多视觉感受。不少展览会场气势磅礴，有较强的视觉冲击力。1951年，重庆举行治安展览会，展览会中挂满了各界人民送给公安机关和公安人员的百余幅彩色锦旗[2]，数量众多，颜色鲜艳，给观众留下了深刻的记忆。1954年，苏联展览馆建成，馆内三个大厅的穿堂，建筑得非常考究。四根富有中国民族特色的红圆柱上，装饰着美丽的沥粉贴金的中国花纹；穿堂的穿顶上，是一朵由四十瓣象征和平的美丽的橄榄叶组成的大花；橄榄叶向下垂着，在每片之间夹着一颗橄榄；大吊灯从正中垂下来，显得十分富丽[3]。1954年，东北区

---

[1]马敏：《让城市文化史研究更富活力》，《史学月刊》2008年第5期。
[2]《重庆举行治安展览会——充分揭露美蒋特务暴行》，《人民日报》1951年1月19日，第3版。
[3]《苏联展览馆介绍》，接待苏联来华展览办公室宣传处编：《苏联展览馆》，1954年，第4页。

劳动保护展览会举行。观众一进展览馆,就可看到正中悬着巨大而显明的标帜:"生产必须安全,安全为了生产。"两旁挂着缜密的图表,说明着几年来东北地区各厂矿企业劳动保护工作中所获得的成绩与基本情况①。1957年10月5日,上海举办顾六法今昔生活对比展览会,会场内外的墙上贴满了红红绿绿的大字报②,均是工人们在这上面所写的自己参观后的深刻体会。还有,1957年辽宁省农业展览会的第二展览大厅,布置得金碧辉煌,红色的屏风上,悬挂着十条金黄色字幕。参观的人被这十条美好的愿景吸引住了,很久、很久不愿离开,越看越有劲③。

　　展品是展览会的精华所在,先进、精美、奇妙的展品常常吸引大量的观众前来参观。1956年,天津市出口工业品展览会举行。观众看见出口的工业品能够换回许多外汇支援国家工业化,而过去有些需要进口的东西,如铁钉、白报纸、各种机械和大部分工业品,现在都能出口后,有的观众说,过去只在报纸上看到或在报告中听说国家的工业突飞猛进,可是没有实际看见,今天看见了,真叫人高兴。有许多人看了一遍不够,还看第二遍④。1957年7月,手工业合作总社在北海团城举办全国工艺美术品展览,朱德同志参观展览,展品中的一件牙雕让他产生了浓厚兴趣。这是北京老艺人杨士惠等7人在一根130斤重的象牙上刻下的以北海公园为背景,首都人民欢庆宪法公布盛大场面的牙雕作品⑤。这种展品非常新奇,十分吸引人。1956年,第二届全国国画展览会展出了许多名家的作品,如陈半丁的《欣欣向荣》,运用民族绘画传统的技巧,表现了百花竞开时的美丽图景;叶浅予的《波罗尔舞》,抓住了印度舞蹈家表演时一刹那的动态,画出了舞者美妙动人的舞姿;黄胄的《约会》,描写一对农村青年会面的情景,人物表情觍觍羞涩,成功地表达了这幅画的主题⑥。这些画惟妙惟肖,让人叫绝。1957年,全国农业展览会的绿化规划电动图吸引了很多观众。该图介绍

①东北区劳动保护展览会编印:《东北区劳动保护展览会汇刊》,1954年,第97页。

②《顾六法是我们的镜子——上海锅炉厂工人从"今昔对比"展览会中受到教育》,《文汇报》1957年10月8日,第2版。

③高烈武编:《辽宁省农业展览馆参观记》,辽宁人民出版社,1958年,第12页。

④天津市出口工业品展览会、天津出进口商情编审委员会合编:《天津市出口工业品展览会纪念专刊》,1956年,第2页。

⑤朱德生平和思想研讨会组织委员会编:《全国朱德生平和思想研讨会论文集——纪念朱德同志诞辰一百二十周年》,中央文献出版社,2007年,第500—501页。

⑥《全国国画展览会全部作品在上海展出》,《人民日报》1956年8月14日,第7版。

了我国在此后 12 年内造林的规划，说明在荒山荒地上造林绿化 12 年后，我国森林面积将增加 1.4 倍①。此图动态地呈现了我国绿化的规划，打破了过去的静态展览形式，构思新颖，使人震撼。

展览呈现美丽景色和壮观场景，让参观者陶醉。1956 年 2 月 12 日，云南山茶展览会在昆明翠湖公园举行。展览会陈列了 2 000 多盆山茶花，其中有"'牡丹茶'、'恨天高'、'大玛瑙'、'雪狮'、'大叶蝶翅'等几十个名贵品种，每种茶花都以它特有的色彩和风韵吸引着成千上万的游人"②。1957 年，上海观众柳溪在参观全国农业展览会林业馆时，感慨颇深："在那蓊郁葱茏的绿色宝库里，你将会为了全国共造用材林和防护林 1031 万公顷，抚育采伐国有成林 36 万公顷，封山育林 156.8 万多公顷而衷心喜悦；在水利馆，你将会为了我国兴修了史无前例的大水库、大拦河坝而骄傲自豪，为了我们的农民不再仅仅靠天等雨完成了农田灌溉面积 3 亿亩而欢心庆贺。"③

有些政治展览呈现旧社会苦难生活，让观展者感慨不已。1950 年，苏南地区举办土地改革展览会，农民包桂荣参观后留言："看到被地主剪伤的农民的照片与血衣，不觉得有些眼泪流出，看到血衣，刀把子，好像刺在我心中一样，因为我从前也被地主吊过。"④1957 年 10 月 7 日，上海锅炉厂举办顾六法今昔对比展览会。使参观者感受最深的，是展览会最后一室里陈列着在新中国成立前顾六法用过的一些实物："一只油漆完全剥落、衬里纸衬外露的破碎皮箱，是四十多年前他母亲的嫁妆，也是他全家在解放前唯一的箱子，二十年前全家带着它逃过难。一只破损了一大块的缸，是用来储日常吃水的。还有一张破烂不堪的桌子，和一只用绳子绑扎着下部的竹椅。"⑤这样贫穷困苦的生活深切地刺痛了观展者的心，不少观众一边看，一边拭泪。

研究表明，"一个人在接受外界信息时，眼睛（视觉）接受的信息占全部信息的 83%"⑥。观展时直接地面对展品，"漫游在博览会现场的观看者，

---

①全国农业展览会编：《中华人民共和国全国农业展览会内容简介》，1957 年，第 26 页。

②《云南的山茶展览会》，《新华社新闻稿》1956 年第 2079 期。

③柳溪：《为了向前看，为了向前走！——参观全国农业展览会》，《文汇报》1957 年 3 月 4 日，第 2 版。

④《同志们，这是人吃的吗？——记天津北洋纱厂工会为使工人回忆日寇统治时的惨痛生活举办的食品展览会》，《人民日报》1951 年 5 月 14 日，第 3 版。

⑤《批判忘本思想，进行社会主义教育——上海锅炉厂举办顾六法今昔对比展览会》，《人民日报》1957 年 10 月 7 日，第 2 版。

⑥吴友富：《中国国家形象的塑造和传播》，复旦大学出版社，2009 年，第 92 页。

或贴近玻璃，视线高于物品，或与物品有一段距离，进行全览式观看，但无论何者，观者视线如欲掌控被观看的景物，必有适合之观看点"①。荆州专区小组参观 1953 年湖北省爱国卫生运动展览会后说："参观容易接受、记忆，比听报告和讨论收益得多。"②当然，不同身份、不同年龄、不同文化层次的人观看的角度不同，视觉感受也会不同。面对展品特定的名称、标志、图案、字体、色彩、文案标准等视觉要素，对视觉有着直接的冲击，因此很多人对展览会评价较高③。

二、民众的社会心态

面对展览会的视觉冲击，观展者的内在心态较为复杂。德国学者卡尔·兰普雷希特曾说："历史学首先是一门社会—心理学。"④所以，深入研究历史学，探讨社会心理学很有必要。所以笔者觉得从展览活动的原生态史料入手，通过多种史料来窥见观展者的复杂心态，可能更为合理。根据已有史料的分析，笔者认为展览会上民众的心态主要有以下四种：

其一，兴奋的心态。1950 年苏南举办土地改革展览会，江阴农民杨老太的留言写道："得到土地，谢谢毛主席，今天看过展回去睡觉要哭出来了，以后种田要更加把劲。"⑤陈列观看了 1951 年上海土改展览会后说："翻身农民幸福的生活和新中国农村的美丽远景，百倍鼓舞了我对革命事业必胜的信心。"⑥吕老太在 1951 年华北区物资交流展览大会老革命根据地人民代表和劳动模范的座谈会上说："看了展览会，我懂得许多东西：往常总有人说啥物件都是美国的巧，可是展览会的东西不更巧吗？咱中国人也一样有巧人，还能制些更巧的东西哩！看展览会的时候，好多年轻人围着我拍

---

① 王正华：《呈现"中国"：晚清参与 1904 年美国圣路易万国博览会之研究》，黄克武主编：《书中有话：近代中国的视觉表述与文化构图》，中研院近代史研究所，2003 年，第 467 页。

② 《湖北省爱国卫生运动展览会工作总结报告》(1953 年 4 月 15 日)，湖北省档案馆藏，档案号：SZ115－1－61。

③ 笔者进行口述调查时，发现几乎所有被调查者对展览会都颇有好感，尤其是农民，只要哪里有展览会，他们就往哪里去看热闹。

④ 〔英〕彼得·伯克著，姚朋译：《历史学与社会理论》，上海人民出版社，2001 年，第 16 页。

⑤ 《苏南地区土地改革展览会观众感想摘录》，江苏省档案馆藏，档案号：7006－3－301。

⑥ 《从这里接受深刻的阶级教育——观众们看了土改展览会后纷纷留下感想》，《文汇报》1951 年11 月 9 日，第 3 版。

手,我见了年轻人,心里跟开了花似的乐呵!"①湖北省武昌农业学校的教工冒雨参观了 1956 年湖北工农业展览会,会后感慨说:"湖北省工农业展览馆的展出,对我们农校教师可以说是一次很好的大课,它使我们了解当前湖北省工农业、水利等建设情况,也使我们看见将来湖北省的社会主义景象,这对我们确实像获得一次丰收。"②1957 年,上海观众柳溪参观全国农业展览会,感慨颇深,抒发感情:"在水利馆,你将会为了我国兴修了史无前例的大水库、大拦河坝而骄傲自豪,为了我们的农民不再仅仅靠天等雨完成了农田灌溉面积 3 亿亩而欢心庆贺。"③这种兴奋的心态是展览会上民众最常见的心态。

其二,愤恨的心态。广东保安县深圳中学初一学生原野参观 1950 年反特反走私展览会后,恨透了蒋介石,更加清楚地知道"蒋介石是个大坏蛋",是中国人民的死敌,"现在蒋介石还在勾结美帝国主义,盘踞在台湾。我们一定要解放台湾,把美帝国主义赶出台湾去"④。徐成森回忆说:"5 月 13 日上午抄写,下午到文化广场看'镇压反革命展览会',那些惨无人道的刽子手使人愤怒:竟有把人切成八块的!"⑤1951 年,上海文化广场举行反特展览会,展出了特务电报留底的文稿,在反动特务的密电码底本中,亚浦耳厂、英联船厂、怡和砂厂都被美帝和反动派列为轰炸毁灭的目标⑥,非常令人气愤。1951 年,一个名叫胡扶的同学回忆他所在的学校举办的反贪污、反浪费、反官僚主义展览会:"最使人触目惊心的是一个大漏斗,说明贪污浪费损失了大量的人民财富,漏斗下引出许多箭头,指着战斗机、铁路、工厂、学校等模型,它告诉人们这些损失的财富,本来可以为工业、农业、交通、军事、科学、文化、教育等建设增添多少设施,看了真使人痛心。"⑦展览

---

①华北区城乡物资交流展览会编:《华北区城乡物资交流展览会汇刊》,1951 年,第 99 页。

②《湖北省武昌农业学校教工的来信》,湖北省档案馆藏,档案号:SZ40-1-7。

③柳溪:《为了向前看,为了向前走!——参观全国农业展览会》,《文汇报》1957 年 3 月 4 日,第 2 版。

④赵九伶选编:《中学生笔下的共和国 50 年(1949—1999)》,四川少年儿童出版社,1999 年,第 12 页。

⑤徐成森著:《我的复旦四年(1955—1958)》,大象出版社,2005 年,第 30 页。

⑥中国人民政治协商会议全国委员会文史资料研究委员会编:《文史资料选辑》(合订本,第 15 册),中国文史出版社,1986 年,第 410 页。

⑦赵九伶选编:《中学生笔下的共和国 50 年(1949—1999)》,四川少年儿童出版社,1999 年,第 35 页。

展现反动势力的罪行，民众自然愤恨，这是民众观看政治展览的普遍心态。

其三，感激的心态。1951年，天津市举办华北区城乡物资交流展览会。农民郭全德前去参观，在天津住了7天，临走的前两天，几个码头工人告诉他"一家人别客气"。郭全德心里想："过去工人农民谁都见不着谁，现在毛主席领导，变成了一家人。"他两眼瞅着工人同志说："咱比亲兄弟还亲！"紧接着眼睛湿了①。1952年，江苏省徐州市举办劳动就业展览会，对党的就业方针政策、失业工人就业、以工代赈等进行介绍，展出了游民、乞丐、妓女等投入生产的各种照片。民众参观展览，普遍受到了教育，对党和政府充满了感激。失业工人刘玉凤说："毛主席给咱想的真周到。我一定好好工作报答毛主席。"顾振英看过一幅连环画后，感动得流泪说："只有毛主席、共产党，才能把我们掉在火坑里的穷孩子救出来，并且找到职业。"②1957年，东海渔场墩头渔业社举行展览会。社员缪纪全说："解放前我只有两件破衣，一件破袄；入社以后，买了二十多丈布，做了十一套新衣服。没有合作化，哪有今天的幸福？"③在对旧社会愤恨的基础上，渔民看到新中国的优越性，自然而然就会对共产党产生感激的心情。

其四，醒悟的心态。参观1950年苏南土改展览会后，辅仁中学一老师的留言写道："以前对土改不认识，有时说土地是人家苦干出来的，人家有本领，关你什么事；现在认识了地主的罪恶，知道了土改的意义。"④有观众参观了1951年上海土改展览会后，不时想起观众陈桃法的控诉，他说看了这些真人真事，再也不会说"江南无封建"了⑤。1951年西北区展览会中，成千观众在意见簿上写下了感想。有人说："看过展览后，使我们认识了祖国的伟大力量，提高了爱国热情，对于抗美援朝增加了无限力量和信心。"还有许多观众说："过去咱中了反动派的毒，觉得中国啥都不行，今天才看到了人民自己的天下，中国实在了不起。"⑥1951年10月，上海市郊区、苏

①贯文：《郭全德进天津——记农民郭全德参观华北区城乡物资交流展览会后的思想变化》，《人民日报》1951年10月29日，第2版。

②《徐州市举办劳动就业广播大会和劳动就业展览会》，《人民日报》1952年11月25日，第2版。

③海星：《一场大辩论，一个展览会——渔业合作化优越性深入人心，东海渔场墩头渔业社的社员坚决走社会主义道路》，《人民日报》1957年9月26日，第2版。

④《苏南地区土地改革展览会观众感想摘录》，江苏省档案馆藏，档案号：7006-3-301。

⑤《看了土改展览会陈桃法苦诉往事》，《新民晚报》1951年10月21日，第1版。

⑥西北财政经济委员会秘书处编：《一九五零年西北经济建设概况(西北经济建设展览会汇刊)》，1951年，第6页。

南区土地改革展览会举行自 10 月 5 日开幕到 13 日,观众共有 9 万多人。店员王名祥参观后说:"由于我长时期生活在城市里,不大明了地主与农民之间的生活情形。今天看完了土改展览会的第一部分,方才彻底明白地主的罪恶,增加了我的阶级仇恨,等于上了一次阶级教育课。今后我当更好地为劳动人民服务。"[①]1954 年 5 月 23 日,一些科学家参观鞍钢技术革新展览会后在北京举行座谈会。他们认为今后应加强厂、矿、产业部门和学校、研究机关的联系,建立技术革新者和科学工作者的友谊关系,克服在科学技术人员中不关心国家建设的"做客思想"和漠视工人群众创造发明的"保守思想"[②]。这样,科学技术人员在今后技术革新运动中将发挥更大的作用。黄陂县李文献参观了 1956 年湖北工农业展览会后说:"我在农业馆看到了一株岱字棉结二百多个桃子,收棉花二斤多,还是个老婆婆种的呢。一个冬瓜九十多斤,这是由于他们掌握了先进技术,深耕细作的结果。我昨日对学新技术是不相信的,这些活的事实教育了我,要提高质量,一定要学习先进技术。"[③]通过观看展览会,观众对以前的认识提出质疑,并纠正以前的错误思想,这种醒悟的心态是展览会教育功能的重要体现。

此外,观展者还有其他心态:有些观众看到没见过的展品,产生好奇的心态;有些观众发现先进的科技展品,因看不懂而产生困惑的心态;有些观众收获很大,非常庆幸参观了展览;有些观众在展览会上碰到了朋友,感到非常高兴。大多数情况下,观众的几种心态可能会交织在一起。从历史来看,"民众对政治普遍具有远离和冷漠的感觉,认为政治仅是当权者、当官者的事情,与自己无关"[④]。透过展览会,民众对旧社会的愤慨、对共产党的感激、对革命斗争的认同、对新中国向往的心态表现得比较明显。

三、信息传播与国家认同

"组织—大众"传播是三种传播形态的复合:组织传播、组织化的大众传播、大众传播。新中国成立初期,展览活动的传播兼具这三种形态。民

---

① 《土改展览会婚姻法宣传室观众逾九万人》,《新民晚报》1951 年 10 月 14 日,第 4 版。

② 《参观鞍钢技术革新展览会后科学家都愿意积极投入技术革新运动》,《文汇报》1954 年 5 月 25 日,第 1 版。

③ 《观众感言摘要》,湖北省工农业展览会宣教组编:《工作简报》第九期(1956 年 5 月 18 日),湖北省档案馆藏,档案号:SZ40-1-7。

④ 殷陆军编译:《人的现代化》,四川人民出版社,1985 年,第 602 页。

众在单位(机关、工厂、学校、医院等)组织下参观展览活动,这种"组织一大众"传播中组织化大众传播的比重增加,同时,随着大众文化水平和识字能力提高,大众传播的比重也逐渐上升。

办展既具有展览空间所特有的视觉冲击,又具有强化民众对国家认同的巨大能量。陈蕴茜认为:"展品的陈列主要是透过空间编排、路径设计、场景布置来建构叙事性结构,从而让展览的内容生动地呈现出来。在这个意义上,展览就是一个'叙事'文本。"① 展品、空间布局、陈列方式构成展览文本的主要元素,参观者进入展厅,就开始了展览文本的阅读。观众在参展的过程中,被形式多样的中国展品所刺激和感动,从而形成了深刻的记忆。

美国学者 M・德弗曼指出:"大众媒体通过有选择地表现以及突出某种主题,在受众中造成一种印象。"② 中国共产党在办展过程中,通过进行敌与我的象征符号划分,批判了国民党反动派的腐败统治,让观展者形成明确的异己观,从而引导了观展者对共产党政策的认同。展览现场受宣传场地和受众人数的影响,动员的力度和效率相对有限。所以,办展方还通过广播宣传动员。1952 年,全国地方电台已从 1949 年底的 48 座增加到70 座,全国共建立了 23 721 个收音站,为全国性广播宣传网的建立打下了初步基础③。书刊的出版和发行为展览活动的传播起到了巨大的推动作用。为了做好引导、宣传和交流工作,很多举办方要求参展方编印书刊。1951 年华北区城乡物质交流展览会,在出版发行方面,"计出版参观手册及参观向导各一种,农业知识九种,宣传要点和李哲人副主任委员讲话各一种"④。1956 年,农业部要求:"为了使各省(市、自治区)的农业先进生产经验能够通过全国农业展览会得到充分的交流和推广,根据展览会原定计划,请各省(市、自治区)负责将本地区各方面的先进生产典型,编印成小册子,送展览会展出和出售。"⑤ 在展览会结束后,一些举办方还编辑发行展

①陈蕴茜:《地方展览与辛亥革命记忆塑造(1927—1949)》,《江海学刊》2011 年第 4 期。

②〔美〕M. 德弗勒等著,颜建军译:《大众传播通论》,华夏出版社,1989 年,第 354 页。

③当代中国丛书编辑部编:《当代中国的广播电视》(上册),中国社会科学出版社,1987 年,第35 页。

④华北区城乡物资交流展览会编:《华北区城乡物资交流展览会汇刊》,1951 年,第 140 页。

⑤《中华人民共和国农业部关于组织编制全国农业展览会小册子的意见》(1956 年 10 月 20 日),天津市档案馆藏,档案号:119 - C - 413。

览会会刊、汇刊或资料汇编等，进一步介绍和宣传展览会。

展览信息的传播不仅扩大了展览的影响，还增强了民众的国家认同。所谓国家认同，"就是人们对其存在其中的国家的认可与服从，其反映的是人与国家的基本关系"①。在本书中，国家认同的概念是宽泛的，主要是指观众对新中国发展的认同。1951年，藏族代表阿旺嘉措作去北京参观了全国劳模展览会，他感触很深地说："过去谈形势好，是少数人的形势好，今天的形势好是全民的形势好。从北京、成都以及我区的变化，可以看出是人民生活不断得到改善，是普遍的提高，而不是少数人的提高。"②1951年10月19日，华侨司徒美登参加华北区城乡物资交流展览会后，感叹道："我在国外六七十年，看见过许许多多帝国主义国家的展览会，但他们的展览会是决不能与我们的展览会相比。华侨在国外只是模模糊糊地知道祖国'地大物博'，但地怎么大，物怎么博，不知究竟；到这展览会一看，才清楚明白我们祖国真是要什么有什么，遍地黄金，取之不尽。"③1954年，北京举办鞍钢技术革新展览会，参观者说："我们最大的收获是在展览会上看到了鞍钢给我们开展技术革新提供了一条宽阔的道路。"④这说明民众对国家技术革新的前景充满信心，也说明民众对中国工业化充满了期待。在1957年全国农业展览会上，一个参观者在看到一批批国营农场成长为富饶可爱的谷仓后，兴奋地写下了这样一句话："祖国的每一寸土地都是可爱的。"⑤从少数民族、华侨、工人和农民朴实的语言中，可以看出民众对新中国非常认可。

国家认同不仅可以从本国国民的话语中看出来，还可以从外国民众的话语中看出来。新中国成立初期，一些展览会受到外国友人的好评。1951年10月23日，上海郊区举办土地改革展览会，印尼青年代表团参观后留言道："土地改革是加强新民主主义和走向社会主义的主要条件之一，我们在这里学习了许多宝贵的知识和经验，我们将拿这经验去教育印尼人民，

①林尚立：《现代国家认同建构的政治逻辑》，《中国社会科学》2013年第8期。

②杨健吾：《康藏佛光》，巴蜀书社，2004年，第194—195页。

③华北区城乡物资交流展览会编：《华北区城乡物资交流展览会汇刊》，1951年，第133页。

④杨坤如、施大鹏：《学习鞍钢技术革新经验》，重庆人民出版社，1954年，第35页。

⑤《荒地上的社会主义之光——记全国农业展览会国营农场馆》，《人民日报》1957年3月3日，第3版。

让这个经验鼓舞我们奋斗到底。"①1951年,越南代表团参观华北区城乡物资交流展览会后,产生了很多感想:"在越南,我们也会初步了解中国的'发展生产,繁荣经济'的政策,但是,当我们访问了中国,特别是参观了沈阳和天津的两个展览会之后,才了解得更具体。看到了这些政策实现的情形,我们更加敬佩在建设新民主主义经济,以便走向社会主义的过程中,毛主席和共产党对于中国的正确领导。"②代表团认为越南人民应该更加努力,学习中国人民宝贵的经验。1953年,北京市举办工业手工业品种展览会。印度外宾拉米斯卡先生说:"我非常高兴知道了在北京(中国)用自己工厂制造电器材料和汽车零件,并将制造汽车,这样迅速的提高是值得发扬的,他们已经得到惊人的提高。"罗马尼亚的布加来斯特外宾说:"这是一个显示着伟大的中国人民创造能力的展览会。"③1956年4月29日,果路多宾等苏联专家参观湖北工农业展览会,会后留言:"我们——苏联经济及文化建设成就展览会的工作人员——以很大的兴趣参观了湖北省工农业展览会,这个展览会显示出中国社会主义建设新的成就和伟大中国兄弟的卓越天才及旺盛精力。我们苏联人一致祝贺光荣的中国人民在英明的中国共产党所规划的巨大社会主义改造的计划中取得新的成就!"④从外国友人诚恳的留言中可以看到,展览获得好评,彰显了外国对中国发展的认同。

此外,中国的出国展览也产生了较大的国际影响。笔者从原始档案和报刊记载的国外观展者的留言和感受中,强烈感受到外国观众对中国国家发展的认同。首先,外国领导赞许。1956年波兹南国际博览会上,中国馆展出的货品共重3 200多吨,波兰部长会议主席西伦凯维兹参观展览后在留言簿上题词说:"除了看到传统的中国产品以外,我们还从一系列的新式的复杂机器中,看到了中国机器工业的发展成就。这是人民中国飞速前进的标志。"⑤1956年,中国在越南举办展览会,越南领导人范文同在题词中指出,中国展览会是未来的越南的形象。他接着说:"这个展览会向越南人民说明中华人民共和国在各个方面的进步、推动进步的迅速动力以及这种进步

①《各国代表团参观土地改革展览会的人数统计及留言》,上海市档案馆藏,档案号:B14-2-3。
②《参观华北区城乡物资交流展览会的感想》,天津市档案馆藏,档案号:77-C-151。
③《北京市工业手工业品种展览会总结》,北京市档案馆藏,缩微档案号:61-1-657。
④《苏联经济及文化建设成就展览会领导人的题词》,湖北省档案馆藏,档案号:SZ40-1-7。
⑤《第二十五届波兹南国际博览会开幕——波兰国家领导人对中国馆的展品很感兴趣》,《人民日报》1956年6月19日,第4版。

的趋势和原因。"①1957 年,苏联部长会议主席伏罗希洛夫在北京参观农业展览会,从头到尾看了 11 个馆,他说,"他要推翻以前的评语,认为这个展览会组织的好,很集中,已经超过了苏联"②。其次,普通民众欢迎。1951年莱比锡春季国际博览会的中国展览,留给人们一个关于中国人民经济的发展情势的简明而生动的印象,因此获得了千千万万参观者的热烈掌声③。1955 年波兹南国际博览会,有个波兰观众在意见簿上留言:"中国馆打开了我看新中国的眼界。"④1956 年,在维也纳秋季博览会上,新中国第一次将我国社会主义工业化四年来所取得的巨大成就,通过展览在奥地利人民面前做了形象的介绍,吸引了 56 万民众参观⑤。民众的参与度是最大的,所以民众的评议是民意的表现。第三,知识分子认可。1951 年,在莱比锡博览会会场中,教师哈能说:"一个从重大战争创伤中恢复过来的民族,能够在和平建设中所达到的成就,已由中国馆指示出来。"一位法国记者表示:"再让他们建设两年,世界就要改观了。"⑥1951 年,苏联列宁格勒主办了中华人民共和国文学艺术展览会,给许多人留下了深刻印象。教师叶非莫夫说:"展览品充分表明了中国共产党在新中国建设中的组织和领导作用。"⑦1955 年 10 月,印度新德里举办工业博览会,巴罗达大学的学生巴特尔留言道:"在参观了机器部分之后,我对中国在这样短的时间内所取得的进展感到吃惊。"⑧外国观众对中国的正面评价,其实也是对中国国家发展的认同。

　　必须指出的是,展览活动的认同一定要建立在新中国较为和平的环境和较为清廉的政治上,正像学者秦晖所说:"农民认同共产党的原因主要是

---

① 《越南政府领导人参观中国展览会——盛赞我国在社会主义工业化道路上的成就》,《人民日报》1956 年 9 月 7 日,第 5 版。

② 北京市档案馆、莫斯科市档案管理总局:《北京与莫斯科的传统友谊——档案中的记忆》,中国档案出版社,2006 年,第 11 页。

③ 《一九五二年的莱比锡春季博览会》(中文版特刊),第 2 页。

④ 李何:《波兹南国际博览会上的中国展览馆》,《人民日报》1955 年 7 月 16 日,第 4 版。

⑤ 《参加维也纳秋季博览会的请示和参展工作总结》,中国外交部档案馆藏,档案号:110 - 00624 - 06(1)。

⑥ 徐大可:《在莱比锡和布拉格国际博览会上》,《人民日报》1951 年 8 月 14 日,第 4 版。

⑦ 《苏广泛介绍新中国——在各地举办展览会和演讲会,成千上万劳动人民参观听讲》,《文汇报》1951 年 7 月 6 日,第 2 版。

⑧ 《印度工业博览会中国馆受到热烈欢迎》,《人民日报》1955 年 11 月 4 日,第 4 版。

革命的清廉政治与国民党时期乡镇腐败的对照，以及和平环境与战乱环境的对照。"①展览呈现了旧中国与新中国截然不同的发展图景，民众通过参观、比较和座谈，自然而然对新生政权的合法性产生认同。在此认同的基础上，也就产生了国家认同。

第二节　展览活动的社会效应

谈到展览活动与国家形象的建构，有一个问题不能回避，那就是展览活动的社会效应。如果没有社会效应，建构形象没有根基，也很难有成效。关于近代展览的社会效应，学界已有较多阐释②，而新中国展览的社会效应则阐释较少。笔者认为展览活动对新中国社会发展作用很大，主要表现在以下五个方面：

一、政治教育

有学者认为："在我国新民主主义、社会主义革命与社会主义建设中，展览事业在配合党的中心工作。"③的确，新中国成立初期，党和政府的一些政治中心工作的顺利开展，就得益于展览会的推动。

展览在社会中的作用，主要表现为它是进行政治思想教育的有效方法之一。1950 年 10 月 2 日，朱德在中国人民解放军战绩展览会揭幕式上指出："中国人民解放军在战争的火线上流血牺牲，前仆后继，表现了祖国儿女的高度的英雄主义与爱国主义。这次展览会就是表现了这个斗争的现实，以光荣的历史斗争传统来教育中国人民解放军和中国人民。"④通过展览会，宣扬了社会政治生活的主旋律，使民众得到思想上的教益。1953年，山西晋城县周村镇举办展览会。有观众看后说，"这次下乡看展览等于上了堂政治课，体会了农民生活，加强了对工农联盟的认识"⑤。1953 年，

① 秦晖：《传统十论——本土社会的制度、文化及其变革》，复旦大学出版社，2003 年，第 305 页。
② 参见马敏、洪振强：《民国时期国货展览会研究：1910—1930》，《华中师范大学学报》2009 年第 4 期；金普森、周石峰：《"国货年"运动与社会崇洋观念》，《党史研究与教学》2004 年第 4 期；等等。这些文章对近代展览会尤其是国货展览会均持肯定态度。
③ 中国展览馆协会、展览理论研究会编：《展览研究文集》，浙江大学出版社，1989 年，第 32 页。
④ 中共中央文献研究室编：《朱德年谱》，人民出版社，1986 年，第 349 页。
⑤ 《山西晋城县周村镇展览会报告》，天津市档案馆藏，档案号：196－C－470。

中共天津市外贸党委在外贸系统增产节约竞赛展览会中发现了不少问题,如食品出口公司错翻电报,将 13 吨误翻为 10 吨,以及"检验证"出现两项差错①。通过展览会批判这些粗枝大叶的错误行为,提高了工作的警惕性,加强了工作的责任心。1954 年,天津市举办劳动竞赛先进事迹展览会,广大职工普遍认识到了为了建成社会主义社会必须进行创造性的劳动。国营四一三厂工人解金祥深刻检讨了自己过去"你到了社会主义我也拉不下"的等待思想,表示今后一定要努力工作,为彻底实现社会主义而奋斗②。1956 年,山西举办五年计划展览,许多观众看后感触很深。长治专区的郭焕尧说:"今天的参观对于解决群众山地不能实现社会主义的思想顾虑有帮助,我好作宣传了。"③1957 年 10 月 5 日,上海市举办顾六法今昔生活对比展览会,工人胡德玲观展后留言:"在短短的一小时内给我上了一堂深刻的课。顾六法解放前后的生活充分反映了中国工人的生活史,对于我们这些不知天高地厚的年青人来说,这个展览会给了我们许多东西,使我们明确了前进的方向——永远忠于党,一定要走社会主义道路。"④正是由于展览会的思想政治教育作用,才使得广大民众能较为积极地参与到新中国成立初期的政治、经济建设中去。

通过展览会介绍党和国家的政策方针,这是新中国经常采取的一个工作方法。新中国成立初期,展览会的主题是配合国家政治任务而设计的。土地改革、抗美援朝、农业合作化、工业化建设、镇压反革命、农业集体化道路、民主选举、新婚姻法、卫生防疫运动和第一个五年计划等国家政治任务,在展览会上都有体现。1950 年 3 月 20 日,上海市举办美国空投特务罪证展览会,观众普遍地认为参观这个展览会是上了一堂深刻的政治课,大大提高了自身的革命警惕性⑤,有力推动了"镇压反革命"政策的实施。1952 年,天津举行反贪污、反浪费、反官僚主义展览会,展示了天津商人偷

①《中共天津市外贸党委关于外贸系统增产节约竞赛展览会的工作报告》,天津市档案馆藏,档案号:33-Y-33。

②《天津市一九五四年劳动竞赛先进事迹展览会工作总结报告》(1955 年 3 月 8 日),天津市档案馆藏,档案号:44-Y-208。

③山西省五年计划展览会办公室编:《山西省五年计划展览纪念册·前言》,1956 年。

④《顾六法是我们的镜子——上海锅炉厂工人从"今昔对比"展览中受到教育》,《文汇报》1957 年 10 月 8 日,第 2 版。

⑤《参观了美国空投特务罪证展览会——本市广大群众革命警惕性普遍提高》,《文汇报》1955 年 4 月 10 日,第 1 版。

税的 17 种方法,并举出大奸商杨健庵(已被捕)用 10 种手段前后偷税近 30 亿元的具体实例[①],促进了民众对"三反"政策的了解。1955 年,浙江农业生产展览会编辑了一本画册,从中可以看到群众创造的先进事例和在农业生产上取得的成就,以及农业生产上的巨大潜力。通过展览,让民众相信"争取提前实现《全国农业发展纲要(草案)》规定的农作物产量的指标,也是完全有可能的"[②]。1956 年,山西省五年计划展览举行,"显示几年来在党和政府的领导下,山西省国民经济各部门正确贯彻各项方针、政策,取得各方面的辉煌成就"[③]。类似这样的展览会,极大推动了"第一个五年计划"政策的实施。展览会通过对具体政策的展览,使党和国家在不同阶段的政策让民众能较好地加以理解,并得到他们的认同。

二、经济联络

新中国成立初期,中国经济发展存在很多问题,突出表现为城乡经济发展严重不平衡,各地区之间缺乏经济往来和合作,中外经济交流极为匮乏。在这种经济条件下,展览会的举办对这些问题的解决有所缓解,起到了重要作用。

受战争的影响,新中国成立伊始,不少地方旧有的商业渠道近乎瘫痪,而新的商业渠道还没有建立起来。所以,各省、市、县之间的经济交流相对较少。为了改变这种局面,各级人民政府广泛利用民间固有的集市、庙会、骡马大会,因地制宜地把它们发展为展览会,这在沟通区域经济方面发挥了重要的作用。1951 年,东北区物资交流展览大会开幕一个多月,大会交易处已和华北、华东、中南和西南等地的代表团订立了总值达 4 722 亿元的交易合同和协议。东北区龙胆草、黄芪等药材可以畅销关内;华北区代表团已和东北煤业建筑器材公司签订了 10 万吨山西石膏的供应协议;西南区代表团也和东北订立了水银的供应协议;中南的土布、夏布、莲子等都很受东北人民欢迎[④]。通过展览会,东北区和关内各地的许多滞销产品找

---

①鲁西良:《戳开了资产阶级脓包的一角——记天津反贪污、反浪费、反官僚主义展览会》,《文汇报》1952 年 2 月 12 日,第 2 版。
②浙江人民出版社编:《1955 年浙江省农业生产展览会画册·前言》,浙江人民出版社,1956 年。
③山西省五年计划展览会办公室编:《山西省五年计划展览纪念册·前言》,1956 年。
④《华北区城乡物资交流展览会交易额已达一万一千三百余亿元——东北物资交流大会展开大规模的交易活动》,《人民日报》1951 年 11 月 7 日,第 2 版。

到了市场。1951 年,华北区城乡物资交流展览会促进了区域经济的发展。华北与中南的药材可以直接交流,中南松香、桐油能销往华北,察哈尔、内蒙古的麻黄能销往华东等。华北内部的物资交流也比以前更加密切,例如绥远牲畜销往河北,平原姜片、水烟销往绥远,大批成药下乡等等,都是以前所未有的^①。通过此次有组织的展览交流,增强了产销的计划性,减少了生产的盲目性。尤其难得的是,展览会为初步摸清各地物产的种类及分布提供了契机。各地展品的种类、产地、产量、时季、销售等情况经过统计后陈列于展览馆,为各界人士参观、考察和学习提供了方便,从而促进了区域经济的交流与合作。展览会与各种交易会、庙会和交流会之间直接或间接地形成了一张相互关联的由物流、人流、资金流、信息流和商品流组成的大网,促进了地区间的交流与发展。

　　展览会不仅沟通城乡经济的联系,促进区域经济的发展,还可推动中外经济的交流。1952 年,"某些口岸城市所举行的物资交流大会,积极组织和带动了私营进出口贸易,争取了一部分土特产品向资本主义国家的输出,换回了国家需要的进口物资,从而打破了美帝国主义对我国的封锁禁运"^②。1955 年广州出口物资展览交流会举办,交流会有浓厚的苏联风格,来自天津、上海、青岛等口岸的国营、公私合营企业以及私商 107 户与会。交流会通过进出口同业公会,将私营进出口诸行业组成 13 个交易小组^③。经过精心组织,交流会较好地推动了中外贸易往来。1956 年 7 月,在天津市出口工业品展览会上,制造中国第一架折叠式照相机的制造厂的同志表示,要生产照相机出口,到 9 月中旬一定供给 8 至 10 架外销照相机^④。1956 年冬,中国出口商品展览会在广州中苏友好大厦举行,全国各外贸专业公司组成 13 个交易团开展外贸活动,来自 37 个国家和地区的客商2 736 人到会洽谈贸易,成交额为 538 万美元^⑤。这次展览会是中国突破

①华北区城乡物资交流展览会编:《华北区城乡物资交流展览会汇刊》,1951 年,第 3 页。

②杨基龙:《货畅其流:经济腾飞的翅膀——建国初期的城乡物资交流》,《党史纵横》1992 年第
　2 期。

③《出口物资交流会初步工作总结》(1956 年 1 月 13 日),广东省档案馆藏,档案号:302 - 1 - 5 - 100 -
　113。

④天津市出口工业品展览会、天津出进口商情审委员会合编:《天津市出口工业品展览会纪念专
　刊》,1956 年,第 3 页。

⑤中国贸促会宣传出版部编:《中国展览年鉴(1999 年)》,光明日报出版社,1999 年,第 58 页。

与东欧和苏联贸易而独立开展的一次大型外贸活动，推动了中国与西方国家之间的经济交流。此外，中国积极参加国外举办的博览会，也促进了本国外贸经济的发展。自1951年至1961年，中国每年参加莱比锡国际博览会的展览，展出面积都在5 000平方米左右。同时，民主德国也每隔两三年在中国举办一次专业展览。互办展览的活动，对增进两国人民之间的了解和促进双边贸易的发展起了积极作用①。

在社会信息相对闭塞、交通条件不便、民众教育水平较低的情况下，展览会往往是一个巨大的商品展销地，扮演着经济联络的重要角色。展览会沟通了城市与农村经济的交流，促进了区域经济的联系，加快了中国与外国的经济往来。

三、文化交流

展览是文化创造的交流会，促进了文化工作者之间的交流。1953年，全国民间美术工艺品展览会举行。全国各地民间艺人和在京的工艺美术专家庞薰琹、张仃、张光宇、雷圭元、祝大年、高庄、郑可、周令钊等及有关美术工作干部，曾几次参观展览并举行座谈，他们热烈地交流创作上的经验，座谈生产情况及有关美术设计上的问题，以作改进和发展美术工艺品生产的参考②。1955年第二届全国美术展览会举行，在京美术家和各地代表见面的座谈会上，江丰、刘开渠、吴作人、叶浅予、李桦等对于美术家如何深入生活、如何继承民族传统和如何创作肖像画等问题提出了意见，蔡若虹和王朝闻谈了年画和连环画问题，董希文、古元、彦涵等谈了自己参加这次展览的作品的创作过程和经验，艾中信、李宗津等谈了素描技法的问题③。

展览是文化艺术的聚集场，推动了国内文化的交流。第一，加强民族文化的融合。为了增强民族团结，中央政府举办了一些民族展览会。在展览会上，各兄弟民族的智慧和艺术才能得到了展现。如在1950年的少数民族展览会上，"藏族和维族十八世纪的织品，在编织的技术和色调的配合上，就已经达到相当高的水准；回民王质安的象牙质雕刻，其精致是超乎寻常的。各兄弟民族的服饰，大都相当美丽……维族和乌孜别克族的歌舞，

---

①董志凯：《跻身国际市场的艰辛起步》，经济管理出版社，1993年，第129页。
②《全国民间美术工艺品展览会闭幕》，《人民日报》1954年1月6日，第3版。
③张贻来：《全国美术展览会在北京继续展出》，《人民日报》1955年5月1日，第3版。

苗、彝族的舞蹈和音乐,都是非常优美的"①。由于摆脱了反动统治者的压制,各兄弟民族的文化艺术通过展览会得到了很好的融合与交流。第二,促进区域文化的交流。1956年中国出口商品展览会举办,香港工商界人士组成70多人的南北同业贸易代表团,澳门工商界人士组成30多人的贸易代表团,两个代表团中绝大部分人是新中国成立后第一次回来②,他们来到广州,推动了港澳与大陆地区间的文化交流。1949年,天津举办工业展览会,察哈尔等地区的农民代表在参观展览后一致反映:"过去对城市领导乡村感到空洞,现在看了工展会,思想想通了,因为在乡村没有多大用处的一些东西,运进城市经过工人兄弟劳动制造,竟变成了各种有用的工业品。"③展览会让农民更好地认识城市,促进了城乡文化的发展。第三,对传统文化进行挑战。1957年3月全国第一次避孕展览会在北京举行。展览会向广大人民群众宣传了党和国家关于节制生育、实行避孕的方针政策和避孕方法。展览会设有讲解和出售各种避孕药具的避孕指导室。这次避孕展览会,实际上是对中国传统生育文化的一种挑战,在社会上引起了很大反响,为推动节制生育起了重要作用④。此外,展览对政治文化、商业文化、科技文化、民俗文化等起着一定的促进作用。

　　展览会不仅促进了国内文化的交流,还促进了中外文化的交流。1954年,蒙古人民共和国美术展览在北京举行。这次展出的作品共200余件(小幅作品和学生作品在外),内中有雕塑28件。其中,乔巴山奖金获得者、功勋艺术家多吉因·却多克的作品非常亲切动人⑤。展览会的举办是中蒙两国文化交流史上的大事,它不但促进了中蒙两国美术家之间的学习与交流,而且加强和巩固了中蒙两国人民的友谊。1955年广东省中医药展览会举行,展品2 000多种,观众当中,包括各阶层的人,外宾中有的来

---

① 四方:《记少数民族文物展览会》,《人民日报》1950年7月19日,第3版。
② 《港澳工商界人士应中国出口商品展览会邀请到广州》,《新华社新闻稿》1956年11月15日,第2页。
③ 新华时事丛刊社:《解放后的天津工业(天津工业展览会介绍)》,新华书店,1950年,第114页。
④ 邵力泽:《全国第一次避孕展览会》,《中国国情总览》,山西教育出版社,1993年,第1613页。以前,不少人认为当时的中国对人口缺乏管理,实际上,此次展览会明确地表明当时政府对人口生育是进行管理的。
⑤ 刘开渠:《丰富、优秀的蒙古人民美术——为蒙古人民共和国美术展览会作》,《人民日报》1954年6月2日,第3版。

自社会主义国家，有的来自非社会主义国家，他们参观后都一致认为中国医学有非常丰富的宝藏，亟须各方面的人去发掘，有不少外宾还把会中的主要展品拍成照片①。通过展览会，中外之间就中医问题达成了一定的共识。1955年，《人民画报》创刊五周年展览会上挂着一张世界全图，从北京出发，跨过国界和洲界，跨过高山和海洋，一条条红线引出去。这些红线引向苏联，也引向各资本主义国家；引向寒冷的冰岛，也引向炎热的非洲诸国。这些红线是《人民画报》国外的直接发行网，它遍布于72个国家和地区②。展览会呈现了《人民画报》的发行网络，表明中国与世界取得了更多的联系，使民众对中外文化交流有更多的了解。

四、科技示范

展览会是科学知识面向民众的重要场域，也是科技传播的绝佳场所。1950年《人民日报》提出："展览会这一种形式对于普及科学工作是一个很好的武器，希望各地热心的自然科学工作者都能充分地运用。"③1950年，西南区工业展览会上陈列着许多机械，如量具中的标准方块，能量万分之二毫米的东西，达到了国际标准；平面磨床的精度达到千分之十三，超过了国际标准；凿岩机效率比英国产品的效率高百分之十④。1953年，上海市举办工业生产展览会，展出了中国第一架国产鱼粉加工机的模型。该鱼粉加工机是1951年由国营上海水产公司技师和工人胡阿根等研制成功的。1953年用该机械生产了80吨鱼粉，其中30吨运销国外，换回了许多机器设备⑤。1955年，浙江省农业生产展览会上的机动剥麻机，用5匹马力的动力机带动它，每小时可剥络麻800斤，比人工剥麻工作效率提高十几倍⑥。1957年，上海市举办工业新产品展览会。新中国自造的第一架电视摄像机也陈列在其中，"这架摄像机的银幕有10寸×14寸，在几百公尺范

---

① 广东省中医药展览会画刊编辑委员会主编：《广东省中医药展览会画刊·前言》，1957年。

② 谢雪村：《在〈人民画报〉创刊五周年展览会上》，《人民日报》1955年8月11日，第3版。

③ 袁翰青：《用展览会来普及科学——北京人民广播电台二十二日广播词摘要》，《人民日报》1950年3月1日，第3版。

④ 甘惜分：《西南工人阶级对祖国的伟大贡献——记西南区工业展览会》，《人民日报》1951年10月20日，第2版。

⑤ 《劳动与技术结合——上海市一九五三年工业生产展览会侧写之一》，《文汇报》1954年5月27日，第2版。

⑥ 浙江人民出版社编：《一九五五年浙江省农业生产展览会画册·前言》，浙江人民出版社，1956年。

围内,只要去放一个电视收像机,它就可以把收像机旁边的情景在摄像机的银幕上放映出来"①。通过这台电视摄像机,坐在办公室里,只要电钮一开,高温车间里机器运转的情况以及高空里工人操作的情况都可以看得非常清楚,从而加强了工人的劳动保护。1957年,北京举办工业品质量展览会,展出的毛兰粗布,"采用高级染料,色泽鲜艳,水洗日晒,永不褪色,是全国第一流展品"②。这些先进的展品,推动了科学技术的传播。

展览会也是先进生产经验大交流的最好场所,是教育群众并为群众所欢迎的重要方式之一。1950年,东吴大学举办自然科学展览会,"它具备了对群众的教育意义而直接使广大人民对自然科学发生了较高的兴趣,并且还可以说是间接地负担了一部分协助推进新中国经济建设的使命,因为我们知道经济建设是需要用自然科学来作为推进工具的"③。1951年,民众参加山东省工农兵劳动模范代表会议农业展览会,收获很大。历城县二区劳模曾洪光说:"政府为了咱们老百姓,重视农业生产,以前我们村里防治蝼蛄只知道用信石,这次看到了DDT比信石的效力更强,还看到扁穗小麦产量高也适合我们地区种植,咱回去后一定要向群众宣传这件事。"④1954年上海市工会举办劳动保护展览会及组织安全生产经验交流,通过安全用电展览会的形象化教育,4 000余家工厂改进了用电安全设备,有效地减少了工人触电的事故⑤。类似的生产技术交流起到了改善劳动条件,保障职工安全的有效作用。1956年,黄陂县的黄章胜参观了湖北举办的工农业展览会后,感到"真正看到了新式耕具,比用人力和畜力不知要快多少倍,我们种的棉花每次十来个桃,展览会的有一百至两百多桃,这是由于掌握了新的技术和有了化学肥料和机器,这些事实都说明了我们过去有严重的保守思想,今后回家一定有信心推广先进经验,带头搞好生产,支援国家工业化"⑥。1957年,参观完了全国农业展览会后,各地代表们都积极推

---

①徐沽人:《崭新产品五花八门——看上海市工业新产品展览会》,《文汇报》1957年12月19日,第1版。

②《展览品简介》,北京市档案馆藏,档案号:142-1-705。

③《东吴大学自然科学展览会纪念刊发刊词》,上海市档案馆藏,档案号:U107-0-139。

④山东省人民政府农林厅编印:《山东省工农兵劳动模范代表会议农业展览会汇刊》,1951年,第3—4页。

⑤《关于建立上海市劳动保护展览馆的请示报告》,上海市档案馆藏,档案号:C1-2-2375。

⑥《观众感言摘要》,湖北省工农业展览会宣教组编:《工作简报》第九期(1956年5月18日),湖北省档案馆藏,档案号:SZ40-1-7。

广各种增产经验。例如，"天津市河西区八个园田社的参观代表，参观了农作物二馆展出的四川省西光社蔬菜一年九熟的经验以后，对照本地区的生产方法，决定改一年五熟为七熟，并且具体地安排了茬口。现在各地正在继续传播和推广农展会展出的各项成就和经验"①。为了更好地宣传展览会，传播展览会上的科学技术，很多展览会在结束后都进行了展览资料的编撰。1957年湖北省直先进事迹展览会闭幕后，很多观众要求："像这样的展览会建议定期举行"，要求"把这些有意义的先进事迹汇编成册，发给各单位"②。

需要指出的是，新中国成立初期苏联等社会主义国家给中国带来大量的新科技新经验。1949年大连工业展览会船舶馆显示，船坞在采用了苏联的新造船法以后，造船的生产效率已远超日寇时代的20倍以上了③。1949年12月22日，中国举办最早的农机具展览会在沈阳举行。展品均为畜力农具，其中一种是从苏联引进的开荒、播种、收割功能齐备的全套马拉农具④。1955年，捷克斯洛伐克建设成就展览会在北京举行。北京铁路管理局统计工厂、铁道部统计局、中央气象局、国家统计局及哈尔滨和郑州铁路管理局统计工厂等单位，请该国专家讲了12天课以后，都学会了统计机的安装、检修、调整和使用的技术⑤。1956年，苏联经济及文化建设成就展览会在武汉巡展。在展出期间，苏联专家向我国专业人员介绍先进经验和科学技术理论知识，一共举办了1 100多次讲课、现场指导、座谈等活动，解决了500多个问题。苏联专家还在现场指导中提出了412条建议，使武汉市裕华纱厂、第一纱厂和武汉印刷厂等工厂的生产效率得以迅速提高⑥。苏联等国通过展览的形式进行科技示范，推动了中国科技水平的提高，促进了中国生产经验的交流。

---

① 胡曙：《全国农业展览会闭幕》，《人民日报》1957年8月1日，第5版。

② 《省直先进事迹展览会总结》(1957年2月23日)，湖北省档案馆藏，档案号：SZ20-1-103。

③ 新华时事业报刊社：《工业中国的雏形：大连工业展览会介绍》，新华书店，1950年，第6页。

④ 任慧英、赵子祥主编：《辽宁五十年成就事典》，辽海出版社，1999年，第358页。

⑤ 朱及群：《国外来华经济展览会中的技术交流活动》，《人民日报》1955年6月9日，第2版。

⑥ 《苏联展览会在武汉闭幕——两月内接待了二百三十多万人次观众》，《人民日报》1956年7月7日，第4版。

五、城市发展

近代以来，博览会在城市的现代化过程中扮演了重要角色，许多著名城市得益于博览会的发展。新中国初期，展览活动对城市的发展起着促进作用，主要表现在修建城市基础设施，改造城市交通，修改城市展览场馆，推动城市经济发展等方面。

1949 年大连工业展览会是旅顺、大连地区工业成果的缩影，"就展览会场来讲，在七个月以前，它还是一片残破的废墟，而现在却是辉煌灿烂、宏伟、壮丽的近代化建筑了"①。1951 年上海市土产展览交流大会场馆从 5 月 8 日开工，至 5 月 20 日完工，"以十三个工作日完成了全部房屋建筑一千五百方丈，竹建工程二千零五十方丈，修理房屋五百方丈，挖掘土方一千五百立公方"②。此外，会场道路的修筑、水电的装置及环境卫生方面的疏浚水沟、清除垃圾等等，都在有关各方共同努力下，突击如期完成。1951 年，中南区土特产展览交流大会秘书处为便利观众，与武汉市公用汽车公司达成协议，增开会场到中山公园的两条新路线。这两条路线至少有 6 部车对开，且皆为新车，漂亮、舒适、行驶平稳③。1954 年，为了修建苏联展览馆，需建设阜成门大街及苏联展览馆向南道路工程。关于路线内征用的房屋，据初步调查统计，阜外大街拆房 693 间（145 户），苏联展览馆拆房 170 间（约 50 户）④。展览会筹委会考虑到"苏联展览馆开馆后，参加人民势必很多，只依西颐路为主要通路，行人车辆必致异常拥挤，为了交通之安全和减少西颐路之交通量，使其不致发生拥挤和过重的交通负担，故修筑车路，以便输送及疏散一部分行人及车辆"，所以在"西直门外西颐路西郊公园以东，苏联展览馆门前向南至阜科路，全长 1733.32 公尺，实际修路长度为 1538.50 公尺"⑤。通过拆迁改造，城市的交通和建设有了

①新华时事业刊社编：《工业中国的雏形：大连工业展览会介绍》，新华书店，1950 年，第 7 页。
②华东区土产会议上海市土产展览交流大会编：《华东区土产会议上海市土产展览交流大会纪念特刊》，1951 年，第 83—84 页。
③中南区土特产展览交流大会宣传部编印：《中南区土特产展览交流大会参观手册》，1951 年，第 44 页。
④《关于对府右街、阜外大街、苏联展览馆路三项工程拆房迁屋问题的函、报告、会议记录等》，北京市档案馆藏，缩微档案号：6-5-190。
⑤《苏联展览馆门前修简易沥青碎石路工程》，北京市档案馆藏，档案号：6-6-28。

一定的改善。

　　展览馆的建设也促进了城市景观的建设。1951年，华南土特产展览交流大会在广州举行。每当夜幕降临，场内约4 500米长的霓虹灯、800支荧光灯和2 500支电灯一起亮起，成为当年广州最美丽的夜景①。展览会的12座建筑都是著名建筑师或建筑学教授的力作，样式各异，各有特色，受到广大民众的好评。人们认为展览会"建筑体形活泼，但不事装饰，有的很富有想象力"。其中，"水产馆"还被群众赞为"平面像条鱼，立面像条船"②。20世纪50年代我国的四大展览馆气势雄伟，构造辉煌，其建筑设计非常独特，与传统的中式建筑风格迥然不同。如上海中苏友好大厦是当时上海的最高建筑，那个时期上海建筑界可能有个不成文的规定："所有楼宇的建造高度，不能超过苏联老大哥这颗熠熠闪耀的金星。"③并且，这些展览馆地处城市的中心地带，形成了城市重要的公共空间和休闲场所。如武汉中苏友好宫地处汉口中山公园正对面，与中山公园门楼（上面为盛大节日游行集会时的检阅台）分居宽广的解放大道南北两侧，形成总面积近3万平方米的城市中心广场④。作为城市的地标式建筑，这几个展览馆在民众的心中留有永远挥之不去的美好记忆。

　　总之，展览会对新中国各方面发展都产生了重要影响，也推动了中外之间的友好交流。1951年4月12日，《人民日报》曾指出："展览会对于提高人民政治、文化水平和推动实际工作有巨大作用。"⑤这个评价是中肯的，也是可信的。审视这一时期展览会的社会作用，可以增强发展展览业的信心，也可以为新中国国家形象的建构打下坚实的基础。

第三节　展览中的"新中国"形象

　　新中国的国内展览和出国展览，尤其是对国际博览会的参与，在博览会历史上留下了深刻的中国印记，给世界带来了华夏文明的元素，改变了

---

① 曾尔：《广州文化公园》，广东人民出版社，2010年，第6页。

② 曾尔：《广州文化公园》，广东人民出版社，2010年，第5页。

③ 豆瓣网 http://www.douban.com/group/topic/7757956。

④ 张智海：《武汉中苏友好宫拆迁始末》，《中华建设》2005年第2期。

⑤《推动工作，教育人民——北京各种展览会效果巨大，两年来共举办四百次，观众达八百余万人》，《人民日报》1951年4月12日，第3版。

近代中国的旧形象,较好地呈现了新中国的新形象。

一、工业中国

近代中国经济落后,国力羸弱,给世人以农业中国的形象。为了改变这个形象,新中国举办了大量展览会。1949 年的大连工业展览会是新中国举办的第一次展览,被誉为"工业中国的雏形"。展览馆陈列了大量的重工业产品,如有被斯大林称为"重工业的心脏"的机械工业,有构成工业大动脉的造船工业和铁路工业,有堪称"工业脊骨"的炼钢工业①,让观众特别振奋。1954 年 4 月,鞍钢工业展览在北京举行。在基本建设部分可以看到大型轧钢厂、无缝钢管厂和第七号炼铁炉的模型②。这三大工程自动化程度高,是中国重工业发展的里程碑。全国各地群众纷纷到北京参观,对中国工业的发展充满信心。

出国展览能够较好地改变外国人的固有认识,建构新中国的工业形象。下面主要通过外国人的观展感受以及媒体报道来进行阐述。

1951 年 5 月 19 日,中国参加了布拉格国际博览会。一个当地工人观展后说:"你们将仿效苏联的先例,在建设起重工业之后,还建设其他工业部门时,希望你们利用你们巨大的勤劳和耐心,不仅在你们国家,也对于全世界泛溢以品质极优良的物品,这你们有最好的条件,向你们的工作致敬。"③许多观众对中国工业技术的水平及文化艺术的高度成功,予以高度赞扬。一个未表明职业的观众说:"中国展览是非常美丽与可敬的,特别是电气机械与其他工业品,我们仅祝你们对电气技术的细节钻研的更大成功。"④

1951 年 12 月 23 日,新中国博览会在匈牙利首都布达佩斯举行。奥来余额士·约瑟夫在留言簿上写道,这个博览会驳斥了"中国的工业是由美帝国主义的帮助而形成"的滥言,通过了这个博览会,他完全相信是中国共

①新华时事业刊社编:《工业中国的雏形:大连工业展览会介绍》,新华书店,1950 年,第 4 页。
②《中华全国总工会主办:鞍钢技术革新展览会开幕》,《人民日报》1954 年 4 月 16 日,第 1 版。
③《中华人民共和国参加布拉格国际博览会展出总结报告》(1951 年 7 月 13 日),中国外交部档案馆藏,档案号:109 - 00113 - 01(1)。
④《中华人民共和国参加布拉格国际博览会展出总结报告》(1951 年 7 月 13 日),中国外交部档案馆藏,档案号:109 - 00113 - 01(1)。

产党在领导着中国走向工业化①。

1953年，中国参加莱比锡国际博览会，展出了各种机械与电机新产品、摩托脚踏车、龙门刨床、铣床、电工器材与X光机及万能手术床。在留言簿上，有观众写道："你们的机器比去年优良，一年的进步多快啊！"甚至一位英国工程师也写道："你们展出的机器说明了从此中国已能制品质优良的机器，无疑，中国的工业化，必将使她的地位列于许多国家之前。"②

1955年，中国商品展览会在东京举行。"每当中国工人开动一六一六型车床，表演高速切削法时，总有好几百个人在旁边围着看。这个车床是济南第一机床厂制造的，每分钟能转动一千九百八十次，不到十三秒钟就可以削完一尺多长的钢料。这样高速度的切削，使日本工人感到惊奇。"③日本《产业经济新闻》发表社论说："在中国商品展览会的各种展品当中，工作母机、矿山机械、电气器材等特别引起观众的注意。"社论还指出："中国在从前几乎没有重工业，新中国成立以来，竟发展到能制造这些机械的程度，这是不容忽视的。"④有一个学生这样说："学校里教给我们说，中国是一个农业国。但中国能生产这样好的机械，真是想像不到的。"⑤

1956年，中国参加普罗夫迪夫国际博览会。许多观众对中国重工业的发展速度表示惊讶。索菲亚工程师扬可夫说："与去年比较，中国机器制造业有着巨大进步，我想五年至十年内，中国工业化水平将与世界现代工业国家媲美。"捷克馆工程师几次来中国馆参观，每次总要对中国能生产出机器及量具、刀具表示非常敬佩。在展览过程中，保加利亚工厂要买中国的自动车床、曲轴磨床、车轮轴颈车床，保加利亚重工业部则正式提出要购买中国的气动装岩机、鼓风机、直流发电机、链板运输机，还说：

---

① 《新中国博览会在匈牙利展出》，中国外交部档案馆藏，档案号：109-00256-01(1)。

② 《参加一九五三年莱比锡博览会工作团工作总结报告》，中国外交部档案馆藏，档案号：109-00275-01(1)。

③ 《东京中国商品展览会已有五十多万人参观——前往参观的日工商业家迫切希望同中国进行自由贸易》，《人民日报》1955年11月1日，第4版。

④ 曹中枢：《中国商品展览会在日本》，《人民日报》1956年2月3日，第4版。

⑤ 《中国商品展览会在东京正式开放——中国商品展览团在东京举行宴会》，《人民日报》1955年10月20日，第1版。

"过去我们卖机器给你们,现在我们要向你们买机器了。"①丝绸、地毯、牙玉雕刻、刺绣、钢笔以及其他轻工业品的展出为广大观众所欣赏,意见本上写满了各种赞语,有的观众说,"中国的轻工业品并不比老牌帝国主义差多少",对中国轻工业的发展给予了高度评价②。

二、文化中国

中国文化悠久,近代中国参加国际博览会展现了中国博大的文化。新中国成立后,共产党非常重视文化,在国内展览方面,举办了报纸展览会、出版展览会、年画展览会、国画展览会、版画展览会、漫画展览会、民间工艺展览会等文化展览,弘扬了中国文化;在出国展览中,呈现了灿烂的中国文化,扩大了中国文化的对外传播。下面主要通过外国人的观展感受以及媒体报道来进行阐述。

1951年5月19日,中国参加布拉格国际博览会。一位老年捷克人观展后说:"对于你们的展览,有什么可说呢?我是一个老人,我记得义和团运动,及世界列强压迫这个运动,而今天呢?一切捷克人都在羡慕你们的进步,而我们知道,在非常的古昔你们就知道了纸和印刷,在那时你们已有了自己的文化,所以我瞩望你们与一切国家兄弟般的合作,而迈向社会主义。"③

1951年10月1日,中国艺术展览会在华沙举行。波兰外交部长斯克列杰夫斯基致开幕词说:"这个展览会是古代和现代中国的一幅缩影。许多优秀的现代艺术作品反映着伟大的中国人民为和平民主和幸福的将来所进行的斗争。"④

1951年12月23日,新中国博览会在匈牙利首都布达佩斯举行。《匈牙利民族日报》于1952年1月4日发表文章写道:"中国的艺术随着古老

---

① 《保展团关于参加1956年普罗夫迪夫国际博览会工作总结报告》(1956年9月28日),中国外交部档案馆藏,档案号:109-01058-02。

② 《保展团关于参加1956年普罗夫迪夫国际博览会工作总结报告》(1956年9月28日),中国外交部档案馆藏,档案号:109-01058-02。

③ 《中华人民共和国参加布拉格国际博览会展出总结报告》(1951年7月13日),中国外交部档案馆藏,档案号:109-00113-01(1)

④ 《"中国艺术展览会"在波兰首都华沙揭幕》,《人民日报》1951年10月12日,第4版。

文化有着几千年的发展,是富有价值的。比如:那些地毯、湘绣和象牙雕刻等。"①观众爱来克·贝拉说:"我永远也未想到人类在手工艺品方面能够造出这些华美的东西。我确实为我们的朋友的伟大而骄傲。"②

1953年8月30日,中国参加莱比锡国际博览会。中国馆在设计布置上彰显民族形式,馆内外画栋雕梁,宫灯彩画、御栏杆长廊与花园等均博得观众一致好评。很多观众纷纷留言:"这是博览会中最美丽的一个馆""你们的展览馆很巧妙地表现了中国人民几千年来的艺术天才与古老文化和近代化工业的结合""这个馆是这样的美丽,人们一进中国馆仿佛置身于神话中一样。"③

中国文化受到一些国际领导人的高度评价。1954年11月25日,缅甸总理吴努参观了中国工艺美术展览会。他后来写信给中国驻缅甸大使姚仲明说:"展览品的广泛和优美,明确无误地证明了中国人民文化传统的丰富。每一个展览部门的大量精致的设计和可爱的多种多样的花式,对人们都是一种眼福。给我特别深刻印象的是构成展览会中最出色的、独一无二的效果的一些瓷器。我认为,它们的式样的精巧和色彩的调和是无与伦比的。其他的展览品,像象牙雕刻、木刻、银器、丝织品、地毯和泥制模型也是巧妙的手工艺品,它们的特点是不落俗套的设计和精巧的手艺。"吴努最后说:"我不怀疑,这样的展览会将促进我们两国之间的文化交流。"④1955年,印度尼西亚总统苏加诺参观中国工艺美术展览会后,在意见簿上写下了他的观感。他写道,"中国现在正走向光辉灿烂的新纪元,它在艺术方面也是这样。"⑤

三、活力中国

相比较旧政权,新生的人民共和国特别有活力,剥削制度消灭了,人民当家做了主人。国内展览方面,展示了中国各行各业蓬勃发展,取得了可

---

①《新中国博览会在匈牙利展出》,中国外交部档案馆藏,档案号:109-00256-01(1)。
②《新中国博览会在匈牙利展出》,中国外交部档案馆藏,档案号:109-00256-01(1)。
③《参加一九五三年莱比锡博览会工作团工作总结报告》,中国外交部档案馆藏,档案号:109-00275-01(1)。
④《缅甸总理吴努参观我国工艺美术展览会》,《人民日报》1954年11月29日,第1版。
⑤《我国工艺美术展览会在雅加达开幕——苏加诺总统赞扬我国艺术正在走向光辉灿烂的新纪元》,《人民日报》1955年1月20日,第4版。

喜成就。展览对中国美好前景的展望，让民众充满希望。展览中推出的劳模和先进人物，引领中国社会奋勇向前。出国展览也体现了新中国活力四射，充满朝气，勇于奋斗，不断进取。下面主要通过外国人的观展感受以及媒体报道来进行阐述。

1950 年 9 月 22 日，新中国展览会在捷克斯洛伐克首都布拉格举行。布拉格大多数报纸介绍了中国的展览品，还有的报纸刊载了评介展览会的专文。捷克斯洛伐克总工会机关报《劳动报》写道："在展览会中我们感到了中国人民的潜在力量，并由此看出他们光辉的未来。今天中国已是一个有着充分发展的全部可能性的人民民主国家了。"①

1951 年 5 月 19 日，中国参加布拉格国际博览会。一个市民观展后说："不允许如此文明，如此有文化的中国加入联合国，是所谓文明国家的耻辱。"一个流亡的前美国上校说："看了这个展览，我是确信了，中国是采取了唯一可能的途径——中国人民解放自己——人们可以由这些优异的图片看到。向你们更进一步的工作致敬。"加拿大多伦多几个报纸记者说："中国——这个美丽的展览，将是非洲及北美黑人殖民地人民的一个刺激，他们必须赢得他们的民族解放而为其人民创造一个新生活。"四个意大利工人代表向中国人民致敬："光荣归于由帝国主义压迫下解放出来的中国人民。"由斯拉法克来的人们说："再有十年和平，中国将震撼世界，我们希望不久我们也能有你们所有的同样货物，你们的工作使我们吃惊。"②

1951 年 12 月 23 日，新中国博览会在匈牙利首都布达佩斯举行。匈牙利《光明日报》于 1952 年 1 月 7 日写道："过去许多年对于中国不正确的宣传都被今天这个不朽的博览会的六个展览室中的工业、艺术和友爱的中国人民的日常生活所驳斥了。这个博览会同时还是一个有力证明，受过地主和外来资本主义的剥削，而具有古老文化的伟大的中国人民，从艰苦斗争中战斗了出来，在自由的成长中是何等的有力量，有创造天才，他们已经为将近五亿的人民创造出一种繁荣的、新的生活。"③

———————————

① 《新中国展览会在捷受到热烈欢迎》，《人民日报》1950 年 10 月 7 日，第 4 版。
② 《中华人民共和国参加布拉格国际博览会展出总结报告》(1951 年 7 月 13)，中国外交部档案馆藏，档案号：109 - 00113 - 01(1)。
③ 《新中国博览会在匈牙利展出》，中国外交部档案馆藏，档案号：109 - 00256 - 01(1)。

1956 年，中国参加保加利亚普罗夫迪夫国际博览会。观众最普遍的反映是：参观后感到以前对中国的了解不足。有的观众说："从中国馆的工、农业生产品的展出中感到中国人民伟大的气魄与巨大潜力。"[1]中国馆在博览会上是最受欢迎的馆之一，观众留言共 2 400 余条，几乎全是赞美、祝贺的话。许多人三番五次地来参观，有人写道"我来过三次了"，有的写道"我还要来两次，因为我舍不得离开它"。普罗夫迪夫市委副书记就来了四次。有人还热情地说："我要建议博览会当局，应以一等奖给中国馆。"[2]

1956 年，中国商品展览会在埃及举行，吸引了大量观众。有位观众在参观后这样写道："这个展览馆使我正确认识了中国，过去英国人对我们说中国是个未开化的奴隶国家，但是展览馆给予我们真实说明，这是我们时代中最伟大的国家。"[3]观众们感到最亲切的是中国展览馆充满着东方的气氛。开罗《消息报》编辑哈山·索布莱在参观了中国三大水利工程模型以后很感慨地说："过去我们总是学英国，学欧洲，学西方，谈到中国总是摇头，认为不行的。现在我应该说要学东方，学亚洲，学中国了。"[4]

四、红色中国

中国共产党是马克思主义政党，中国的发展道路是社会主义。在展览过程中，新中国突出宣传马克思主义、宣传革命、宣传阶级斗争、宣传社会主义，革命红色文化和展览文化交织。新中国还举办了马克思恩格斯著作展览、列宁生平事迹展览、斯大林生平事迹展览等，突出马克思主义的指导作用。新中国举办各种罪证展览会，强烈反对地主和资本家，反对资本主义。

在国际博览会上，新中国呈现了"红色中国"形象。在展馆设计上，展馆一般可以见到五星红旗、毛泽东的照片、红色标语和领袖名言等。1953 年中华人民共和国工农业展览会在莫斯科举行，展览馆里有一幅

①《保展团关于参加 1956 年普罗夫迪夫国际博览会工作总结报告》(1956 年 9 月 28 日)，中国外交部档案馆藏，档案号：109 - 01058 - 02。
②《保展团关于参加 1956 年普罗夫迪夫国际博览会工作总结报告》(1956 年 9 月 28 日)，中国外交部档案馆藏，档案号：109 - 01058 - 02。
③廖训振：《中国商品展览会在开罗》，《人民日报》1956 年 5 月 13 日，第 4 版。
④廖训振：《中国商品展览会在开罗》，《人民日报》1956 年 5 月 13 日，第 4 版。

巨大的毛绣彩画,上面绣着中苏友好同盟互助条约在克里姆林宫签订的情形。两旁是用俄文写成的鼓舞人心的金字,一边是斯大林的名言:"无庸置疑,苏联和中华人民共和国的不可摧毁的友谊,在现在和将来都是为着保证远东和平,反对一切侵略者及战争贩子的事业的。"另一边是毛泽东的名言:"伟大的中苏两国人民的友谊之所以是牢不可破的,因为我们的友谊是根据马克思、恩格斯、列宁、斯大林的伟大的国际主义的原则而建立起来的。"①

新中国在国外举办了美国细菌展览会,反对美国帝国主义。1953 年 1 月 24 日,美国政府细菌战罪行展览会在柏林正式开幕,该展览由中国和德国的和平委员会以及民主德国全国阵线全国委员会援朝委员会联合主办。主持展览会的中国代表团团长白希清陈述了美国军队在朝鲜和中国进行罪恶的细菌战的详细情节,并呼吁全世界人民立刻采取行动来制止这种罪行。他同时表示,"中国人民决心为了维护人道和文明,与全世界爱好和平的人民并肩斗争,反对美帝国主义者的罪行。"②这个展览会还在多个国家巡展,深刻揭露了美国细菌战的罪行。

新中国出国展览会展现社会主义阵营的团结与合作。1950 年,新中国展览会在布拉格举行。捷国防部机关报《人民防线报》说:"新中国展览会是说明一个与苏联在一起的国家今日成为全世界和平与进步力量的可靠堡垒的令人信服的文件。"③布拉格出版的英文双周刊《布拉格新闻通讯》对展览会评价很高,还把展览会与进步的社会主义阵营联系起来,该报称:"新中国展览会不仅使参观者对中国伟大的过去以及其目前的英勇斗争感到钦佩;并且使参观者为新中国的伟大的将来而振奋,为和平和进步阵营有了这样一个强大的堡垒而欢呼。"④1951 年 12 月 23 日,新中国博览会在匈牙利首都布达佩斯举行。每一个展览室,每一张图片和每一个展览橱中的展品都可以显示出来:中国人民如何经过了英勇的斗争,而获得了自由,它已经并将永远地繁荣起来,走在和平阵营建设的最前列;不仅加强

---

①李何:《莫斯科"中华人民共和国工农业展览会"巡礼》,《人民日报》1953 年 7 月 14 日,第 4 版。

②《美国政府细菌战罪行展览会在柏林开幕》,《人民日报》1953 年 1 月 28 日,第 1 版。

③《新中国展览会在捷受到热烈欢迎》,《人民日报》1950 年 10 月 7 日,第 4 版。

④《捷京新中国展览会闭幕——参观者对表现中国人民英勇斗争的艺术作品极为赞赏》,《人民日报》1950 年 10 月 25 日,第 4 版。

了中国人民的力量,而且也加强了千千万万不可战胜的和平阵营人民的力量①。1956 年,新中国参加普罗夫迪夫国际博览会。观众看了展览纷纷留言,写下诸如"伟大的国家,伟大的民族""参观了中国馆,我再一次相信社会主义阵营的力量""有中国这样的朋友,保加利亚人应该感到骄傲"这一类话。祝贺、致敬的话更是不计其数。保加利亚部长会议主席安·于果夫题词说:"带着兴趣参观了中华人民共和国馆。对兄弟般的中国人民所获得的成就衷心地感到高兴。我们希望伟大的中国在社会主义建设中获得更大的成就。"②

必须指出,冷战时期,社会主义阵营和资本主义阵营对峙,双方意识形态斗争异常激烈,所以新中国呈现出红色中国的形象,也是国际环境造成的必然结果。当然,除了工业中国、文化中国、活力中国、红色中国外,新中国也对外界呈现出独立自主的中国、发展的中国、热情友好的中国等形象,这些形象共同构成了展览中的"新中国"。

第四节　展览活动建构国家形象的历史局限

关于展览活动的历史局限,以前讨论较少,付海晏教授以 1935 年上海国货推行协会在无锡举办的国货流动展览会为中心,研究了展览会中的"跑调"现象,初步展现了国货运动中的复杂面相③。新中国成立初期的展览活动建构国家形象也存在历史局限性,主要表现在四个方面:

一、展出工作欠缺经验

展览工作专业性较强,需要专业性人才。新中国成立初期,百废待兴,办展缺乏专业人才,从事展会工作的,"大都是各单位抽调来的临时工作人员,业务和技术都得不到应有的提高"④。因此,新中国某些展览存在办展经验不足、布展混乱无章、展出效果不佳的现象,不仅未能彰显国家形象,

①《新中国博览会在匈牙利展出》,中国外交部档案馆藏,档案号:109－00256－01(1)。
②《保展团关于参加 1956 年普罗夫迪夫国际博览会工作总结报告》(1956 年 9 月 28 日),中国外交部档案馆藏,档案号:109－01058－02。
③付海晏:《"跑调"的国货展览会:1935 年无锡国货流动展览会研究》,《近代史研究》2008 年第 4 期。
④潘杰:《中国展览史》,电子科技大学出版社,1993 年,第 763 页。

还使国家形象受损。为了尽量减少这种现象的发生,办展者也注意收集观众的意见总结办展经验。1950 年上海市医药器械展览交流大会收集到的群众意见,如下表所示：

表 5-1　1950 年上海市医药器械展览交流大会群众意见表

分　类	摘　要	条　数	备　注
对大会的感想	根据医药器械生产三年来的成就,赞美祖国的伟大可爱,工人阶级的无比智慧,以及打破崇外心理等等。	31 条	
对会场布置及陈列的意见	大致是针对会场的光线、空气、设备以及展出品的陈列位置,加强说明等等。	38 条	
对讲解员的意见	要求增加讲解员,纠正讲解员缺点。	57 条	
	赞美讲解员。	34 条	
对业务上的意见	大致是指出业务上联系不够,方式也应该改进,以及价格应该标明等等。	16 条	
有关技术改进,要求印制目录及另办专校等	技术改进的建议。	8 条	共 57 件,已分送有关单位及同业公会,请予处理。
	要求取缔损害脾胃的成药。	1 条	
	关于制造上的意见。	18 条	
	要求印制目录。	27 条	
	建议多办专校,择女工众多之地展出,成立医疗器械陈列室。	3 条	

资料来源:上海市工商业联合会主任委员盛丕平:《上海市医药器械展览交流大会总结报告》,1950 年,第 20 页。

从意见表可以看出,1950 年上海市医药器械展览交流大会在会场布置、展品陈列、讲解员讲解、展览业务等方面都存在一些问题,尤其是在会展布置和讲解员方面意见最多。

当然,这不是个案,还有不少展览或多或少存在相似的问题。1950 年叶圣陶与胡绳等人至北海公园参观出版事业展览会,认为有些展馆布置非常杂乱，"拥书甚多，不分轻重，令观者茫无所获"①。1950年，上海市举办第一届妇幼卫生展览会。展览的文字及讲解说明，有不够通俗的地方，如观众指出说"你受了孕吗？"不如说"你肚里有毛毛吗？"；又如讲"核酸黄素又名维他命乙"，就太深太复杂了。一般说来，对不识字的农工分子的讲解工作，照顾得还不够②。1951年，《人民日报》指出北京抗美援朝保家卫国美术展览会中作品的缺点："描写志愿军的胜利和美帝溃败的惊慌混乱的画太少，描写妇女抗美行动的太少；有些漫画不好懂，要猜来猜去不好；招贴画只注意形象，而对志愿军勇敢愤怒的气魄表现不够；有些画面中使用武器的动作不正确。"③这是新中国成立以后《人民日报》对展览的第一次批评。1955年，水上区对组织群众参观解放台湾展览会进行总结，认为在参观中还有些缺点：有不少群众反映讲解员讲得太快，不够详细，因此对有些内容看得不够全面；有的群众本身尚存在着赶任务地走马观花和其他不重视现象④。

　　出国展方面，1951年中国参加民主德国莱比锡春季国际博览会后的工作总结提出三点教训：组织机构不健全、工作缺乏计划性以及说明和介绍做得不够⑤。1955年，中国代表团参加民主德国莱比锡国际博览会后，总结经验时提出两点意见："（1）对于代表团的性质任务，必须根据成员的国际知识水平，明确交待，否则都会使成员的思想准备不足，以致易于被动。同类性质的国际活动的具体经验，最好能够加以总结，使后去者可以先行接受。（2）莱比锡博览会是先进工业技术的总汇，下一次最好能够组织少数专家随行（如苏联今年所派第二批人员）以期搜集各国现成经验，加以吸收利用。"⑥1955年，中国首次参加法国里昂国际博览会，带去了大约5 000件展品，中方在展品上既没有标价格也没有注明生产日期，似乎只是表明这是中国现代制造业的代表作⑦。展品没有价格和生产日期，让参观

①叶至善等编：《叶圣陶集》（第22卷），江苏教育出版社，2004年，第129页。
②上海市第一届妇幼卫生展览会编印：《上海市第一届妇幼卫生展览会汇刊》，1950年，第5页。
③叶浅予：《北京抗美援朝保家卫国美术展览会》，《人民日报》1951年1月17日，第3版。
④《水上区组织群众参观解放台湾展览会的总结》，上海市档案馆藏，档案号：A80-1-56。
⑤《关于我国参加一九五一年莱比锡春季国际博览会的有关文件》，中国外交部档案馆藏，档案号：109-00154-01(1)。
⑥《纺织工业部部长蒋光鼐率团参加一九五五年莱比锡国际博览会有关文件》，中国外交部档案馆藏，档案号：109-00567-01(1)。
⑦习少颖：《1949—1966年中国对外宣传史研究》，华中科技大学出版社，2010年，第200页。

者无法了解展品,也无法进行商业洽谈,不利于中国产品的宣传与销售。

一般来讲,级别越高的展览,展出工作准备越充分;展览级别越低,展出工作问题越多。为了培养展览人才,中央工艺美术学院举办过几期展览设计专业班,对展览水平的提升做出了重要贡献。有些展览举办预展,也大大提高了展览的质量。但这一时期展览活动林林总总,良莠不齐。在运作大型展览尤其是出国展览时,有很多不足需要加以总结。

二、高科技参展品较少

展品往往要经过挑选与审查,优质展品是国家特色与实力的重要表现。如果没有强大的经济实力作为后盾,很难有高质量的展品。新中国成立初期,我国工业化建设面临着许多瓶颈,其中主要是"工业化的起点极低,人口与资源的矛盾极端尖锐,人均耕地拥有量远低于世界平均水平,已有的工业发展和农业严重脱节,城乡二元经济社会结构极为明显,发展鸿沟极为突出"[1]。从整体来说,中国经济水平很低,与发达国家存在很大的距离。

在 1949—1957 年展览会上,虽然有很多值得赞许的展品,但是相比较其他发达国家,中国展品还是显得有些传统,开创性偏少。和美国相比,早在 1939—1940 年的纽约世博会,美国就展出了许多对人类未来发展产生重大影响的发明成果,如电视机、尼龙、塑料、录音机、磁带等[2]。1957 年的波兹南国际博览会上,美国馆陈列了普通美国工人家中备有的东西,很多观众不相信美国"一个普通人会有一个冷藏橱、一架收音机、一架电视器、一辆汽车、一只游艇并且每年冬季到洛矶山去滑雪"[3]。和苏联相比,早在 1950 年的收割展览上,人们最感兴趣的是"斯大林八十式柴油拖拉机,引擎最高可发九十三马力,平常八十马力。它一次可以拉上三个五铧犁,或者四个圆盘耙,六个播种机。算一算吧!它一天耕地可达三百多亩,耙地可达六百亩,播种可达一千多亩。和我们农村中目前惯用的小毛驴比一比,人们劳力的效能将增大多少倍!"[4]这些苏联的机器,让观众对苏联老

①胡鞍钢:《中国政治经济史论(1949—1976)》,清华大学出版社,2007 年,第 250 页。
②上海图书馆编:《中国与世博:历史记录(1851—1940)》,上海科学技术文献出版社,2002 年,第 44 页。
③《波兹南国际贸易博览会开幕》,《参考信息》1957 年 6 月 13 日,第 1 版。
④吴冰:《中国农业机械化的萌芽——记机耕学校的收割展览会》,《人民日报》1950 年 6 月 24 日,第 7 版。

大哥感到由衷地敬佩。和日本相比，1956 年日本商品展览会"展出了一千多家厂商出产的一万五千多种商品，包括机床、农业机械、纺织机械、印刷机械、小型汽车、机器脚踏车、医疗机械、化学肥料、塑胶制品、五金和日常生活用品。展览期间，日本建立电视发射台和电视站，放映展览会展出情况和北京一些剧场的文艺演出"①。

不说与美国、苏联、日本的产品相比较，就是和一些东欧社会主义国家相比，我们也有差距。1951 年，在捷克斯洛伐克展览会上，"有整部的现代化的车床、流线型小汽车、机器脚踏车、爱克斯光透视机、显微镜、衡量器、化学分析机以及工作母机和工厂设备的模型"②。1953 年，在民主德国工业展览会上，展出了世界闻名的德国玻璃制品和各种精密仪器，包括精确度达到万分之一厘米的金属光谱分析仪器、内脏解剖器械、有声电影放映机和中文打字机等；还有施行大手术用的各种医疗器械，其中有一架外科用的手术刀是利用电火花动手术而可以使病人免去流血③。

将中国出国展览品与其他国家展品进行对比后我们可知，新中国经济虽然比旧中国强大，但和西方发达国家及其他先进国家相比仍有很大的差距。新中国展品中机械等重工业产品比重小，纺织等轻工产品比重大，反映了新中国重工业水平较低；参展品主要来自北京、上海、广州、武汉等少数几个地区，其他地区极少，反映出中国经济发展的不平衡。当然，时人对中外的差距还是有清醒认识的，如 1957 年全国农业展览会的工作人员告诉观众："解放以来，虽然我国的农业生产有了很大发展，各地也出现了许多单位面积高额丰产，但是从全国范围来讲，我们在农业生产技术、设备和耕作制度等方面还远远落后于许多国家。"④

三、"冷战"环境的制约

新中国面临一个严峻的国际环境——"冷战"。以前，不少人认为，新中国成立后中国共产党采取的是反美政策。事实上，1949—1950 年间中

---

① 《日本商品展览会十月在京开幕——日本商品展览团团长和副团长等到北京》，《人民日报》1956年 9 月 23 日，第 1 版。
② 程光锐：《捷克斯洛伐克在前进——记新捷克斯洛伐克展览会》，《人民日报》1951 年 6 月 5 日，第4 版。
③ 《民主德国工业展览会展出介绍》，《人民日报》1953 年 4 月 28 日，第 4 版。
④ 《全国农业展览会增添新内容》，《人民日报》1957 年 5 月 28 日，第 4 版。

美关系非常微妙,透过展览会可以看得出来。1949 年 6 月,工业展览会在北京举办,展览品中有美国造的拖拉机、中耕器,苏联造的圆盘耙、钉齿耙、捆草机、割草机、收割机等①。1950 年 8 月 7 日至 10 月 9 日,美国在芝加哥举行第一届全美国国际贸易物资展览会。4 月 22 日,中央人民政府政务院财政经济委员会陈云、薄一波、马寅初认为:"我们应当充分利用这个机会,把我们一切可能对美出口的物资样品都运来参加展览,同时接受订货,进行贸易。目前,我们与美国无外交关系,可由菲力公司出面代理。我们已和菲力公司谈过,他们原则上同意并表示非常愿意这样做。"②后来由于抗美援朝战争爆发,中国没有参加芝加哥展览会。可见,以前不少人认为中国共产党在新中国成立后特别排斥美国这一观点,值得商榷。新中国虽不断调整对外政策,但诸多因素都使中国选择了"一边倒"的外交政策。于是,中国与美国形成了完全对抗的局面。

　　冷战不仅影响了国际关系格局,也影响了国际展览格局。社会主义阵营的互帮互助,多次展现在国际展览会上。1951 年 3 月,人民民主国家图片展览会在北京举行,"这个展览会包括几个兄弟国家(保加利亚、罗马尼亚、匈牙利、朝鲜、捷克斯洛伐克、波兰、蒙古、德意志民主共和国与越南)的图片,约共 1 000 张。它们生动地显示了以苏联为首的世界和平民主阵营的强大,以及各兄弟国家各项建设的伟大成就"③。1951 年 7 月,国际救济物资展览会在平壤揭幕。"就捐献衣物一项来说,从各馆挂着的统计表上可以看到,中国人民送来的有布匹 1295486 码,棉衣 20600 件,各种衣服 24000 件,各种鞋 15 万双,毛毯 11 万条;波兰人民送来的有各种衣服 4198900 件;匈牙利人民送来的有布匹 5 万码,毛织品 10800 件;蒙古人民送来的有长短皮大衣 1 万件,棉衣 1 万件,皮靴 2.5 万双;捷克人民送来的有外衣 10 万件,棉衣 4400 件,毛织衣料 7680 码;德国人民送来的有各种衣服 71400 余件;罗马尼亚人民送来的有棉织衣料 1343400 码;各种衣服

---

①《北平市工业展览会总结》,北京市档案馆藏,档案号:4-7-264。

②《参加美国第一届国际贸易物资展览会的有关文件》(1950 年 4 月 17 日—4 月 29 日),中国外交部档案馆藏,档案号:111-00036-01(1)。

③《人民民主国家图片展览会今起在北京劳动人民文化宫举行》,《人民日报》1951 年 3 月 22 日,第 4 版。

760080 件。"①这些衣物支援了抗美援朝战争,也加深了社会主义阵营的关系。

由于冷战环境,资本主义阵营并不认可新中国,并举行了一些展览来欺骗人民,污蔑共产党,以维护资产阶级政权。1953 年,意大利政府在罗马举办了一个叫作"铁幕后情况"的展览会。展览的目的是要让人们知道"人民民主国家那里的生活是一片黑暗和痛苦:永远见不到太阳,田里长不出粮食,没有人敢生孩子",总而言之,"铁幕"后人民的生活已进入一种"停滞状态"②。

这一时期西方国家举办世界博览会都未邀请中国参加。1956 年,中国贸促会曾试图通过苏联商会斡旋,以争取获得参加 1958 年比利时布鲁塞尔世博会的邀请,但终因冷战原因而没有成功。与西方先进国家交往阻滞,致使中国出国展览的作用受到影响。

四、革命意识形态的影响

中国共产党是革命的政党,革命意识形态对中共的革命、斗争、胜利起着重要的作用。新中国成立后,革命意识形态呈现出"泛政治化"的特点。"泛政治化"指的是,在一个复杂多维的社会系统结构中,政治占据了某种支配性或主导性地位,处于某种万流归宗的核心位置,社会系统中的经济、文化、社会生活等均处于从属地位,以政治的目标为自己的目标,以政治的运行规则为自己的运行规则,所以又被称为政治主导性社会③。

在政治主导之下,展览的政治性和思想性十分突出。在布展方面,"展览内容设计的政治思想性问题是关系到一个展览会的成功与否的根本问题"④;在标语方面,规模稍大的展览会一般要张贴"中国共产党万岁"等政治标语;在讲解方面,要求讲解员不仅要讲解展品的基本概况,还要讲出展品背后深层含义。尤其是,艺术展览也要为政治服务。《人民日报》在评论1955 年上海举办解放台湾美术展览时曾指出:"这种美术展览,结合当前

---

①《各国人民与朝鲜人民伟大团结的表现——国际救济物资展览会在平壤揭幕》,《人民日报》1951年 7 月 16 日,第 4 版。

②《骗人的展览会》,《新民晚报》1953 年 6 月 16 日,第 5 版。

③温潘亚:《泛政治化的历史叙事——17 年历史剧创作话语形态论》,南京师范大学博士学位论文,2005 年,第 15 页。

④湖北省十年经济文化建设成就展览会:《展览艺术初步》(初稿),1960 年,第 16 页。

重大的政治斗争,对群众进行形象的、通俗的宣传教育,较之一般的美术展览可以获得更为集中、更为生动和深刻的效果。同时,对于画家们在同一主题下,用艺术为当前重大的政治斗争服务,也是一种很好的学习和锻炼。"①艺术为政治服务,这是当时社会的写照。总之,展品的征集、宣传报道、解说词的编写、标语口号等一系列的活动都被高度政治化,具有很强的政治说教色彩。正如洪振强所说,这样高度政治化的展览会"使得社会主义不仅仅只是作为意识形态成为国家和社会的共识,而且几乎成为社会大众的一种惯性思维和行为标尺,从而影响到几乎是每一个人的生活和社会行为。共产党社会主义的控制力渗透到了社会最基层。展览会不仅仅是一个平台,最主要是变成了一种工具"②。

在意识形态的影响下,展览会特别注重典型对比,刻意突出"新旧",这尽管能够很好地展示新中国,可以对旧政权和旧秩序进行颠覆,也可以对新秩序和新政权进行整合与重塑,但是,群体只知道简单而极端的感情,"提供给他们的各种意见、想法和信念,他们或者全盘接受,或者一概拒绝,将其视为绝对真理或绝对谬论"③。随着展览会的运作,当社会新与旧的象征符号被展示出来,和这种群体性的运动相结合而形成革命型的群众运动时,就形成了一种带有非常明显的极端化倾向的运动动员模式,致使集体无意识。中国"传统的政治理性长期停滞在非忠良即奸佞,非君子即小人,非好人即坏人的童稚阶段,从而阻碍了政治理性的近代跃升,并且直接影响着中国传统政治文化的近代化转型"④。从这方面来说,展览会宣扬了新与旧的对立,一定程度加剧了民众新旧或善恶两分的绝对政治思维定式,对中国社会的发展产生深远影响。

受意识形态偏见的影响,有些展览存在一定的局限性。1950年,上海学生抗美援朝保家卫国展览会举行,展出了从美国杂志剪下来的各种图片,"美国人民生活在恐怖中……华尔街的'艺术'是歌颂剥削和压迫!好

①《上海举办解放台湾美术展览》,《人民日报》1955年4月21日,第2版。
②洪振强:《展览会与1950年代武汉地方社会变动》,《第三届现代城市文化史国际学术研讨会论文集》(下册),武汉,2009年,第170页。
③〔法〕古斯塔夫·勒庞著,冯克利译:《乌合之众——大众心理研究》,中央编译出版社,2004年,第36页。
④张定淮:《从"革命党"向"执政党"的政治文化转型》,《深圳大学学报》2003年第5期。

莱坞的艺术是欺骗、麻醉、污蔑与毒素"①。举办这种展览会属于舆论宣传
的需要。1952年,燕京大学节约检查委员会举办了美帝国主义文化侵略
罪行展览会。展览会以"许多无可辩驳的材料揭露了美帝国主义利用燕京
大学侵略中国的罪行,和过去所有在燕京的美国人的狰狞面目"②。张佩
国说:"在当时当地的历史实践中,当客观性现实与表述性现实发生矛盾的
时候,大多数情况下是客观性现实不符合意识形态框架中的表述性现实,
于是,客观性现实必须服从表述性现实的构架"③。所以,基于革命意识形
态,当时对帝国主义的问题进行了大肆渲染,在某些方面与真实情况相差
较大,这不利于文化的交流。

由于执政党从"指导思想或国家主导意识形态的一元化出发,力求整
个思想文化的一元化以及为政治服务成为文化建设的主导理念,文化日趋
政治化意识形态化"④。新中国成立初期展览活动的发展逐渐受到"左"倾
思想的影响,制约和钳制着展览会的健康发展,使展览活动落后于世界会
展发展的大潮⑤。这是历史的遗憾,值得我们思考。

小　结

本章主要论述展览活动的"展示"效应。展览是展示中国国家形象的
窗口,也是世界各国观察中国、了解中国、认识中国的窗口。它不仅具有展
览空间所特有的视觉冲击效果,还具有引导民众对国家认同的巨大能量。
展品、空间布局、陈列方式作为展览文本的主要元素,凸显中国国家符号,

---

① 《我们的队伍广大强壮——记上海学生抗美援朝保家卫国展览会》,《文汇报》1950年12月9日,
　　第4版。
② 崔晓麟著:《重塑与思考——1951年前后高校知识分子思想改造运动研究》,中共党史出版社,
　　2005年,第71页。
③ 张佩国:《中国乡村革命研究中的叙事困境——以土改研究文本为中心》,唐力行主编:《国家、地
　　方、民众的互动与社会变迁》,商务印书馆,2004年,第182页。
④ 杨凤城:《改革开放时期中国文化发展的几个宏观问题》,朱佳木主编:《当代中国和它的外部世
　　界——第一届当代中国史国际高级论坛论文集》,当代中国出版社,2006年,第403—404页。
⑤ 第二次世界大战后,世界各国都着力进行经济建设,大力发展科技教育,劳动分工越来越细,产
　　品更新速度明显加快,综合性的传统贸易会展已难以全面、深入地反映工业水平和市场状况。
　　在这种背景下,现代会展业朝着专业化方向发展,并在20世纪60年代成为会展业的主导形式。
　　见郭牧:《会展与区域经济的发展——以中国义乌国际小商品博览会为例》,中央编译出版社,
　　2008年,第37页。

形成了"视觉空间的民族化"。大量革命展品的陈列，彰显了"视觉空间的革命化"。民众走进展览场所观看展览，在解说员的讲解下，凭借自己的视觉和听觉，对展览有了初步的认知，再加上应有的想象力，自然会在头脑中形成一种历史记忆，而这种记忆又会成为其价值观的基础，这就是展览的力量。

以往关于国家认同的研究，存在较为单一的"政策—效果"模式，认为国家实施了某项政策，或者举办了某些活动，马上就会产生较好的社会效应。这忽略了政策举措与国家认同的复杂关系，也忽略了鲜活历史的演进过程。本章从视觉心理学的方法入手，探讨了展览活动的视觉冲击如何使观众产生复杂心态，催生出他们强烈的阶级意识，从而在民众心理世界中激起了对原有政治秩序的憎恨和对新政权的拥护，形成了对新中国发展的高度认同。国家认同不仅可以从本国国民的话语中看出来，还可以从外国民众的话语中看出来，这是有说服力的。从视觉冲击到多种心态，再从信息传播到国家认同，展览活动呈现了民众国家认同的发展轨迹和复杂面相。

国家认同问题，不是简单的人们的国家观念或国家意识问题，而是国家建设本身的问题。没有合理、有效的国家建设，就不可能形成具有广泛社会和文化基础的国家认同[1]。新中国成立初期，国家实力蒸蒸日上，展览活动具有政治教育、经济联络、文化交流、科技示范和发展城市的社会效应，为国家认同和国家形象建构奠定了基础。从历史上看，中国形象被丑化一般发生在中国综合实力衰弱的时候，中国形象提升总是在中国实力强盛，在国际上具有重要影响的时候。综合国力是国家形象构建的基础，只有大力发展综合国力，才能更好地建构国家形象。

中国在世界各国民众中的形象如何？这是学术界关注的热点问题之一。展览是切入国家形象问题研究的独特视角。本章借助大量的历史文献，梳理国外各个社会阶层的观众，如工程师、学生、记者、军人、市民、国家领导等观看中国展览后的留言，可知新中国给世界呈现出"工业中国""文化中国""活力中国""红色中国"等形象，有力说明了中国形象的提升，充分彰显了中国力量和中国文化。"新中国"的称呼逐渐得到世界其他国家和

---

[1] 林尚立：《现代国家认同建构的政治逻辑》，《中国社会科学》2013 年第 8 期。

地区的较大范围的认可,其语汇所反映的国家观念,蕴含了民族主义,强调了"中华人民共和国"与"中华民国"的不同点。值得注意的是,不仅"新中国"作为一个有着明确寓意的政治符号开始流行,还有许多事物被冠之以"新",成为新名词,如新政权、新展品、新符号、新知识、新人、新成就、新话语、新蓝图、新技术、新思想、新观念、新希望、新社会……这些称谓的使用不是一件单纯的文化行为,而是体现了新政府的执政理念,暗含着对国民党意识形态的否定。

当然,展览建构国家形象也存在局限性,主要是展出工作欠缺经验,高科技参展品较少,"冷战"环境的制约,革命意识形态的影响。在革命意识形态下,展览不仅是宣传的方式,还是革命的武器,其"艺术性"要服从于"政治性"。这一认知取向所造就的"展览的被政治化"与"被政治化的展览"在历史视域中的双重变奏,一定程度上影响了国家形象的建构。

结　语

作为中国社会演进的载体之一,展览活动的发展轨迹也正是新中国从落后走向进步的"国家缩影"。换句话说,展览如镜子一般反映出中国社会的现代化进程。结合新中国成立初期展览活动的历史,笔者试图从革命、政治、权力与空间等方面,来谈谈新中国如何"新"起来,历史对现实有何启示等问题。

一、展览与中共政治:革命逻辑的贯彻实施

新民主主义革命时期,展览在中央苏区出现后,就与中共政治联系在一起。中国共产党对展览活动高度重视,举办了大量的展览活动,形成了较为成熟的办展模式,主要包括五个方面:党和边区政府的推动与层层动员是抗日根据地举办生产展览会的重要前提,设立筹备机构和拟定办展规划是举办生产展览会的组织和制度保障,会址选择的灵活性、展览形式的多样性和直观性是成功举办生产展览会的重要保证,精英指导与民众参与、展示成绩与奖励先进相结合是举办生产展览会的重要策略,技术传播与社会动员是举办生产展览会的核心目的①。这五个方面是生产展览会有效运作的基础,有机联系,缺一不可,共同形成展览活动的"延安模式"。

新中国成立后,办展环境由战争状态向相对和平环境发展、办展地点由农村向城市发展、办展主体共产党也由在野党转变为执政党,这使得展览会不再是地区性活动,而成为全国性活动,并影响着国家政策,从而给展览会的发展带来了新的契机。1949—1957 年展览活动的发展历程说明:新中国成立初期的展览会不仅传承了解放区展览会的办展经验,还吸收了苏联等国的办展经验,在展览思想、办展范围、展览场所等方面发生了嬗变,主要表现在:在展出范围上,由国内展向国内展与国际展并重转变;在展览设计上,由传统展览方法向苏联东欧展览方法转变;在展览场所上,由

---

① 万立明:《抗日根据地生产展览会的兴起及其运作模式》,《江苏社会科学》2014 年第 2 期。

简单的陈列所向大型展览馆转变;在展品选择上,由初级低端展品向中高端展品转变;在展品分类上,由简单分类向精细分类转变。归纳起来,新中国初期的办展模式主要是以政府为主导,以组织和宣传为保障,以国内展览和出国展览为两翼,以展品的遴选与展示为重点,以政治教育、经济联络、文化交流、科技传播为目的,以展览场所的修建和展览设计的改进为抓手,促进了新中国展览业的快速发展。

比较新中国办展模式和"延安模式",可见办展主要沿袭"延安模式",嬗变主要体现在范围和形式上,政府主导型的办展模式没有改变。为什么会出现这种现象呢? 主要原因是革命逻辑。中共在苏区和根据地时期,形成了一套较为成熟的治理模式。新中国成立后,战争时期形成的治理技术和革命思维仍然沿用,在短时间内很难调整①。日本学者顾林认为,"根据地是中国社会主义的'萌芽'"②。新中国成立初期,展览活动的发展历程充分说明了这个观点。

新中国的成立意味着新的发展契机,但新生政权的合法性问题更需以政绩来体现。作为一个以马列主义思想为指导的政党,中国共产党比历代政权都迫切要求塑造新形象。展览自然是施政的重要方面,高度集权化的体制也为其开展展览活动提供极大的便利。展览同社会治理的其他领域一样以革命的逻辑展开,为了有效建构新中国形象,让人民接受规训教育,展览便成为一个有效的快捷的方式。中央人民政府和北京市人民政府有关部门,在新中国成立之后的两年中"在北京举办了关于军事、政治、公安、工业、卫生、艺术、科学等各种性质的展览会共四百次,观众达八百余万"③。

古人云:"耳听为虚,眼见为实。"作为一种视觉表述与宣传机制,展览的力量在于用群众喜闻乐见的方式,以看得见摸得着的实物为展品,采取形式多样的展览设计,让群众潜移默化地受到教育、获得知识、学到技术,避免了单一的宣传与生硬的行政命令。对于广大民众来讲,即便展览未必能对他们产生很大作用,但无疑它开始进入到民众的日常生活中,进入到政治化轨道。所以,这一时期共产党的展览活动不是单纯的展示物品,而是一种展览政治。何为展览政治? 笔者认为,它是以展览活动为内容展开

---

①王奇生:《20世纪中国革命的再阐释》,《新史学》(第7卷),中华书局,2013年,第21页。
②南开大学历史系编:《中外学者论抗日根据地》,档案出版社,1992年,第657页。
③陆灏:《展览会是广泛联系群众的重要形式》,《人民日报》1951年4月12日,第3版。

的政治,借助展览活动传递一种有选择性的政治理念,达到特定目的和政治意图的一种政治活动。

展览政治的出现和新中国成立初期的政治形势与政治制度有关。为了巩固新政权,建设新中国,中国共产党采取一系列举措,反映在展览上,主要是举办了一系列展览活动:有政治领袖的展览,如马克思列宁主义经典著作展览会、斯大林同志生平事业图片展览会、孙中山先生生平事迹展览会、纪念毛泽东《在延安文艺座谈会上的讲话》发表十周年展览会等;有政治路线的展览会,如镇压反革命展览、抗美援朝展览、"三反""五反"展览、"一五计划"展览等;有阶级斗争展览,如针对帝国主义的美国空投特务罪证展览,针对国民党反动派的解放台湾展览,针对地主阶级的土地改革展览,针对官僚主义的反文牍主义展览等。这些展览具有较强的政治性,充满革命性的意识形态色彩的宣教,革命意识形态伴随着展览活动始终。看展览、听解说、开座谈会、思想改造、忆苦思甜,使得一套与展览相关的革命性话语体系在展览空间中建立起来。在展览活动中,全能主义政治体现得淋漓尽致,这种准军事化办展机制,也是战争年代的遗产。办展者、参展者、解说员,甚至观展者被要求一切行动听上级指挥,体现出高度的集中和统一。

展览政治受革命逻辑影响,也是多种因素交织的结果。在展览活动中,中共革命战争的胜利积淀和持续不断的意识形态宣传教育,使得时人对新生的中共政权充满了信任感。共产党把"新中国"意识从上到下,扩展到社会的各个方面,乃至深入到民众的日常生活中。展览政治是一种政治现象,在外交上的表现则是展览外交。展览不仅作为一种政治活动而流行全国,而且作为中外文化融合的形式而深受民众的喜爱。展览会是知识的场域,是看展览、开眼界、畅心怀的绝佳去处,满足了民众知识需求与娱乐需求,这是展览能够迅速发展的真正社会思想基础。从某种意义上说,展览是时代的镜子,它折射出新中国作为新兴民族国家力图通过展览重塑中国形象的展览政治。

二、展览综合体:知识演绎与橱窗效应

在过去的几十年里,欧美历史学者已经说明了西方商品展览会是由一种可以被命名为展览综合体(exhibitionary complex)的形式发展而来,其

主要有四个方面:展览会、陈列馆、商店和广告①。美国学者葛凯在研究民国展览会时,采用了这个视角。笔者认为,在新中国成立初期的展览活动中,展览会本身、展览场所、会上的宣传及媒体的报道也构成了一个展览综合体,其目标旨在展示新中国。

新中国成立初期,虽然社会性质发生了变化,但展览综合体比民国时期更丰富多彩,主要体现在 1949—1953 年期间的展览。为了推动展览活动的发展,广告的宣传超乎今人的想象。1951 年,上海市土产展览交流大会制定办理广告业务简则,其中广告类别有展览会参观指南、展览交流手册、广播、霓虹灯、路牌等②。展览交流手册后面刊登各种产品广告,数量众多,颇有特色。1953 年 4 月,湖北省爱国卫生运动展览会在宣传方面"采取多种方式,以达到扩大展览会影响和增加展出效果的目的,计在全市张贴大幅广告 18 幅,小型广告 500 张,主要街道、码头和公共汽车上张挂横布广告 25 幅,由八大影院放映广告一个月"③。笔者认为,展览有很强的传播功能,除了发布新广告外,它与传播媒体关系极为密切,其本身就是超大型的广告复合体。基于新中国成立初期中国人知识文化水平普遍较低的现状,展览的宣传动员采取各种各样的形式,集政治性、知识性、娱乐性、通俗性于一体,具有极强的信息传播能量。但到 1953 年 11 月之后,统购统销制度推行,展览活动中的买卖行为和广告就比较少了。

展览是知识分类、学术分科和现代性发展的结果,也是文明化的视觉机制和现代性的象征之一。新中国成立初期,展览为民众创造了一个具有展览、游乐场、饭店、座谈会、研讨会、教育、休闲等多种功能的公共场所,同时它也是国家实现知识交流和知识生产的新场所和新途径。由于展览的特殊功能、陈列方式和观众对象,知识在其中以一种更具"权威性"的面目出现。如果从"知识/权力"关系的角度去看,那么展览布展的诸多方面,都在实践一种权力的运作——对观众施加知识的"规训"。这其中既有较为明显的部分,譬如政治教育、革命观念、技术评判、国家认同等,也包括相对隐性的部分,比如知识的分科划界、叙述模式、次第排序等。对于观众而言,

①〔美〕葛凯:《制造中国:消费国家与民族国家的创建》,北京大学出版社,2007 年,第 212—213 页。
②上海市土产展览交流大会编:《土产展览交流手册》,1951 年,第 58 页。
③《湖北省爱国卫生运动展览会工作总结报告》(1953 年 4 月 15 日),湖北省档案馆藏,档案号:SZ115-1-61。

这种"规训"甚至可能伴随终身,成为深刻的历史记忆。

　　新中国成立前夕,人们参加展览的积极性不高。有些干部把参加物资交流展览大会看作是单纯的做生意;有的干部认为物资交流只是私商做生意的场合,与自己没有关系;有些干部甚至强调工作忙,说"没有工夫参加交流大会"①;还有一些人害怕技术泄密。"由于在过去一般的工业经营、自由竞争的关系,对于自己的生产经验和制造过程,向例是保守秘密的"②,很多工厂、企业和个体经营者对自己的"技术、绝活、秘方"等严格保密,害怕因参加展览而泄密。新中国成立后,通过各方面的思想动员,民众纷纷参加展览会,典型、劳模和先进分子在座谈会上介绍经验,传播新知识与新观念。借用保罗·迪·马吉奥的话,新知识是"以组织形式表现出来的意识形态分类"③。借助展览"共同体",新中国不断地通过各种途径和宣传手段塑造新中国的知识。

　　一个展览的举办,犹如打开了一个明亮的窗口。这种窗口作用,犹以大型展览更为显著。展览的规模越大,打开的窗口幅度也越大,使人看到的东西也越多。新中国成立初期,橱窗展览最易吸引行人,如新华书店、三联书店、人民画报社的橱窗图片,就是在雪花纷飞的时候,也拥挤着成群的观众④。展览过程中的知识演绎,容易产生橱窗效应。1950年公安展览会上,"在一个柜橱中陈列着许多奇形怪状的暗杀和破坏的武器。这里有无声手枪、手杖手枪、钢笔手枪、马蹄盒子、铅笔手枪以及各种毒药与爆炸药品。这些都是美国制造的"⑤。观众看到橱窗中的展品后,对美国的认识无疑加深了。1951年,《人民日报》发表《两个世界的缩影——介绍苏联宣传画和讽刺画展览会》,文章指出:"一扇朝向世界的窗户在我们面前敞开了,从这里,我们可以眺望两个新旧不同的世界。"⑥透过橱窗,展览会给民

①华东人民出版社编:《开展初级市场的物资交流大会》,华东人民出版社,1952年,第77页。
②新华时事丛刊社:《解放后的天津工业(天津工业展览会介绍)》,新华书店,1950年,第115页。
③〔美〕史蒂芬·康恩著,王宇田译:《博物馆与美国的智识生活(1876—1926)》,上海三联书店,2012年,第12页。
④《推动工作、教育人民:北京各种展览会效果巨大——两年来共举办四百次,观众达八百余万人》,《人民日报》1951年4月12日,第3版。
⑤张世楷:《警惕美蒋特务阴谋活动!——记全国公安工作展览会的一角》,《人民日报》1950年10月12日,第1版。
⑥蔡若虹:《两个世界的缩影——介绍苏联宣传画和讽刺画展览会》,《人民日报》1951年4月9日,第3版。

众提供了大量的信息,民众的知识世界得以丰富,加深了对国际社会的认知。观看每一件展品就像打开一个橱窗,展品具有直观性、易读性、生动性等特点,使它具有极强的视觉冲击力,容易为不同年龄段、不同文化水平,以及不同语言的人所接受和使用。橱窗的传播不仅是一个输出过程,还是一个选择、接纳与创新的过程。许多展览是特定时代的社会产物,同时,它承载了一个特定时代的"社会"。

作为一种平台和载体,展览不仅可以通过陈列,展示出一种社会图景,还可围绕展览主题,以及它所塑造的人和事,开展一系列活动,这些活动也可折射出一些社会图景。展览活动是由无数个小小的橱窗组成的,放开视野,跳出展览看社会,展览活动的办展者、参展者与观展者,构成了展览会空间这个"小社会";而展览活动所在的地方及其社会变迁,构成了展览会空间这个"大社会"。展览空间"小社会"的变迁则处处投射着中国"大社会"的影子,是中国"大社会"变迁的浓缩与提炼。

三、权力、空间与国家形象的建构

近代中国,在国际会展上展出的鸦片烟具、小脚女人泥塑、缠足弓鞋、杀人刀等,被外国人所耻笑,中国人给世界呈现的是萎靡不振、愚昧无知、丑陋不堪的形象。为了改变这种形象,新民主主义革命时期中国共产党较好地利用近代新型公共空间形式——展览,举办了大量的展览活动,营建了一个对于解放区人民来讲全新的空间,通过空间的展示与教育,塑造了共产党和解放区的新形象。解放区的展览活动不仅起到了宣传教育的作用,还为新民主主义中国的发展奠定了坚实的基础。

为了更好地展示"新中国",1949 年以后中国所举办的一系列展览会或出国参加各种博览会,其主旨都是为了塑造"新中国"形象[①]。新中国成立初期,展览活动的迅速发展有多种因素,主要源于国家权力的推动。福柯曾提出,"空间是权力运作的基础"[②]。的确,空间布局是权力付诸实践的重要方式,空间如何定位,会催生民众不同的意识。新中国在学习苏联的基础上,展览会场的布局打破了传统空间格局,冲击了民众的空间视觉。

[①]马敏:《中国近代博览会史研究的回顾与思考》,《历史研究》2010 年第 2 期。
[②]〔法〕福柯、保罗·雷比诺:《空间、知识、权力——福柯访谈录》,包亚明主编:《后现代性与地理学的政治》,上海教育出版社,2001 年,第 13—14 页。

在权力的运作下,展览会场呈现政治空间、消费空间、文化空间和社会空间等多维空间,是现代民族国家权力渗透的重要场域。

在展览空间中,办展者、被展者和观展者三者因人际交流和互动传播,从而具有强化民众对新中国认同的巨大能量。中央人民政府作为最大的办展者,借助展览活动所特有的政治教化与社会感召作用,较好地建构新中国的国家形象。对于观展者来说,展览活动有利于增强他们的知识技能,开阔他们的眼界,培养他们的爱国观念,提升他们的民族精神,从而带动新中国整体民众素质的提高。对于国外的观展者,在领略中国展品的魅力和民众风采的同时,也传播中国社会文明的进步,从而为中国赢得良好的国际声誉。

宣传在展览空间中具有独特作用。围绕展览空间,中国共产党几乎采取所有的宣传方式,主要包括:文字宣传(包括报纸、书刊、标语和口号等)、语音宣传(包括各种报告会、座谈会、个别谈话、讲座、讲演等直接性语音宣传和通过广播等进行的间接性语音宣传)和形象宣传(包括图表、照片、绘画、电影、戏剧、歌曲等)①。各种宣传方式与休闲娱乐联系在一起,扩大了展览活动的影响。展览空间在向社会尤其是普通民众传输"新中国""翻身""解放"等基本概念时起到了重要作用。这一空间所渗透的意识形态,通过民众到展览场所的参观而渗入到民众的日常生活之中,是其他的政治宣传形式所无法比拟的。共产党不仅宣传执政成绩、革命话语和名优展品,还宣传新中国的发展愿景。在这一过程中,民众深切感受到自己与国家命运紧密相连,也对国家未来发展充满想象。想象的力量是巨大的,极大激发了民众的奋斗热情。

在展览空间中,仪式存在着丰富的象征意义。仪式中各种元素承担了特定功能与意涵,通过独立地运作和相互影响,最终被塑造成在展览空间中的一套权力作用下的程序性模式,充分体现出办展方的意图。唱国歌,向国旗敬礼,都象征着对国家权力的认同。标语、口号等对仪式氛围进行烘托,劳模和先进人物在仪式上的示范,使在场民众受到强烈的感染。仪式所释放出来的巨大辐射能量与共鸣效果,可以树立国家权威,教育广大民众,维持既存权力关系,从而增强民众对于"民族—国家"共同体的认同。

---

① 侯松涛:《全能政治:抗美援朝运动中的社会动员》,中央文献出版社,2012年,第126—137页。

　　福柯认为，"权力关系造就了一种知识体系，而知识则扩大和强化了这种权力的效应。围绕着这种'现实—指涉'，人们建构了各种概念，划分了各种分析领域：心理、主观、人格、意识等等。围绕着它，还形成了具有科学性的技术和话语以及人道主义的道德主张。"[①]可见，权力与话语关系密切，在一定程度上，话语即权力。借助于展览，中国共产党创造了一个新的宏大的国家话语系统，它最重要的特点就是将集体主义、爱国主义和社会主义结合起来。以阶级斗争论为核心，以新旧中国强烈对比为方法，进行革命史叙述，讲述了许多类似"只有共产党才能救中国"这样的富含隐喻色彩的故事，并建构起一整套以"新中国历史"为叙事中心，以新成就和新建设为叙事背景，富有民族特色和阶级色彩的话语系统。

　　符号是展览活动中重要元素。在布置展览、征集展品、制造空间、策划仪式等方面，中国共产党借助于文字符号、声音符号、图像符号和象征符号，尤其是通过典型对比，运用大量实物、图片、模型，歌谣、弹词、对联等方式，揭露旧社会的丑恶，展示新中国的巨大成就，鼓舞民众建设新中国的信心，赢得了国人和世人的好评。民族国家的建构与认同是一项繁复的工程，特别是让底层的民众接受现代国家政治知识更加困难，而充分利用展览空间是一个非常有效的途径。因为对于底层民众而言，一些空间化的名词、符号最具有知识价值，它们所带给民众的认识最为直观，也最易记忆深刻[②]。展览活动对新中国成就的形象化展示，最大限度地减少了政治宣传中简单化的痕迹。中国通过参与国际展览会或博览会，通过展览外交和展览较量，维护了中国的国家权益。通过展览活动，新中国不断扩大开放和融入世界，在世界舞台上展现新中国的风采；世界对中国的了解也经历了从少到多，从表面到深层，从历史层面到现实层面的过渡。

　　有学者认为，诉苦是"重塑普通民众国家观念的一种重要机制"[③]。而笔者认为，展览也是重塑普通民众国家观念的一种重要机制。各种展品的陈列、观摩和研究，体现出不同的知识观、异己观和秩序观。这实际上是一

---

①〔法〕米歇尔·福柯著，刘北成、杨远婴译：《规训与惩罚》，生活·读书·新知三联书店，1999年，第32页。

②陈蕴茜：《城市空间重构与现代知识体系的生产——以清末民国南京城为中心的考察》，《学术月刊》2008年第12期。

③郭于华、孙立平：《诉苦：一种农民国家观念形成的中介机制》，刘东主编：《中国学术》2002年第4辑，商务印书馆，第153页。

种多层传播,即"打破信息传递的线性模式,而由中心向四周辐射,同时伴随着多中心传播。首先把一种观念传输给舆论先导,再由舆论先导传输给其他舆论领袖,后者再传输给其他人,就像一石激起涟漪,层层展开"①。所以,展览能塑造人民新的价值观和文化观,展示新中国的民族特色和国家符号,加快中国走向世界的全球化进程,新中国的形象逐渐向"工业中国""文化中国""活力中国""红色中国"等方面转变。

相比较旧中国,新中国既是一个新的国家,同时也是一个新的社会,在政治体制、经济制度、文化取向、外交政策、国家主权、人民权利、社会生活等方面都与旧中国和旧社会有着较大区别。1949—1957 年的展览活动,不仅彰显了"新中国"与"旧中国"、"新社会"与"旧社会"的对立,还展示了新工业与旧工业、新农业与旧农业、新思想与旧思想、新文化与旧文化、新教育与旧教育、新医学与旧医学、新水利与旧水利、新法制与旧法制的区别。这些区别的呈现,同样能够建构新中国的国家形象,增加民众对新中国的信任感和凝聚力。邓小平曾指出:"中国今天的形象不是晚清政府,不是北洋军阀,也不是蒋氏父子创造出来的,是新中国改变了中国的形象。"②可以说,新中国展览活动对国家形象塑造的历程是对这句话准确的注解和诠释。

四、历史对现实的多重启示

当今中国,会展业已成为国家重要的朝阳产业。会展业学者主要研究会展的现状问题,而历史学者则试图还原会展发展的历史,以达到以史为鉴的目的。透视 1949—1957 年中国展览活动的发展历程,我们可以得到很多启示,主要有以下经验和教训:

(一)历史经验

1.以政府为主导。如何应对大型活动面临的棘手问题,是考验一个政府治国理政水平的重要方面。新中国成立之初,"社会及组织机制支离破碎,公共秩序混乱,道德水准衰败,经过战争蹂躏的经济承受着高通货膨胀、高失业率的沉重压力"③。在这样恶劣的条件下,如果不集中使

①吴友富:《中国国家形象的塑造和传播》,复旦大学出版社,2009 年,第 81 页。
②邓小平:《邓小平文选》(第 3 卷),人民出版社,1993 年,第 60 页。
③费正清等主编:《剑桥中华人民共和国史》,上海人民出版社,1990 年,第 51 页。

用有限的物力财力,是很难组织好展览活动的。历史证明,行政权力在解决展览活动棘手问题中扮演着重要角色。展览经费的下拨、税收的减免、展馆的建设、安保组织的成立以及应急准备的安排,都得益于政府的支持。相比较近代中国博览会事业衰落的原因,"由于政府信用不佳、财政困难、政局动荡等原因,限制了博览会作用的发挥,制约了博览会事业的发展"①。在当时的社会环境下,中国共产党办展以政府为主导,的确是其成功的宝贵经验。正如周锡瑞所说,现代化过程中,"在确立投资的优先权和设立适合经济发展的法律制度两个方面,强大而有效的中央政府的作用是无可替代的"②。

2. 展览形式灵活。新中国成立初期的展览会,一个主要特点是"展览场地简陋,展览形式简单朴素"③。在这样的场地上,最好的方式就是举办小型展览会。中央主流媒体就多次呼吁要主办小型展览。如1951年《人民日报》提出:"一种是小型的专案或专题展览(北京、天津已举办过数次),就是配合当前工作,把一个重大案件或专门问题的材料展览出来。优点是宣传及时,举办也较容易,又便于巡回展览,可以根据需要与客观条件采用。"④1951年,天津进行抗美援朝漫画图表展览会总结,认为展览会"规模大的宜于市办,小的宜于区办,机关最好是配合市、区进行"⑤。1951年,上海市青年会中学的江浪曾指出举行小型展览会的一些经验,他认为举办展览会一切必须从实地取材,在各班级组织访问队⑥。展览会上的差异在一定程度上反映了沿海和内地之间、城市与农村之间经济发展的差距,促使人们更加理性地思考展览会的发展问题。新中国成立初期,中国共产党非常重视"展览下乡",举办了大量的巡回展览。这些展览从农村发展着眼,推广农业技术,扶助农村经济,使农民能够在乡村观看到展览,极大地推动了农村社会的发展,促进城乡经济交流,有人甚至称流动下乡展览为"活动

---

① 林芳、谢辉:《论近代中国博览会事业衰落的原因》,《电子科技大学学报》2005年第3期。
② 韩毓海、董正华:《晚清以来中国历史和现代化发展历程——周锡瑞教授访谈录》,《战略与管理》1996年第2期。
③ 中国展览馆协会、展览理论研究会编:《展览研究文集》,浙江大学出版社,1989年,第84页。
④《各地举办公安展览会的经验》,《人民日报》1951年3月10日,第1版。
⑤《抗美援朝漫画图表展览会总结报告》(1951年5月31日),天津市档案馆藏,档案号:33-Y-4。
⑥ 江浪:《举行小型展览会的一些经验》,《文汇报》1951年6月5日,第5版。

的艺术殿堂,爱国主义的课堂,文化的使者"①。

　　3.善于组织动员。筹备展览是一个发动群众的过程,也是一个展示政府效能的过程。对群众而言,展览活动本身就是一个新事物,冲击着他们传统的观念。新中国成立初期,中国共产党认真贯彻群众路线,紧紧依靠工会、青联、妇联、学联、文联、工商联等人民团体,在筹备展览过程中广泛动员了各方面的力量。詹姆斯·R.汤森、布兰特利·沃马克曾说:"有了最广大社会成员的积极参与,获得了政治发展过程的主体性力量,中国共产党便巩固了其在中国政治发展过程中的主导地位,并将事业成功的胜券操握在手。"②展览活动正是这种群众参与和精英指导的密切结合,凝聚了广大人民群众的智慧与汗水,增强了展览会的社会信息传播功能。1951年华北区城乡物资交流展览会的举办,就曾广泛组织了各方面的力量。展览会动员了2 500人参加筹备工作,在展览期间继续增加工作人员达5 000人⋯⋯展览会有1 370个讲解员,他们来自全国各地区、各系统,其中有专家、干部、工人、农民、店员和家庭妇女。天津市市民让出4 000间房子来招待参观者,并有9 000多市民(其中半数为妇女)义务参加大会的招待工作③。正因为组织有力,展览会得以成功举办。在组织过程中,展览活动的倡导决策层、支持参与层、业务推动层和宣传鼓动层,构成了展览系统网状的组织结构。这个权力网络使共产党在办展过程中能够整合各种社会资源,推动展览活动顺利运转,使办展目标得以实现。

　　4.注重宣传工作。展览活动是否成功,宣传工作非常重要。展览的筹备、展出和结束等工作,都离不开宣传工作。新中国成立初期的展览中,中国共产党利用了多种宣传形式,如广播、出版、讲演会、座谈会、联欢会、电影、曲艺、图画、摄影等。这些宣传方式形式多样,通俗易懂,由于采取了群众喜闻乐见的方式,受到了民众的欢迎。此外,宣传工作的开展并不是机械地进行,而是和休闲娱乐结合起来。因为"娱乐媒介最容易传播思想,也最容易使人们主动或被动地接受隐藏在其结构和内容之间的意识形态或

①吴铭:《东北博物馆是怎样进行馆外流动展览工作的》,《文物参考资料》1954年第12期。
②〔美〕詹姆斯·R.汤森、布兰特利·沃马克著,顾速、董方译:《中国政治》,江苏人民出版社,1995
　　年,第89页。
③华北区城乡物资交流展览会编:《华北区城乡物资交流展览会汇刊》,1951年,第8页。

政治立场"①。将各种娱乐形式运用于宣传动员,是中国共产党宣传工作的一个重要特征。通过纵横交错的传播方式,展览会把传播者和各个层面的受传者连接起来,增强了展览会的传播效果和社会功能。

5.展览设计讲究技巧。由于民众的文化程度不高,为了让民众更好地观看展览会,中国共产党巧妙布展,以实物为基础,辅之以图片、照片、模型、统计表、漫画等生动的表现形式,甚至用真人进行展出,通俗直观,激发了观众的兴趣。有些重要展览会,在吴劳、张仃等专家精心设计下,体现了中国的时代特色和民族特色,在国内外赢得了良好的口碑。经过多年探索,展览会形成了较为成熟的设计原则:"展品要求具体、明确、形象化,尽量要求实物和模型,并作实事求是的说明。要充分表达先进性,不仅要说明它的优点长处,而且要介绍艰苦的创造过程和创造者的先进思想。展品要尽量少用复杂的图片和画片,过多过繁的图表会影响展出效果。文字要求简明,避免冗长的叙述。形象化、强烈、朴素、简易明确的展品,才能收到良好的效果。"②这些原则简明具体,求实创新,讲究技巧,成为展览设计的重要参考。

6.积极参与国际交流。新中国积极通过展览活动塑造国家形象,不仅在国内举办了大量的展览会,还参加了大量在国外举办的博览会与展览会。相比之下,民国时期,由于政权更迭和战乱不断,政府提出的许多想举办博览会的宏大计划都不得不付之东流。1920年,北京政府宣布将于1922年在北京举办中华民国国际实业大博览会;1923年,北京政府又宣布将于1924年举办中华共和纪念万国博览会;1929年,南京国民政府宣布将于1931年举行中华民国建国纪念国际博览会,但都没有下文③。近代中国参加国际博览会较少,在国际上影响力有限。新中国成立初期,中国积极参加亚洲、欧洲和非洲的国际博览会,赢得了许多国家的高度赞誉。在融入国际社会过程中,中国文化扮演了重要角色。文化是博览会的支撑,也是博览会的延伸。新中国参加博览会不是单纯地展览,也不是纯粹地进行商品贸易,而是国家在特定历史发展阶段的新理念与新成果的集中展示,是国家对外交往的重要媒介。所以,积极参与国际交流,深

---

① 何立慧:《样板戏与"文革"政治话语》,《二十一世纪》(网络版)2003年9月号。
② 《省直先进事迹展览会总结》(1957年2月23日),湖北省档案馆藏,档案号:SZ20-1-103。
③ 王水卿:《民国时期中国与世博会关系研究》,湖南师范大学硕士学位论文,2007年,第67页。

入挖掘中华文化的精髓,把其同博览会紧密结合起来,可以更好地构建中国的国家形象。

(二)历史教训

1.办展存在浪费现象。新中国成立初期,政治体制的最大特点就是能够高效地贯彻执政党的政治意图,使得行政和社会资源可以得到最大程度的利用,但是有时也会因此造成极大浪费①。展览活动也存在较大的浪费。1951 年 10 月 14 日,上海市北站区举办妇幼卫生展览会。展览会闭幕后的 12 月 13 日下午举行了总结大会,并当场发给展览会工作人员每人大型纪念章一枚,集体八寸纪念照一张,估计总价值在 35 元左右。这个表彰,被媒体认为浪费,"浪费数字虽然不大,但亦不能称少,且在群众中将产生不良的政治影响,除了希望该单位负责同志密切注意外,还希望全市其他单位亦引起警惕,以免再发生类似浪费现象"②。举办展览会,一定要明白展览会的性质,合理估算财务状况。1951 年,针对街道展览会存在于街道旁边做不必要的扩音广播扰民,以及滥放鞭炮,大张宴席等铺张浪费现象,上海市新闻出版处发出关于纠正群众游行及展览会铺张浪费现象的通知:"此种现象不仅耽误工作,妨碍生产和学习,疲劳群众,使干部和群众都感到是一种负担。"③1951 年,某医药卫生展览会征集了 1 万 2 千多件展览品,实际上有五分之三不合群众和工作的需要成了废品,对它们的加工、运输、保管,造成了国家很大的浪费④。1957 年,《人民日报》对沈阳市第三工业局举办的染织、服装、食品展览会进行了批评,认为展览会存在铺张浪费的现象,指出展览会上的浪费不可原谅⑤。

2.办展法制化进程缓慢。在办展过程中,中国共产党制定了很多办法、规则和制度。如 1951 年上海市土产展览交流大会,制定了许多办法和规则:办理批发合同协议交流业务办法、业务处代理各地厂商申请押汇资信调查办法、经营代销业务办法、零售商场管理规则、零售商场申请

① 黄利新:《共和国初期北京市城区基层政权建设研究》,首都师范大学博士学位论文,2008 年,第 241 页。
② 朱焕文:《北站区妇幼卫生展览会有浪费现象》,《文汇报》1951 年 12 月 19 日,第 6 版。
③《上海市新闻出版处关于纠正群众游行及展览会铺张浪费现象的通知》,上海市档案馆藏,档案号:B35-2-59-8。
④ 陆灏:《展览会是广泛联系群众的重要形式》,《人民日报》1951 年 4 月 12 日,第 3 版。
⑤ 王立身、魏若燕:《一个铺张浪费的展览会》,《人民日报》1957 年 1 月 13 日,第 2 版。

租用办法、办理广告业务简则、临时交易介绍所组织及交易简则等①。又如 1956 年的湖北省工农业展览会，制定了大量的制度：请假制度、值班制度、展品保管制度、节约制度、清洁卫生制度、治疗室工作制度、会务制度、行政事务制度、财经制度等②。其中，会务制度规定："部、馆长碰头会每天上午七至八时举行，由部召集，汇报情况，研究解决问题，并安排当日工作。"③但是，当时制定的办法、规则和制度虽多，却没有形成可复制的全国性的法规。直到 1982 年 8 月 26 日，经国务院批准，中国贸促会、对外经济贸易部、外交部才联合出台了《关于出国举办经济贸易展览会若干问题的规定》以及《关于接待外国来华经济贸易与技术展览会若干问题的规定》。这两个规定由国务院批准，标志着我国会展业法制化、规范化的开端。展览活动是群体性活动，需要制度化和规范化运行，才能产生更好的效果。

3.办展受"左"的错误影响。在高度集中的行政体制下，由于政府的强势主导，新中国展览活动从快速起步到蓬勃发展，取得了很大的成效。但是，这一时期，"国家权力的扩张，使权力的执行机关逐渐成为一个无人与之竞争的特定社会中心，越来越缺乏来自权力体系以外力量的监督"④。由于国家权力的扩展，所以展览会也受到较大的影响。过分强调展览会的政治正确性，而忽略展品及其承载内容的真实性，使得展览会很大程度上成为一种道具。这种道具更多不是在于提升展品品质，以促进社会发展，而是在于给人以思想教育，给人以精神鼓舞。这种教育和鼓舞与社会上开展的政治运动和共产党的宣传动员相辉映，容易给人以忽视客观实际、超越现实的精神力量，从而导致"左"的一面⑤。随着"左"倾错误的发展，中国展览业发展打上了"左"的烙印。

历史容易重演，所以我们对展览要有理性的态度。对于教训，我们要善于总结，独立探索，及时纠错。诚如恩格斯所讲："伟大的阶级，正如伟大

①上海市土产展览交流大会编：《土产展览交流手册》，1951 年，第 48—60 页。
②《湖北省工农业展览会组织方案与工作制度》(1956 年 4 月 14 日)，湖北省档案馆藏，档案号：SZ40-1-2。
③《湖北省工农业展览会几项制度的规定》，湖北省档案馆藏，档案号：SZ40-1-2。
④李立志：《变迁与重建：1949—1956 年的中国社会》，江西人民出版社，2002 年，第 311 页。
⑤洪振强：《展览会与 1950 年代武汉地方社会变动》，《第三届现代城市文化史国际学术研讨会论文集》(下册)，武汉，2009 年，第 170 页。

的民族一样,无论从哪些方面学习都不如从自己所犯错误的后果中学习来得快。"①1957 年全国农业展览会展示,历年粮食生产亩产量不到 200 斤,但到了 1958 年的展览中,却出现了亩产万斤的数字,这非常值得反思。对于经验,我们要学习和借鉴,要立足世情、国情、民情,抱历史之同情的态度。这正如陈寅恪先生所说"了解之同情",需"神游冥想,与立说之古人,处于同一境界,而对于其所持论所以不得不如是之苦心孤诣,表一种之同情,始能批评其学术之是非得失,而无隔阂肤廓之论"②。

　　钱学森曾指出:"展览学实在是教育学的一部分,属教育人民群众的学问……展览学要指导展览馆学、博物馆学、科技馆学、美术馆学,以至动物园学、植物园学等。"③但到目前为止,较少有人真正按照这样的思路去探索。当今社会,旅游业、房地产业与会展经济被誉为世界三大无烟产业和朝阳产业。在经济新常态下,研究会展业的困境及其面临的挑战,更具有迫切性和必要性。因此,对新中国展览活动史进行认真梳理分析,从整体上把握其发展变化情况,考察展览在中国社会发展中的作用,以期知往鉴来,这对中国正大力发展的会展业定会有所启示。

---

① 〔德〕马克思、恩格斯:《马克思恩格斯全集》(第 22 卷),人民出版社,1965 年,第 325 页。
② 陈寅恪:《冯友兰〈中国哲学史〉上册审查报告》,《金明馆丛稿二编》,生活·读书·新知三联书店,2001 年,第 279 页。
③ 潘杰:《中国展览史·序言》,电子科技出版社,1993 年,第 3 页。

附　录①

附表1　1949—1957年中国国内举办的重要展览

名　称	地　点	时　间	办展概况	资料来源
大连工业展览会	大连	1949年9月18日至11月30日	展览会共设有铁路交通、机械、建设器材、造船、公共事业、食品工业、通讯器材、水产农林、教育、卫生保健、文化事业、中苏友谊等17个馆,有力地说明大连工业生产日益巨大的规模和工人阶级的创造力量。	1949年10月13日,第5版。
天津工业展览会	天津	1949年11月4日	参加展览的工厂有1 700余家,展品约8 000多种,展示了中国工业化的伟大远景。	1949年11月14日,第2版。
保定工农业展览会	保定	1949年11月15日至21日	工农业展品共1 288件,参观群众达5.2万人。	1949年11月28日,第2版。
亚洲工人妇女生活与斗争展览会	北京	1949年12月5日至25日	9个国家参展,共分4个馆展览。内设"苏联妇女赠送中国妇女礼品陈列室",参观人数10余万人。	1949年12月6日第1版;1949年12月28日,第1版。
石家庄首届工农业产品展览	石家庄	1949年12月25日	工业产品共400多种,9 000多件。	1949年12月27日,第2版。
科学知识展览会	北京师大附中	1950年春节	展览会共分"从猿到人""妇婴卫生"及"一般科学知识"三部分。	1950年3月1日,第3版。

---

①附录的资料来源主要根据《人民日报》统计,日期和版面可以查询。少量展览时间,参考《新华社新闻稿》等资料确定。展览地点大多数在北京,如果报纸上列出了具体地址,则表格也详细写上,便于读者查找。1954年,苏联展览馆建成,后改名为北京展览馆,从还原历史角度出发,统一称其为"北京苏联展览馆"。展览时间一般列开始时间,如果有结束时间,则表格也列上,故资料来源相应会有两个。不知道展览的具体时间,则写不详。

名　称	地　点	时　间	办展概况	资料来源
全国年画展览会	北京中山公园水榭	1950 年 2 月 17 日至 23 日	展出作品 299 幅,来自 17 个地区。	1950 年 2 月 21 日,第 3 版。
"三八"妇幼卫生展览会	北京和市郊区巡展	1950 年 3 月 9 日至 15 日	7 天中,参观的群众有 2.3 万余人。	1950 年 3 月 17 日,第 4 版。
全国报纸展览会	北京	不详	从辛亥革命到"五四"运动、从《红色中华》到《解放日报》、解放区新闻工作者工作的缩影。	1950 年 4 月 24 日,第 3 版。
照片展览会	北京市鼓楼	1950 年 5 月 2 日至 16 日	庆祝五一国际劳动节照片、画片综合展览。	1950 年 5 月 1 日,第 3 版。
庆祝"六一"儿童节展览会	北京图书馆	1950 年 6 月 1 日至 15 日	第一室:中国儿童生活照片约 300 幅;第二室:苏联儿童的生活照片。6 月 1 日开幕后,6 天内前往参观者达万人。	1950 年 6 月 2 日,第 2 版。
机耕学校的收割展览会	农业部机耕学校	1950 年 6 月 18 日至 22 日	5 天内接待 6 000 多名参观者,包括工、农、学、干部,还有国际友人。	1950 年 6 月 24 日,第 7 版。
苏联抗德战争九周年图片展览会	北京劳动人民文化宫	1950 年 6 月 22 日	开幕第一天有 10 000 余人前往参观。该会应观众要求,将展览时间改为每日上午 10 时起至下午 7 时止。	1950 年 6 月 23 日,第 3 版。
少数民族文物展览会	北京历史博物馆	1950 年 6 月 26 日	陈列了蒙、藏、回、维、苗、彝、高山等数十个少数民族的文物及有关图片共 1 000 余件。	1950 年 7 月 19 日,第 3 版。
全国卫生医药展览会	北京劳动人民文化宫	1950 年 8 月 6 日至 30 日	为方便参观一律免票,并延长每日开放时间。展览品来自全国各地,超过 10 000 件,观众共达 34 万。	1950 年 9 月 6 日,第 3 版。
出版事业展览会	北京北海公园	1950 年 9 月 17 日	展览会主要体现中国出版印刷事业历史的发展。全部展览品分别陈列在 4 个馆。	1950 年 9 月 17 日,第 3 版。

续表

名 称	地 点	时 间	办展概况	资料来源
解放军战绩展览会与全国工农兵劳动模范成绩展览会	北京故宫、三座门大街	1950年10月2日至11月1日	毛泽东主席特地为展览会题字"人民的胜利"。人民解放军战绩展览会参观者近100万人。全国工农兵劳动模范成绩展览会参观者共达26.2万余人。	1950年10月4日,第1版;1950年11月4日,第3版。
中苏友协工作展览会	北京劳动人民文化宫	1950年10月6日至15日	陈列分为全国、北京、旅大3馆,共有照片及统计图表1 000余幅。	1950年10月6日,第1版。
全国公安工作展览会	北京故宫博物馆	1950年10月	展出了美帝帮助国民党训练特务残害中国人民,以及其直接派遣间谍危害中国人民的图片等。	1950年10月12日,第1版。
和平宣言签名运动资料图片展览会	北京劳动人民文化宫	1950年10月21日至24日	陈列内容主要为图片、有关和平签名的实物资料。将近20 000人在和平宣言上签了名,毛泽东主席在和平宣言上也签了名。	1950年10月20日,第6版。
抗美援朝保家卫国展览会	北京东城米市大街	1950年12月6日至12日	展览内容共分三部分,说明为什么对美帝侵略不能置之不理,着重介绍世界和平民主。	1950年12月7日,第6版。
抗美援朝小型展览会	北京劳动人民文化宫	1950年12月15日	展出"美帝侵朝暴行""朝鲜人民军的力量""北京市工人学生抗美援朝宣传活动情况""美帝侵华史"等漫画100余幅。	1950年12月14日,第6版。
"东北和朝鲜"展览会	北京鼓楼	1950年12月22日	透过中朝边境的地理形势、资源情况,说明美帝侵略的阴谋和野心。	1950年12月22日,第6版。
抗美援朝保家卫国展览会	北京故宫太和殿	1950年12月25日	展览分为三个部分。第一部分:对美帝侵略朝鲜为什么不能置之不理;第二部分:美国是反动的腐化堕落的大本营;第三部分:世界和平民主阵营力量强大。	1950年12月25日,第6版。
北京抗美援朝保家卫国美术展览会	北京	不详	展出作品共838件。群众能运用各种美术形式来表现抗美援朝、保家卫国,是这次展览会的一个特点。	1951年1月17日,第3版。

续表

名　称	地　点	时　间	办展概况	资料来源
治安工作展览会	重庆	不详	连续一个月的展览,观众达 10 万余人。	1951 年 1 月 19日,第 3 版。
反特务展览会	上海	不详	有力地揭露了美帝国主义和蒋介石匪帮特务的血腥罪行。展览会在一个月中有 30 万人前往参观,共分十部分。	1951 年 3 月 10日,第 1 版。
西北首次经济建设展览会	西安	1951 年 2 月15 日至 3 月15 日	参观者逐渐改变自己过去认为西北是"地瘠民贫,荒凉困苦"的看法。118 万余人前往参观。	1951 年 4 月 10日,第 2 版。
人民民主国家图片展览会	北京劳动人民文化宫	1951 年 3 月21 日至 4 月12 日	各大使馆文化参赞、秘书、文化界及中外新闻记者 100 余人前往参观。	1951 年 3 月 22日,第 4 版。
敦煌文物展览会	北京午门中央历史博物馆	1951 年 4 月13 日	敦煌壁画是艺术家们遗留给我们的丰富的艺术遗产。除了一部分壁画是宗教画外,其中有不少反映了当时社会劳动人民的生活。	1951 年 6 月 6日,第 5 版。
中国煤矿展览会	北京劳动人民文化宫	1951 年 4 月24 日至 5 月17 日	展现新中国煤矿业取得的成就:1950 年全国煤矿生产量比 1947年增加 21%,劳动生产率增长56%,煤的市价降低了 76%。	1951 年 5 月 12日,第 2 版。
抗美援朝街道展览会	上海市石门一路	1951 年 5 月4 日	开幕 10 天,观众已有 8 万多人,平时很少参加社会活动的家庭妇女最多。	1951 年 6 月 2日,第 3 版。
抗美援朝书画义卖展览会	北京中山公园水榭	1951 年 5 月18 日	全部作品共有 1 500 余件,义卖所得全部捐献给中国人民志愿军。	1951 年 5 月 18日,第 3 版。
巡回公安展览	天津	1951 年 5 月底结束	展出 87 天,各界观众共 10 万余人,内有铁路职工 2.4 万余人。	1951 年 6 月 13日,第 2 版。
湖南省兄弟民族生活、文物展览会	长沙	1951 年 5 月29 日至 6 月6 日	通过许多真实的图片、文字和物品,告诉每一个观众:湘西兄弟民族是勤劳、勇敢、智慧的,跟国内其他兄弟民族一样。	1951 年 6 月 18日,第 3 版。

续表

名　　称	地　点	时　间	办展概况	资料来源
产品展览会	北京	1951 年 6 月 10 日	华北、华东、中南、东北、西北等区 101 个生产单位参加展览,展品共有 700 多种。	1951 年 6 月 13 日,第 2 版。
帝国主义利用宗教侵略中国罪证展览会	天津	不详	展出了帝国主义分子以宗教为掩护,进行危害中国人民的间谍活动,以及阻挠津沽大学的正规教学和校内抗美援朝运动的行径。	1951 年 7 月 29 日,第 3 版。
"斗争中的越南"展览会	北京劳动人民文化宫	1951 年 9 月 4 日	展览会以图片为主,并有在物资条件困难情况下出版的越文书籍多种。	1951 年 9 月 6 日,第 3 版。
少数民族文物、图片展览会	北京故宫	1951 年 9 月 10 日	陈列了许多少数民族的精致服装,反映新中国成立后几个少数民族生活情形的生动模型。引人注目的,是各少数民族用来自卫和斗争的各种武器。	1951 年 9 月 16 日,第 3 版。
全国铁路展览会	北京	1951 年 9 月 15 日至 10 月 5 日	朱德总司令亲临剪彩,号召进一步发展与扩大铁道建设。6 个展览室中共展览模型实物 600 件,图画、图表 500 件,照片 1 100 多件。	1951 年 9 月 16 日,第 1 版;1951 年 9 月 29 日,第 2 版。
第一次全国初等教育展览会	北京	不详	展览会上陈列着由各大行政区、各省市送来的展览品 1 万余件。	1951 年 9 月 19 日,第 3 版。
华北区城乡物资交流展览会	天津	1951 年 10 月 5 日至 11 月 20 日	提高人民购买力,以巩固工农联盟。大会还贯彻"会场就是市场"的方针,交易总额超过 1 万 5 千亿元,观众达 100 万人。	1951 年 10 月 6 日,第 1 版;1951 年 11 月 18 日,第 1 版。
人民革命老根据地礼品文物展览会	北京中山公园	1951 年 10 月 8 日	陈列的礼品有各地的特产、农产品、手工艺品和工业产品 200 余种,及大批锦旗和致敬信。	1951 年 10 月 9 日,第 1 版。
西南区工业展览会	重庆	不详	展现新中国西南地区的工业成就,参观者有一个共同的感觉,西南工业已较大改变了国民党反动派统治时期的落后和破产状态,正突飞猛进地向前发展着。	1951 年 10 月 20 日,第 2 版。

续表

名　称	地　点	时　间	办展概况	资料来源
爱国公约展览会	川北遂宁县	1951年9月3日	展览会共7天,观众达5.9万余人,陈列了6 000多份爱国公约和模范事迹的材料34份。	1951年10月28日,第1版。
爱国公约展览会	上海	不详	陈列各种实物、图表、照片、报告书等,显示该厂开展爱国公约运动的过程和成绩。	1951年10月28日,第1版。
反浪费展览会	南京	不详	为了打破大部分职工的自满情绪,该厂展示各个方面的浪费情形。	1951年11月5日,第2版。
全国石油展览会	北京劳动人民文化宫	1951年11月15日	展览会共分天然石油、人造石油和成品运销3大部分。展览期限为一个月。朱德参加了展览会的开幕典礼。	1951年11月18日,第2版。
反文牍主义公文展览会	北京	1951年11月22日	陈列了各种属于文牍主义的公文,并附有扼要醒目和富有教育意义的说明和图表。	1951年11月30日,第1版。
平原省的农业展览会	新乡	1951年12月11日至21日	展现全省农业生产的辉煌成果,鼓舞了人们的劳动热忱和兴趣,并具体指导了增产方法。	1952年1月9日,第2版。
反贪污、反浪费、反官僚主义展览会	天津	1952年2月2日	揭幕第一天,参观者达6 000多人。展览分为综合、反对不法资本家的不法行为、反对贪污、反对浪费、反对官僚主义五部分。	1952年2月4日,第2版。
美帝国主义文化侵略罪行展览会	北京	1952年3月初	用许多无可辩驳的材料证明:美帝国主义教会创办的学校,不仅是散布资产阶级思想的中心,而且是美帝国主义侵略中国的阵地。	1952年3月10日,第3版。
世界四大文化名人纪念展览会	北京图书馆	1952年5月4日	举办阿维森纳诞生1000周年、达·芬奇诞生500周年、雨果诞生150周年、果戈理逝世100周年纪念展览会,陈列图片122幅,中、法、英、日等国文字的书籍报刊300余种。	1952年5月5日,第1版。

续表

名　称	地　点	时　间	办展概况	资料来源
捷克斯洛伐克政治讽刺画展览会	北京中山公园水榭	1952 年 5 月 7 日	展览著名政治讽刺画作家贝尔茨、赫斯等人的作品 45 幅,这些作品表现了捷克斯洛伐克人民保卫世界和平的意志。	1952 年 5 月 9 日,第 1 版。
纪念毛主席《在延安文艺座谈会上的讲话》发表十周年展览会	重庆市人民文艺馆	1952 年 5 月 25 日至 6 月 8 日	观众达 4.2 万人。展览会共分 4 个展室。第一展室是文学作品展览室,第二展室是美术作品展览室,第三展室是戏剧、电影、舞蹈展览室,第四展室是音乐、戏曲、曲艺展览室。	1952 年 7 月 27 日,第 3 版。
控诉美帝国主义罪行展览会	中国协和医学院	1952 年 6 月 10 日	提供许多触目惊心的罪证,具体说明了美国的"煤油大王"为什么要办协和医学院。	1952 年 6 月 10 日,第 3 版。
先进生产经验展览会	北京劳动人民文化宫	1952 年 7 月 25 日	到会的有各厂矿企业中的先进生产者以及各机关团体的干部和来宾等 600 多人。	1952 年 7 月 26 日,第 1 版。
部队文化学习展览会	北京天坛祈年殿	1952 年 8 月 1 日	展出了全国各大军区、野战军和公安部队的文化学习成绩,以及各部队的文化教育计划等。	1952 年 8 月 7 日,第 3 版。
卫生展览会	辽东省抚松县文化馆	1952 年 6 月 12 日至 17 日	6 818 人受到了爱国卫生的教育,有力地推动了全县的爱国卫生运动。	1952 年 9 月 10 日,第 2 版。
中国红十字会工作活动图片展览会	北京北海公园	1952 年 9 月 7 日	为纪念红十字会改组两周年而举办。内容有"保卫世界和平""发展会员与急救训练"等六部分。	1952 年 9 月 9 日,第 1 版。
美国政府细菌战罪行展览会	北京故宫文华殿	1952 年 9 月 15 日	观众共 2.8 万余人,5 间陈列室里陈列着实物标本等达 500 多件。	1952 年 9 月 15 日,第 3 版。
全国爱国卫生运动展览会	北京劳动人民文化宫	1952 年 12 月 28 日	陈列了一千几百件展览品,清楚地绘出了 9 个月来爱国卫生运动的面貌。	1952 年 12 月 28 日,第 3 版。

名　称	地　点	时　间	办展概况	资料来源
斯大林同志生平事业图片展览会	北京劳动人民文化宫友谊厅	1953 年 3 月 22 日	内容包括:斯大林的幼年时代和早期革命活动,斯大林在 1905 年俄国第一次革命到 1917 年俄国第二次革命时期的活动,斯大林和列宁在一起准备并领导伟大的十月社会主义革命,等等。	1953 年 3 月 23 日,第 3 版。
一九五三年国画展览会	上海中苏友谊馆	1953 年 8 月 3 日至 14 日	中华全国美术家协会上海分会主办,350 件作品参加展览,受到 3.7 万余名观众热烈欢迎,陈毅等参观。	1953 年 8 月 18 日,第 3 版。
机械化自动化展览会	鞍山钢铁公司	1953 年 8 月 18 日	展览会内容丰富,展览有鞍山钢铁公司开展机械化自动化运动以来获得巨大成就的图表和职工们改进或创造的各种机械化自动化设备的模型。	1953 年 8 月 26 日,第 1 版。
全国国画展览会	北京北海公园	1953 年 9 月 16 日至 10 月 10 日	此次国画展览是新中国成立后第一次全国性的展出,全国各地国画家 200 多人的精心作品 245 件,参观者达 7.1 万余人。	1953 年 9 月 17 日,第 1 版;1953 年 10 月 12 日,第 3 版。
世界四位文化名人屈原、哥白尼、拉伯雷、马蒂纪念展览会	北京图书馆	1953 年 9 月 28 日	展览会陈列了屈原、哥白尼、拉伯雷、马蒂近百幅巨幅图片、杂志和他们的原著及各国文字的译本。这些图片和书刊介绍了他们的生平事迹以及他们对人类文化的卓越贡献。郭沫若等参观展览。	1953 年 9 月 29 日,第 1 版。
苏联版画素描展览会	北京北海公园漪澜堂	1953 年 11 月 6 日至 12 日	内容包括苏联现代木刻、麻胶版刻、铜版画、石版画和素描插图等作品 70 多件。	1953 年 11 月 5 日,第 1 版。
全国民间美术工艺品展览会	北京劳动人民文化宫	1953 年 12 月 7 日至 1954 年 1 月 3 日	观众达 18.3 万余人。近 3 000 件展品,是从 20 多个省市和兄弟民族的 9 000 多件民间美术工艺品中慎重评选出来的。	1953 年 12 月 9 日,第 3 版;1954 年 1 月 6 日,第 3 版。

续表

名　　称	地　点	时　间	办展概况	资料来源
李时珍文献展览会	上海	1954 年 2 月 19 日至 28 日	为纪念李时珍逝世 360 周年,展览展出了《本草纲目》14 种不同年代的版本。1 400 多人前往参观。	1954 年 3 月 9 日,第 3 版。
斯大林逝世一周年纪念展览会	北京图书馆	1954 年 3 月 6 日	展览分为 8 个单元,展出有关斯大林生平革命活动和著述的图片 200 多幅,及 20 种文字的书刊 150 多册。	1954 年 3 月 7 日,第 1 版。
马克思列宁主义经典著作展览会	北京	1954 年 3 月	陈列了 1900 年以来用中文出版的马克思、恩格斯、列宁、斯大林的各种书刊。共有 250 余单位、6 000 余人前往参观。	1954 年 3 月 19 日,第 3 版。
鞍钢技术革新展览会	北京	1954 年 4 月 15 日至 7 月 15 日	展品有张明山创造的反围盘,王崇伦创造的万能工具胎,栗源降创造的卷线机,工人芦乃涛和技术员吴良亚合作创造的自动推钢机等。共展出 3 个月,首都和各地前来参观的观众有 36.4 万余人。	1954 年 4 月 16 日,第 1 版;1954 年 7 月 17 日,第 2 版。
齐白石绘画展览会	北京故宫绛雪轩	1954 年 4 月 28 日	展出了齐白石 1901 年以后创作的 122 幅作品,包括花鸟虫鱼、山水和少数人物画。	1954 年 4 月 30 日,第 3 版。
贯彻苏联专家建议展览会	汉水铁桥工地	1954 年 5 月 8 日	展览会开幕以来,每天都有成百个正在参加修建汉水铁桥的工人和技术人员参观,并受到深刻的教育。	1954 年 5 月 18 日,第 1 版。
上海市一九五三年工业生产展览会	上海工人文化宫	1954 年 5 月 16 日	展览会共分"新产品""合理化建议和推广先进经验"和"光荣厅"3 部分。以实物、图片和技术表演等方式,向观众介绍上海工业生产上的新成就。	1954 年 5 月 19 日,第 2 版。
全国民间剪纸展览会	北京故宫承乾宫	1954 年 6 月 20 日	共展出山东、山西、广东、福建、湖北、浙江等 16 个省的 400 余件作品。	1954 年 6 月 20 日,第 3 版。

名　称	地　点	时　间	办展概况	资料来源
北京中国画研究会第二届展览会	北京故宫承乾宫	1954 年 7 月 11 日	展出的作品共约 280 件,其中如霍右村的《红星集体农庄新建办公室》、吴镜汀的《黄山云海》等,都是经过认真写生后产生的作品。	1954 年 7 月 18 日,第 3 版。
纪念契诃夫逝世五十周年展览会	北京图书馆	1954 年 7 月 15 日	展出的契诃夫著作有俄文原著、中文译本和日、法、德、英、捷克斯洛伐克、芬兰等国文字的译本 200 多种。	1954 年 7 月 17 日,第 3 版。
全国水彩、速写展览会	北京故宫承乾宫	1954 年 8 月 6 日至 22 日	这样的展出,从出品地区范围来说,是 1949 年以来的第一次;以水彩、速写来专门举行全国性的展览,则在以前不曾有过。展品有 240 余件。	1954 年 8 月 5 日,第 3 版。
全国版画展览会	北京北海公园	1954 年 9 月 5 日	展出作品 210 件,包括 19 个省市的 86 位作者的木刻、铜版画、石版画和少数玻璃版画,其中木刻最多。	1954 年 9 月 5 日,第 3 版。
连环画原作展览会	北京北海公园天王殿	1954 年 9 月 26 日至 10 月 14 日	参观人数达 30 000 余人,一般反映良好。展出的作品是从北京、上海、沈阳三地出版的连环画册中挑选的,共 43 种,450 余幅,作者有 30 多位。	1954 年 10 月 15 日,第 3 版。
北京美术展览会	北京	1954 年 10 月 25 日	为配合北京市文学艺术工作者第二次代表大会而举办,展品中有漫画、招贴画、连环画和雕塑等,共 100 多件。	1954 年 10 月 31 日,第 3 版。
菊花展览会	上海人民公园	1954 年 11 月 10 日	展出的菊花共 60 000 多盆,是上海市历年来规模最大的一次。品种达 600 多种,其中精品有 300 多种。	1954 年 11 月 15 日,第 3 版。
"一定要解放台湾"展览会	厦门	1954 年 11 月 19 日	展览会共分三部分,分别展出有关台湾的历史、祖国 5 年建设成就以及厦门市 20 万人民支援解放台湾的英勇事迹的图表、照片和实物。	1954 年 11 月 23 日,第 3 版。

续表

名　称	地　点	时　间	办展概况	资料来源
全国手工业生产合作展览会	北京中山公园	1954 年 11 月 21 日	展品有农具、交通电工器材、五金、工业原料、纺针织、日用百货等六大类,共计 2 000 多种。	1954 年 11 月 21 日,第 2 版。
美国空投特务罪证展览会	北京劳动人民文化宫	1954 年 12 月 6 日	展览会用许多实物、照片和图表系统地揭露了美国侵略者在我国空投特务的罪恶事实。	1954 年 12 月 7 日,第 3 版。
一定要解放台湾展览会	浙江省舟山专区	不详	展览会在定海县城、沈家门渔港、嵊泗列岛等地和一些农村中巡回展出。参展者有 50 000 多人。	1955 年 1 月 21 日,第 3 版。
川黔革命文物展览会	重庆	1955 年 1 月 23 日	展出 1934 年底至 1935 年初,中国工农红军经过黔北、川南时遗留的 290 多件革命文物,以及川陕老根据地的革命文物。	1955 年 2 月 2 日,第 3 版。
河南工业和基本建设技术革新展览会	郑州	1955 年 2 月 15 日至 3 月 10 日	洛阳、新乡等地前往参观的有 6.1 万余人。	1955 年 4 月 15 日,第 2 版。
优抚工作展览会	北京中山公园	1955 年 2 月 16 日	展览会表明北京市几年来组织革命烈士、革命军人家属生产活动等有了很大成绩。	1955 年 2 月 21 日,第 3 版。
春夏季服装展览会	鞍山	1955 年 2 月 20 日	共展出 655 种服装样品。一星期中,参观者达 1.7 万余人。	1955 年 3 月 9 日,第 2 版。
一九五五年华东地区美术作品展览会	上海文化广场展览馆	1955 年 2 月 26 日	展出 481 件美术作品。这些作品绝大部分是过去一年来华东地区各省 380 位美术工作者的劳动成果。	1955 年 3 月 2 日,第 3 版。
成都市中医药展览会	成都	不详	陈列我国历代中医药经典著作 350 多种。	1955 年 3 月 15 日,第 3 版。
北京市职工业余美术展览会	北京劳动人民文化宫	1955 年 3 月 15 日	作品包括素描、速写、漫画等,共 90 多件。展出 10 天。	1955 年 3 月 18 日,第 3 版。

续表

名　称	地　点	时　间	办展概况	资料来源
第二届全国美术展览会	北京苏联展览馆	1955 年 3 月27 日至 5 月15 日	收到各种美术作品 4 000 多件,绝大多数是近两年新创作的,选出了展品 996 件,观众共有近 23 万人。刘少奇、宋庆龄、李济深等国家领导人参观。	1955 年 3 月28 日,第 3 版;1955 年 5 月17 日,第 2 版。
木偶戏皮影戏展览会	北京美术展览馆	1955 年 4 月5 日	展出木偶共 110 多件,发掘、研究和整理民间木偶戏、皮影戏的艺术遗产。	1955 年 4 月 7日,第 3 版。
解放台湾展览会	劳动人民文化宫	1955 年 5 月2 日	展览会包括 4 个部分,其中有各种图片、实物、图表、模型和美术作品。	1955 年 5 月 3日,第 1 版。
摄影艺术展览会	北京中国美术家协会展览馆	1955 年 5 月2 日至 31 日	参加展览会作品共黑白片 272件,彩色片 19 件,作者有 158 人。参展作品是从 3 300 多件应征作品中评选出来的。作品在闭幕以后巡回展览。	1955 年 5 月10 日,第 2 版;1955 年 6 年 2日,第 3 版。
西北新建铁路技术展览会	甘肃兰州市文化馆	1955 年 5 月3 日	这是两年来西北铁路建设成就的大检阅,共有 9 个展览室,显示两年来职工所提的合理化建议共实现了 3 675 件,为国家节省了2 580 多万元。	1955 年 5 月23日,第 2 版。
全国公路展览会	北京天坛	1955 年 5 月4 日	展览会分基本建设、养护、运输、汽车修理四部分,展品 1 000 多件。朱德等参观。	1955 年 5 月10日,第 2 版。
中苏少年儿童图画展览会	北京北海公园	1955 年 6 月1 日至 15 日	为了进一步开展少年儿童的美术活动和加强中苏儿童的友谊,中国和苏联联合主办这次展览会。应征作品有 3 000 多件,参加展出的苏联小朋友的作品有 39 件。	1955 年 6 月 1日,第 1 版。
西藏科学考察工作展览会	北京	不详	显示了西藏这个世界最大的高原在矿藏和农业、畜牧业生产方面的巨大潜力。	1955 年 6 月 9日,第 2 版。
北京市节约粮食展览会	北京中山公园中山堂	1955 年 7 月17 日	观众近 10 万人。展品共分 4 部分。	1955 年 7 月 19日,第 2 版。

续表

名　称	地　点	时　间	办展概况	资料来源
全国少年儿童科学技术和工艺作品展览会	北京	1955 年 8 月 10 日至 29 日	陈列了近 1 000 件精致优秀的作品,有各种模型、仪器、标本和工艺品。展品分成自然地理、物理、生物和工艺品 4 个部分。周恩来参加展览会。前往参观的近 10 万人。	1955 年 8 月 9 日,第 3 版;1955 年 8 月 30 日,第 1 版。
美国空投特务罪证展览会	重庆市	1955 年 9 月 25 日至 10 月 27 日	参观者共 74 万余人。参观展览会后,工厂、机关、学校曾先后举行了 1 500 多次座谈会。	1955 年 11 月 3 日,第 3 版。
工人体育运动展览会	北京劳动人民文化宫	1955 年 10 月 2 日	通过图片系统和生动地说明了 6 年来中国职工体育运动的发展状况。为了配合图片展览,还展出了各种体育器具 700 多种,观众共有 1.1 万余人。	1955 年 10 月 4 日,第 3 版。
治理黄河展览会	北京故宫博物院	不详	展出的电动模型、油画、照片、图表和治河书籍,生动地反映了黄河流域的自然面貌,人民治黄的伟大成绩和综合开发黄河的远景。	1955 年 10 月 9 日,第 2 版。
全国陶瓷展览会	北京	1955 年 10 月 3 日	新中国成立后第一次全国性的陶瓷展览,展品约 2 000 件,都是最近三年来的产品,系从全国 20 多个省、市的 40 多个产区送来的近万件陶瓷新产品中选出来的。	1955 年 10 月 13 日,第 3 版。
北京第二届菊花展览会	北京中山公园	1955 年 11 月 6 日	展出菊花 1 万多盆,共 700 多个品种,其中许多品种是很珍贵的。	1955 年 11 月 9 日,第 3 版。
庆祝世界民主青年联盟成立十周年展览会	中国美术展览馆	1955 年 11 月 11 日	展出了介绍世界民主青年联盟十年来斗争历史的 100 多幅图片和 58 个国家的青年赠送给中国青年的几百件礼物。	1955 年 11 月 14 日,第 2 版。
农具农械展览会	湖南长沙	1955 年 11 月 22 日	陈列了 1 000 多种旧式的、经过改良以后的和新式的农具,以及一部分农业机器的样品。	1955 年 12 月 16 日,第 2 版。

名　称	地　点	时　间	办展概况	资料来源
西南地区少数民族图案展览会	首都美术展览馆	1956年1月1日	展品包括贵州、云南、四川三省的苗、布依、侗、傣、侬、景颇、瑶、佧瓦、傈僳、水家、民家、羌、拉祜等民族的刺绣、挑花、蜡染、编织等图案和部分衣物。	1956年1月6日,第3版。
新旧年画、民间玩具展览会	首都美术展览馆	1956年2月5日	展览会共有4个展览室,展出新旧年画和民间玩具共478件。其中,民间玩具100多件,都有浓厚的地方色彩和装饰趣味。	1956年2月5日,第3版。
春节年画和花布样品展览会	北京郊区和河北省等地巡展	不详	挑选全国各地出版的年画和花布样品各200件左右,巡回展览,征求农民意见。展览会很受农民欢迎,在安平县两次展出,观众达4 000人次以上。	1956年2月11日,第3版。
北京著名商品展览会	北京市前门区	1956年2月19日	陈列750多种商品,大都历史悠久,风味特殊,在全市或全国有较高信誉。	1956年2月20日,第1版。
河北省农业展览会	北京苏联展览馆	1956年2月23日	展览会的"综合规划"部分,以各种醒目的图表,显示了河北人民为提前超额全面地完成"一五"计划而奋斗的意志。	1956年3月3日,第2版。
广东省农业生产展览会	广州市文化公园	1956年2月24日	展览会共分7个馆,通过4 600多件展览品介绍了全省几年来的成就和先进经验。	1956年3月18日,第5版。
西藏第一次国产商品展览会	拉萨	1956年3月1日至15日	展出4 000多种国产的绣花彩色绸缎、花布和瓷器等商品。展出的还有日用品、食品、服装和医疗、文化用品。展览会在17天中接待了3.7万名观众。	1956年3月4日,第2版;1956年3月21日,第2版。
侵入我国领空的美国军事侦察气球展览会	北京中山公园	1956年3月7日	展览会上展出的气球,是被我国所截获的美国军事侦察气球中的一部分。	1956年3月9日,第1版。

续表

名　称	地　点	时　间	办展概况	资料来源
北京市工业、手工业品种展览会	北京	1956 年 3 月 17 日	展览会共有 13 个馆,展出的产品共有 30 000 余种。这些产品大部分生产历史悠久、声誉昭著,具有代表性。	1956 年 3 月 21 日,第 2 版。
首都服装展览会	北京劳动人民文化宫	1956 年 3 月 31 日至 5 月 20 日	共接待观众 29 万余人。设立在会场旁边的中国花纱布公司北京市公司的服务站共出售了衣服料子 16 万 3 千多尺。	1956 年 4 月 1 日,第 2 版;1956 年 5 月 21 日,第 3 版。
北京中国画研究会第三届展览会	中国美术家协会展览馆	1956 年 4 月 8 日	展出的作品共有 279 件。这些作品,是画家们最近这一年多来新创作的。	1956 年 4 月 8 日,第 3 版。
直观教具展览会	北京师范大学	不详	展出的 2 000 多件直观教具都是北京师范大学的教师和学生自己制作的。	1956 年 4 月 15 日,第 3 版。
历史档案专业展览会	中国人民大学	1956 年 4 月 8 日	陈列了 3 000 多年前殷代甲骨档案以来的文书、档案工作的照片和实物,介绍了我国未来档案馆网的发展远景。	1956 年 5 月 22 日,第 3 版。
农民的文艺创作展览会	四川省崇宁县	1956 年 5 月 1 日至 5 日	20 多件农民创作的文艺作品受到普遍欢迎。这些创作中,有戏剧、山歌和金钱板等。	1956 年 5 月 9 日,第 3 版。
全国交通先进经验展览会	北京劳动人民文化宫	1956 年 5 月 3 日至 25 日	介绍了修筑在世界屋脊上的康藏公路,川江夜航,海上拖运 10 000 立方米的雪茄形木排,松花江上的冰撬运输,湛江港等的情况。	1956 年 5 月 6 日,第 2 版。
上海镇压反革命展览会	上海	1956 年 6 月 1 日	参观人数有 130 多万。展览会的意见簿上,留下了 10 000 多个观众的感想。	1956 年 6 月 12 日,第 3 版。
第一次食品展览会	北京天坛	1956 年 6 月 8 日	展品主要为实物,分猪、牛、羊、家禽蛋品、山珍野味等,共有上海等 28 个省市食品公司自制的产品和各地部分社会名产 1 595 种。	1956 年 6 月 8 日,第 2 版。
科学研究成就展览会	济南	1956 年 6 月 27 日	共陈列了 714 件有关理、工、农、医和社会科学方面研究成就的标本、模型、图表等。	1956 年 7 月 4 日,第 7 版。

名　称	地　点	时　间	办展概况	资料来源
杭州名产展览会	杭州	1956 年 7 月 1 日至 15 日	展出了 310 种杭产剪刀、222 种毛笔和 246 种墨;还展出了杭州市制造的 179 种眼镜。有 30 000 余人参观展览。	1956 年 7 月 18 日,第 2 版。
日用工业品质量展览会	北京	1956 年 7 月 7 日至 25 日	参观人数达 19 万人。全国各省、市都组织了代表团去参观。参观者向展览会提出了 5 000 多条意见。	1956 年 8 月 28 日,第 2 版。
第二届全国国画展览会	中国美术家协会展览馆	1956 年 7 月 10 日至 22 日	经过展览会评选委员会认真评选,共选出作品 944 件,包括作者 760 余人。北京各界人士和国际友人,共计 1.7 万余人,冒着盛暑前去参观。	1956 年 7 月 11 日,第 1 版;1956 年 7 月 24 日,第 7 版。
世界文化名人伦勃朗诞生三百五十周年展览会	北京中山公园水榭	1956 年 7 月 20 日	展览会陈列了伦勃朗的油画、素描、铜版画等复制品 185 件。其中,包括雅各布·布律恩带来的绘画和版画复制品。	1956 年 7 月 21 日,第 1 版。
小商品展览会	上海老城隍庙	不详	有 3 500 多种价廉物美的手工业小商品参展。	1956 年 7 月 31 日,第 3 版。
解放台湾展览	广州	1956 年 7 月 23 日至 8 月 7 日	前往参观的有广东各地人民,香港、澳门同胞和海外归国华侨等共 55.4 万多人次。	1956 年 8 月 10 日,第 4 版。
延边工业展览会	延边	不详	展览会规模很大:共有针织等 16 个陈列馆,展览了 2 268 种工业产品。	1956 年 8 月 23 日,第 2 版。
雪舟纪念展览会	中国美术家协会展览馆	1956 年 8 月 23 日至 9 月 9 日	共展出雪舟遗作的复制品 54 幅以及许多介绍雪舟的书刊。展品中有不少是日本雪舟 450 周年纪念会寄赠的。共有 10 000 余人参观。	1956 年 8 月 25 日,第 7 版;1956 年 9 月 10 日,第 1 版。

续表

名　称	地　点	时　间	办展概况	资料来源
农业展览会	日喀则	1956 年 10 月 1 日	展出了日喀则农业试验场种植成功的 12 个种类、共 291 个品种的作物和蔬菜。展出的 3 天中,有 1.1 万余人参观。	1956 年 10 月 12 日,第 3 版。
中国人民解放军防空展览会	北京	1956 年 10 月 5 日至 1957 年 2 月 13 日	展览会共有 3 个馆,分别介绍现代化防空知识、防空部队训练教育和防空兵器。展出 4 个多月,观众达 9.6 万余人。	1956 年 10 月 6 日,第 4 版; 1957 年 2 月 14 日,第 4 版。
第二届全国版画展览会	故宫博物院神武门楼	1956 年 10 月 22 日	共展出 150 位新老版画家的作品 350 幅,比第一届全国版画展览会上的作品几乎增加了一倍。	1956 年 10 月 24 日,第 7 版。
全国职工科学技术普及工作展览会	北京劳动人民文化宫	1956 年 10 月 25 日至 11 月 26 日	观众将近 12 万人。展览会还为 20 000 余观众放映了《原子能时代》《宇宙》等科学技术教育影片。	1956 年 11 月 28 日,第 7 版。
第一届中国出口商品展览会	广州中苏友好大厦	1956 年 11 月 10 日至 1957 年 1 月 9 日	展览会分为工业品、纺织品、食品、工艺品、土特产品等 5 个馆,陈列了 4.9 万余件展品,显示了我国第一个五年计划的巨大成就。展览会接待了 95 万多个国内观众,同外商达成 2 000 万英镑的交易。	1956 年 11 月 12 日,第 5 版; 1957 年 1 月 13 日,第 1 版。
孙中山先生生平事迹展览会	北京中山公园中山堂	1956 年 11 月 12 日至 30 日	横幅由毛泽东主席亲笔题字。展览会陈列了 300 多幅照片和许多文物。共有 10.1 万余人前往参观,其中缅甸、朝鲜、蒙古等国的外宾有 200 多人。	1956 年 12 月 1 日,第 4 版; 1956 年 12 月 1 日,第 4 版。
天津市举办劳动竞赛先进事迹展览会	天津	1956 年 12 月 2 日	展出了 250 多个工厂企业单位的 538 项先进事迹。展览会设有先进经验馆、提高质量馆、新产品馆。展品有各种实物、模型、图表等 3 700 多件。	1956 年 12 月 4 日,第 2 版。
全国漫画展览会	首都美术展览馆	1956 年 12 月 16 日	展出作品共 321 件,包括全国 21 个城市的作者 147 人。这些作品大都是在报纸刊物上发表过的。	1956 年 12 月 16 日,第 7 版。

名　称	地　点	时　间	办展概况	资料来源
江苏省1957年第一次国画展览会。	南京	1957年1月10日	参加这次展出的有19个县、市,包括教师、学生、专业画家和机关干部等400多位作者的500幅国画。	1957年1月11日,第7版。
西南第一届国画展览会	重庆	1957年1月11日	展出的500多件作品,是从云南、四川、贵州等省寄来的1 100多件作品中评选出来的。	1957年1月12日,第7版。
第一届全国农业展览会	北京	1957年2月20日至7月31日	11个馆展出了2 000多种实物和近5 000件实物标本、模型、机器、仪器等。观众达220多万人次。接待了全国各省、市、自治区,将近50 000名专业参观团的代表,以及50多个国家的6 000多名外宾。	1957年2月21日,第1版;1957年8月1日,第5版。
全国青年美术作品展览会	北京劳动人民文化宫	1957年3月17日至4月16日	共展出845位青年的900多件作品,包括年画、漫画、雕塑作品、招贴画、素描和速写。展览会从3月17日起展出,观众达5.6万余人。	1957年3月18日,第8版;1957年4月18日,第2版。
中国出品商品交易会(第一届广交会)	广州	1957年4月25日	这次交易会展出了大量土特产品和我国传统的出口商品,还有许多新的产品,特别是曾获得海外商人好评的机器、五金、化工原料等。	1957年4月27日,第4版。
内蒙古自治区十年来建设成就的展览会	内蒙古博物馆	1957年5月2日	国务院副总理李先念、国内各民族代表和内蒙古各族各界代表人物以及苏联专家和蒙古专家等共1 500多人,参加了开幕式。	1957年5月4日,第2版。
解放军建军三十年美术展览会	北京劳动人民文化宫	1957年7月30日	展览会分为3个展馆,展出了反映解放军30年光荣历史和各方面生活面貌的油画等美术作品共420多件。	1957年7月31日,第2版。
反革命分子和其他刑事犯罪分子罪证展览会	北京劳动人民文化宫	1957年9月20日至11月27日	展览会有四个部分。前三部分展出的罪证和图表,说明我国肃反斗争取得巨大胜利。第四部分共展出了盗窃犯、诈骗犯、流氓犯、强奸犯等方面的40多个案件的罪证。共接待了110万余名观众。	1957年9月21日,第4版;1957年11月29日,第4版。

续表

名　称	地　点	时　间	办展概况	资料来源
刘介梅今昔生活对比展览会	北京劳动人民文化宫	1957年12月6日	展览会分为3部分:第一部分主要是刘介梅在新中国成立前后两个不同生活时代的衣服、用具等实物;第二部分主要是北京市郊区在大鸣、大放、大辩论的前后出现的新旧两条道路斗争的情况和各个阶级的动态;第三部分主要是我国的农业生产在新中国成立后,特别是合作化以后所取得的巨大成就。	1957年12月7日,第4版。
反浪费展览会	北京大学	不详	展览会揭发了学校在粮食、水电、家具、体育用品、衣物等方面的浪费现象。	1957年12月19日,第7版。

附表2　1949—1957年中国到外国举办的重要展览①

名　称	地　点	时　间	办展概况	资料来源
中国文物展览会	列宁格勒	1950年1月22日	展品有古代中国服装、家用器皿、铜器、瓷器、木刻、丝绸和书法等;最令人感兴趣的是描绘中国和平建设初步成就的图片。	1950年1月24日,第1版。
中国艺术品展览会	基辅	1950年7月29日	陈列有中国古代名家绘画,有李龙眠画的马与黄筌画的人物,以及中国画家所作的列宁和斯大林的画像。参观的人很多。	1950年8月4日,第3版。
世界学生展览会	布拉格	1950年8月17日	陈列了数十幅记载"五四"以来中国学生运动,以及新中国新气象的若干照片;还陈列了许多年画、雕刻等艺术品。	1950年8月24日,第4版。
新中国展览会	布拉格	1950年9月22日至10月22日	展览会为期一个月。展品包括中国的各种图片、木刻、年画、古物、手工艺品及各种书籍出版物。各界人士参观了展览会,捷克总理萨波托斯基、捷共总书记斯兰斯基也前往参观。	1950年9月21日,第4版;1950年10月25日,第4版。

①重要展览不仅包括中国到外国举办的专题展览,还包括中国参加的由外国举办的国际展览会。

续表

名　称	地　点	时　间	办展概况	资料来源
中国艺术展览会	莫斯科	1950 年 10 月 1 日至 11 月 15 日	参加开幕典礼的来宾约 4 000 人。展览会共有 17 个展室。展览一个半月来，参观者达 20 万人，苏艺术界一致赞誉中国的艺术成就。	1950 年 11 月 27 日，第 4 版。
新中国展览会	布加勒斯特	1950 年 12 月 23 日	展品为在布拉格举办的新中国展览会上展出后运至罗马尼亚的展品，其中包括各种图片、木刻、年画、古物、手工艺品及各种书籍出版物。	1950 年 12 月 27 日，第 4 版。
新中国儿童展览会	孟买	1950 年 12 月 25 日	展览会中的中国儿童展览室遭印度方面无理封闭后，孟买许多市民表示希望能看到这些来自新中国的展览品。	1950 年 12 月 25 日，第 4 版。
新中国展览会	华沙	1951 年 5 月 7 日	参加开幕仪式的有：波兰总理西伦凯维兹，其他各政党、对外文化协会和人民团体的代表，以及科学界与文化界人士等 200 余人。	1951 年 5 月 13 日，第 4 版。
新中国工艺品和图片展览会	加尔各答	1951 年 5 月 12 日至 16 日	展品有图画、照片和瓷器、湘绣、象牙品等工艺品。展览描绘了新中国农村、工业、教育和政治等方面的情形，受到观众的热烈欢迎。	1951 年 5 月 29 日，第 4 版。
中国艺术展览会	柏林	1951 年 5 月 15 日	将近 1 000 件新中国的艺术品和珍贵的中国古代艺术品，分别陈列在 15 个大厅。	1951 年 5 月 17 日，第 4 版。
中国文学艺术展览会	列宁格勒	1951 年 6 月 8 日	展览品包括书籍 500 多册，宣传画、雕刻和照片 200 种。	1951 年 6 月 11 日，第 4 版。
国际救济物资展览会	平壤	1951 年 7 月 9 日	展览会共分 9 个馆，分别陈列着苏联、中国、波兰、蒙古、匈牙利、罗马尼亚、保加利亚、民主德国以及法国人民送来的 82 种药品。还有英国妇女送来的一面锦旗。	1951 年 7 月 16 日，第 4 版。
解放军图片展览会	苏联文化馆	1951 年 7 月 31 日	中国外交使团借苏联文化馆举办中国人民解放军图片展览会，介绍中国人民解放军的事迹。	1951 年 8 月 3 日，第 4 版。

续表

名　称	地　点	时　间	办展概况	资料来源
解放军图片展览会	新德里共济堂	1951 年 8 月 1 日	展览会介绍中国人民解放军成长与胜利的历程。新德里的人民纷纷前往参观,并一致赞扬人民解放军的伟大成就。	1951 年 8 月 4 日,第 4 版。
新中国照片展览会	柏林社会保险大厦	1951 年 8 月 10 日	展出了 400 多幅照片,系统地介绍了中国青年如何在中国共产党的领导下,和全体人民一起积极参加建设祖国的工作和抗美援朝运动。	1951 年 8 月 13 日,第 4 版。
新中国一瞥展览会	孟买大学大礼堂	1951 年 9 月 12 日至 14 日	150 幅照片描写了今日中国欣欣向荣的新生活。除了照片外,还有中国艺术家所画的宣传画,描写了中国人民争取和平的斗争与从事和平建设的情形。	1951 年 9 月 15 日,第 4 版。
新中国艺术展览会	索非亚	1951 年 9 月 8 日	加诺夫斯基致辞说:展览会上的陈列品充分显示了中国艺术的光辉远景,并且给保加利亚劳动人民一个更深刻了解新中国极其丰富艺术的机会。	1951 年 9 月 17 日,第 4 版。
为保卫和平与幸福而斗争展览会	布加勒斯特	1951 年 9 月 25 日	展览品包括许多照片和图表,说明新中国两年来的巨大变化、中国劳动人民的生产成就和中国人民志愿军在朝鲜的英勇斗争。	1951 年 9 月 28 日,第 4 版。
新中国展览会	赫尔辛基	1951 年 9 月 29 日至 10 月 5 日	展品包括介绍新中国政治、经济、文化建设伟大成就、中国悠久历史和广袤而富饶土地的照片及中国刺绣品等。观众达数千人。	1951 年 10 月 10 日,第 4 版。
中国艺术展览会	华沙	1951 年 10 月 1 日	展品包括从仰韶文化的彩陶到清末的艺术品和近代的中国画、艺术摄影、年画、木刻等,共有 1 000 多件。	1951 年 10 月 12 日,第 4 版。
中国文化艺术展览会	新德里	1951 年 11 月 4 日	展览品包括 3 部分。第一部分是有 1 400 年历史的敦煌壁画的复制品,第二部分是介绍新中国情况的木刻和摄影,第三部分是公元前 5 世纪的中国早期的手工艺品。展览受到观众的赞扬。	1951 年 11 月 13 日,第 4 版。

名　称	地　点	时　间	办展概况	资料来源
中国文化艺术展览会	孟买	1951 年 11 月 13 日	展览会设在孟买市中心的美术学校内。开幕第一天,参观者有 1 500 多人。	1951 年 11 月 15 日,第 4 版。
中国文化艺术展览会	加尔各答	1951 年 11 月 30 日至 12 月 4 日	展览会吸引了大批的观众。仅在展览会开幕后的 3 小时内,踊跃前来的观众有 2 000 多人。5 天中观众共计约 7.28 万余人。	1951 年 12 月 11 日,第 4 版。
中国文化艺术展览会	仰光	1951 年 12 月 10 日	展览会吸引了成千成万的缅甸人民。当天下午 5 时至 11 时,前往参观者有 3 万多人。	1951 年 12 月 19 日,第 4 版。
印度孟买国际工业展览会	孟买	1952 年 1 月 11 日至 2 月 24 日	中国陈列馆陈列着 5 000 多种展览品。仅在开幕这天,参观这 4 个陈列馆的观众就有近 20 000 人。参观中国馆的印度各界人士共达 150 万人。	1952 年 1 月 17 日,第 4 版;1952 年 3 月 11 日,第 4 版。
国际电影展览会	新德里	不详	影片《白毛女》于 1952 年 1 月 29 日和 2 月 4 日在孟买放映,受到了观众的热烈欢迎。放映两天里场场满座,观众共有 5 000 多人。	1952 年 2 月 15 日,第 4 版。
巴基斯坦国际工业展览会	卡拉奇	1952 年 3 月 9 日至 4 月 14 日	有 14 个国家参加。一个多星期里,从欧洲、美洲、非洲、中亚各地来的 50 多万观众前往参观。中国馆成为工业展览会中最吸引人、最拥挤的一个展览馆。中国馆观众达 300 万。	1952 年 3 月 11 日,第 4 版;1952 年 4 月 23 日,第 4 版。
中国艺术展览会	新德里	1952 年 8 月 8 日至 31 日	到 8 月 29 日为止,参观展览会的市民约 5 500 人。展览会陈列了 218 件艺术品,印度共和国总统普拉沙德参观了展览会。	1952 年 9 月 1 日,第 4 版。
中国工业展览会	乌兰巴托	1952 年 9 月 30 日至 10 月 16 日	各项展品共 2 700 余种。展品包括各种纺织、丝、绸、特种手工艺等轻工业品,农产品,以及重工业方面新产的大小型机器多台。中国将全部展览品赠给蒙古人民共和国政府。	1952 年 10 月 20 日,第 4 版。

续表

名　　称	地　点	时　间	办展概况	资料来源
中国年画展览会	莫斯科	1952 年 10 月 1 日至 11 月 3 日	展示了冯真、李琦等 100 多位艺术家的作品,表现了中国社会的伟大变化及中国人民对共产党和伟大领袖毛泽东主席的爱戴。	1952 年 11 月 5 日,第 4 版。
照片展览会	平壤	1952 年 10 月 21 日至 28 日	展览会内容分 4 部分,共有照片 300 多张,介绍了新中国 3 年来在政治、经济、文化等各方面所取得的光辉成就和中国人民志愿军入朝作战两年来的英雄事迹。参观者每天络绎不绝。	1952 年 11 月 1 日,第 4 版。
美国政府细菌战罪行展览会	维也纳	1952 年 12 月 15 日	展览有文件、图片,进行细菌战所用的容器和被俘的美国飞行员的供词录音。此外,还有国际科学委员会的报告和照片。	1952 年 12 月 17 日,第 4 版。
中国新年画展览会	华沙	1952 年 12 月 30 日	陈列了 76 幅复制的中国现代艺术家所作的五彩年画。其中许多幅画的题材是歌颂中国共产党、歌颂中国人民伟大领袖毛泽东主席的。	1953 年 1 月 3 日,第 4 版。
美国政府细菌战罪行展览会	柏林	1953 年 1 月 24 日	共有 14.22 万人参观了这个展览会,创柏林举行的这一类展览会参观人数的纪录。	1953 年 1 月 28 日,第 1 版。
新中国展览会	巴黎文艺复兴图书馆	不详	展览品包括珍贵文献、艺术品、儿童图画、书籍、标语画、邮票等,以及在过去两年中访问过人民中国的法国进步记者和作家的著作。	1953 年 3 月 2 日,第 4 版。
苏中两国人民友谊展览会	基辅	不详	展览品反映了中国人民争取解放的历史,为国民经济、文化艺术的发展而奋斗的情况,以及苏联对伟大中国人民的无私的兄弟般的援助。	1953 年 4 月 16 日,第 4 版。

续表

名　称	地　点	时　间	办展概况	资料来源
中华人民共和国图片展览会	加尔各答	1953年6月25日至26日	展览会陈列了150幅图片,介绍了新中国在工业、农业和文化方面所取得的巨大成就。展览会吸引了许多观众,受到观众的热烈赞扬。	1953年7月3日,第4版。
中国工农业展览会	莫斯科	1953年7月11日	总计共有4 000多种展览品。苏联人民和莫斯科各报都很重视该展览。	1953年7月13日,第1版。
中国年画展览会	布加勒斯特	不详	展览会展出了许多反映新中国人民各方面生活的中国年画。	1953年7月15日,第4版。
中国青年图片展览会	布加勒斯特	1953年8月5日	到13日为止,参观者人数已达3.1万余人。	1953年8月17日,第4版。
中华人民共和国工农业展览	哥本哈根	1953年9月25日	展览会占地2 800平方米,展览品分为重工业、轻工业、农产品及手工艺品四部分,共计1 900余件。	1953年9月29日,第4版。
中国治淮工程和彩色木刻画展览会	布达佩斯	1953年10月1日	展出了我国治淮工程的图片、敦煌壁画和现代艺术作品。展览会受到匈牙利人民的欢迎,截至10月19日,观众达1.5万余人。	1953年10月19日,第4版。
中国治淮工程展览会	波兰华沙	1953年12月7日	展览会展出了许多关于治淮工程的图表和照片。	1953年12月9日,第4版。
中国艺术展览会	布拉格	1954年6月29日	展览了包括公元前1 300年到当代多种中国艺术品。其中,有绘画、雕刻、刺绣、瓷器、陶器、银器、玉器、景泰蓝和照片等。	1954年7月2日,第4版。
中国工艺美术展览会	布达佩斯	1954年10月1日	到会者对展出的各种精美展品称赞不已。	1954年10月7日,第4版。

续表

名　　称	地　点	时　间	办展概况	资料来源
中国工艺美术展览会	华沙	1954 年 10 月 4 日	展出的工艺美术品有:景德镇的瓷器,各种刺绣,丝、棉、毛等纺织品,各种编织品等。	1954 年 10 月 7 日,第 4 版。
中国人民解放军展览会	华沙	1954 年 10 月 18 日	展览会的图片和其他展览品反映了英雄的中国人民解放军 27 年来的历史发展道路。	1954 年 10 月 23 日,第 4 版。
中国工艺美术展览会	仰光	1954 年 11 月 19 日	当晚前往参观者达 5 000 多人,并有 589 人在意见簿上写下了自己的感想。	1954 年 11 月 21 日,第 4 版。
中国工艺美术展览会	雅加达	1955 年 1 月 17 日至 2 月 6 日	苏加诺总统参观完毕后,在意见簿上写下了他的观感:"中国现在正走向光辉灿烂的新纪元,它在艺术方面也是这样。"展览会在雅加达展出了 3 个星期,参观者达 8 万余人。	1955 年 1 月 20 日,第 4 版;1955 年 2 月 9 日,第 4 版。
中国工艺美术展览会	新德里	1955 年 2 月 5 日	展览会共分 4 个室。展出物品有 1 400 多件,包括江西景德镇的瓷器、广东石湾的陶器、金属器、雕刻、漆器以及各种编织品、染织品和刺绣等。	1955 年 2 月 9 日,第 4 版。
周总理访印图片展览会	新德里	1955 年 2 月 19 日	展览了周恩来总理 1954 年 6 月间访问印度的图片,以及尼赫鲁总理 1954 年访问中国的图片。	1955 年 2 月 22 日,第 1 版。
中国工艺美术展览会	印度尼西亚泗水	1955 年 3 月 4 日至 13 日	展览会引起了泗水公众很大的兴趣。在展出的 10 天里,一共有 13 万人前往参观。	1955 年 3 月 20 日,第 1 版。
中国工艺美术展览会	印度博物院	1955 年 3 月 6 日至 16 日	加尔各答各界市民 40 000 多人和加尔各答的许多华侨都参观了这个展览会。	1955 年 3 月 9 日,第 1 版;1955 年 3 月 21 日,第 1 版。
中国艺术品展览会	拉合尔	1955 年 3 月 15 日	展出国画、木刻、图片(治淮及回民生活)、象牙、雕刻、瓷器、湘绣、丝织等展品 200 多件。	1955 年 3 月 19 日,第 1 版。

名　称	地　点	时　间	办展概况	资料来源
中国工艺美术展览会	里加	1955 年 4 月 27 日	18 个大厅共展出陶器、瓷器、漆器、金属品、纺织品、刺绣、石刻、牙刻、木刻等 2 000 多件。	1955 年 5 月 4 日,第 1 版。
中国现代绘画展览会	莫斯科	1955 年 5 月 19 日闭幕	参观展览的苏军战士、工人、集体农民和职员等共有 80 000 余人,共展出了 230 件中国现代美术作品。	1955 年 5 月 21 日,第 4 版。
"新中国成就"图片展览会	布加勒斯特	不详	展览图片说明了中国劳动人民的工作和生活情况。	1955 年 6 月 21 日,第 4 版。
中国木刻展览会	华沙	1955 年 6 月 18 日	共分 3 个展览室,展出作品包括 36 位现代中国木刻家最近 3 年来的 74 幅套色和黑白木刻。	1955 年 6 月 21 日,第 4 版。
中华人民共和国产品展览会	开罗	1955 年 7 月 4 日	展览品包括中国出产的新闻纸、纸板、皮革制品、地毯、茶叶、大豆和其他几种商品。	1955 年 7 月 14 日,第 4 版。
中国工艺美术品展览会	乌兰巴托市	1955 年 8 月 4 日	根据中蒙 1955 年文化合作计划而举办的中国工艺美术品展览会。	1955 年 8 月 9 日,第 4 版。
中国工艺美术展览会	巴基斯坦国家博物馆	1955 年 8 月 17 日	在阿里剪彩后,来宾们参观了展览,他们对中国的工艺和美术表示赞扬。	1955 年 8 月 21 日,第 4 版。
中国商品展览会	东京	1955 年 10 月 17 日至 11 月 3 日	在 17 天的展览期里,吸引了 66 万多名观众,其中有 15 万人看了新中国的电影。	1955 年 10 月 20 日,第 1 版;1955 年 11 月 5 日,第 1 版。
中国工艺品展览会	平壤	1955 年 11 月 28 日	展览会是根据 1955 年中朝文化交流执行计划举办的。会上展出了中国的刺绣、织锦、陶瓷、漆器、象牙和玉石雕刻等许多精美的工艺品。	1955 年 12 月 1 日,第 4 版。
中国商品展览会	大阪	1955 年 11 月 30 日至 12 月 15 日	3 000 多种中国展品介绍了中国经济建设的成就,同时包括许多中国历年来对日本输出的产品。15 天的展期里,观众达到 123 万多人。	1955 年 12 月 2 日,第 4 版;1955 年 12 月 17 日,第 4 版。

续表

名 称	地 点	时 间	办展概况	资料来源
中国土特产和工业品展览会	新加坡	1956 年 2 月 15 日	展出的轻工业品和土产、特产品达千余种。参观者对展出的中国制脚踏车、机器零件、乐器和罐头等感到极大的兴趣。	1956 年 3 月 5 日,第 1 版。
中国商品展览会	开罗	1956 年 4 月 1 日至 25 日	展览会展出了许多农业机器和机械。展览会电影厅里,放映着中国的影片。在展出的 25 天里,参观的观众达 20 多万人。	1956 年 4 月 4 日,第 4 版;1956 年 4 月 29 日,第 4 版。
中国绘画展览会	贝尔格莱德	1956 年 6 月 21 日	展览会展出了 40 位中国艺术家的 40 幅各种尺寸的绘画和 20 件雕刻品。这些作品是 4 世纪到 19 世纪初期中国艺术家们所创作的。	1956 年 6 月 23 日,第 4 版。
中国现代水墨画展览会	布加斯	1956 年 7 月 22 日	展览会上展出了反映新中国建设的 55 幅水墨画,以及许多风景画和书籍插画等。	1956 年 7 月 26 日,第 5 版。
中国实用艺术展览会	卢布尔雅那	1956 年 8 月 15 日	展览会上陈列了大约 1 000 种中国实用艺术品。这些艺术品是中国赠给南斯拉夫的礼物。	1956 年 8 月 18 日,第 5 版。
中国佛教和佛教艺术展览会	加德满都	1956 年 8 月 20 日	国王、王后和首相参观了展览会,他们对展品表示出极大的兴趣。展出的两天里,约有 50 000 人参观。	1956 年 9 月 7 日,第 5 版。
中国工艺美术展览会	鹿特丹	1956 年 8 月 22 日	参加开幕式的有荷兰著名的文化界人士和社会人士 500 余人。	1956 年 8 月 25 日,第 5 版。
国际学生艺术作品展览会	布拉格	1956 年 8 月 30 日	中国是这次展览会中展出作品最多的国家之一。展出的 60 多件作品中有国画、油画、水彩画、木刻和手工艺术品。	1956 年 9 月 2 日,第 5 版。
中国经济建设成就展览会	河内	1956 年 9 月 3 日至 10 月 10 日	越南政府领导人参观中国展览会,盛赞中国在社会主义工业化道路上的成就。92.8 万余人参观了这个展览会,打破了越南历次展览会观众人数的纪录。	1956 年 9 月 5 日,第 5 版;1956 年 10 月 12 日,第 6 版。

名　称	地　点	时　间	办展概况	资料来源
中国艺术和手工艺品展览会	科伦坡	1956 年 10 月 10 日	这种展览会在锡兰(今斯里兰卡)还是第一次举办,是中锡两国人民的了解日益加深的开端。会上展出了绘画、雕刻品和中国佛教壁画的复制品。	1956 年 10 月 13 日,第 5 版。
中国敦煌艺术展览会	华沙	1957 年 1 月 11 日	展览会共展出 70 幅临摹画和 27 幅照片。观众对中国古代绘画艺术极为赞赏。	1957 年 1 月 12 日,第 1 版。
中国敦煌艺术展览会	布拉格	1957 年 3 月 7 日	展览会设在弗尔塔瓦河斯洛伐克岛上的一个展览厅里,展出了 70 件敦煌壁画的复制品,其中包括 4 世纪到 14 世纪各个时代的作品。	1957 年 3 月 10 日,第 7 版。
中国手工艺品展览会	大马士革	1957 年 9 月 1 日	在大马士革第四届国际博览会期间举行了这个展览会,目的是为了促进中国和叙利亚之间的经贸交流。	1957 年 9 月 3 日,第 6 版。

附表 3　1951—1957 年中国参加的国际博览会

名　称	地　点	时　间	办展概况	资料来源
莱比锡春季国际博览会	莱比锡	1951 年 3 月 4 日至 11 日	新中国第一次以货品及图片的形式参加博览会。展品有货品 3 000 余种与图片数百幅。	1951 年 3 月 14 日,第 4 版。
第五十二届布拉格国际博览会	布拉格	1951 年 5 月 19 日至 6 月 5 日	我国展览品受到特别重视与欢迎。在中国馆的三大册意见本中,写满了观众对中国人民、中国共产党及其领袖毛泽东主席的祝贺。	1951 年 6 月 15 日,第 4 版。
新中国博览会	华沙	1951 年 9 月 19 日	展览品包括农业、工矿及图片等部分。农业部分中有我国上等茶叶、大豆、猪鬃、肠衣等特产;工矿部分有各种矿物、工业产品和工艺品。	1951 年 9 月 25 日,第 4 版。

续表

名　称	地　点	时　间	办展概况	资料来源
新中国博览会	布加勒斯特	1952 年 4 月 22 日	罗马尼亚人民对于这个博览会很感兴趣。仅在 23 日这一天，参观者就有 18 653 人。	1952 年 4 月 26 日，第 4 版。
印尼国际博览会	雅加达	1953 年 8 月 2 日至 10 月 4 日	中国馆面积最大，展品计 2 300 多种。治淮工程和荆江分洪工程模型获得了来宾们的赞美。50 万人参观，是博览会中观众最多的展览馆。	1953 年 9 月 7 日，第 4 版；1953 年 10 月 18 日，第 4 版。
斯德哥尔摩博览会	斯德哥尔摩	1953 年 8 月 23 日至 9 月 6 日	中国第一次参加。中国馆总共占地 1 200 平方米，分为 3 个厅。展品有中国重工业产品、农产品、轻工业产品以及描述中国人民生活和工作情况的各种图表和照片等。	1953 年 9 月 8 日，第 4 版。
莱比锡国际博览会	莱比锡	1953 年 8 月 30 日至 9 月 9 日	柏林和莱比锡许多报纸就博览会的中国馆广泛地发表评论。报纸刊载文章和照片，介绍中国的展览，并且对于中国工业的迅速发展和中国丰富的资源表示钦慕。	1953 年 9 月 7 日，第 4 版。
大马士革国际博览会	大马士革	1954 年 9 月 1 日至 10 月 1 日	展品共约 2 000 种，展品中有各种新型的精密的工作母机、矿山机械、农业机械、纺织机械和大型钢材、无缝钢管等。约有 60 万人参观中国馆。	1954 年 10 月 6 日，第 4 版。
一九五四年莱比锡国际博览会	莱比锡	1954 年 9 月 4 日	占地 5 000 平方米的中国馆，特点是富有民族色彩的装潢和展览品中增多了机器装备方面的新产品。	1954 年 9 月 10 日，第 4 版。
莱比锡春季国际博览会	莱比锡	1955 年 2 月 27 日	中国第五次参加这个博览会。中展览品共有 2 900 多种，种数比去年增加了 26％。	1955 月 2 月 28 日，第 4 版。

名　称	地　点	时　间	办展概况	资料来源
里昂国际博览会	里昂	1955 年 4 月 16 日至 25 日	中国首次参加展出。展品总数有 2 000 多种，包括各种摩托车、自行车、蓄电池搬运车等交通运输工具，还有变压器、发电机、电动机等。观众达 87 万多人。	1955 年 4 月 29 日，第 1 版。
第二十四届波兹南国际博览会	波兹南	1955 年 7 月 3 日至 24 日	中国馆在博览会的中心，面积 5 000 多平方米。展品有塔式起重机、采煤联合机、凿岩机、钻探机和其他矿山机械。高速车床和纺织的络筒机，最受观众注意。	1955 年 7 月 16 日，第 4 版；1955 年 7 月 26 日，第 4 版。
冰岛雷克雅未克博览会	雷克雅未克	1955 年 7 月 5 日	这是中国国际贸易促进委员会在冰岛举办的第一次展览。展出的展览品有 300 多种。	1955 年 7 月 11 日，第 4 版。
大马士革国际博览会	大马士革	1955 年 9 月 1 日至 30 日	中国生产的新式的和精密的机器以及其他重工业产品引起观众特别巨大兴趣。每天，都有许多观众在毛泽东主席的巨像前面拍照。	1955 年 10 月 4 日，第 3 版。
一九五五年莱比锡秋季博览会	莱比锡	1955 年 9 月 4 日至 9 日	这次博览会在全世界许多国家的贸易界人士中引起巨大的兴趣，观众达 26.5 万人。这再次证实了东西方国家在建立和扩大贸易关系方面所取得的成就。	1955 年 9 月 6 日，第 4 版；1955 年 9 月 13 日，第 4 版。
巴基斯坦国际工业博览会	卡拉奇	1955 年 9 月 16 日	中国馆占地 5.2 万平方英尺，是博览会中较大的展览馆之一。馆内陈列了新中国制造的重型机器和乡村工业产品。	1955 年 9 月 20 日，第 4 版。
印度工业博览会	新德里	1955 年 10 月 29 日至 12 月 25 日	中国馆面积达 5 000 多平方米，展览品共有 4 000 多种。尼赫鲁总理参观了中国馆，他对荆江分洪、引黄济卫和治淮等水利工程的模型特别感兴趣。	1955 年 11 月 1 日，第 4 版。
一九五六年莱比锡博览会	莱比锡	1956 年 2 月 25 日至 3 月 8 日	博览会的贸易活动表明东西方贸易交往前景美好。	1956 年 3 月 13 日，第 4 版。

续表

名　称	地　点	时　间	办展概况	资料来源
巴黎博览会	巴黎	1956年5月5日至21日	新中国第一次参加该博览会。中国馆是按照天安门式样建筑的,面积1 080平方米。展出1 400多种商品,反映出中国国民经济和文化迅速发展。中国馆是最热闹的展馆之一。	1956年5月7日,第4版;1956年5月23日,第4版。
第二十五届波兹南国际博览会	波兹南	1956年6月17日至7月1日	中国是第二次参加该博览会,中国馆的展览面积有3 800平方米,展出的货品共重3 200多吨。波兰国家领导人对中国馆的展品很感兴趣。	1956年6月19日,第4版;1956年7月3日,第5版。
莱比锡秋季国际博览会	莱比锡	1956年9月1日	有30个国家的7 000家公司参加了博览会。	1956年9月3日,第5版。
第三届大马士革国际博览会	大马士革	1956年9月1日	这是中国在和叙利亚建立外交关系以后第一次参加在大马士革举行的国际博览会。	1956年9月5日,第5版。
第十七届普罗夫迪夫国际博览会	普罗夫迪夫	1956年9月2日	中国第三次参加该博览会。中国馆的展览面积达2 900平方米,展览品共有2 867种。	1956年9月4日,第5版。
萨格勒布国际博览会	萨格勒布	1956年9月7日至20日	中国首次参加该博览会。中国馆的面积约有4 000平方米,展出物品有2 500种以上。铁托总统和政府负责人员参观我展览馆。62万人参观中国馆。	1956年9月9日,第5版;1956年9月24日,第7版。
维也纳国际博览会	维也纳	1956年9月9日	中国是第一次参加该博览会。新中国有关水利建设工程、第一汽车制造厂和鞍钢的图解和模型吸引了许多观众。	1956年9月13日,第1版。
一九五七年莱比锡春季博览会	莱比锡	1957年3月2日至14日	有40个国家10 000个单位参加。展出单位、参观人数和贸易额突破战后纪录,我国美术作品受到广泛欢迎。观众有66万人,贸易额成交达4亿4千多万卢布。	1957年3月4日,第5版;1957年3月16日,第7版。

续表

名　　称	地　点	时　间	办展概况	资料来源
卡萨布兰卡国际博览会	卡萨布兰卡	1957 年 5 月 4 日	中国馆分为重工业馆、轻工业馆和农业馆等。重工业馆有机器操纵表演。摩洛哥苏丹、首相、大臣和许多国家的外交使节参观中国馆。	1957 年 5 月 7 日,第 5 版。
第二十六届波兹南国际博览会	波兹南	1957 年 6 月 9 日至 23 日	除波兰以外,参加这次博览会的有 29 个国家的展览单位。观众达 90 万人,博览会上成交的贸易额达到 4 亿 4 千多万卢布,其中 60% 是社会主义国家之间进行的。	1957 年 6 月 10 日,第 3 版;1957 年 6 月 26 日,第 5 版。
第四届大马士革博览会	大马士革	1957 年 9 月 1 日	参加这一届博览会的有 27 个国家,包括阿拉伯国家、苏联、印度以及若干西欧国家。中国杂技团在博览会上进行了表演。	1957 年 9 月 1 日,第 7 版。

附表 4　1949—1957 年外国到中国举办的重要展览[①]

名　　称	地　点	时　间	办展概况	资料来源
向社会主义迈进的罗马尼亚人民共和国展览会	北京	1950 年 9 月 11 日至 10 月 9 日	罗马尼亚政府从国内运来 7 个火车皮共 300 多箱的物品。除在苏联外,这是罗马尼亚在国外举办的最大的展览会。朱德等 200 余人参加揭幕礼。	1950 年 9 月 12 日,第 1 版;1950 年 10 月 12 日,第 4 版。
苏联宣传画讽刺画展览会	北京中央美院	1951 年 4 月 4 日	中国第一次大规模地展览苏联画家们的优秀作品。展览作品共 300 多件,其中绝大部分是宣传画的印刷品。	1951 年 4 月 9 日,第 3 版。
新捷克斯洛伐克展览会	北京	1951 年 5 月 28 日	这是捷克斯洛伐克对我国一年前在布拉格举行的新中国展览会的答礼。该展览会的特征是实物多,尤其是工业品多。观众达 10 万余人。展览会上陈列有捷克斯洛伐克机器脚踏车。	1951 年 5 月 29 日,第 4 版。

---

① 展览包括由中国举办、外国协办的外国题材展览。

续表

名　称	地　点	时　间	办展概况	资料来源
斗争中的越南展览会	北京	1951 年 9 月 4 日	展览会以图片为主,并有在物资条件困难情况下出版的越文书籍多种。	1951 年 9 月 6 日,第 3 版。
印度艺术展览会	北京	1952 年 5 月 10 日	周恩来总理主持揭幕仪式。展品中包括了印度艺术家的绘画、图片等共 400 多帧。	1952 年 5 月 11 日,第 1 版。
朝鲜人民抗美战争图片展览会	北京中山公园水榭	1952 年 5 月 25 日	为纪念朝鲜人民解放战争二周年而举办。彭真、陈叔通等出席。展览会共有图片 170 帧及朝鲜招贴画 19 幅,分 9 个部分陈列。	1952 年 6 月 26 日,第 1 版。
波兰招贴画展览会	北京中山公园水榭	1952 年 6 月 6 日	展览品内容包括波兰招贴画作家的作品 60 多幅,表现了波兰人民为和平、为完成六年计划及为反对帝国主义而斗争的情况,并反映了波兰人民的生活。	1952 年 6 月 6 日,第 4 版。
匈牙利人民共和国展览会	北京劳动人民文化宫	1952 年 8 月 20 日	展览会陈列展品展示了匈牙利社会主义建设的成就,说明每一个匈牙利劳动者都是在辛勤地要把每天的工作做得更好,以加强和平阵营。	1952 年 8 月 20 日,第 4 版。
苏联图片展览会	北京劳动人民文化宫	1952 年 11 月 8 日	为庆祝十月社会主义革命 35 周年和"中苏友好月"而举办。展出了 100 多幅精美动人的图片。	1952 年 11 月 9 日,第 1 版。
正在建设社会主义社会的波兰展览会	北京故宫文华殿	1952 年 12 月 28 日	参加揭幕式的各界人士有 20 000 多人,展品非常丰富。	1952 年 12 月 28 日,第 1 版。
匈牙利人民共和国艺术展览会	北京中山公园水榭	1953 年 4 月 4 日	展览会陈列了匈牙利 19 世纪和现代的油画、木刻、雕塑等复制品,历代革命重要事件的图画以及匈牙利各地区的民间艺术品。郭沫若出席。	1953 年 4 月 5 日,第 1 版。

名　称	地　点	时　间	办展概况	资料来源
德意志民主共和国工业展览会	北京劳动人民文化宫	1953 年 4 月 27 日至 5 月 27 日	展览会是民主德国成立以来在国外举办的规模最大的展览会。全部展览品共有 1 300 多箱,重达 800 余吨。邓小平出席。观众总人数超过 70 万人。	1953 年 4 月 23 日,第 4 版;1953 年 5 月 28 日,第 1 版。
苏联及东欧各人民民主国家产品样本展览会	北京青年宫	1953 年 5 月 4 日	展览会陈列各种机械、仪器、五金钢材、电工电讯器材、化工原料及医疗器材等类产品的规格说明书和部分样品。	1953 年 5 月 9 日,第 1 版。
捷克斯洛伐克共和国图片展览会	北京中山公园水榭	1953 年 5 月 10 日	展览会中悬挂着许多关于生产建设和文化活动的图片,前往参观的人很多。	1953 年 5 月 11 日,第 4 版。
日本人民艺术家木刻展览会	北京北海公园	不详	展出的作品共 100 多件,它们是日本艺术家创作作品的一小部分。	1953 年 5 月 16 日,第 3 版。
朝鲜人民祖国解放战争三周年图片展览会	北京中山公园	1953 年 6 月 25 日	张奚若、彭泽民、罗隆基等人出席。	1953 年 6 月 26 日,第 1 版。
波兰教育的成就及人民体育活动图片展览会	北京中山公园水榭	1953 年 7 月 22 日	为庆祝波兰人民共和国国家复兴节 9 周年而举办的展览,展出了波兰文化教育和体育活动等方面的许多图片,及波兰民族服装和艺术品多种。	1953 年 7 月 23 日,第 1 版。
波兰人民共和国经济展览会	北京劳动人民文化宫	1953 年 9 月 26 日至 11 月 1 日	展览会展示了波兰解放以来在经济上所获得的辉煌成就。邓小平参加开幕式。观众达 61.4 万余人。	1953 年 9 月 26 日,第 3 版;1953 年 11 月 3 日,第 1 版。
德意志民主共和国实用艺术展览会	北京中山公园水榭	1953 年 11 月 21 日至 12 月 12 日	陈列了铁器、铜器、锡器、瓷器、陶器、玻璃、玩具以及皮革制品等 900 多件实用艺术品。观众达 15 万余人。	1953 年 11 月 22 日,第 4 版;1953 年 12 月 26 日,第 3 版。

续表

名　称	地　点	时　间	办展概况	资料来源
苏联和东欧人民民主国家工业品样本展览会	北京青年宫	1954年4月5日	展出有工作母机等方面的各种机械、仪器、电讯器材,以及化工原料和百货等40 000余种产品的图样、照片、规格说明书和介绍产品的杂志。	1954年4月7日,第1版。
蒙古人民共和国美术展览会	北京中山公园中山堂	1954年5月29日至6月20日	展出了油画、雕塑、民族图案、舞台设计图、世俗画、风景画以及蒙古的美术学校学生们的习作等近300件美术作品。有12万余人参观了展览会。	1954年5月30日,第1版;1954年6月23日,第3版。
印度艺术图片及手工艺品展览会	北京中山公园水榭	1954年6月15日至7月6日	展品近300件,包括卓越的印度古代艺术图片、精致的手工艺品和优美的艺术出版物。有4.2万余人参观了展览会。有些人还连续看了几次。	1954年6月17日,第3版;1954年7月8日,第3版。
印度尼西亚艺术展览会	北京中山公园水榭	1954年8月18日至28日	周恩来总理参观展览。展览会共分四个室,展品包括96件优美的油画和一部分精致的手工艺品,参观人数共达30 000余人。	1954年8月19日,第1版;1954年8月30日,第1版。
匈牙利民间艺术展览会	北京	1954年8月20日	为庆祝匈牙利宪法颁布5周年和加强中匈两国的文化交流而举办。展览会的展品包括雕刻、纺织、刺绣、服装、陶器等共680多件。	1954年8月21日,第1版。
苏联经济及文化建设成就展览会	北京苏联展览馆	1954年10月2日至12月26日	北京和全国各地来京参观者达276万人。展览会售品处接待了140多万顾客。顾客们竞购了500多种苏联商品。有80 000余人在展览馆莫斯科餐厅里尝到了美味的苏联酒菜。	1954年10月3日,第3版;1954年12月27日,第1版。
德意志民主共和国图片展览会	北京中山公园	1954年10月29日	展览的图片对民主德国一年来实行新方针的成就作了很好的说明。	1954年10月30日,第1版。

续表

名　称	地　点	时　间	办展概况	资料来源
越南民主共和国图片展览会	上海博物馆	1954 年 11 月 13 日	展出越南图片 75 幅。	1954 年 11 月 16 日,第 1 版。
罗马尼亚美术代表作品展览会	上海博物馆	1954 年 11 月 13 日	展出罗马尼亚美术代表作品,共有图片 82 幅。	1954 年 11 月 16 日,第 1 版。
阿尔巴尼亚图片展览会	北京中山公园	1954 年 11 月 29 日	展出 100 多幅图片,介绍了阿尔巴尼亚人民各方面的建设成就。	1954 年 12 月 1 日,第 1 版。
苏联经济及文化建设成就展览会	上海中苏友好大厦	1955 年 3 月 15 日至 5 月 15 日	东广场上,增加了 2 辆新型的汽车和 1 辆自动装卸车。展出的整整两个月中,共有 382.8 万余人前往参观和学习。	1955 年 3 月 16 日,第 1 版;1955 年 5 月 17 日,第 2 版。
捷克斯洛伐克十年社会主义建设成就展览会	北京苏联展览馆	1955 年 4 月 15 日至 5 月 25 日	全部展品约有 4 000 余箱,共重约 1 800 余吨,占地 1.6 万平方米。毛泽东主席等参观。41 天中,有首都以及来自全国各地的 125 万多人前往参观。	1955 年 4 月 16 日,第 1 版;1955 年 5 月 26 日,第 1 版。
匈牙利纺织试验仪器展览会	北京天坛	1955 年 5 月 21 日至 6 月 18 日	参观者达 9 000 多人。展出期间,匈牙利专家除作现场讲解外,并先后举行了 14 次专题讲座,听众有 3 000 多人。	1955 年 6 月 19 日,第 4 版。
印度艺术品展览会	北京中山公园	1955 年 6 月 26 日	展出的印度艺术品有雕刻、绘画、银器、铜器、漆器和纺织品等,共 370 多件,其中有印度政府和人民赠送毛泽东主席的银钵、银鱼、烟盒等工艺品。	1955 年 6 月 27 日,第 4 版。
日本木刻展览会	北京美术馆	1955 年 7 月 29 日	展出的日本木刻作品有 153 件,共 222 幅。	1955 年 7 月 29 日,第 1 版。
印度尼西亚工艺美术及图片展览会	北京	1955 年 8 月 16 日	来宾们观看了纪录影片《周恩来总理访问印度尼西亚》和印度尼西亚纪录片《不灭的火焰》等。	1955 年 8 月 17 日,第 1 版。

续表

名　称	地　点	时　间	办展概况	资料来源
波兰建筑展览会	北京苏联展览馆	1955年10月2日	展出了300多幅图片以及一部分图书杂志和设计图纸。该展览在北京展出10天后,移往上海和广州展出。	1955年10月3日,第2版。
捷克斯洛伐克十年社会主义建设成就展览会	上海中苏友好大厦	1955年10月5日至11月13日	共有159万余人参观了展览会。捷克斯洛伐克专家举办了57次内容不同的技术和文化专题报告。	1955年10月6日,第1版;1955年11月15日,第3版。
苏联经济及文化建设成就展览会	广州中苏友好大厦	1955年10月5日	展览会的全部展品,共计1.1万余件。参加开幕式的来宾共有9 000多人。在广州展出的两个多月中,共有135万余人前来参观。	1955年10月6日,第1版;1955年12月16日,第1版。
匈牙利人民共和国探矿设备展览会	北京	1955年11月18日至12月1日	展览会上的40多项展品都是匈牙利最新式的地质仪器,前往参观者共有7 500多人。展览会还为参观者放映了80多场记录勘探过程的纪录影片。	1955年11月19日,第3版;1955年12月2日,第1版。
捷克斯洛伐克共和国造型艺术展览会	北京苏联展览馆	1955年12月10日	对外文化联络局根据中捷文化合作协定1955年执行计划举办的。展览会上展出的艺术作品包括油画等共400多件。	1955年12月11日,第1版。
罗马尼亚人民共和国民间艺术展览会	北京苏联展览馆	1955年12月30日	展览会上展出有1 200件展品,展示了罗马尼亚灿烂的民间艺术。	1955年12月31日,第4版。
苏联经济及文化建设成就展览会	武汉中苏友好宫	1956年5月5日至7月5日	展出的1.2万余件展品中,有300多件是第一次在我国展出。接待观众达230多万人。	1956年7月7日,第4版。
苏联和平利用原子能科学技术展览会	北京苏联展览馆	1956年6月15日至8月16日	郭沫若等出席,周恩来总理参观。展览分为7大部分,即序言、原子原料及其探测和勘查、原子核反应堆及原子能发电站等。	1956年6月16日,第1版;1956年8月16日,第1版。

名　称	地　点	时　间	办展概况	资料来源
墨西哥全国造型艺术阵线油画、版画展览会	北京	1956 年 7 月 31 日	展览会以近 600 件作品,向中国观众介绍了具有独特风格的墨西哥造型艺术。周恩来总理等参观。	1956 年 8 月 1 日,第 1 版。
罗马尼亚人民共和国现代版画展览	北京	1956 年 8 月 23 日	展览会包括 19 个版画家的 202 件作品。	1956 年 8 月 24 日,第 7 版。
德意志民主共和国书刊展览会	北京中山公园	1956 年 9 月 7 日	展出了 1 400 多种印刷和装帧精美的出版物,分别陈列在四个展览室中。	1956 年 9 月 9 日,第 7 版。
日本商品展览会	北京苏联展览馆	1956 年 10 月 6 日至 29 日	毛泽东主席等参观展览。展览会是日本在国外举办的规模最大的一次商品展览会,展出的商品达 1.5 万余种、50 000 件以上。共展出 24 天,观众达 125 万。	1956 年 10 月 6 日,第 1 版; 1956 年 10 月 30 日,第 5 版。
埃及艺术展览会	北京苏联展览馆文化馆	1956 年 10 月 9 日至 25 日	这是在中国举办的第一个埃及展览会。展品包括绘画、织绣、雕塑、陶瓷等 400 多种精美的艺术品。周恩来总理剪彩并参观展览,观众有 15.3 万余人。	1956 年 10 月 10 日,第 1 版; 1956 年 10 月 26 日,第 4 版。
匈牙利实验室设备技术展览	北京	1956 年 10 月 11 日	展览包括 70 多种在世界市场中比较新式的仪器,分为金属材料、试验仪器等 4 个部分。展出的仪器中约有 40 件可向观众进行操作表演。	1956 年 10 月 12 日,第 7 版。
匈牙利消费品展览会	北京劳动人民文化宫	1956 年 10 月 12 日	展览规模不大、但布置精致,共展出大小约 3 000 多件展品。	1956 年 10 月 12 日,第 7 版。
捷克斯洛伐克民间艺术展览会	北京北海公园	1956 年 11 月 9 日	展出了捷克斯洛伐克的民间服装、编织品、生活用品、玩偶、木偶和民间舞蹈的图片等。	1956 年 11 月 10 日,第 2 版。

续表

名　称	地　点	时　间	办展概况	资料来源
法国现代美术作品展览会	北京	1956 年 11 月 10 日	展出法国现代著名画家毕加索、摩利斯·郁特利罗等的油画、粉画、水彩、壁毡设计的复制品。	1956 年 11 月 14 日,第 7 版。
日本商品展览会	上海	1956 年 12 月 1 日至 26 日	宋庆龄参观展览会。展览会在上海展出 26 天,观众达 165 万余人。	1956 年 12 月 27 日,第 1 版。
捷克斯洛伐克纺织检验仪器展览会	上海	1956 年 12 月 15 日	展出了许多具有很高水平的纺织检验仪器,这些仪器都是由奥利采河畔乌斯地城的克窝斯大夫工厂制造的。	1956 年 12 月 17 日,第 1 版。
南斯拉夫十年建设成就图片展览会	北京劳动人民文化宫	1957 年 1 月 21 日	展览会概括地介绍了南斯拉夫近十年间的建设成就和南斯拉夫人民幸福的生活。	1957 年 1 月 22 日,第 1 版。
南斯拉夫现代版画展览会	北京劳动人民文化宫	1957 年 1 月 21 日	展出了南斯拉夫 38 位版画家的精美作品。	1957 年 1 月 22 日,第 1 版。
在社会主义建设道路上前进的罗马尼亚人民共和国展览	北京劳动人民文化宫	1957 年 3 月 7 日	介绍了罗马尼亚在第一个五年计划(1951—1955 年)中取得的成就,该展览会展出一个月。	1957 年 3 月 7 日,第 1 版。
印度展览会	北京苏联展览馆	1957 年 9 月 19 日	展览会分工业品、纺织品、手工艺品 3 个馆,共有展品 4.8 万余件。	1957 年 9 月 20 日,第 3 版。
苏联国民教育展览会	北京	1957 年 11 月 18 日	展览通过图表等介绍了苏联国民教育事业的巨大成就和丰富的经验。参观者有 24 万人。	1957 年 12 月 17 日,第 7 版。
苏联版画、招贴画、书籍插图和复制画展览	北京苏联展览馆	1957 年 12 月 14 日	展览共分五大部分,展出的 800 多幅作品,概括地介绍了苏联在美术出版事业和普及美术作品工作上所取得的成就。	1957 年 12 月 15 日,第 7 版。

参考文献

一、档案

北京市档案馆藏档案

广东省档案馆藏档案

湖北省档案馆藏档案

江苏省档案馆藏档案

陕西省档案馆藏档案

上海市档案馆藏档案

天津市档案馆藏档案

武汉市档案馆藏档案

中国外交部档案馆藏档案

二、报刊、杂志

《人民日报》《新华日报》《东方杂志》《申报》《外交报》《晋察冀日报》《解放日报》《新中华报》《红色中华》《参考消息》《光明日报》《文汇报》《新民晚报》《长江日报》《新华社新闻稿》《中国档案报》《文物参考资料》《中国会展》《中国博物馆》《世界知识》《新观察》《中原文物》等

三、资料汇编

北京市档案馆、莫斯科市档案管理总局:《北京与莫斯科的传统友谊——档案中的记忆》,中国档案出版社,2006年。

北京图书馆编:《中国印本书籍展览目录》,中央人民政府文化部社会文化事业管理局出版,1952年。

陈霞飞主编:《中国海关密档》(第3卷),中华书局,1992年。

村夫等:《参观苏联展览馆》,山东人民出版社,1955年。

东北区劳动保护展览会编印:《东北区劳动保护展览会汇刊》,1954年。

东北区物资交流展览大会编:《大会各馆展览汇编》,1951 年。

高烈武编:《辽宁省农业展览馆参观记》,辽宁人民出版社,1958 年。

广东省土地改革展览会编:《广东省土地改革展览会》,1952 年。

广东省中医药展览会画刊编辑委员会主编:《广东省中医药展览会画刊》,
　　1957 年。

广西省群众艺术馆编:《一九五七年广西省国画展览会作品选集》,广西人
　　民出版社,1958 年。

国家文物事业管理局编:《新中国文物法规选编》,文物出版社,1987 年。

国务院法制办公室编:《中华人民共和国法规汇编(1956—1957)》(第 3
　　卷),中国法制出版社,2005 年。

国务院法制局编:《中华人民共和国现行法规汇编(1949—1985)》(财贸
　　卷),人民出版社,1987 年。

海港装卸作业展览会工作委员会编:《海港装卸作业展览会特辑》,
　　1953 年。

河北省农林厅农业宣传处编:《农业展览会的美术设计》,河北人民出版社,
　　1960 年。

《河南省第一届美术展览会纪念集》,河南人民出版社,1955 年。

湖北省十年经济文化建设成就展览会:《展览艺术初步(初稿)》,1960 年。

华北区城乡物资交流展览会编:《华北区城乡物资交流展览会汇刊》,
　　1951 年。

华北区城乡物资交流展览会印:《华北区城乡物资交流展览会参观向导》,
　　1950 年。

华北区城乡物资交流展览会印:《华北区城乡物资交流展览会展览馆介
　　绍》,1951 年。

华东区第一次农业展览会编印:《华东区第一次农业展览会汇刊》,
　　1950 年。

《华东区土产会议上海市土产展览交流大会纪念特刊》,1951 年。

华东人民出版社编:《开展初级市场的物资交流大会》,华东人民出版社,
　　1952 年。

华恕编:《发展农业与社会主义工业化》,湖北人民出版社,1955 年。

建筑展览会编:《建筑展览会展品说明》,1956 年。

交通部公路总局编:《1956 年全国交通先进经验展览会公路运输展品汇编》,人民交通出版社,1957 年。

接待苏联来华展览办公室宣传处编:《苏联经济及文化建设成就展览会纪念文集》,时代出版社,1955 年。

接待苏联来华展览办公室宣传处编:《苏联经济及文化建设成就展览会介绍》,1954 年。

接待苏联来华展览办公室宣传处编:《苏联展览馆》,1954 年。

居蜜:《1904 年美国圣路易斯万国博览会中国参展图录》,上海古籍出版社,2010 年。

李湘恺编:《怎样办展览会》,湖南人民出版社,1959 年。

刘介梅今昔生活对比展览会编:《刘介梅今昔生活对比展览会》,1957 年。

全国农业展览会编:《一九五七年全国农业展览会资料汇编》,农业出版社,1958 年。

全国农业展览会编:《中华人民共和国全国农业展览会内容简介》,1957 年。

全国人民代表大会常务委员会办公厅:《全国人民代表大会常务委员会会议文件汇辑(1957 年 8 月—1958 年 1 月)》,1958 年。

全国图书馆文献微缩复制中心编:《中国早期博览会资料汇编》,中共中央党校出版社,2003 年。

人民邮电出版社编:《1955 年布拉格国际邮票展览会》,人民邮电出版社,1956 年。

山东省人民政府农林厅编印:《山东省工农兵劳动模范代表会议农业展览会汇刊》,1951 年。

山西省工农业劳模展览大会编:《山西省工农业劳模展览大会会刊》,1950 年。

山西省五年计划展览会办公室编:《山西省五年计划展览纪念册》,1956 年。

上海市第一届妇幼卫生展览会编印:《上海市第一届妇幼卫生展览会汇刊》,1950 年。

上海市土产展览交流大会编:《土产展览交流手册》,1951 年。

上海图书馆编:《中国与世博:历史记录(1851—1940)》,上海科技文献出版社,2002 年。

苏克勤:《南洋劝业会报告》,上海交通大学出版社,2010 年

苏克勤:《南洋劝业会图说》,上海交通大学出版社,2010 年。

苏克勤:《南洋劝业会文汇》,上海交通大学出版社,2010 年。

天津市出口工业品展览会、天津出进口商情编审委员会合编:《天津市出口
　工业品展览会纪念专刊》,1956 年。

王灏岩:《南洋劝业会杂咏》,上海交通大学出版社,2010 年。

王强主编:《民国展览史料汇编》,凤凰出版社,2014 年。

王青:《怎样做说明员》,河北人民出版社,1960 年。

武衡编:《抗日战争时期解放区科学技术发展史资料》,中国学术出版社,
　1984 年。

西北财政经济委员会秘书处编:《一九五零年西北经济建设概况(西北经济
　建设展览会汇刊)》,1951 年。

西南区工业展览会编:《西南区工业展览会纪念特刊》,1951 年。

新华时事报刊社:《工业中国的雏型:大连工业展览会介绍》,新华书店,
　1950 年。

新华时事丛刊社编:《解放后的天津工业——天津工业展览会介绍》,新华
　书店,1950 年。

宣传员手册编委会辑:《增产节约宣传经验》,东北人民出版社,1951 年。

杨坤如、施大鹏:《学习鞍钢技术革新经验》,重庆人民出版社,1954 年。

《一九五二年的莱比锡春季博览会》(中文版特刊),1952 年。

赵力、余丁编:《中国油画文献》,湖南美术出版社,2002 年。

浙江人民出版社编:《浙江省农业生产展览会画册》,浙江人民出版社,
　1956 年。

钟叔河主编:《走向世界丛书》,岳麓书社,1985 年。

中共中央档案馆编:《中共中央文件选集(1948—1949 年)》(第 14 册),中
　共中央党校出版社,1987 年。

中共中央文献研究室编:《建国以来毛泽东文稿》(第 7 册),中央文献出版
　社,1992 年。

中共中央文献研究室编:《建国以来重要文献选编》,中央文献出版社,
　1993 年。

中共中央文献研究室编：《文献和研究》（1984 年汇编本），解放军出版社，
　　1986 年。

中国第一历史档案馆编：《清宫万国博览会档案》，广陵书社，2007 年。

中国革命博物馆编：《解放区展览会资料》，文物出版社，1988 年。

中国人民解放军政治学院党史教研室：《中共党史参考资料》，人民出版社，
　　1980 年。

中国人民政治协商会议福建省长汀县委员会文史资料编辑室编：《长汀文
　　史资料》（第 15 辑），1989 年。

中国人民政治协商会议全国委员会文史资料研究委员会编：《文史资料选
　　辑》（合订本，第 15 册），中国文史出版社，1986 年。

中国社会科学院、中央档案馆编：《1953—1957 中华人民共和国经济档案
　　资料选编》，中国物价出版社，1998 年。

中国展览馆协会、展览理论研究会编：《展览研究文集》，浙江大学出版社，
　　1989 年。

中南区土特产展览交流大会宣传部编：《中南区土特产展览交流大会参观
　　手册》，1951 年。

中央档案馆、中共中央文献研究室编：《中共中央文件选集（1949 年 10
　　月—1966 年 5 月）》，人民出版社，2013 年。

四、文集、年鉴、年谱

邓小平：《邓小平文选》（第 3 卷），人民出版社，1993 年。

郭秋思编：《吴劳文集》，山东美术出版社，2011 年。

华中师范大学中国近代史研究所编：《春风化雨、润物无声——章开沅先生
　　八十华诞纪念集》，2005 年。

江明武主编：《周恩来生平全记录》，中央文献出版社，2004 年。

列宁：《列宁全集》（第 42 卷），人民出版社，1987 年。

马克思、恩格斯：《马克思恩格斯选集》（第 1 卷），人民出版社，1972 年。

毛泽东：《毛泽东选集》（第 1 卷），人民出版社，1991 年。

任慧英、赵子祥主编：《辽宁五十年成就事典》，辽海出版社，1999 年。

谢觉哉：《谢觉哉文集》，人民出版社，1989 年。

叶至善、叶至美、叶至诚编：《叶圣陶集》（第 22 卷），江苏教育出版社，

2004 年。

浙江省政协文史资料委员会编:《浙江文史集粹》(第 2 辑),浙江人民出版
　社,1996 年。

中共北京市委党史研究室编:《社会主义时期中共北京党史纪事》(第 2
　辑),人民出版社,1995 年。

中共中央文献研究室编:《刘少奇年谱》,中央文献出版社,1996 年。

中共中央文献研究室编:《毛泽东年谱》,人民出版社,1990 年。

中共中央文献研究室编:《毛泽东文集》,人民出版社,2001 年。

中共中央文献研究室编:《朱德年谱》,人民出版社,1986 年。

中共中央文献研究室、中央档案馆编:《朱德手迹选》,北京出版社,
　1996 年。

中国大百科全书出版社《简明不列颠百科全书》编辑部:《简明不列颠百科
　全书》(第 3 卷),中国大百科全书出版社,1985 年。

中国贸促会宣传出版部编:《中国展览年鉴(1999 年)》,光明日报出版社,
　1999 年。

中国水力发电年鉴编辑委员会编:《中国水力发电年鉴(1949—1983)》,水
　力发电杂志社,1985 年。

周恩来生平和思想研讨会组织委员会编:《周恩来百周年纪念——全国周
　恩来生平和思想研讨会论文集》,中央文献出版社,1999 年。

朱德生平和思想研讨会组织委员会编:《全国朱德生平和思想研讨会论文
　集——纪念朱德同志诞辰一百二十周年》,中央文献出版社,2007 年。

朱佳木主编:《当代中国和它的外部世界——第一届当代中国史国际高级
　论坛论文集》,当代中国出版社,2006 年。

五、回忆录、方志

本书编写组:《中国出口商品交易会志(1957—2001)》,南方日报出版社,
　2006 年。

长春市贸促会(会展办)志编纂委员会编:《长春市贸促会(会展办)志
　(1990—2008)》,吉林文史出版社,2009 年。

陈占彪:《清末民初万国博览会亲历记》,商务印书馆,2010 年。

金城:《延安交际处回忆录》,中国青年出版社,1985 年。

石西民、范剑涯等编:《新华日报的回忆(续集)》,四川人民出版社,
　　1983年。

武汉地方志编纂委员会主编:《武汉市志·外事志》,武汉大学出版社,
　　1991年。

徐成淼著:《我的复旦四年(1955—1958)》,大象出版社,2005年。

赵九伶选编:《中学生笔下的共和国50年(1949—1999)》,四川少年儿童出
　　版社,1999年。

郑立宏主编:《蔡甸史话》,武汉出版社,2004年。

中国对外贸易中心:《亲历广交会》,南方日报出版社,2006年。

六、中文论著(含译著)

〔美〕阿尔弗雷德·海勒著,吴惠族等译:《文明的进程——世博会的发展与
　　思考》,上海科学技术文献出版社,2003年。

〔美〕阿尔诺·勃兰特著,任树银等译:《汉诺威世博会对区域经济的影响》,
　　上海科学技术文献出版社,2003年。

〔英〕彼得·伯克著,郝名玮译:《制造路易十四》,商务印书馆,2007年。

〔英〕彼得·伯克著,姚朋译:《历史学与社会理论》,上海人民出版社,
　　2001年。

陈昌凤:《中国新闻传播史:传媒社会学的视角》,北京大学出版社,
　　2007年。

陈寅恪:《冯友兰〈中国哲学史〉上册审查报告》,《金明馆丛稿二编》,生活·
　　读书·新知三联书店,2001年。

陈蕴茜:《崇拜与记忆——孙中山符号的建构与传播》,南京大学出版社,
　　2009年。

崔晓麟:《重塑与思考——1951年前后高校知识分子思想改造运动研究》,
　　中共党史出版社,2005年。

当代中国丛书编辑部编:《当代中国的广播电视》(上册),中国社会科学出
　　版社,1987年。

《当代中国商业》编辑部编:《中华人民共和国商业大事记(1949—1957)》,
　　中国商业出版社,1989年。

丁蕾:《从私藏到公共展览:民国时期广州的博物馆和展览会》,社会科学文

献出版社,2017年。

董志凯:《跻身国际市场的艰辛起步》,经济管理出版社,1993年。

段连城:《怎样对外介绍中国》,中国对外翻译出版公司,1993年。

冯瑞云、高秀清、王升著:《中日关系史》(第3卷),社会科学文献出版社,
　　2006年。

复旦大学历史系、复旦大学中外现代化进程研究中心编:《近代中国的国家
　　形象与国家认同》,上海古籍出版社,2003年。

〔美〕葛凯:《制造中国:消费文化与民族国家的创建》,北京大学出版社,
　　2007年。

〔法〕古斯塔夫·勒庞:《乌合之众——大众心理研究》,中央编译出版社,
　　2004年。

管文虎:《国家形象论》,电子科技大学出版社,2000年。

郭于华主编:《仪式与社会变迁》,社会科学文献出版社,2000年。

〔美〕何天爵著,鞠方安译:《真正的中国佬》,中华书局,2006年。

洪振强:《民族主义与近代中国博览会事业(1851—1937)》,社会科学文献
　　出版社,2017年。

侯建新主编:《经济—社会史:历史研究的新方向》,商务印书馆,2002年。

胡斌:《何以代表中国——中国在世博会上的展示与国家形象的呈现》,岭
　　南美术出版社,2016年。

胡国胜:《革命与象征——中国共产党政治符号研究(1921—1949)》,中国
　　社会科学出版社,2014年。

〔日〕吉见俊哉:《博览会的政治学》,台湾群学出版有限公司,2010年。

〔美〕克劳德·塞尔旺、〔日〕竹田一平著,魏家雨等译:《国际级博览会影响
　　研究》,上海科学技术文献出版社,2003年。

〔英〕雷蒙·道森著,常绍民、明毅译:《中国变色龙:对于欧洲中国文明观的
　　分析》,中华书局,2006年。

李恭忠:《中山陵:一个现代政治符号的诞生》,社会科学文献出版社,
　　2009年。

李立志:《变迁与重建:1949—1956年的中国社会》,江西人民出版社,
　　2002年。

李寿源主编:《国际关系与中国外交——大众传播的独特风景线》,北京广

播学院出版社,1999年。

李智勇:《陕甘宁边区政权形态与社会发展(1937—1945)》,中国社会科学出版社,2001年。

连玲玲:《打造消费天堂:百货公司与近代上海城市文化》,社会科学文献出版社,2018年。

刘功成:《工运史话》,大连海事大学出版社,2006年。

刘明广:《中国边疆地区博览会研究——基于周边战略的视角》,经济管理出版社,2015年。

刘松萍:《会展、经济与城市发展——关于中国"广交会"的综合研究》,中央编译出版社,2011年。

吕绍理:《展示台湾:权力、空间与殖民统治的形象表述》,台北麦田出版,2005年。

罗荣渠:《现代化新论——世界与中国的现代化进程》,北京大学出版社,1993年。

罗志田:《经典淡出之后:20世纪中国史学的转变与延续》,生活·读书·新知三联书店,2013年。

马敏:《拓宽历史的视野:诠释与思考》,华中师范大学出版社,2006年。

马敏主编:《博览会与近代中国》,华中师范大学出版社,2010年。

〔法〕米歇尔·福柯著,刘北成、杨远婴译:《规训与惩罚》,生活·读书·新知三联书店,1999年。

〔法〕米歇尔·福柯著,严锋译:《权力的眼睛——福柯访谈录》,上海人民出版社,1997年。

〔美〕明恩溥著,匡雁鹏译:《中国人的特性》,光明日报出版社,1998年。

南开大学历史系编:《中外学者论抗日根据地》,档案出版社,1992年。

牛军:《从延安走向世界——中国共产党对外关系的起源》,福建人民出版社,1992年。

潘杰:《展览艺术——展览学导论》,黑龙江美术出版社,1992年。

潘杰:《中国展览史》,电子科技出版社,1993年。

彭南生:《传承与变动:近代转型时期的城乡经济与社会》,湖北人民出版社,2008年。

乔兆红:《"一切始于世博会"——博览效应与社会发展》,上海三联书店,

2008 年。

秦晖：《传统十论——本土社会的制度、文化及其变革》，复旦大学出版社，
　　2003 年。

〔法〕让·马克·夸克著，佟心平、王远飞译：《合法性与政治》，中央编译出
　　版社，2008 年。

邵华泽：《中国国情总览》，山西教育出版社，1993 年。

〔美〕史蒂芬·康恩著，王宇田译：《博物馆与美国的智识生活（1876—
　　1926）》，上海三联书店，2012 年。

〔美〕唐纳德·里奇著，王芝芝、姚力译：《大家来做口述历史：实务指南》，当
　　代中国出版社，2006 年。

陶德民、朱荫贵、马学新等编：《世博会与东亚的参与》，上海人民出版社，
　　2012 年。

汪民安：《福柯的界限》，中国社会科学出版社，2002 年。

王春雷、张灏：《第四次浪潮——中国会展业的选择与明天》，中国旅游出版
　　社，2008 年。

王笛：《街头文化：成都公共空间、下层民众与地方政治，1870—1930》，中国
　　人民大学出版社，2006 年。

王尔敏：《中国近代思想史论》，社会科学文献出版社，2003 年。

王宏钧主编：《中国博物馆学基础（修订本）》，上海古籍出版社，2001 年。

王奇生：《20 世纪中国革命的再阐释》，《新史学》（第 7 卷），中华书局，
　　2013 年。

王奇生：《党员、党权与党争：1924—1949 年国民党的组织形态》，上海书店
　　出版社，2003 年。

王寅生编：《西方的中国形象》，团结出版社，2015 年。

〔美〕卫三畏著，陈俱译：《中国总论》，上海古籍出版社，2005 年。

吴建中：《世博文化解读》，上海大学出版社，2009 年。

吴猛、和新风：《文化权力的终结：与福柯对话》，四川人民出版社，2003 年。

吴友富：《中国国家形象的塑造和传播》，复旦大学出版社，2009 年。

武洪滨：《当代中国艺术博览会研究》，华中师范大学出版社，2011 年。

习少颖：《1949—1966 年中国对外宣传史研究》，华中科技大学出版社，
　　2010 年。

〔日〕幸田露伴著,余炳跃译:《涩泽荣一传》,上海学林出版社,1992年。

杨东平:《城市季风——北京和上海的文化精神》,东方出版社,1994年。

杨奎松:《学问有道:中国现代史研究访谈录》,九州出版社,2009年。

杨伟芬:《渗透与互动——广播电视与国际关系》,北京广播学院出版社,2000年。

杨玉圣:《中国人的美国观》,复旦大学出版社,1996年。

姚遥:《新中国对外宣传史:建构现代中国的国际话语权》,清华大学出版社,2014年。

余阳明、姜炜:《博览学》,复旦大学出版社,2005年。

俞华、朱立文著:《会展学原理》,机械工业出版社,2005年。

喻季欣:《逐梦世界:广交会启示录》,南方日报出版社,2014年。

翟昌民:《回首建国初——从新民主主义向社会主义过渡的回顾与思考》,中共中央党校出版社,2005年。

〔美〕詹姆斯·R.汤森、布兰特利·沃马克著,顾速、董方译:《中国政治》,江苏人民出版社,1995年。

张俊杰主编:《上海商业(1949—1989)》,上海科学技术文献出版社,1992年。

张敏:《中国会展研究30年文选》,上海交通大学出版社,2009年。

郑世明:《权力的影像:权力视野中的中国电视媒介研究》,中国传媒大学出版社,2005年。

中国对外贸易中心编:《百届辉煌》,南方日报出版社,2006年。

《中国经济发展史》编写组:《中国经济发展史(1949—2010)》(第4卷),上海财经大学出版社,2014年。

周宁:《世界之中国:域外中国形象研究》,南京大学出版社,2007年。

周宁:《天朝遥远:西方的中国形象研究》,北京大学出版社,2006年。

周宁:《异想天开:西洋镜里看中国》,南京大学出版社,2007年。

朱鸿召:《延安日常生活的历史(1937—1945)》,广西师范大学出版社,2007年。

〔澳〕J.丹纳赫等著,刘瑾译:《理解福柯》,百花文艺出版社,2002年.

〔美〕M.德弗勒等著,颜建军译:《大众传播通论》,华夏出版社,1989年。

〔美〕R.麦克法夸尔、费正清编,王建朗译:《剑桥中华人民共和国史》,中国社会科学出版社,1998年。

七、论文

艾险峰：《博览会与武汉城市社会互动发展研究(1909—2010)》,华中师范大学博士学位论文,2011年。

蔡成喜：《轰动北京的第一次日本商品展览会》,《纵横》2002年第12期。

曹必宏：《民国时期中国参加世界博览会纪略》,《中国档案》2010年第5期。

曹树基：《国家形象的塑造——以1950年代的国家话语为中心》,《上海交通大学学报》2008年第3期。

陈晓宇：《武汉会展业发展历程研究》,华中师范大学硕士学位论文,2008年。

陈蕴茜：《地方展览与辛亥革命记忆塑造(1927—1949)》,《江海学刊》2011年第4期。

陈蕴茜：《合法性与"孙中山"政治象征符号的建构》,《江海学刊》2006年第2期。

陈蕴茜：《空间重组与孙中山崇拜——以民国时期中山公园为中心的考察》,《史林》2006年第1期。

迟娜：《浙江省会展与地域文化形象的融合——以1929年西湖博览会为例》,中国美术学院硕士学位论文,2014年。

丁丽：《清末经济新政与国内商品赛会研究》,河北师范大学硕士学位论文,2010年。

付海晏：《"跑调"的国货展览会：1935年无锡国货流动展览会研究》,《近代史研究》2008年第4期。

郭若平、凌承纬：《"新"的塑造：现代新思潮与中国革命思想》,《中共党史研究》2015年第12期。

郭于华：《心灵的集体化：陕北骥村农业合作化的女性记忆》,《中国社会科学》2003年第4期。

郭子杰：《浅论民国时期的艺术品外交》,南京大学硕士学位论文,2013年。

韩毓海、董正华：《晚清以来中国历史和现代化发展历程——周锡瑞教授访谈录》,《战略与管理》1996年第2期。

何立波:《20世纪50年代的中国展览会》,《党史博览》2009年第11期。

洪振强:《国际博览会与晚清中国"国家"之形塑》,《历史研究》2011年第6期。

洪振强:《展览会与1950年代武汉地方社会变动》,《第三届现代城市文化史国际学术研讨会论文集》(下册),武汉,2009年。

黄方毅:《黄炎培百年前赴世博》,《读书》2010年第7期。

黎见春:《抗战时期陕甘宁边区展览会与边区社会发展》,《抗日战争研究》2009年第3期。

李金铮:《向"新革命史"转型:中共革命史研究方法的反思与突破》,《中共党史研究》2010年第1期。

李培德:《太平洋战争爆发前的香港工业展览会》,《华中师范大学学报》2010年第3期。

李少军:《论国家利益》,《世界经济与政治》2003年第1期。

李智:《试论文化外交》,《外交学院学报》2003年第1期。

林翰:《广州会展史研究》,广州大学硕士学位论文,2007年。

刘建美:《六十多年来中国国家博物馆近现代基本陈列的演变》,《中共党史研究》2013年第8期。

刘建美:《民主革命时期中国共产党文物保护工作的历史考察》,《党史研究与教学》2009年第1期。

刘礼飞:《额尔金眼中的中国形象》,南京大学硕士学位论文,2013年。

刘宜旻:《史料与历史文化的新展示:1930年台湾文化三百年祭展览会》,台湾大学硕士学位论文,2014年。

刘中玉:《"形象史学学术研讨会"综述》,《中国史研究动态》2013年第2期。

陆勇:《从观念调适到疆域整合:晚清中国整体国家形象的重塑》,《西南科技大学学报》2014年第3期。

罗雅萍:《毛泽民与金银展览会》,《福建党史月刊》2001年第3期。

马敏:《让城市文化史研究更富活力》,《史学月刊》2008年第5期。

马敏:《中国近代博览会史研究的回顾与思考》,《历史研究》2010年第2期。

马敏:《中国近代博览会事业与科技、文化传播》,《历史研究》2004年第

2 期。

马敏、付海晏:《晚清商会与近代博览会》,《华中师范大学学报》2015 年第
　　3 期。

马敏、洪振强:《民国时期国货展览会研究:1910—1930》,《华中师范大学学
　　报》2009 年第 4 期。

孟红:《"中国第一展"——广交会的沧桑巨变》,《文史春秋》2010 年第
　　2 期。

倪侃:《1929 年西湖博览会宣传工作述论》,《历史教学》2010 年第 5 期。

倪侃:《天时·地利·人和——1929 年西湖博览会成功举办的启示》,《浙
　　江社会科学》2010 年第 8 期。

欧阳湘:《从广交会的创办看二十世纪五十年代中期中国外经贸发展的战
　　略调整》,《中共党史研究》2011 年第 9 期。

欧阳湘:《广交会的中国特色及体制创新的历史渊源与国情依据》,《中共党
　　史研究》2015 年第 10 期。

沈惠芬:《晚清海关与国际博览会》,福建师范大学硕士学位论文,2002 年。

苏东海:《新中国博物馆事业的发展(1949—2005)》,《中国文化遗产》2005
　　年第 4 期。

汤家庆:《中央苏区的文博事业》,《中国博物馆》1988 年第 4 期。

万立明:《抗日根据地生产展览会的兴起及其运作模式》,《江苏社会科学》
　　2014 年第 2 期。

万立明:《试论抗日根据地展览会对科技传播的贡献》,《兰州学刊》2014 年
　　第 6 期。

王楼进:《清末民初西方的中国形象》,首都师范大学硕士学位论文,
　　2007 年。

王鸣彦:《近代游华日本人眼中的中国形象重塑》,上海师范大学硕士学位
　　论文,2012 年。

王巧鹏:《国计民生:1950 年代初华北城乡物资交流会研究》,山西大学硕
　　士学位论文,2014 年。

王水卿:《民国时期中国与世博会关系研究》,湖南师范大学硕士学位论文,
　　2007 年。

王玉慧:《晚清政府博览会管理研究》,南京艺术学院硕士学位论文,

2012 年。

王正华:《呈现"中国":晚清参与 1904 年美国圣路易万国博览会之研究》,黄克武主编:《书中有话:近代中国的视觉表述与文化构图》,中研院近代史研究所,2003 年。

温潘亚:《泛政治化的历史叙事——17 年历史剧创作话语形态论》,南京师范大学博士学位论文,2005 年。

翁春萌:《晚清世博会上的中国国家形象表达》,《湖北大学学报》2016 年第 2 期。

吴淑瑛:《博物馆展览与国族、文化的想像——以"伦敦中国艺术国际展览会(1935—1936)"为例的观察》,《近代中国》(台北)2004 年第 157 期。

吴松弟:《走向世界:中国参加早期世界博览会的历史研究——以中国旧海关出版物为中心》,《史林》2009 年第 2 期。

吴伟:《中国参加巴拿马太平洋万国博览会之研究》,华中师范大学硕士学位论文,2012 年。

吴子勋:《"刘介梅忘本回头"展览会始末》,《纵横》2000 年第 7 期。

夏松涛:《传承与嬗变:建国初期展览会的发展演进(1949—1957)》,《湖北大学学报》2013 年第 6 期。

夏松涛:《改革开放以来中国参加世博会的历程及其启示》,《当代中国史研究》2010 年第 1 期。

夏松涛:《新中国会展业的发展历程及其经验启示》,《当代中国史研究》2009 年第 5 期。

谢辉:《陈琪与近代中国博览会事业》,浙江大学博士学位论文,2005 年。

谢辉:《中国近代博览会史研究述评》,《中国社会经济史研究》2004 年第 3 期。

熊月之:《晚清上海私园开放与公共空间的拓展》,《学术月刊》1998 年第 8 期。

严斌林:《1935 年武汉防空展览会研究》,华中师范大学硕士学位论文,2013 年。

严清华、杜长征:《生产展览会与抗日根据地经济》,《中国经济史研究》2006 年第 3 期。

杨丹伟:《抗日战争与乡村社会治理模式的变迁——以华中抗日根据地为

中心》,《青岛大学师范学院学报》2005 年第 3 期。

杨建慧:《中南区第一届土特产展览交流大会之研究》,华中师范大学硕士
　　学位论文,2013 年。

杨文君:《1951 年华南土特产展览交流大会建筑研究》,华南理工大学硕士
　　学位论文,2015 年。

杨兴梅:《缠足的野蛮化:博览会刺激下的观念转变》,《四川大学学报》2012
　　年第 6 期。

余居道:《近代美国来华传教士与东方主义化的中国形象:世界体系中的意
　　识形态霸权》,华东师范大学硕士学位论文,2011 年。

张定淮:《从"革命党"向"执政党"的政治文化转型》,《深圳大学学报》2003
　　年第 5 期。

张方舟:《劝业博览会与近代日本国民意识》,吉林大学硕士学位论文,
　　2014 年。

张卉:《涩泽荣一和张謇博览活动的比较研究》,华中师范大学硕士学位论
　　文,2012 年。

张毓强:《国家形象刍议》,《现代传播》2002 年第 2 期。

张之沧:《福柯的微观权力分析》,《福建论坛》2005 年第 5 期。

章开沅:《商会档案的原生态与商会史研究的发展》,《学术月刊》2006 年第
　　6 期。

赵建伟:《首届"全国民间美术工艺品展览会"研究》,山东工艺美术学院硕
　　士学位论文,2013 年。

赵佑志:《跃上国际舞台:清季中国参加万国博览会之研究(1866—1911)》,
　　《台湾师范大学历史学报》1997 年第 25 期。

周良书:《"新中国"观念的生成和国家形象的初步建构》,《北京师范大学学
　　报》2016 年第 4 期。

周武:《革命文化的兴起与都市文化的衍变——以上海为中心》,《社会科
　　学》2009 年第 10 期。

朱琳:《1949—1999 年美国〈时代〉周刊上的中国形象研究》,华东师范大学
　　硕士学位论文,2007 年。

朱荫贵:《从〈商务官报〉看晚清国人对世博会的认识》,《学术月刊》2010 年
　　第 6 期。

八、网络资源

豆瓣网：http://www.douban.com

近代中国网：http://jds.cass.cn/Item/27769.aspx

世博网（2010 年上海世博会官方网站）：http://www.expo2010china.com

九、英文著述

Carl E. Dorris, "Peasant Mobilization in North China and the Origins of Yanan Communism", *The China Quarterly*, No. 68, 1976.

Chang - Tai Hung, *Mao's New World：Political Culture in the Early People's Republic*, Ithaca：Cornell University Press, 2011.

Felice Fischer, *West Meets East：China and Japan at the Centennial Exposition*, Philadelphia：Philadelphia Museum of Art, 2001.

John E. Findling, *Historical Dictionary of World's Fairs and Expositions, 1851 -1988*, Greenwood Press, Inc. 1990.

Kirk A. Denton, "Museums, Memorial Sites and Exhibitionary Culture in the People's Republic of China", *The China Quarterly*, No. 138, 2005.

Robert H. Haddow, *Pavilions of Plenty—Exhibiting American Culture Abroad in the 1950s*, Smithsonian Institution Press, 1997.

Robert W. Rydell, *All the World's a Fair：Visions of Empire at American International Expositions, 1876 - 1916*, The University of Chicago Press, 1984.

Susan R. Fernsebner, *Material Modernities：China's Participation in World's Fairs and Expositions, 1876 -1955*, Ann Arbor：ProQuest Information and Learning Company, 2002.

Warren I. Cohen, *America's Response to China：A History of Sino American Relation*, 4th edition, New York：Columbia University Press, 1990.

后　记

本书由我的博士学位论文修改而成,从 2008 年开始写作,到最终修改完成,历经十年多的时间。

拙作能够最终完成,首先要感谢我的博士生导师马敏教授,他对我的学术研究起了极大的引导作用。"引"是指他把我引进博览会史研究这个领域,这是一个非常有价值的学术领域;"导"是指他从宏观的国际视野出发,高屋建瓴地指导我论文的选题、布局与写作,给我很多启发。我的硕士生导师李金铮教授,他的治学方法和谆谆教诲让我终身难忘。近年来,他提出的"新革命史"研究,让我获益良多。

严昌洪教授、罗福惠教授、朱英教授、陈锋教授、彭南生教授、刘伟教授、何卓恩教授、郑成林教授、许小青教授、魏文享教授、付海晏师兄、洪振强师兄、何家伟师兄和陈勇师兄等诸位师友的指导和帮助,让我顺利完成博士学业,值得我永远铭记。

"上穷碧落下黄泉,动手动脚找东西。"为了让博士论文内容更为充实,我历尽艰辛,走北闯南,寻找论文所需要的史料。在此,我要感谢华中师范大学中国近代史研究所资料室、华中师范大学图书馆、国家图书馆、北京大学图书馆、中国社会科学院近代史研究所图书馆、中国人民大学图书馆、武汉大学图书馆、延安大学图书馆、华东师范大学思勉人文高等研究院资料室、湖北省图书馆、陕西省图书馆、广东省中山图书馆、武汉图书馆、南京图书馆、上海图书馆、天津图书馆、中国外交部档案馆、北京市档案馆、上海市档案馆、天津市档案馆、武汉市档案馆、湖北省档案馆、陕西省档案馆、江苏省档案馆等单位。没有这些单位的帮助,完成论文的资料搜集是不可想象的。

此外,我还要感谢我的父母、岳父母、弟弟和妻子余春燕。他们的支持和鼓励,是我论文得以顺利完成的精神支撑。为了家庭,我的妻子一直默默奉献,任劳任怨,为我攻博付出很多,在此我要特别感谢她。

本书能够顺利出版,非常感谢五位匿名评审专家给出的宝贵意见;也非常感谢中华书局罗华彤老师和王贵彬老师。尤其是王贵彬老师,他对书稿提出了许多非常好的修改意见。我所在单位和学校科研处的领导、老师对我的学术研究提供了帮助,在此也要非常感谢他们。吕绍理教授学识渊博、治学严谨,他的论著对本书有很大启发。博览会史研究专家吉见俊哉、葛凯、王正华、乔兆红、洪振强等学者,当代中国史研究专家武力研究员,他们的研究思路对本书的写作有较大启发,非常谢谢他们。要感谢的人还有很多,我将永怀感恩之心。

尼采曾说:"我的雄心壮志是用十句话说出别人用一整本书说出的话,说出别人用一整本书没有说出来的话。"这句话颇有道理,对我的阅读与写作有较大影响。所以,在博士论文撰写的过程中,我尽最大可能去了解学术的前沿和动态,以提出一些新的观点。但是,博士论文与自己期待和憧憬的目标还有很长的一段距离。其中,对不少问题浅尝辄止,有的甚至只是粗略地提及一下,这些问题只能留在今后进一步深入研究。

通过博士论文的写作,我更加清楚地认识到三个问题:一是学术研究一定到遵循马老师提出的"拓宽历史的视野"的要求,在关注热点的学术对话的基础上,透析前沿的学术成果,这样才能较好地深入分析问题,否则不会有深度的学术作品产生;二是梳理论文资料时一定要脚踏实地、博闻强记、悉心揣摩,尽最大可能接触"原生态"史料,仔细分析不同的历史面相,寻觅历史的真谛;三是进行博士论文写作时,一定要强化自控力。我本人爱好广泛,曾有一段时间喜读杂书,爱好围棋,浪费了较多的时间。围棋大师吴清源曾说:"搏二兔,无一兔。"人的精力是有限的,博士学习期间,一定要专心学业,不能分散精力。以上三点,是我的感悟,也是我不足的地方,谨以此鞭策和警示自己。

需要指出的是,由于本人天资愚钝,悟性不高,用功不够,拙作肯定有不足之处,且点滴见解还不十分成熟,诚盼前辈学者、同行师友和各位读者不吝批评指正。

2019 年 5 月